BIG DATA FINANCE

大数据金融

刘晓星 著

清华大学出版社
北京

内 容 简 介

本书基于作者近几年来在大数据金融领域的独特观点和系列研究成果，着重介绍了大数据的提出与演化及大数据思维，并从大数据与金融融合、大数据金融的商业模式、大数据金融机构与产品创新、大数据金融服务平台创新、大数据金融算法、大数据金融生态环境建设、Fintech 与大数据金融等多个方面对大数据金融进行了深入研究和展望。

本书适合从事金融科技、数据挖掘、大数据金融等领域的研究人员以及金融机构和政府相关管理决策部门的从业人员阅读使用，同时也适合高等院校经济、金融、统计、管理等专业领域的教师、研究生阅读参考。

本书封面贴有清华大学出版社防伪标签，无标签者不得销售。

版权所有，侵权必究。侵权举报电话：010-62782989 13701121933

图书在版编目(CIP)数据

大数据金融 / 刘晓星著. — 北京：清华大学出版社，2018（2020.3重印）
ISBN 978-7-302-51611-8

Ⅰ.①大…　Ⅱ.①刘…　Ⅲ.①金融－数据管理－研究　Ⅳ.①F830.41

中国版本图书馆 CIP 数据核字(2018)第 247137 号

责任编辑： 陆浥晨
封面设计： 李召霞
版式设计： 方加青
责任校对： 宋玉莲
责任印制： 刘祎淼

出版发行： 清华大学出版社
　　　　　网　　址：http://www.tup.com.cn，http://www.wqbook.com
　　　　　地　　址：北京清华大学学研大厦 A 座　　　　　邮　　编：100084
　　　　　社 总 机：010-62770175　　　　　邮　　购：010-62786544
　　　　　投稿与读者服务：010-62776969，c-service@tup.tsinghua.edu.cn
　　　　　质 量 反 馈：010-62772015，zhiliang@tup.tsinghua.edu.cn
印 装 者： 三河市龙大印装有限公司
经　　销： 全国新华书店
开　　本： 170mm×240mm　　　　**印　　张：** 24.25　　　　**字　　数：** 433 千字
版　　次： 2018 年 11 月第 1 版　　　**印　　次：** 2020 年 3 月第 3 次印刷
定　　价： 79.00 元

产品编号：073204-01

前 | 言

　　万物皆互联，无处不数据。21世纪的今天，随着移动互联网、云计算、物联网、区块链、人工智能、量子计算等大数据技术发展的日新月异，人类已经步入"大数据时代"，2012年被公认为我国大数据发展的历史元年，数据的大规模生产、分享和应用已成为现实。在"大数据时代"，大数据作为一种新型资产，与资本、劳动、技术、土地等生产要素一起推动着经济社会向前快速发展。

　　大数据的发展有其特定的社会历史背景，人类测量、记录和分析世界的渴望是推动大数据发展的核心动力，是人类社会发展到一定阶段的必然产物，顺应了时代的发展潮流。当文字、图像、音频，甚至世间万物都可转变成数据，一切都可量化时，大数据就能创造出巨大的新型价值，渗透并服务于人类生产生活的方方面面。至于大数据的重要性，赵国栋等在《大数据时代的历史机遇：产业变革与数据科学》中指出，"大数据时代公司的价值，与其数据资产的规模、活性成正比，与其解释、运用数据的能力成正比"，甚至认为"缺乏数据资源，无以谈产业；缺乏数据思维，无以言未来"。为了更好地理解和融入大数据时代，突破传统思维模式的桎梏，形成适应大数据时代的思维方式是一种必然选择。大数据改变着我们理解世界的方式，促使我们由热衷于寻找事物间的因果关系转向寻找相关关系，从微观和宏观两个层面深入了解事物的本质。通过探求"是什么"而不是"为什么"，我们正以全新的视角更好地理解和审视这个世界。

大数据与金融的深度融合是大数据时代的一个重要发展趋势。移动支付、P2P 网贷产品、互联网基金、众筹、智能、投顾、互联网保险等互联网金融新业态的蓬勃发展，一方面挑战着传统金融机构的垄断地位，另一方面重新塑造了一种"以客户为中心、满足客户消费体验"的新型金融服务模式。大数据挖掘和分析技术的不断更新发展使海量非结构化金融数据的有效利用成为可能，通过对金融数据的多维实时分析和挖掘，可以为互联网金融机构提供客户的全方位信息，包括客户的消费习惯、资产负债、流动性状态、信用变化等，为其准确预测客户行为奠定了数据基础。这些历史性变革有助于金融机构加快业务和产品创新，实现精准营销和加强风险管控，促使企业数据资产向战略资产转化。虽然目前金融业还处于大数据应用的初级阶段，但我们有理由深信在不远的未来，大数据将成为开展金融业务的基础性资源和非常关键的金融构成要素。随处可见、随时可得的移动金融客户端和个性化金融产品正在向我们传递一个重要信息——大数据金融时代已悄然来临。大数据金融正在改变我们的生活方式，推动着金融产业变革和商业模式创新，创造出更多的数据金融价值。

本书共 11 章，主要研究内容如下。

第一章是大数据的提出与演化。从大数据概念提出的背景出发，按时间顺序梳理大数据概念的演变过程，阐释了大数据的主要发展阶段，以及国内外大数据的发展现状。从理论技术层面和实践层面对当前的大数据概念进行理论界定。分析了大数据带来产业变化的关键节点、六大趋势、五大颠覆领域、三大关键行业以及数据交易变革，揭示了数据市场的未来发展趋势，大数据将带来变革时代的力量以及未来可能面临的潜在挑战。

第二章是大数据思维。主要论述了大数据思维方式对传统思维惯性的冲击，具体分析了大数据思维带来的六大转变及相关原理，分析了大数据思维方式冲击下，社会、政府、企业、个人的传统思维发生的变化，引发的全新大数据思维方式，对传统行业和国家战略未来发展的影响。

第三章是大数据与金融的融合。这两者的相互融合是行业发展的必然趋势，主要有以下三个方面的动因：金融行业应用大数据的优势、大数据技术的日臻成熟和金融业创新发展的必然要求。本章从大数据金融的特征切入，分析了大数据金融的四个基本特征，即数字化、开放性、高生产力和科学决策，展望了大数据金融应用的重点方向及未来趋势。

第四章是大数据金融的商业模式。本章基于大数据背景探讨了商业模式创新对金融行业的运营效率和结构效率的影响。具体从企业、产业与行业三个维度分析了大数据时代金融业务商业模式的创新之处。在企业维度，大数据技术影响商业模式创新的关键因素包括组织、产品、客户、业务、财务五个方面。在产业维度，根据产业链上从事不同环节的数据资源提供商、大数据分析咨询提供商、大数据处理服务提供商和大数据解决方案提供商这四个环节，详细分析商业模式在大数据产业链层面的创新与实践应用。在行业维度，以数据为媒介整合产业链上下游，实现数据驱动的跨界模式，通过数据连接起不同行业，实现市场、企业和客户的价值关系重组。最后从企业战略、产业生态和社会运用的角度探讨大数据金融商业模式的未来发展趋势。

第五章是大数据金融机构与产品创新。大数据对金融行业的影响同样体现在传统金融机构的大数据应用和基于互联网的新型机构创建与产品开发。本章从银行业、证券业、保险业、信托业、融资租赁业和中央银行这些传统金融机构的大数据应用实践创新出发，分析了传统金融机构如何运用大数据技术把握时代潮流，开发基于互联网大数据的系列金融产品。

第六章是大数据与供应链金融。供应链金融实现了物流、资金流与数据流的融合，形成了更广阔的产业平台。本章从供应链金融发展的背景出发，分析了大数据、互联网、区块链等Fintech对传统供应链金融及其风险成因的影响，展望了大数据时代供应链金融发展的新趋势。

第七章是大数据金融服务平台。从数据来源、服务内容、平台目的、服务对象、定价机制等方面对大数据金融服务平台进行了理论阐释，分析了大数据金融服务平台面临来自数据质量、行业应用、监管、市场等方面的诸多风险，通过具体事例探讨了大数据金融服务平台的竞争策略、战略规划和产业链重构。

第八章是大数据金融算法。大数据体系包括数据采集与预处理、大数据存储技术和数据分析与指标构建。本章阐释了数据挖掘经典算法的理论基础与应用实践及其面临的技术监管挑战，从人与物两个维度分析了大数据算法的未来发展路径。

第九章是大数据金融生态环境建设。本章从政策、经济、技术和交易四个方面分析了大数据金融的外部宏观环境，结合行业内部环境，探讨市场环境对大数据金融发展的影响及其传统监管体系的不足，从宏观视角分析了大数据金融生态系统的构成及其面临的挑战。

第十章是 Fintech 与大数据金融。Fintech 作为一种新业态，通过借助大数据、人工智能、区块链等各类先进技术提升金融行业运行效率。本章介绍了 Fintech 发展进程中的技术变革，中美 Fintech 发展进程以及细分投资领域的发展。基于资金端和资产端分析了 Fintech 创新的内在本质。从区块链和人工智能视角分析了 Fintech 的技术创新与未来前景。

第十一章是案例分析。以蚂蚁金服为例，具体分析了互联网公司如何借助大数据技术抢占时代先机；以 Wealthfront 为例，分析了 Fintech 创新引领的智能投顾；以比特币为例，分析了基于区块链技术的数字货币发展。

本书写作过程中，我的研究生吴之悦、顾诚嘉、石广平、许从宝等做了大量的文献资料收集整理工作，东南大学金融系张颖老师对本书提供了诸多有益帮助，在此一并表示感谢。本书是在学习大量国内外相关文献资料基础上编写的，书后参考文献都有列出，如有"挂一漏万"之处，敬请海涵。本书的出版得到了国家自然科学基金面上项目（71673043）、东南大学经济管理学院以及清华大学出版社的大力支持，在此表示衷心感谢。尽管想努力为读者呈现一本满意的大数据金融书籍，但由于作者水平有限，加之时间仓促，书中难免有疏漏或错误之处，恳请读者多提宝贵意见，以便今后进一步修改和完善。

刘晓星

戊戌端午于南京东南大学九龙湖畔

目 | 录

第一章

大数据的提出与演化

近几十年来，随着信息技术发展的日新月异，数据分析已广泛运用于国民经济、商业实践、国家治理和社会生活等各个领域，深刻影响着人们的日常生活，"大数据"概念开始备受社会各界的广泛关注。本章从大数据概念提出的背景出发，按时间顺序梳理大数据概念的演变过程，对当前的大数据概念进行明确的界定，并指出大数据带来的时代变革。

第一节　大数据概念提出的背景

"大数据"概念的提出建立在信息技术进步的基础上，有其清晰的社会历史发展脉络，迎合着现代产业结构转型升级的需要。硬件存储性能、光纤传输带宽等基础设施的完善，互联网、云计算与物联网技术的发展，网络社交以及智能终端的普及都为"大数据"概念的提出奠定了基础，并推动"大数据"这一概念不断渗透到更多相关领域。

一、技术进步

（一）信息基础设施的完善

作为英特尔的创始人之一，Gordon Moore 于 1965 年提出了著名的"摩尔定律"。该定律阐述了计算机存储器的未来发展趋势，即每隔 18 个月，计算机存储器的性能便会提升一倍，即计算机的计算、存储能力将相对于时间周期呈指数式上升。与此同时，计算机软件系统也会随之升级，从而使计算机的信息处理和存储功能在短期内得以迅速提升，单位信息存储的成本大幅下降。当 IBM 于 1955 年推出第一款商用硬盘存储器时，其价格是 6 000 多美元 / 兆，1960 年下降到 3 600 美元 / 兆，1993 年约为 1 美元 / 兆，2000 年再降至 1 美分 / 兆，截至 2010 年则约为 0.005 美分 / 兆。而自 1977 年美国芝加哥率先投入使用光纤通信系统以来，光纤传输带宽实现迅猛增长，其信息传输能力也得到大幅跃升，甚至超越了摩尔定律下芯片性能的提升速度。信息基础设施的持续完善，包括数据存储性能不断提升、数据传输带宽的持续增加，为大数据的存储和传播提供了物质基础，使得数据信息的大规模存储、传输与分析得以实现。目前硬件存储性能与网络带宽不再成为制约大数据应用的主要因素，并且它们的高速发展将持续为大数据时代提供廉价的存储与传输服务。

（二）互联网领域的发展

人与人之间交流沟通由于互联网的出现而极大地便利了，互联网的广泛运用改善了人们的日常生活，并逐渐渗透到人们生活的方方面面。人们在互联网的海洋里徜徉时，也留下来海量数据。于是越来越多的重要数据被保存在无数个计算机上，为了保证数据存储的安全与数据传递的高效，要求计算机之间相互传递数据、互为备份的通信机制具有更高的性能标准。目前在使用互联网数据时，一般都是通过"请求"＋"响应"的模式，即只有在客户端发出请求的情况下，服务器终端才会发送所需要的数据。这种数据传递模式在一定程度上保证了数据传递的安全和高效，使得人们在使用网络时的每一个搜索请求、每一个访问请求、每一个交易记录等数据信息都忠实准确地被记录在各类服务器的日志上。因而互联网的广泛普及积累了巨量的数据信息，使大数据分析过程中的数据采集成为可能，大大降低了数据采集的成本，提高了数据信息记录的真实性和可靠性。

（三）云计算技术的进步

云计算是一种基于互联网的新兴计算方式，共享的软硬件信息资源可以通过这种计算方式按需提供给计算机和其他终端应用设备。云计算服务主要是通过提供通用的在线商业应用来实现的，云计算技术改变了以往数据分散保存在每个独立的计算机中的状况，改变了数据的存储与访问方式，为大数据的集中管理和分布式访问提供了必要的场所和分享的渠道，也为数据分析、数据挖掘奠定了坚实基础。因此从某种程度上可以说，云计算是大数据诞生的前提和必要条件，没有云计算，就缺少了集中采集和存储数据的重要基础。总之，云计算为大数据提供了存储空间和访问渠道，大数据则是云计算的灵魂和升级的必然方向。近年来，以大型互联网公司、银行、电信运营商、政府部门等为代表，各市场主体都越来越关注数据的价值，纷纷出资兴建自己的"数据中心"。其中绝大部分银行、电信、互联网公司都实现了全国级的数据库建设工作，为"大数据"应用的诞生提供了必备的储存空间和访问渠道，进一步推动了大数据时代的早日来临。

（四）物联网、网络社交及智能终端的普及

基于传感器技术的物联网迅速发展，能够持续集中收集海量数据，这成为大数据的重要来源之一。其实在我们的日常生活中，传感器的运用无处不在，

它既可以是遍布大街小巷的摄像头，将实时路况及时传达；也可以是智能手机终端的重力感应器、加速度感应器、距离感应器、电子罗盘、摄像头等各类传感器，通过数据回馈分析，实现电子导航、健康指标监测等功能，提升用户体验。如果说，物联网技术的发展改变了物与物、人与物之间的关系，使得互联网的概念延伸到实物中，那么社交网络的兴起则重新定义了人与人之间交往的方式，将实际生活中的人际关系投射到互联网空间中，大大拓展了互联网的内涵。从社交网络的信息中可以了解人们的喜好、偏爱、消费习惯等信息，还能够利用网民的关系链来传播这些信息，从而构成了以个人为枢纽的数据集合，从而提供真实有效的数据。智能终端的普及拉近了互联网与日常生活的距离，也使得物联网技术与社交网络进一步融入人们的生活中，不断产生各种类型的数据，构成了大数据的重要来源。自 2010 年第二季度开始，智能手机和平板电脑的出货量就已经超越了传统台式电脑，智能手机和平板电脑凭借其便捷性迅速占领市场，并日益渗透到日常生活、商业办公、统计调查、政府治理等各个方面，成为大数据的重要来源渠道。

二、产业升级

从哲学意义上说，世界处于永续变动之中，万事万物在其运动过程中都产生了大量的数据信息。近年来，随着互联网、云计算、物联网等信息技术的飞速发展，各行各业的产业结构不断升级，这无时无刻不在产生海量的数据，形成大数据雏形。目前，我国经济本质上仍处于传统经济阶段，缺乏具有国际竞争力的现代产业，产业结构升级已经迫在眉睫，这无疑为大数据的滋生提供了肥沃的土壤。

当前互联网的普及、信息技术的进步以及电子化时代的到来，人们以更快捷、更容易、更廉价的方式获取和存储数据，使得数据及信息量以指数方式增长。据粗略估计，一个中等规模企业每天要产生 100 MB 以上的商业数据。而电信、银行、大型零售业随着产业结构的不断调整和升级，每天产生的数据量都可以用 TB 来计算（数据的最小计量单位是字节，具体换算标准为 1 KB=1 024 B；1 MB=1 024 KB；1 GB=1 024 MB；1 TB=1 024 GB；1 PB=1 024 TB；1 EB=1 024 PB；1 ZB=1 024 EB；1 YB=1 024 ZB；1 DB=1 024 YB；1 NB=1 024 DB）。《至顶网年度技术报告》的数据统计结果显示，2013 年中国产生的数据总量超过 0.8ZB，是 2012 年数据总量的 2 倍，相当于 2009 年全球的数据总量。而且预计到 2020 年，中国产生的数据总量将超过 8.5 ZB，是 2013 年的 10 倍。产业结构升级所带来的数据越来越多，剧增的数据背后隐藏着许多重要的信息，人们希望对其进行更高层次的分析，以便更好地利用这些数据。现有的数据库系统虽然拥有高效地完成数据的输入、统计、查询等功能，却不能发现数据中的关系与规则，不能在现有数据的基础上来推断今后的发展趋势。大数据技术背后隐藏的知识手段的不足，使得"数据爆炸但知识匮乏"这一现象浮现出来。自此人们纷纷提出"学会选择、提炼、舍弃信息"，并思考怎样才能不被海量的信息所淹没，怎样才能及时发现有用的知识、提高信息利用效率？如何从浩瀚如烟海的资料中选择性地收集有价值的信息？这为数据分析带来了一些挑战：第一是信息过量，难以消化；第二是信息真假难以辨别；第三是信息安全难以保证；第四是信息形式不一致，难以统一处理 。为应对这些挑战，计算机数据仓库处理技术随之走向成熟，从数据中发现知识及其核心技术——大数据技术便应运而生，并得以蓬勃发展，显示出越来越强大的生命力。

三、社会历史

1998 年，《科学》杂志刊登的一篇名为《大数据的处理程序》的文章中第一次明确使用了大数据（big data）一词。2008 年 9 月 *Nature* 杂志刊登了名为"Big Data"的专题，"大数据"概念开始受到广泛关注，大数据的产生和发展有其特定的社会历史发展脉络。其实大数据存在的历史非常悠久，"大数据"概念的提出标志着人们已经开始意识到大数据的客观存在，而且已经感受到了大数据应用的重要性。

各种各样的海量数据构成了大数据的基石。悠久的社会历史文化为大数据的产生提供了充足的时间条件。从人类历史发展脉络来看，数据的产生与人类自身的生存、生活密切相关，也正是这种内在需求促进了数据发展为大数据。大数据分析是一种非常实用的技术，古希腊的哲学家率先让数据从实用走向抽象。哲学家们第一次抛弃经验主义的桎梏，把数据当作事物的本源，这种独特的思维模式为自然哲学的研究开辟了一条崭新的道路，也为大数据的诞生奠定了哲学历史基础。纵观数据的发展历史，数据和其他语言文字一样，都是人类文明的产物，是用于记录事物性质和互相交流的工具。从广义上看，数据可以被看作语言的一部分，但与文字语言的差别在于，数据的表达形式更简单、更加有利于交流。所以虽然不同人类文明有着不同的记数方式和数制，但随着不同文化的相互交流融合，数据形式的高度统一超出了所有文字语言，这离不开数字简单精确的属性。回顾科学技术的发展史，科学技术的迅猛发展离不开科学数据的支撑，科学数据具有客观性、精确性、一致性和易交流性等特征。所以说，数据不仅是连接事物客观性和人类主观性的纽带，还是人类认识世界的桥梁。但从数据产生的那一刻起，人类主观因素无时无刻不在影响着数据的客观性。大量数据构成的集合形成了一种重要的研究素材，激发着科学家和哲学家们进行深入的探究，他们在研究过程中越发意识到数据的重要性，所以大数据便应运而生。

在这里，我们简要介绍一下数据科学的发展历史。

自 20 世纪中期以来，生物学领域的基因组测序技术发展迅猛，累积了海量的生物学数据，如何理解这些数据，是生物学家们面临的一种新挑战。同样的数据分析问题也存在于其他领域（如气象学、社会学等）和复杂系统的研究之中。值得注意的是，国际科学技术数据委员会（Committee on Data for Science and Technology，CODATA）于 1966 年成立，旨在提升数据的质量、可信度、可达性并加强对数据的管理，从而在世界范围内实现共享科技数据的目标。1984 年 6 月，中国科学院以国家会员的身份加入 CODATA。

基于数据的相关研究已得到学术界的广泛关注。数据科学是一门以大量观测数据、理论数据和计算机模拟数据为研究对象，通过挖掘、提取等手段寻求其内在规律的学科。1960 年，Peter Naur 首次提出"数据科学"（data science）这一术语。1996 年，在日本东京召开的分类国际联合会（the International Federation of Classification Societies，IFCS）上，第一次将数据科学用于会议题目——"数据科学，分类和相关方法"（Data Science，Classificationand Related Methods）。美国普渡大学统计学教授 William S. Cleveland 于 2001 年首次倡导将数据科学建设成一门独立的学科，他认为数据科学是统计学与数据的结合，并建立了数据科学的 6 个细分技术领域：多学科研究、数据模型和方法、数据计算、教育、工具评估、理论。

2001 年，CODATA 创办了学术刊物 *CODATA Data Science Journal*，标志着数据科学的诞生。2003 年，由中美两国学者共同创办的 *Journal of Data Science* 在哥伦比亚大学正式出版，*Journal of Data Science* 主要发表一些关于数据的研究成果，如数据的收集、分析以及建模等。

2012 年，Springer 出版集团创建了期刊 *EPJ Data Science*。该期刊的主办方认为，21 世纪出现的"数据驱动科学"是传统"假说驱动科学"研究方法的重要补充。数据科学的出现促进了科学研究范式的变革。利用电子计算机，在对密集型数据进行深度挖掘后获取有用信息，由此催生了不同学科领域的新的研究方向，如生物信息科学、地理信息科学等。这种发展伴随着科学范式从"还原主义"到"复杂系统"的转变，不仅极大地丰富了自然科学的研究范式，而且对技术—社会—经济科学研究也产生了非常重大的影响。

学者们从超级计算、互联网经济、生物医药等多个方面重视"大数据"引发的技术挑战以及今后的发展趋势。2010年，Bollier提出计算机存储技术、产生数据流的设备（如望远镜、摄像机及交通监视设备）、云计算、面向消费者的应用（如Google Earth和Map Quest）等成为大数据产生的几个重要因素，并首次提出"一种新的知识基础设施正在实现，大数据时代正在出现"的观点。

第二节　大数据的历史演变过程

"大数据"一词来源于英文"big data"，其概念起源于美国。大数据最早在统计领域得到应用，并在计算机通信领域引发了一场革命，随后蔓延至经济、社会、科学、环境等各个领域，并成为现代国家发展战略的重要组成部分。在互联网热潮的推动下，"大数据"技术迅速渗透至人们生活的方方面面，吸引着人们的关注。

一、大数据的主要发展阶段

大数据发展的主要时间节点如图1-1所示。

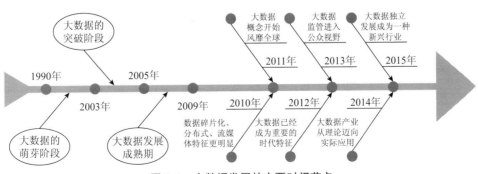

图 1-1　大数据发展的主要时间节点

20 世纪 90 年代，随着数据挖掘理论和数据库技术的逐步成熟，一批商业智能工具和知识管理技术（如数据仓库、知识管理系统等）开始被广泛应用，大数据概念开始萌芽。此时关于大数据的研究主要聚焦于数据挖掘技术方面，其他方面涉及较少。

2003—2006 年是大数据发展的突破阶段，是非结构化数据的自由探索阶段。2004 年 Facebook 的创立使得大量非结构化数据涌现，大数据技术的快速突破得益于非结构化数据的爆发。

2006—2009 年为大数据发展的成熟期，大数据技术并行运算与分布式系统基本形成。

2010 年，随着智能手机的应用日益广泛，数据的碎片化、分布式、流媒体特征更加明显，移动数据量急剧增长。

2011 年，麦肯锡全球研究院发布《大数据：下一个创新、竞争和生产力的前沿》研究报告。之后，经 Gartner 技术炒作曲线和 2012 年维克托•舍恩伯格《大数据时代：生活、工作与思维的大变革》的宣传推广，大数据概念开始风靡全球。

2012 年《大数据研究和发展提倡》的发布，标志着大数据已经成为时代特征，这一倡议也意味着大数据从商业行为上升到国家科技战略这一更高层面。联合国在纽约总部发布了一份与"大数据政务"相关的白皮书，概括性地阐述了各国政府如何利用大数据更好地服务和保护人民，实现"与数俱进"，快速应变。

2013 年，"大数据"监管进入公众视野。我国证监会利用各个异动指标数据，将交易异常数据和股价异动联系起来，构建证券市场监控的综合数据模型，全面提升对内幕交易、市场操纵、证券欺诈等文本信息的挖掘和监管。大数据也成为政府监管对象之一。

2014 年，云计算的爆发推动智能科技加速发展，大数据产业从理论迈向实际应用。2014 年 12 月，中关村大数据产业联盟与中国计算机协会共同发布了《大数据白皮书（2014 年）》，第一次全面深入且系统完整阐述了我国大数据产业发展与学术研究的大方向，从国家主权、政府政策、产业发展、数据科学、投资理念、公司战略等层面分析了我国大数据市场当前发展现状以及未来发展趋势，这是我国大数据行业逐步迈向产业化、系统化的重要一步。

2015 年，大数据逐步迈向独立发展阶段，其市场化和规模化程度进一步提升，已经成为一种新兴行业，数据租售服务大量出现，数据分析企业更加专业化，数据决策外包服务企业更加高效，推动更多传统企业向科技智能化转型。

2015 年全球大数据市场规模将近 1 500 亿元人民币，同比增长 24.2%，预计到 2018 年全球大数据市场规模将达到超过 2 500 亿元，2015—2018 年的复合增长率为 21.8%。2015 年，我国大数据市场规模为 160 亿元，仅占全球总市场规模的 10.7%，但同比增长率为 65.3%，是全球增长率的 2.7 倍，增长势头迅猛。预计至 2018 年我国大数据市场规模将超过 500 亿元，复合增长率为 47.0%，是全球复合增长率的 2.2 倍[①]。可见，未来几年内，我国大数据产业的市场规模将迅速扩大，未来前景可观。

二、大数据在国外的发展历程

19 世纪 80 年代，"大数据"概念开始萌芽。1887—1890 年，美国统计学家赫尔曼·霍尔瑞斯为了统计 1890 年的人口普查数据，发明了一台电动器将原本耗时 8 年的人口普查活动缩短为 1 年，由此在全球范围内引发了数据处理的新纪元。1944 年，卫斯理大学图书馆员弗莱蒙特·雷德预见了大数据时代的到来，他估计美国高校图书馆的规模每 16 年就会翻一番。1961 年德里克·普赖斯通过观察科学期刊和论文的增长规律来研究科学知识的增长，得出"指数增长规律"，即新期刊数量的增长方式为指数型而非线性型，每 15 年翻一番，每 50 年以 10 为指数倍增长。这些规律发现都表明数据知识未来将呈爆炸式的增长，大数据时代即将来临。

在信息通信领域，数据的大规模增长与存储首先引发关注。1980 年 4 月 I.A. 特詹姆斯兰德在第四届美国电气和电子工程师协会（Institute of Electrical and Electronics Engineers，IEEE）"大规模存储系统专题研讨会"上发表了一个题为《我们该何去何从？》的报告，其中指出所有数据都正在被无选择地保存下来以避免丢失有价值的信息。1986 年 7 月哈尔·B. 贝克尔在《数据通信》上发表了《用户真的能够以今天或者明天的速度吸收数据吗？》一文，预计数据记录密度将大幅增长。1997 年 10 月，迈克尔·考克斯和大卫·埃尔斯沃思在文章《为外存模型可视化而应用控制程序请求页面调度》中较早使用了"大数据"这一术语。2001 年，美国一家在信息技术研究领域具有权威地位的咨询公司 Gartner 首次开发了大数据模型。同年 2 月，梅塔集团分析师道格·莱尼发布了题为《3D 数据管理：控制数据容量、处理速度及数据种类》的研究报告，文

---

① 　数据来源：Statista，36 氪研究院。

中提及的 3V 特征，定义了大数据的三个维度，如今被广泛接受。从此，"大数据"这一概念在信息通信领域被普遍接受、研究和使用。

Nature 杂志于 2008 年推出的一份专刊，从互联网科技、自然与环境、网络经济和金融等多个方面介绍了海量数据带来的挑战。2008 年年末，一些著名的美国计算机科学研究者开始认同"大数据"这一概念。业界组建起计算社区联盟（Computing Community Consortium，3C），并发布了一份影响深远的白皮书《大数据计算：在商务、科学和社会领域创建革命性突破》。该白皮书使得大众对大数据的解读发生了显而易见的变化——从单一的数据处理机器这一角度扩展到了商业、科学、社会等各个领域，极大地丰富了"大数据"的内涵和价值，而计算社区联盟也因此可以被称为最早提出"大数据"概念的机构。2011 年 5 月，全球知名咨询公司麦肯锡发布了一份报告——《大数据：创新、竞争和生产力的下一个新领域》，该机构第一次全方面地介绍和展望大数据，具体论述了大数据的应用价值与发展前景，"大数据"概念逐渐进入公众视野。

（一）美国

作为"大数据"概念发源地的美国，不仅在大数据理论研究方面引领全球风潮，也在大数据应用实践中占得先机。2009 年，美国政府通过启动 data.gov 网站的方式进一步开放了数据的大门，这个网站向公众提供各项政府数据。

2010 年 1 月，美国总统办公室下属的科学技术顾问委员会（PCAST）和信息技术顾问委员会（PITAC）提交了一份《规划数字化未来》的战略报告，第一次把大数据收集和使用的工作提升到体现国家意志的战略高度。在 2012 年美国总统选举中，竞选团队开创性地利用"大数据"来规划这次选举，如利用房产记录、选举记录甚至是期刊的订阅注册等来预测人们对候选人的看法、这些看法是否能被改变，以及为此要采取怎样的措施等。这次实践充分说明了大数据的潜在价值只有通过数据挖掘才能显现。由此可见，如何有效分析和利用巨大的原始数据，将其转化成有价值的信息，成为日后研究大数据的重要意义所在。2012 年 3 月，奥巴马政府在白宫网站发布了《大数据研究和发展倡议》，这一倡议标志着大数据已经成为重要的时代特征。3 月 22 日，奥巴马政府宣布 2 亿美元投资大数据领域，是大数据技术从商业行为上升到国家科技战略的重要标志。美国政府将数据定义为"未来的新石油"，表明了大数据技术领域的竞争事关一个国家未来的发展。

虽然大数据应用的广阔前景引起了广泛关注，但在实际应用中如何科学、规范、公正地使用大数据也成为各相关主体议论的焦点。2014年5月，美国白宫发表的2014年全球"大数据"白皮书研究报告《大数据：抓住机遇、守护价值》指出，应当鼓励利用数据来促进社会进步，同时，还需要制定相应框架结构来保护个人隐私、反歧视或保证公平。

（二）法国

2011年7月，法国启动"Open Data Proxima Mobile"项目，挖掘公共数据价值。该项目旨在通过实现公共数据在移动终端的使用，最大限度地发掘公共数据的应用价值。该项目涉及文化、旅游、环境、交通等多个领域。待结项后，所有的公共数据都可以免费使用，法国公民及在法国旅游的欧洲公民都将能使用个人移动终端获得法国的公共数据。应用程序操作简单，不仅方便公民使用，而且也为私人企业提供了巨大商机。2011年12月，法国政府推出公开信息线上共享平台 data.gov，该网站的所有数据都是经过政府部门专员统计和收集的，后期会不断实时更新。这个平台大大方便了公民自由查询和下载公共数据。

2013年2月，法国政府发布《数字化路线图》，明确了未来将大力支持大数据这一战略性高新技术。法国政府将以工程师、信息系统设计师、新兴企业、软件制造商为主体，进行一系列投资计划。2013年4月，法国投入专项资金促进大数据技术发展。法国经济、财政和工业部预计投入1 150万欧元投资7个项目，目的在于通过创新性解决方案来确保法国在大数据领域的领先地位。

（三）德国

德国在大数据发展早期重点关注的是数据保护，通过立法为大数据的发展提供安全保障。1977年，德国《联邦数据保护法》生效。德国凭借自身较高的信息化水平，通过大型基础数据库和地方数据库的建设，逐渐在政府管理中运用数据资源服务公众和服务决策。对政府管理而言，大数据的价值在于提供尽可能多的详尽信息并对信息进行有效分析，实现科学化决策和精细化管理。

2000年德国发布了《2005年联邦政府在线计划》，该计划要求联邦政府到2005年向公众提供所有可用的在线服务。2003年6月，德国启动了整合电子政务的"德国在线"计划，加强基础数据库及地方数据库的建设力度，整合大量分散的信息资源，以公众需求为导向，为公众提供更方便的数据服务。

2004 年生效的德国《电信法》也涉及电子通信领域的数据保护。2006 年，德国开始对其拥有的 GESTIS 等 7 个有毒有害物质官方数据库及本国气候变化预测图实行免费公开。德国电信和 Vodafone 也通过开放 API 的方式，向数据挖掘公司等机构提供一些客户的匿名定位数据，从而捕捉公众出行的特征和规律。德国在云计算与大数据技术的支持下发展人工智能技术，研发本国的"谷歌眼镜"、智能农场、交通监测等技术。2009 年，德国对现行的《联邦数据保护法》进行修改并生效，约束范围包括互联网等电子通信领域，目的是防止因个人信息泄露引发的侵犯隐私行为。政府内部需设立"联邦数据保护与信息自由专员"，实时监控政府机构在保护个人数据方面的行动。除了联邦层面外，德国各州也都设立了各自的数据保护专员，以类似的方式监督各州政府机构的行为。

同时德国也重视信息资源共享。例如，2013 年 1 月，为了改善教学和科研中的数字信息支撑水平，德国科学组织联盟启动了第二期数字信息计划，该计划主要包括以专业的信息科学与信息技术方法实现科研数据的收集、存储和开放共享，确保用于科研目的的科研数据不受访问限制、实现数字出版物的永久保存等内容。

2011 年，德国在汉诺威工业博览会上首次提出了"工业 4.0"概念，2013 年德国联邦教研部与联邦经济和技术部正式将"工业 4.0"战略纳入了《高技术战略 2020》。德国认为，工业革命可以分为四个阶段，第三次工业革命引入了电子与信息技术，在此基础上，如果德国可以广泛地将物联网和服务网应用于制造领域，在智能工厂中实现数字和物质两个系统的无缝融合，德国就可以在第四次工业革命的道路上占领先机，巩固德国的竞争地位。德国"工业 4.0"战略打出"确保德国制造业的未来"的口号，以期将信息化与工业化紧密结合起来。

三、大数据在国内的发展状况

全球大数据技术发展的浪潮引起我国政府部门、商业企业和学术界的高度关注，政府也将大数据发展提升到国家战略的高度。2011 年 11 月，工业和信息化部发布的《物联网"十二五"发展规划》中，提出了信息处理技术，确认了其为 4 项关键技术创新工程之一的战略地位，其中包括了数据存储、数据挖掘、图像视频智能分析等，这些都是构成大数据的坚实基础。2012 年 4 月，政府推出《软件和信息技术服务业"十二五"发展规划》，积极发展数据编辑、整理、分析、挖掘等数据加工处理服务，可见政府高度重视大数据的应用，将其与国家发展规划联系在一起。2015 年 6 月 24 日，国务院办公厅发布了《关于运用大数据加强对市场主体服务和监管的若干意见》，将大数据技术应用于市场主体的服务和监管，推进简政放权和政府职能转变，提高政府治理能力。

2012 年 7 月，阿里巴巴集团率先设立了"首席数据官"一职来挖掘大数据的商业价值，负责全面推进"数据分享平台"战略，并推出大型的数据分享平台"聚石塔"，为淘宝、天猫平台上的电商和电商服务商等提供数据云服务。其后，马云在 2012 年网商大会上发表演讲时称自 2013 年 1 月 1 日起阿里巴巴将转型重塑数据、金融和平台三大业务，因此其成为第一家提出利用数据进行企业数据化运营的企业。

国内学术界也紧跟国际前沿，广泛开展大数据技术的研究和开发。2012 年中国计算机学会（China Computer Federation，CCF）发起并组织了 CCF 大数据专家委员会，还特别成立了一个"大数据技术发展战略报告"撰写组，并于 2013 年、2014 年相继发布了《中国大数据技术与产业发展白皮书》。2012 年 10 月，第十七次全国统计科学讨论会开幕，其主题就是大数据背景下的统计。自 2013 年以来，国家自然科学基金、973 计划、核高基、863 等重大研究计划都已经把大数据研究列为重大的研究课题。2014 年 2 月在北京召开了以"科研大数据与数据科学"为主题的"科学数据大会"，研讨了大数据时代下数据的分析和应用，以及科研数据带来的挑战和机遇。2014 年 3 月，国家社科基金也将"大数据国家战略研究"列为国家社科重大研究项目指南。清华信息学院、国家实验室也相继成立了数据科学院，并于 2014 年 12 月 22 日举办了"大数据论坛——数据科学与技术"，对大数据发展战略和各大数据专项进行了探讨。

与此同时，"大数据"也逐步走进公众的视野。2013 年 4 月 14 日和 21 日，央视著名节目"对话"邀请了美国大数据存储技术公司 LSI 总裁阿比和《大数据时代——生活、工作与思维的大变革》一书的作者维克托·迈尔·舍恩伯格分别做客"对话"节目，做了两期大数据专题谈话节目"谁在引爆大数据"与"谁在掘金大数据"。官方媒体对大数据的关注和宣传充分体现了大数据技术已经成为国家与社会普遍关注的焦点。

2015 年 8 月 31 日，国务院发布《促进大数据发展行动纲要》，提出要系统部署大数据发展工作，重点推进大数据在多个领域的应用，利用大数据等新技术打造服务贸易新型网络平台。同时，要强化数据安全保障，提高管理水平，促进大数据产业的健康发展。

2005 年到 2015 年的 10 年间，我国网民规模和互联网普及率迅速攀升，截至 2015 年互联网普及率为 50.3%，比 2014 年增长 2 个百分点。随着信息技术的创新，互联网的普及，数据量会不断扩大。据 IDC（互联网数据中心）预测，至 2020 年全球所产生的数据量将达到近 40 000 EB（1 EB=1 024×1 024 TB），届时，大数据将在行业变革中承担更重要的角色。

2016 年 4 月，为加快实施国家大数据战略，促进区域性大数据基础设施的整合和数据资源的汇聚应用，发挥示范带动作用，国家发展改革委、工业和信息化部、中央网信办函复贵州省人民政府，同意贵州省建设国家大数据（贵州）综合试验区。10 月 8 日，三部门发函批复，同意在京津冀等七个区域推进国家大数据综合试验区建设，包括两个跨区域类综合试验区（京津冀、珠江三角洲），四个区域示范类综合试验区（上海市、河南省、重庆市、沈阳市）以及一个大数据基础设施统筹发展类综合试验区（内蒙古）。大数据战略已经上升到国家战略的高度。

第三节　大数据概念的界定

究竟何为大数据？"大数据"一词可以从字面上理解为"巨大的数据量"。Manyika 等认为"大数据是指数据的集合，其大小已经超出了现有典型数据库获取、存储、管理和分析数据的能力"。达到什么程度的数据才可以叫作大数据？目前尚未形成一个普适性的定义。一般认为，大数据的量级应该是"太字节"，即 2 的 40 次方。当数据规模非常巨大达到某种程度时，会使数据呈现某些有价值的特性，而由于数据体量较大，这些特性无法通过传统的数据处理技术进行归纳分析，需要新的技术进行挖掘与分析。因此，大数据不仅指规模巨大的数据，而且是一种分析处理庞大数据的技术。涂子沛在其《大数据》一书中认为"大数据"是指一般的软件工具难以捕捉、管理和分析的大容量数据，以"太字节"为单位。"大数据"之大，不仅在于容量之大，更深层次的意义在于：因为人类分析和使用的数据量呈爆炸式增长，通过对海量大数据的交换、整合、挖掘和分析，可以发现新的知识，创造新的价值，由此带来"大知识""大科技""大利润"和"大发展"。

本节将从理论、技术、实践三个层面具体论述大数据的概念，如图 1-2 所示。

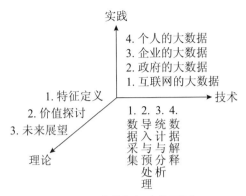

图 1-2 大数据概念的层面

一、理论层面

目前尚未有权威机构对大数据的概念进行统一界定，因此存在多个版本的定义。

1. John Rauser 亚马逊网络服务（Amazon Web Services，AWS）大数据科学家

大数据就是任何超过了一台计算机处理能力的庞大数据量。

2. 麦肯锡

大数据是指无法在一定时间内用传统数据库软件工具对其内容进行采集、存储、管理和分析的数据集合。

3. 维基百科

巨量资料（big data），或称大数据，指的是所涉及的数据量大到无法通过目前主流软件工具，在合理时间内达到撷取、处理并整理成为促进企业经营更积极决策的资讯。

4. 研究机构 Gartner

"大数据"是使用高效的信息处理方式以具备更强的决策力、洞察发现力和流程优化能力的海量、高增长率和多样化的信息资产。从数据的类别上看，"大数据"是指无法使用传统流程或工具处理或分析的信息。它定义了迫使用户采用非传统处理方法处理的超出正常处理范围及大小的数据集，其价值在于提高数据使用者的最终决策力（图 1-3）。

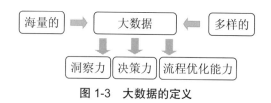

图 1-3 大数据的定义

5. 互联网数据中心（IDC）

大数据是为更经济地从高频率的、大容量的、不同结构和类型的数据中获取价值而设计的新一代架构与技术。

6.《互联网周刊》

"大数据"的概念远远超过了海量数据及处理数据的技术，或是类似的"4个 V"的简单理解，而是涵盖了人们只有在基于大规模数据能够做的事情，这些在小规模数据的基础上是根本无法实现的。也就是说，大数据让我们以一种前所未有的方式，通过对大规模数据进行分析，获取有巨大价值的产品及服务，或深刻的洞见，最后形成变革之力。

7.《大数据时代的历史机遇——产业变革与数据科学》

"大数据"是在多样的或者大量的数据中，迅速获取信息的能力。前面几个定义都是从大数据本身出发，我们的定义更关心大数据的功用，它能帮助大家干什么。在这个定义中，重心是"能力"。大数据的核心能力是发现规律和预测未来。

上述定义基本上都是基于大数据内涵本身，但在现实中，更重要的是大数据的价值与应用。因此下文将从大数据的定义、特征出发，了解各行各业对大数据的整体描绘和定性分析，挖掘大数据的独特价值，洞悉大数据的未来发展趋势，并从数据安全的角度重新审视数据的合理有效使用问题。

（一）特征定义

大数据作为数据本身具备三个特点，一是广泛存在性，即绝大多数产品与行为均可产生数据，是否记录主要取决于技术能力与成本考量；二是非独占性，即数据可被多次使用，尤其是公开的数据可以被其他人所使用；三是多认知性，即根据使用者的不同，同样的数据会产生不同的理解和使用方式。

而"大"为之带来的特点则是体量巨大，处理速度较快、数据类型多样、商业价值高和在线化。2001 年 2 月，梅塔集团分析师道格·莱尼发表了《3D 数据管理：控制数据容量、处理速度及数据种类》的研究报告，对大数据提出"3D 数据管理"的看法，即数据成长将朝三个方向发展，分别为数据即时处理的速度（velocity）、数据格式的多样化（variety）与数据量的规模（volume），被归纳为"3V 特征"。之后，随着资讯科技的进步，数据量的复杂程度越来越高，"3V"已经不足以形容新时代的大数据，因此在 2012 年，不仅莱尼提出调整现有的 3V 分析框架，而且包括高科技公司 IBM、国际调查机构 Gartner、IDC 等纷纷对大数据提出新的论述，在原本的速度、多样化与规模三个特征上，增加价值性（value）和在线的（online）两个特征。

大数据的五个特征联系紧密、协同交替，如图 1-4 所示。

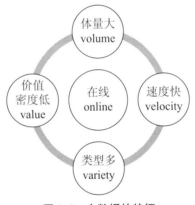

图 1-4　大数据的特征

（1）数据体量（volume）巨大，一般数据库的大小在 TB 级别，而大数据的起始计量单位在 PB（1 PB=1 024 TB）级别，有的甚至跃升至 EB、ZB 级别，包括采集、存储和计算的量都非常大。百度资料表明，其新首页导航每天需要提供的数据超过 1.5 PB，这些数据如果打印出来将超过 5 000 亿张 A4 纸。有资料证实，到目前为止，人类生产的所有印刷材料的数据量仅为 200 PB。

（2）数据类型（variety）繁多，有结构化、半结构化及非结构化数据，具体表现为图片、地理位置信息、网络日志、视频、音频等，其中个性化数据占绝大多数。多类型的数据对数据处理能力的要求更高，已冲破了之前所限定的结构化数据的范畴。

（3）处理速度（velocity）快，在数据量非常庞大的情况下，也能够做到数据的实时处理与分析，这与传统的数据挖掘技术有着本质的不同。数据体量的增大对数据的处理速度、时效性提出了更高的要求，如搜索引擎要求几分钟前的新闻能够被用户查询到，个性化推荐算法尽可能要求实时完成推荐。而大数据技术正好能满足这一需求，这也是其区别于传统数据挖掘的显著特征。

（4）价值密度低（value）。随着互联网以及物联网的广泛应用，信息感知无处不在，大量信息的价值密度很低，即尽管数据量大，类型多，处理速度快，但真正有价值的数据却很少。以视频为例，1 小时的视频，在持续不间断的监控过程中，有价值的数据可能只有一两秒。如何结合业务逻辑并通过强大的机器算法来挖掘数据价值，是大数据时代亟须解决的问题。

（5）数据是在线的（online），即随时能调用和计算的，这是大数据区别于传统数据最大的特征。在互联网高速发展的背景下，数据资源不仅仅是体量大，更重要的是表现出在线这一显著特征。数据只有在线，即数据在与产品用户或者客户产生连接的时候才有意义。如用户在使用某互联网应用时，其行为能够及时地传给数据使用方，数据使用方通过数据分析或者数据挖掘进行加工，对该应用的推送内容进行优化，把用户最想看到的内容推送给用户，就能提升用户的使用体验。

此外，业界还有人总结出大数据的其他特征，如数据准确性（veracity）高，随着社交数据、商业交易与应用数据等新型数据源的兴起，企业越来越需要有效的信息以确保其真实性及安全性；存活性（viability）低，是指特定情况下的大数据具有很强的时效性。

与传统数据服务相比，大数据服务拥有来自企业内部、外部市场及环境等不同来源的海量数据，通过传感器采集、互联网抓取等方式获取。快速发展的分布式计算及多样的数据分析模型使海量数据处理成为可能（图 1-5）。

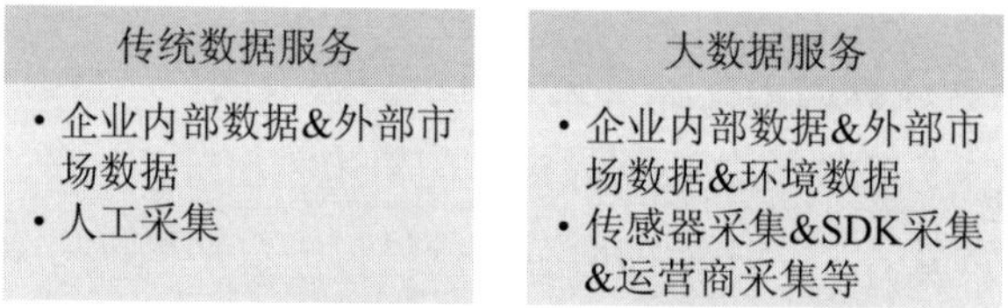

传统数据服务	大数据服务
· 企业内部数据&外部市场数据 · 人工采集	· 企业内部数据&外部市场数据&环境数据 · 传感器采集&SDK采集&运营商采集等

图 1-5　传统数据服务与大数据服务的不同

（二）价值探讨

随着大数据时代的来临，大数据技术开始广泛应用于越来越多的领域，但只有了解大数据的价值，了解大数据究竟会如何改变生活才能更好地利用大数据。因此，需要结合时代与社会背景来具体分析大数据，理解它如何在时代变革中发挥作用。

1. 技术变革

大数据的处理与分析正成为新兴信息技术应用融合的结点，并持续推动信息产业高速增长。移动互联网、物联网、社交网络、电子商务等是新一代信息技术的应用形态，这些应用会不断地产生即时数据，成为大数据的重要来源。云计算技术则为这些海量、多样化的大数据提供存储和运算平台，并通过分析优化，将结果反馈到应用中，使其创造出巨大的经济和社会价值。大数据价值的实现呼唤新技术、新产品、新服务、新业态的产生。这在硬件与集成设备领域表现为对芯片、存储性能提出更高的要求，并催生一体化数据存储处理服务器、内存计算等市场；在软件与服务领域表现为，引发了数据快速处理分析、数据挖掘技术和软件产品的发展。

2. 行业变革

大数据日益成为提高企业核心竞争力的关键因素，不同行业的企业决策正在由"业务驱动"转向"数据驱动"。对大数据的分析可以帮助企业为消费者提供更加快速和个性化的服务；可以为商家制定精准营销的策略提供决策支持；在公共事业领域，大数据在促进经济发展、维护社会稳定等方面起着重要作用。各行各业将在大数据技术的指导下，重新定义行业的未来，这将引发全行业的变革。

3. 思维变革

在大数据时代，科学研究方法将发生重大改变。抽样调查不再是社会科学研究中普遍采取的方法，而是通过实时监测研究对象在互联网上产生的海量行为数据，进行挖掘分析，揭示出规律性的东西，提出研究结论和对策。由于采集、存储、分析数据能力的提高，大数据时代下我们可以收集全体数据而非随机样本。当我们掌握了海量数据时，精确性就不那么重要了，因为我们足以掌握事情的发展趋势。同时，我们不再关注数据之间的因果关系，而是仅仅从数据中发现相关关系，让数据自己"发声"。如此的相关关系分析法能够更快、更准确地处理数据之间的关系，而且不易受偏见的影响，提高了分析决策的效率。探求数据价值取决于把握数据的人，关键是人的数据思维，与其说是大数据创造了价值，不如说是大数据思维触发了新的价值增长。

从哲学意义上说，大数据的价值来自"大成智慧"。每个数据来源都有一定的片面性和局限性，只有整合各类原始数据，才能体现事物的全貌。事物的本质与规律隐藏在各种原始数据之中。不同的数据能对同一个问题提供不同角度的互补信息，可以帮助更深入地理解相关问题。因此汇集尽量多种来源的数据是大数据分析的关键。

数据科学是数学（统计、代数、拓扑等）、计算机科学、基础科学和各种应用科学融合的结果。大数据能不能出智慧，关键在于对多种数据源的集成和融合。发展大数据的目标就是要获得协同融合的"无缝智慧"，单靠一种数据源会导致片面性。数据的开放共享是决定大数据成败的重要前提。大数据研究与应用要改变过去各部门和各学科相互分割、独立发展的传统思路，而是强调不同部门、不同学科的协作。

（三）未来展望

大数据的未来应用前景是非常光明的。虽然目前无法准确预测大数据最终会将人类社会带往哪种形态，但只要发展的脚步还在继续，因大数据而产生的变革浪潮将会波及这个星球的每一个角落。

未来大数据应用中一个难以绕开的问题就是用户隐私问题。如被央视曝光过的罗维邓白氏和分众无线涉及侵犯用户隐私。到目前为止，中国还没有出台专门的法律法规来定义用户隐私，必须利用其他相关法律法规来解释有关问题。但随着民众个人隐私保护意识的日益增强，在进行大数据分析时必须遵循合法合规地获取、分析及应用数据的原则。2012 年 3 月，Gartner 发表了一份题为 *Information Security is Becoming a Big Data Analytics Problem* 的报告，表示信息安全问题正在变成一个大数据分析问题，大规模的安全数据需要被有效地关联、分析和挖掘，并预测未来将出现安全分析平台，以及部分企业在未来 5 年将出现一个新的岗位——"安全分析师"或"安全数据分析师"。

对于大数据安全分析而言，最关键的不在于大数据本身，而在于对这些数据的分析方法。大数据安全分析可以使用大数据分析通用的技术与方法，但是当具体应用到网络安全领域的时候，还必须考虑到安全数据自身独有的特点及安全分析的最终目标，只有这样，大数据安全分析的应用才更有价值。例如，在进行异常行为分析，或者恶意代码分析和 APT（高级持续性威胁）攻击分析的时候，先分析模型才是最重要的。其次，才是考虑如何利用大数据分析技术（例如，并行计算、实时计算、分布式计算）来实现这个分析模型。

二、技术层面

大数据技术是大数据价值实现的手段和保障，下文将从数据采集、导入与预处理、统计分析和数据解释四个步骤来具体论述大数据的分析过程。

（一）数据采集

数据采集是指利用多个数据库来接收各种客户端（Web、APP 或者传感器形式等）的数据，并且用户可以通过这些数据库来进行简单的查询和处理工作。比如，电商会使用传统的关系型数据库 MySQL 和 Oracle 等来存储每一笔事务数据，除此之外，Redis 和 MongoDB 这样的 NoSQL 数据库也常用于数据的采集。数据采集是大数据处理流程的基础，目前常用的采集手段有条形码技术、射频识别技术（radio frequency identification，RFID）等。在大数据的采集过程中，面临的一个主要挑战是并发数高，如火车票售票网站、亚马逊、淘宝这样的网站可能同时访问与操作的用户数以万计，它们并发的访问量在峰值时达到上百万，需要在采集端部署大量数据库才能支撑。因此，需要深入地思考和设计如何在这些数据库之间进行负载均衡。

（二）导入与预处理

数据导入与预处理的主要任务是对采集到的数据进行适当的清洗、去噪、抽取和集成。一般而言，通过在采集端部署大量数据库能够采集到海量的数据，但是通过各种渠道获取的数据类型非常复杂，给后续的数据分析造成了困难。要想对这些海量数据进行有效的分析，应该将这些来自前端的数据导入一个集中的大型分布式数据库或分布式存储集群，经过数据处理环节后，数据结构变得单一而且易于处理。除此之外，有必要使用聚类分析或者关联分析等方法对数据进行去噪及清洗，从而保证数据的质量与可靠性。导入与预处理过程的主要问题是导入的数据量大，每秒钟的导入量常常会达到百兆、千兆，甚至更高级别的数据。

（三）统计分析

统计分析是大数据处理流程中最为关键的部分，也是发现数据价值的主要环节。由于大数据具有多样性特点，仅采用传统的数据挖掘、机器学习、智能计算等数据分析方法已无法满足大数据时代对算法提出的快速高效等要求。

因此，需要利用新技术对大数据进行有效的处理分析。其中主要使用分布式数据库，或是分布式计算集群等工具对存储的大规模数据进行普通的分类汇总及简单分析，从而满足大部分的基本分析需求。有些即时需求会用到 EMC 的 GreenPlum、Oracle 的 Exadata，以及基于 MySQL 的列式存储 Infobright 等，而 Hadoop 则被用来处理一些基于半结构化或批处理的数据。统计分析的主要挑战就是关联的数据量大，其对系统资源，尤其是 I/O 会有极大的占用，因此亟待提高基础设备的性能。

大数据统计分析具体可以概括为以下四个基本方面。

一是可视化分析（analytic visualizatons），这是用户最基本的要求。因为可视化分析可以直接呈现大数据的特点，并且非常容易为读者所接受，使得数据分析解读如同看图说话一样简明。

二是数据挖掘算法（data mining algorithms），这是大数据分析的理论核心部分。基于不同数据类型与格式需要多种各异的算法才能更科学地展现出数据本身具备的特点，才能深入数据内部，挖掘出数据应有的价值。与此同时，基于大部分数据的时效性特征，数据挖掘算法对于迅速处理数据而言至关重要，否则大数据的价值就会难以衡量。

三是预测性分析（predictive analytic capabilities），这是大数据分析最核心的应用之一。该种分析从海量数据中勘探出某些特征，在此基础上建立科学的模型，并随后通过将新数据导入模型以预测未来可能的结果。

四是语义引擎（semantic engines）。大数据时代下数据类型更加多样化，非结构化、半结构化数据的出现带来了挑战，需要用新的技术加以解决。而"语义引擎"能够从"文档"中智能提取信息，如从用户的搜索关键词、标签关键词或其他输入语义中分析并判断用户的需求，能实现更好的用户体验和精准营销，提高数据分析的效率。

（四）数据解释

解释与演示大数据的分析结果是数据解释的主要任务。不合适的数据显示结果会困扰和误导用户。在大数据时代，基于文本形式及屏幕输出的传统方式已不再适用，因此有必要通过数据可视化、人机交互等新型技术将分析结果生动形象地展示给用户，以帮助用户更加清晰地了解整个数据处理流程和最终结果。

三、实践层面

大数据的价值最终体现在实际运用中。下面将分别从互联网大数据、政府大数据、企业大数据和个人大数据四个方面来描绘大数据时代的美好蓝图。

（一）互联网大数据

据 IDC 预测，到 2020 年全球将总共拥有 35 ZB 的数据量。互联网是大数据发展的前沿阵地，随着 Web 2.0 时代的发展，人们似乎都习惯了将自己的生活通过网络进行数据化，加速了大数据时代的来临。互联网数据以每年 50% 的速度增长，每两年便将翻一番，目前世界上 90% 以上的数据是最近几年才产生的。

互联网领域大数据应用的典型代表可以简要归纳如下。

1. 用户行为数据

用户行为数据主要是通过在手机移动端、智能穿戴设备、智能家居、社交网站等客户端采集此类数据，进行用户的行为习惯与喜好分析，从而实现内容推荐、精准广告投放、产品优化等目的。微信在其朋友圈逐步投放广告，也是其利用用户行为数据进行精准营销的实践之一。

2. 用户消费数据

用户消费数据主要是通过电商平台、导购网站上的交易数据、浏览记录来实现对产品的精准营销以及对用户的信用记录分析，从而实现更精准地开展促销活动，评估用户的信用等级并协助其理财等功能。阿里集团凭借旗下的淘宝、天猫等购物平台收集了大量的用户交易数据和信用数据，能够对用户的消费习惯做出预测，在合适的时点进行大规模的促销，"双十一"购物节的成功就是很好的例了。同时，蚂蚁金融还推出了信用评估体系——芝麻信用分，并在此基础上开发了消费贷款产品——花呗，为其涉足互联网金融领域奠定基础。

3. 用户地理位置数据

用户地理位置数据主要是通过移动端对用户的地理位置进行定位，从而实现 O2O 推广、商家推荐、交友推荐等，以线上的营销带动线下的消费。大众点评、美团等团购平台就是利用了这种数据类型实现营销。

4. 互联网金融数据

互联网金融数据主要指 P2P、小额贷款、支付等交易记录以及信用记录，从而更精准地进行金融产品的营销、对金融产品及服务进行定价、提高风险控制的水平。

5. 用户社交等 UGC 数据

用户社交等 UGC 数据，即用户通过互联网平台向其他用户分享的自己原创的内容。UGC 不是某一种具体业务，而是用户使用互联网的新方式，由原来的以下载为主转变为下载和上传两者并重。YouTube 等网站是 UGC 的成功案例，社区网络、图片分享、视频分享等都是 UGC 的主要应用形式。收集这些数据可以用于趋势分析、流行元素分析、受欢迎程度分析、舆论监控分析、社会问题分析等，并可以从里面挖掘出政治、社会、文化、商业、健康等领域的信息，甚至可以用于预测未来。

（二）政府大数据

我国政府部门握有构成社会基础的原始数据，如信用数据、气象数据、环保数据、金融数据、电力数据、教育数据、煤气数据、道路交通数据、自来水数据、医疗数据、安全刑事案件数据、住房数据、海关数据、出入境数据、旅游数据等。这些数据在每个政府部门里看起来都是单一的、静态的。但是如果可以将这些数据关联起来，并对这些数据进行有效的关联分析和统一管理，那么这些数据必将创造出无法估量的价值。大数据拥有变革产业、变革社会的力量，在我国产业结构升级、城市规划、政治改革的进程中必然发挥重要的作用，这使得它成为国家战略的重要组成部分。

具体以智慧城市建设为例。现代化城市都计划走向智能和智慧，如智能电网、智慧交通、智慧医疗、智慧环保、智慧城市等，而这些目标的实现都需要紧紧依托大数据，可以说大数据是智慧的核心能源。基于国内整体的投资规模，到 2012 年年底全国开展智慧城市创建的城市数量超过 180 个，数据平台及通信网络等基建的投资规模将近 5 000 亿元。"十二五"时期智慧城市建设带动的设备投资规模预计近 1 万亿元。大数据将为建设智慧城市涉及的多个领域提供决策帮助。对于城市规划，城市地理、气象等自然信息及社会、经济、文化、人口等人文社会信息的挖掘可以为城市规划提供建议和协助决策，提高城市管理服务的科学性及前瞻性。对于交通管理，通过对道路交通信息的实时挖掘，可以有效缓解交通拥堵的情况，并且快速应对突发状况，为城市交通的正常运行提供科学的决策依据。对于舆情监控，通过网络相关关键词的搜索和语义智能分析，可以加强舆情分析的及时性及全面性，把握舆情，应对网络突发公共事件，打击违法犯罪等恶劣行为，多角度提高公共服务能力。最后，对于安防和防灾方面，利用大数据挖掘能够及时发现自然或者人为灾害、恐怖袭击事件，提高应急处理能力和安全防范能力。

（三）企业大数据

企业决策者需要借助充足的数据来做出科学决策。在未来，大数据就像一个巨大的杠杆，能够从局部撬动企业整体，提升公司的影响力，带来竞争差异，增加利润，愉悦买家，奖赏忠诚用户，将潜在客户转化为客户，增加企业对顾客的吸引力，开拓用户群并创造市场。以下三类传统企业最需要大数据服务：一是对大量的消费者提供产品或服务的企业，大数据能够帮助它们实现精准营销，从而降低成本、提高利润、提升竞争力；二是做小而美模式的中长尾企业，借助大数据分析能够对目标市场及客户做出更准确的分析与评价，协助它们实现服务转型与升级；三是在互联网浪潮的冲击下必须转型的传统企业，这类企业必须抓住大数据这一机遇，大胆革新、适时转型，否则必将被互联网企业所淘汰。

在未来，数据有可能逐渐成为企业的一种资产，并逐渐实现数据产业向传统企业的供应链模式发展，最终形成"数据供应链"模式。在这种情况下会出现以下两个较为明显的现象：一是外部数据的重要性日益超过内部数据，因为在互联网时代下，单一企业的内部数据与整个互联网数据比较起来犹如沧海一粟，企业外部的海量数据将发挥更重要的作用；二是如果一个企业能够提供包括数据供应、数据整合与加工、数据应用等多个环节服务，那么这样的企业会有较为明显的综合竞争优势。在这样的时代发展趋势下，一直做企业服务的行业巨头优势将不复存在，不得不接受新兴互联网企业的挑战，开启新一轮的激烈竞争。以 IBM 为例，上一个十年，他们抛弃了个人计算机业务，成功将业务重心转向了软件和服务。而这次它将远离服务与咨询业务，更多地专注于因大数据分析软件而带来的全新业务增长点。IBM 执行总裁罗睿兰认为："数据将成为一切行业当中决定胜负的根本因素，最终数据将成为人类至关重要的自然资源。"IBM 积极地提出了"大数据平台"架构，该平台的四大核心能力包括Hadoop 系统、流计算（stream computing）、数据仓库（data warehouse）和信息整合与治理（information integration and governance）。

（四）个人大数据

顾名思义，个人大数据就是与个人相关联的各种有价值数据信息的总和。

这些数据集被有效采集后，经本人授权后提供给第三方进行处理和使用，并获得第三方提供的数据服务。以个人为中心的大数据具有以下几个特征：一是数据仅保存在个人中心，只有经过本人的授权，其他第三方机构才能够使用，并且有一定的使用期限，必须接受监管，用后即焚；二是采集个人数据应该明确分类，除了国家立法明确要求接受监控的数据外，其他类型的数据都由用户自己决定是否被采集；三是数据的使用将只能由用户进行授权，数据中心可帮助监控个人数据的整个生命周期。

在此，对个人大数据时代的光明前景进行大胆展望。未来，每个用户都可以在互联网上注册个人的数据中心，以存储个人的大数据信息。其中，有一部分个人数据是无须个人授权即可提供给国家相关部门进行实时监控的，如罪案预防监控中心可以实时监控本地区每个人的情绪和心理状态，以预防自杀和犯罪的发生。除此之外，用户还可决定其他个人数据哪些可以被采集，并通过可穿戴设备或植入芯片等感知技术来采集捕获个人的大数据，如牙齿监控数据、心率数据、体温数据、运动数据、视力数据、记忆能力、饮食数据、购物数据、地理位置信息、社会关系数据等。用户可以将其中的牙齿监测数据授权给牙科诊所使用，由他们监控和使用这些数据，进而为用户制订有效的牙齿防治和维护计划；也可以将个人的运动数据授权提供给某运动健身机构，由他们监测自己的身体运动机能，并有针对地制订和调整个人的运动计划；还可以将个人的消费数据授权给金融理财机构，由他们帮助制订合理的理财计划并对收益进行预测。但是，个人数据中心的产生必然伴随着个人数据隐私被泄露的隐患，所以未来在推进个人数据中心建设的进程中需要解决的问题是如何通过有效的数据监管措施来保障数据的安全与合理利用。

第四节   大数据带来的变革

一、大数据产业的关键节点

（一）数据的挖掘和存储：对应云技术的运用和升级

云计算是大数据存储和分析的重要基础设施，正是云计算的发展迅速推动了大数据产业的发展，原因有如下三点：一是云计算按需付费和资源共享的特性降低了企业产生和使用大数据的门槛；二是低门槛的特性又推动了大量中小企业使用云计算，从而提高企业信息化程度，加速了数据的产生；三是云计算低使用成本高计算能力提升了企业的大数据处理能力。

云计算促进大数据产业发展的方式，如图 1-6 所示。

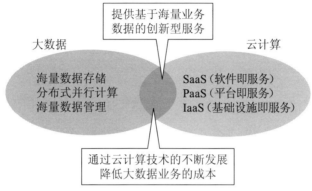

图 1-6　云计算大大促进大数据产业的发展

（二）数据的整理和分析：对应算法与 AI 的运用和升级

大数据算法及人工智能的迭代升级提升了数据分析能力。深度学习（deep learning）算法突破性地以更接近人脑的方式利用大量数据训练机器，通过训练使其自主掌握规律，而且结果将会随着数据量的不断增长而更加准确可靠。

（三）大数据技术的运用场景：对应政府、企业的开放，体量越大的传统行业，蕴含越大的大数据空间

根据《中国大数据发展调查报告（2015 年）》统计显示，过去制约企业大数据发展的最主要因素首先是政策限制（例如，隐私保护）；其次是数据资源的短缺和技术水平的不足；再次是投资大而没有看到明显效益；最后是诸如人才短缺等其他原因。政策方面，由于政策、法规的滞后性，数据跨部门、跨企业、跨行业甚至跨领域流动的需求被牢牢禁锢，这也使得政策限制成了摆在我国企业大数据应用面前的最大障碍。数据资源增长迅速，但是如何通过技术手段获取高质量的数据是企业面临的重要问题。

但随着政府对大数据战略的日益重视，政府和企业的数据开放流动正在开始。

政府拥有最丰富和最优质的大数据资源,各个政府部门掌握着社会第一手的原始数据,如房地产、医疗、教育、金融、交通、旅游、气象、电力、海关、司法、人口等各类经济和社会运营的基础数据。过去政府数据更新频率低且未向社会开放,因此社会并未充分挖掘这一块数据的价值,目前政府已经意识到数据的重要性并出台政策逐步开放大数据供社会利用。若政府大数据获得有效利用,将产生巨大的价值。

相应地,企业的经营中也将产生大量数据,包括用户信息、用户行为、产品运行数据等。根据《中国大数据发展调查报告(2015 年)》显示,企业对大数据资源最大的需求来自企业信息公开,继而是政府所拥有的大数据信息。过去互联网数据已经进行了大量的应用,未来随着企业销售、供应、经营的互联网化,企业与客户、供应商、中间商的互动互联网化将产生大量的数据。

二、大数据带来的六大趋势

信息技术的发展带来了产业形式、经济形态、商业模式、组织模式、文化习惯等多方面的变革,从表 1-1 中可以更清晰地看出产业变革的重点方面。

表 1-1 信息革命带来的产业变化

项 目	工 业 时 代	第一次信息革命:IT 时代	第二次信息革命:DT 时代
代表性基础设施	电力、交通网络等	数据中心、数据通信网络开始发育	云计算、互联网、智能终端等
投入要素	资本、劳动力、土地	"信息"开始体现价值	"数据"成为核心要素
代表性产业	汽车、钢铁、能源等	IT 产业,以及被 IT 化的各产业	DT 产业,被 DT 化的各产业,数据驱动的产业融合
核心商业主体	大企业主导,追求纵向一体化	大企业主导,由 IT 技术支撑起供应链协同	平台主导
新经济形态	规模经济,以产品为价值载体	范围经济,以服务和解决方案为价值载体	平台经济 + 共享经济
商业模式	B2C	大规模定制为最高形态	C2B
组织模式	泰勒制	传统金字塔体系受到冲击,各类监管概念盛行	云端制(大平台 + 小前端)
文化习惯	命令与控制	泰勒制松动	开放、分享、透明、责任

大数据的发展为我们带来了第二次信息革命,经过几年的发展,大数据即将带来的产业变革趋势已初见端倪。从当前的经济发展水平与大数据技术的融合中,可以预见的未来,几项已经存在的发展趋势正在扩大。

（1）应用无线化。大数据技术的广泛应用为数据采集与分析提供了更大的便利性与移动性，让终端设备与资料采集的作业更弹性而有效率，也为智能生活带来了可能。

（2）信息数据化。数据信息无处不在，而大数据处理数据的高速巨量、多样化、在线化使得信息的流通、交换、加工、运用更趋标准化与结构化，数据的应用变得更即时直接。

（3）交易无纸化。大数据、云计算支持下的在线交易平台凭借其实时性、便利性正在迅速地替代传统的线下交易与纸质凭证，彻底地改变了交易行为与资金流，并赋予未来微经济商业模式更多创新思考的可能性。

（4）思维智能化。大数据所产生的创新价值与人类交互并深入于生活之中，极大地改变了人们传统的思维方式，人的思维与新科技将会迎来前所未有的碰撞与火花。

（5）决策实时化。数据处理、分析技术的提高，改变了过去因数据获取成本过高而面临的信息不对称的困境，能够实现过去难以达到的实时性和精确性，大数据实时采集与加工极大地改变了决策与信息关系。

（6）线下线上化。海量数据使得线上与线下更加融为一体，未来仍将呈现线下更多地运用线上数据倾倒的趋势，线上与线下将连接在一起不能分割。

这些本质上的转变将会贯穿未来大数据发展的进程中，六个趋势会在各自的体系内深化发展与创新。商业价值会逐渐落地于各行业中，数据技术成为各行各业的优化工具或产生颠覆性创新。大数据本身的发展也将被自我颠覆，数据的采集、更新、识别、关联将会变得越来越自动化。

三、数据变革带来的五大领域颠覆

大数据带来的趋势转变将逐渐改变我们生活的方方面面，其中有几个领域将率先面临颠覆。

（一）数据安全

随着大数据的广泛应用，数据安全日益引起关注。2015年数据安全事件频发，随着全球各国逐渐采用更先进的数据安全技术并制定更完善的数据保护法律，数据安全监管趋严将是未来的一大趋势。

在数据安全方面，相比商业机密的保护问题，人们更注重的是如何守护个人隐私。数据安全意识提升的背后是人们对数据公开化及其风险的担忧。如果数据风险无法被有效管控，人们就无法在真正意义上信任数据，而这将在很大程度上阻碍日益发展的大数据产业。个人的隐私、公司机密乃至国家与国家之间的数据保护，将会是未来亟待完善的部分。当数据成为商业重要且关键的资产时，像"首席数据隐私官"这样的职业也就应运而生了，数据安全与数据隐私保护成为数据应用中不可或缺的一部分。

（二）分析的简化与外包

数据分析工作的简化与外包，预示着未来大数据将会向产业链分工的趋势发展。随着数据信息的迅速膨胀和大数据应用的逐步落地，越来越少的企业可以独立完成从原始资料采集、加工、分析乃至落地应用的完整程序。未来数据的每一个处理阶段，都有机会发展出专门的技术公司协助企业完成大数据应用前的整备工作。大数据产业链上的每一个环节都有可能产生新的问题与创新，大数据产业革新的每一阶段都有可能激荡出新的问题与机会。新的问题不断地聚焦起来，对应的数据源也趋于集中，这时一个新的产业链机会也就随之产生。中间层（iddle layer）的服务与创新，对于大数据产业的发展将扮演着至关重要的角色。

（三）政府的数据态度

从大数据产业链的整体来看，政府拥有最多的数据。因为政府锁定了大部分公共服务领域的关键数据源，它是公共数据开放的大资源，也是一把驱动大数据的金钥匙。政府的数据涵盖金融、医疗、能源、食品、交通、治安、环境等多个方面，且所有这些数据都是相对集中且十分关键的，政府数据的开放将是产业创新的催化剂，对于整体数据产业的发展也至关重要。2016年，我们可以观察政府对于公共数据开放的态度，而各个行业也可以顺应政府数据政策的脚步，开始尝试进入大数据驱动乃至大数据变革的第三阶段。

（四）多屏时代

过去几年间，手机极大地颠覆了我们的生活，但随着大数据的发展，可以预见未来有两个新的屏即将改变我们的生活：一方面是 Smart TV，即家里的电视屏，收集你看过节目的相关数据并且会向你推荐你爱看的节目，形成了自然数据闭环；另一方面是物联网汽车，将来所有汽车的内部都会像 Tesla 一样，中央显示屏控制每个部分、记录汽车行驶中的所有数据，信息的流动由此产生。可以根据时间分配（time share）和载具分配（device share）这两个层次来思考这个问题：通常情况下人在不同的时间会因为当时具体的环境状态，对不同的设备具有不同的依赖程度。在家时对 Smart TV 的依赖一般会比手机高，而离开家前往下一个目的地时，则更需要的是手机，如果是自己开车，车载导航或车载屏幕将会成为主要的关注对象。因而，未来互动的过程中我们应当更加关注如何采集到有价值的数据，并进一步对使用者的日常生活做出优化的回馈。

（五）数据行业化

互联网影响比较大的行业必然更容易数据化，因而大部分大数据应用的落地点都与特定行业相关，已经崭露头角的就有金融、医疗、电商等行业。下一步大数据的应用应该会在不同的领域各自发展，并不存在适用于每一个领域的通用的解决方案，而包括零售、医疗、教育、金融等行业都将因"互联网＋"的带动而发展。很多小公司起步，产生了很多小数据，这是从 0 到 1 的过程，然后整合碎片化的数据，最后积累大量数据。这三个进程的时间点加上不同的应用，铸就了行业大数据。未来大数据将从过去的浅层连结（weak link）转变为深层连结（deep link）。从大数据由浅而深的演变中可以观察到：从前习惯以行业为出发点，思考网络（数据）可以帮我们做什么，到了互联网和大数据的时代，则转变为以网络（数据）为出发点切入思考，再把原行业的思维放进来碰撞，看看可以激荡出什么样的创新思维。Uber、Airbnb 都颠覆了以往行业运用网络的概念，但只有这种思考与创新的方式才能将跨行业的东西提升出来。

四、大数据变革下的三大关键行业机会

从大数据对传统行业的颠覆来看，主要的机会在于中间层，尤其是在金融与保险、医疗、零售这三个行业。

（一）金融与保险

用一个词概括金融在大数据时代的机会点，那就是"微（micro）"。过去很多的创新都受到技术和数据能力的局限。未来数据的采集、加工和应用都将实践个人化的价值，将会激发很多金融商业模式。数据动态的意义，首先体现在金融保险体系里的客户监测。过去个人信用评估结果都是滞后的，往往无法

有效地反映最新的个人信用风险，导致银行或是保险公司不能提供最符合顾客需求和利益的服务。其次体现在将解决服务合理性的问题，也就是当客户使用了服务时，才向客户收取费用。

以汽车保险为例。过去我们对于汽车保险的保费设定，是根据客户过往的驾驶肇事记录来调整保费费率的，也就是说汽车保险的价格标准建立在投保车主的驾驶行为基础上。但肇事记录通常具有滞后性，在大数据时代可以利用更便捷的数据采集系统收集更动态的数据，用以预测危险驾驶的风险。或许，未来的汽车都会像特斯拉一样，通过车内安装的传感器，记录驾驶员如何踩油门（如习惯性的紧急刹车就是一种危险驾驶的讯号）、换道时是否打方向灯、是否频繁地按喇叭等行为。这些资讯都可以推断出驾驶员是否拥有安全的驾驶习惯。如果再把驾驶员的行车路线数据与政府公布的危险肇事路段的数据做对比，就可以知道这辆车每天上下班的路线属于怎样的安全等级。综合以上两类数据，即便没有肇事记录，保险公司也能根据这些数据来动态调整风险评比，并随时调整保费的费率。同理，如果车险是为了确保用车人在驾驶期间的风险，那么通过车辆的传感器，可以清楚了解这辆车有多少时间停在车库、又有多少时间处于被使用的状态，保费的计算也可以根据车辆实际承受风险的时间来对客户收费，这也就实现了前面所提到的动态计价。

（二）医疗

医疗领域当前所面临的最大问题是数据未能整合，不同医院之间未能实现数据信息的互通，比如在 A 医院却拿不到之前在 B 医院开的病历。另一个大问题是中国人口老龄化严重，导致医疗费用负担沉重，因病返贫十分常见。只有降低医疗成本，减少资源和药物的滥用，才能根本性地减少政府负担，让资源分配给真正需要的人。美国福特公司的 30 万员工，每年享有 30 亿美元的医疗保险预算，但这笔钱过去只有一个人在管。1997 年福特在这方面第一次引入数据应用，分析之后发现有人竟然 150 岁还在领医疗保险，有人一年领两次怀孕补助等不合理的现象。这些都是无谓的资源浪费，但如果不通过数据，可能永远也不会发现这样的谬误。医疗是一个连续性的行为，一个人从健康、亚健康乃至疾病的阶段都不是突发的，背后都有遗传或是生活饮食习惯的脉络可循。很多疾病的危险信号常常是因为信息未能互通而被忽略，如果充分利用信息则可减少危险发生，如美国曾经通过传染病传播数据，预估要生产多少疫苗以及各区疫苗使用状况，大大地提升了疾病防治效果。

（三）零售

对于零售业，最重要的就是如何运用数据把供应与零散的需求做匹配。买家希望得到的是："我要什么？最快帮我找到我要的东西。给我最好的价格，用对我最方便的方式付款，在刚好的时间送达。"满足顾客需求，商家就会成为赢家。供应方则希望知道："怎样才能满足消费者？怎样用最小的库存，最快的方法，最合理的利润率来服务顾客？供应链的处理怎样可以变得更好？怎样减少成本浪费？"以数据驱动为基础的线上零售发展已经十几年了，但线下将会出现什么情况？当 POI 逐渐成熟，拿着手机，处处都能发挥大数据的连接能力，时刻都是机会点。人们懒得再特地下载一个应用程序购物，线上再发达，某些时候它也不是最方便的渠道。要想改善零售用户的体验只有开展全渠道的服务，对零售业来说，最好就是线上线下都能覆盖到。只有 online 的应用程序是不够的，最好连 offline 的渠道都能拿到，不然很容易就会被别人弯道超车，因此全渠道的打通和合作策略是零售业在 2016 年关注的一个重点。

"推荐"将是另一个爆点服务。现代人能在同一时间享受多种服务，浏览多种产品讯息。但数十万款与你有关的商品摊在你的眼皮底下，你怎么选择？人主观上都希望自己可以选择，但面临太多选择时，选择本身反而变成了一种负担。所以未来的"推荐"应该是游合于"优选"与"逛"之间。大数据让手机变成个人消费助理，不断跟着你走，也不断领着你走，就会在商家和消费之间成为一个媒介。最后，零售业的根本是"生产"问题。数据将成为产品创新和改良的依据，从设计到生产、包装、销售、售后的过程中观察与不断优化，最终能够帮助商家生产出符合顾客需求的商品。虽然是老话一句，但还是不得不再重申一次："大数据时代对零售业来说不是一个单纯的转型问题，而是一个攸关存亡的生死问题。"

五、数据交易的变革

（一）数据交易的本质

数据的本质，是蕴含在数据背后的信息和知识，其与普通商品的流通有着完全不同的特征。要想清晰地了解大数据带来的数据交易的变革，就需要深入探索数据交易本身的固有特征。

数据交易的第一个特征是数据是一种无形、能反复交易的物品。数据的交易，与传统商品流通或者互联网的流量交易与变现的最大区别就是数据的可反复交易性。从理论上说，数据可以同时卖给各个不同的买家，因为数据出售的边际成本接近零。这一特征与数字内容十分类似，数字内容包括了软件技术、游戏、电影、唱片等拥有明确版权的无形商品，它们的共有特征同样都是内容制作需要大量的成本，但后续销售的边际成本接近零。

在定价理论中，像数字内容这样供应量无限的商品，其最优定价是客户群的平均客户感知价值（customer perceived value，CPV），即买家内心感知该商品的实际价值，相当于买家意愿中的最高出价。而在实际中，有大量的应用采取免费使用、后向变现的模式，因为免费应用可以通过会员制、流量变现等方式构筑严密的商业模式闭环。而数据则带有准生产资源的性质，只要能合理分发到特定的需求方，数据很容易就能转变为价值。而对于一个商业模式最为关键的一点，就是能创造显著与持续的收益，而对数据进行大规模免费共享并不是实现总体收益最大化的模式。而数据不适合共享的第二个原因，就是数据的价值相对性。即使是同样一个数据集，对于不同的企业其价值可能有天渊之别。因此，对于数据这种相对价值差异极大的产品进行定价，免费模式就几乎不可能达到经济上的帕累托最优。

数据交易的第二个特征是数据价值的相对性。数据需求方的不同要求，使得某些数据对于特定的人群是有价值的，而对于其他人群其价值十分有限。即使是拥有对于几乎所有的企业都是非常有价值的数据，例如拥有整个中国 13 亿人的兴趣爱好标签数据，但实际上大部分企业只是需要其中的一部分而已，如母婴电商只需要关注其中的女性用户数据。让数据需求方把全体数据买回去显然是不符合市场规律的，数据交易需要给予数据需求方"挑数据"的权力。

上述案例充分说明了数据总体价值在需求方中的差异性，以及数据本身内在价值分布的差异。对于大部分数据交易，使用传统商品交易的方式，即供给方简单为数据贴上一个价格标签挂平台出售的方式是不合适的。而采用竞价拍卖，即需求方定价，显然更符合市场的实际情况。

数据交易的第三个特征是交易不局限于数据本身，还包括知识。这个看起来非常显而易见的观点，实际是数据交易中最为核心的原则。在未来成熟的数据交易市场中，主要交易的量会围绕蕴含在数据背后的知识，而数据的知识发现（knowledge discovery in data，KDD）将会是数据交易市场的核心任务，其中的道理也是显而易见的，需求方分别把数据买回去然后做个应用无疑是不经济的，更好的模式是，知识已经由数据交易市场以云计算的形式处理好，由需求方直接购买回去使用。而至于怎样对这些"无价"的知识进行定价出售，数据交易市场需要设计一套巧妙的机制，通过需求方定价的方式去激活市场。在未来，数据交易产品化将会是重大趋势，而数据知识发现是其中的核心问题。

数据交易的最后一个特征是数据涉及的隐私性。目前的数据交易之所以困难，在于大部分有交易价值的数据都与用户的个人隐私有紧密关联。如国内三大电信运营商虽然具备用户全行为洞察以及跨屏数据的巨大优势，但在数据变现中脚步蹒跚，最主要原因在于用户隐私红线。因此，在数据交易中必须把数据当事人也考虑在内，充分考虑数据交易的"四方关系"。

（二）未来的数据交易市场

除非数据交易市场的存在能够显著降低数据交易的交易成本，否则数据交易双方是没有任何理由在交易市场开展交易的。数据交易的成本，由搜寻成本、因信息不对称导致的风险成本、议价成本（狭义的交易成本）组成。其中搜寻成本是数据买卖双方对接需求并成功撮合所需要付出的成本；而风险成本是由于数据交易的双方信息不对称，所出现的卖方夸大数据价值、以次充好等道德风险行为；而议价成本是双方在数据定价问题上讨价还价带来的价值损耗。如果缺乏一套有效的数据定价机制，则交易双方会围绕数据定价损耗大量的精力与成本，将大大降低市场的效率。

下面我们从数据交易市场的交易对象、参与方与定价这三个不同的角度阐述数据交易市场运行的模式及其定价机制。

1. 数据交易市场的交易对象

数据交易市场的交易对象就是可交易的数据，可以分为两类：第一类是非闭环数据，即不涉及任何个人隐私的统计性与科研数据，如各类经济及行业统计数据、用于工程及研究目的的数据，如声音语料库、城市交通数据、匿名的上网行为数据等。这类数据由于不涉及个人隐私，一般可以认为产权属于所有方，采取"柜台式"报价挂牌交易即可。

而国内数据交易平台——"数据堂"就是第一类数据交易的典型，这类数据在交易过程中的搜寻成本相对较低，通过传统的检索技术就能快速撮合数据买卖双方，但也存在出售方夸大数据价值、以次充好的风险成本。有一个具有启发性的思路是，数据交易中心可借鉴手机应用商店做法，设计激励政策将数据供给方的角色从"出售者"转变为"数据长期运营者",即鼓励供给方不断维护、升级所提供的数据,比如勘误、定期更新数据(类似应用商店中的版本管理),激励手段如给予活跃维护数据的供给方的数据产品提供在平台上更多的曝光、平台扣取部分收入做根据购买者售后投诉情况的备用赔付金等。长此以往,数据需求方不再是花钱"购买数据"而是"订阅数据",这样不仅能减少提供方"以次充好捞一票就走"的行为,也更能体现交易对象是数据服务的本质。

实际上第一类数据的交易中还存在另外一个交易风险成本,那就是如何保证数据购买方获得数据以后,不会私下把数据重复卖给其他需求方,这个风险不解决,势必在大范围数据交易中降低数据供给方对于数据收益的预期,从而导致数据供给方不得不提升数据售价,反过来迫使购买方通过私下倒卖的方式降低自身购买成本,形成恶性循环。从这一角度出发,数据交易市场可以通过指定规则与设置技术手段提升购买方的违规成本,如严格的准入与会员等级特权制度,促使购买方珍惜自身交易资格避免违规,同时运用技术手段在数据中加入用于识别的随机信息,从而轻易追查出私下倒卖的会员。

而数据交易中的第二类数据,即涉及个体用户的行为与兴趣的隐私数据,蕴含着巨大的商业价值。这类数据交易前应把 PII 信息(个人身份可辨识信息)去除,但用于找出这个用户的虚拟用户身份标识是不能被去除的,否则哪怕数据再有内涵,无法定位到用户并转变为营销与洞察,这类数据都是难有用武之地的,但保留用户身份标识又涉及了隐私保护的问题。正是由于对于隐私保护的忧心忡忡,第二类数据的交易难度与成本都非常的高,而如何促成这类交易,则是数据交易市场的核心任务。

无论是个人征信、在线广告定向、大数据精准营销都与细分到个人的第二类数据密切相关,同时在线广告业的实践证明,这类数据虽然涉及隐私问题,但并不是不可交易的,需要的是一套隐私保护与管理机制。同时,第二类数据交易也将会是未来数据交易的核心内容,而交易过程的隐私保护与管理机制同时将会是数据交易市场的核心竞争力。

此外,对于数据交易的最佳隐私保护方法不是试图隔离用户的知晓,而是让用户这个数据当事人能参与其中,甚至获取部分数据交易的收益。例如,对于允许自身数据被制作为兴趣标签的用户,在精准推荐中能获得商家更好的折扣。如此的良性互动才能提高数据交易市场的效率。

2. 数据交易的参与方

现在业内每当在新挂牌的数据交易所会员名单中，发现赫赫有名的互联网巨头时都会莫名兴奋，仿佛数据交易即将会因为这些数据资产寡头的到来而即将被激活一样。但数据交易市场作为一个双边平台，其兴起的根本要素在于具备足够数量的活跃供给和需求方，除了巨头以外，更应当关心长尾数据，即散落在不同所有者上的零散数据，每个所有者拥有的数据量不会特别大，因此不足以激励他们想办法变现数据。而数据交易中心则作为一个平台能够提供便捷的数据变现能力，需要吸引到长尾数据供给方的到来，并提供平台能力帮助中小数据供给方变现手中的数据。

大数据交易的价值，还应该体现在交易的多样性上，如何吸引长尾数据的到来，是数据交易市场的另外一个关键任务。

3. 数据交易的定价

数据交易市场的存在就是为了降低数据交易中存在的高昂风险成本。针对特定的数据，我们应当采取不同的定价策略，实现交易成本的最小化。因此，下文把数据交易的定价分为第一类数据和第二类数据。

第一类数据即不涉及用户隐私的统计或科研数据，其定价相对比较简单，大部分情况下，采取供给方定价的形式就足够了。一方面是因为这类数据不涉及个人，其价值相对性的波动不大，无须采用更复杂的定价模式；另一方面是采取供给方定价的方式能将数据产品运营权保留在供给方，使其能够以各种如限免、促销等方式运营数据，使得有价值的数据能够普惠更多的需求方。

而第二类数据即个人特征行为数据，由于能直接用于如个人征信、营销等商业用途，其价值相对性的波动会非常大，大到甚至连供给方都不能准确评估其市场价值的程度。因此，这类数据比较理想的定价方式是需求方定价，如在线广告数据平台 Bluekai 的定价方式就是采取数据竞拍即需求方定价的方式，价高者得，同时控制数据的供给数量，确保一份有价值的数据仅被一到两家客户所有。

个人特征及行为数据的鲜明特点是超乎想象的细分程度，数据需求方仅会对其中一小部分数据感兴趣，如上海的淘宝卖家一般只关心江浙一带的用户数据，使得供给方对千千万万的细分数据做定价变成了几乎不可能的任务。正如当初 Google 推出搜索引擎关键字广告时，根本不可能对几百上千万的各种关键字逐一定价出售，最有效的方式就是采取需求方定价，即关键字竞价形式，综合出价最高的广告主将赢得对应广告位的展示机会。

当然，为实现第二类数据交易的需求方定价，数据交易市场的规则设计是核心问题，另外还离不开的是数据产品化。在交易之前，数据知识发现应该由数据交易市场完成，即数据已经由数据交易市场以云计算的形式经过充分的处理与挖掘，由需求方直接竞价购买使用。

（三）对于未来数据交易市场的建议

目前得益于大数据这一迅猛的风口，在不同省市的政府与商界的推动下，各地数据交易中心如雨后春笋般成立。鉴于政策红利和对后续牌照发放的不确定性，先搭台后唱戏的策略实属无可厚非。正如前文所述，数据交易市场的核心定位是降低交易成本，无法具备这一能力的数据交易中心在长期上是注定要被市场淘汰的。

与挂牌相比，数据交易中心的运营是更为艰难的任务，世界上也许没有第二种商品的交易会像数据那样具备想象力和创造性了，对于数据交易中心的短期发展，有几个可供参考的建议。

（1）数据交易中心首先应该从不涉及个人隐私的统计与科研数据开始入手，着力促进这些数据的交易。

（2）数据交易中心需要具备专业的数据应用团队，帮助对接数据产品化问题。这个专业的团队在交易中承担"催化剂"的角色，撮合供需双方交易的顺利开展，以化解交易市场虽然发展了大量会员但交易量极低的尴尬。

（3）设计良好的制度框架，将数据供给方的角色从"出售者"转变为"数据长期运营者"，以维持交易市场的长期活跃，这是交易市场发展的根本。

（4）试错第二类数据的交易，也就是涉及个人用户，存在一定隐私保护问题的用户特征与行为数据。

对于数据交易中心的长期发展，在于找到一套成熟的方案，能够公平合理地交易蕴含着巨大商业价值的第二类数据，这是对于数据交易中心的终极考验，也异常困难，但倘若能做到，则未来的数据生活或许因此而改变。

本 章 小 结

大数据概念的提出离不开特定的时代背景，技术进步、产业升级及社会历史的积淀都促使了"大数据"概念的诞生。本章首先从大数据概念的历史演变过程出发，讲述了大数据的主要发展阶段，以及国外主要发达国家和国内大数据的发展现状。接着从理论角度讲述大数据体量大、速度快、类型多、价值性、在线化等特征，并指出了大数据将带来变革时代的力量以及未来可能面临的潜在挑战；从技术层面剖析大数据实现价值所经历的四个步骤，即数据采集、导入与预处理、统计分析和数据解释；从实践层面探讨互联网、政府、企业和个人的大数据价值体现，以便更深入地理解大数据的概念。最后，阐述了大数据带来的产业变化趋势、行业颠覆以及三大关键行业的变革，揭示了数据市场的未来发展趋势和变革。

理解大数据的概念是实现数据价值的前提条件。只有深入理解大数据的概念，才能合理运用大数据技术，使其成为创新变革的动力和推动时代进步的力量。

第二章

大数据思维

　　大数据不仅是客观存在的，而且是一种新的思维方式，将成为使用主体的竞争优势。我们必须主动学习大数据、利用大数据才能在未来世界赢得先机，以创新驱动发展。大数据时代需要每一个个体、企业和政府采集数据、自动储存、客观分析及全面运用，决策者也越来越离不开大数据里蕴藏的巨大价值。而大数据中体现的思维方式也引领着时代前进的方向，对传统的思维惯性造成了巨大的冲击。同时，这样的思维转变也将影响传统行业的发展前景，甚至对国家战略产生一定的影响。

第一节　大数据思维的内涵与构成

当数据处理技术已经发生了翻天覆地的变化时，人们对数据的观点、思维方式也随之发生了转变。实际上，大数据与六个重大的思维转变有关，这六个转变是相互联系、互为因果，并相互作用的，它带来了传统思维方式的变革。

一、总体代替样本

数据处理技术的革新使得我们有能力，也有更大的需求去寻找所有的数据，利用全部数据进行分析，而不再仅仅依靠样本数据。

在过去，采样的目的就是利用最少的数据获取最多的信息，以降低信息获取的成本。但是，在我们可以用更低廉的成本获得大规模数据的时候，采样方法就失去了其原有的意义。数据处理技术已经发生了巨大的改变，但我们的思维与方法无法跟上这种改变。

采样一直存在着得到我们广泛认可但始终有意避开的缺陷，即采样忽视了细节的研究，但是现在这个缺陷越来越难以忽视了。虽然我们别无选择，只能使用采样分析法来进行考察，但是在很多领域，从收集一些数据到收集尽可能多的数据的转变已经发生了。如果可能，我们就会收集所有的数据，即"样本＝总体"。

正如我们所看到的，"样本＝总体"是指我们能对数据进行深度探讨，而采样几乎无法达到这样的效果。例如，用采样的方法分析整个人口的情况，正确率可达97%。对于某些事物来说，3%的错误率是可以接受的。但是无法得到一些微观信息，甚至会失去对某些类别信息深入研究的能力。生活中真正有趣的事情常藏匿在细节之中，这是采样分析无法捕捉到的。

所以，我们现在经常会放弃样本分析这条捷径，选择收集全面而完整的数据。我们需要足够的数据处理和存储能力，也需要更先进的分析技术。同时，简单廉价的数据收集方法也很重要。过去，这些问题中的任何一个都很棘手。在一个资源有限的时代，要解决这些问题需要付出很高的代价。但是现在，解决这些难题已经变得简单易行。曾经只有大公司才能做到的事情，现在绝大部分的公司都可以做到了。

通过使用所有的数据，我们可以发现如若不然，则将会在大量数据中淹没的情况。例如，信用卡诈骗是通过观察异常情况来识别的，只有掌握了所有的数据才能做到这一点。在这种情况下，异常值是最有用的信息，你可以把它与正常交易情况进行对比。这是一个大数据问题。而且，因为交易是即时的，所以你的数据分析也应该是即时的。

大数据技术的运用首先要数据全量在线。现在太多系统都是孤立的，银行对公、对私，还有卡业务都是分开的，当把所有业务糅合在一起时，会发现很多客观规律。现在有了大规模的计算能力，我们就不需要进行干预，完全让机器自己去找规律，让机器去找出海量数据中的建模规则，这完全是黑箱建模的思路。黑箱建模让我们发现了很多以前我们不知道的内容和规律。比如，以往认为反洗钱只存在 40 多种在线规则，而利用机器学习可以推翻这一结论，发现了 1 000 多条在线规则。针对保险用户，我们也可以通过异于常理的现象发现商机。比如，在 9 000 多万用户中有百分之零点几的用户的年收入 4 万多元，但买了 7 万多元的保险产品。那么相应的销售人员是用什么样的保险理财理念去推销产品的，有什么样的经验，这都是需要探索的。

当然，为了面向用户，所有大数据的处理要做到容易解读。但客观讲，阿里从来不解读，而是细分到碎片化以后直接做匹配、工具操作。阿里没有任何一个人会在你购物买了这个包以后，给你推荐另外一个包。分析决策的过程全部是用一个基础矩阵做的，是一个端到端的匹配操作，当分析结果出来以后，就直接执行了。所以在这个过程中，全量数据可以帮助发现业务规则。这其中就涉及很多模型。以前可能只是在北美金融界进行一些深度学习，都是比较学术型的。现在大数据很跨界，在大数据的学术范畴里，不仅有 IT 的人、统计的人，还有物理学、经济学、金融的人都在其中。学科交叉非常明显，它是一个基础的现代跨界科学。

在无假设条件下，通过机器学习能发现用户的一些特征。这些工具、方式、方法，帮助金融用户非常清楚地了解到以前未知的市场和未知的用户。就像互联网企业一样，通过这些了解，能够对这些用户进行有针对性的操作。

二、关注效率而不是精确度

大数据标志着人类在寻求量化和认识世界的道路上前进了一大步，过去不可计量、存储、分析和共享的很多东西都被数据化了，数据体量迅速增大，而我们对数据的关注点也开始从精确度转变为效率，那些海量却不那么精确的数据为我们理解世界打开了一扇新的大门。大数据能提高生产效率和销售效率，原因是大数据能够让我们知道市场的需要，人的消费需要，使企业的决策更科学。

在互联网大数据时代，企业产品迭代的速度也相应地在加快。竞争是企业的动力，而效率则是企业的生命，效率低与效率高是衡量企业成败的关键。一般来讲，投入与产出比体现了效率水平，追求高效率就是追求高价值。从手工、机器到自动机器、智能机器，效率正逐渐提高，尤其是大数据技术的推广使数据的智能分析更加便捷易行，甚至能够部分代替人脑的思维劳动。智能机器的核心是由大数据驱动的，因而大数据将成为企业未来竞争的核心资源。在快速变化的市场，快速预测、快速决策、快速创新、快速定制、快速生产、快速上市将成为企业行动的准则，也就是说速度就是价值，效率决定价值，而这一切都离不开大数据思维。

在大数据思维的指导下，企业将用效率的思维方式去思考问题、解决问题。大数据思维有点儿像混沌思维，确定与不确定交织在一起，过去那种一元思维结果，已被二元思维结果取代。过去寻求精确度，现在寻求高效率；过去寻求因果性，现在寻求相关性；过去寻找确定性，现在寻找概率性，对不精确的数据结果已能容忍。以前我们了解一件事情，大多要求是非常准确、非常精确的，不允许有任何混杂性的操作，要完全匹配。而在互联网大数据时代，只要大数据分析能够指出可能性，得出相应的结果，就能为企业快速决策、快速动作、抢占先机创造条件，提高了企业的运营、管理效率。

例如，当美国面对流感这一突发性疫情时，Google 就利用 Twitter 及其他互联网上的信息，利用大数据技术通过搜索引擎对相关关键词进行主题跟踪，成功地得到疫情分布状况。它是通过描述主题来完成数据分析解读任务的，我国爆发 H7N9 禽流感时也运用了类似的技术。天云大数据公司采用语义空间主题投影方式，跟踪了数百个相互关联的信息点，建立了语义网络，在二度以上传播空间深度挖掘，从而发现了更多不为人知的事实。其中用到了上千个变量，有 H7N9、流感、豆粕、鸡、发热、口罩、医院等，每一个变量都有权重，每一个变量都有依赖关系，这些权重和依赖关系从数亿片的论坛、微博、专业资讯网站里抽取出来。以此为依据建立模型以后，就可以跟踪整个主题变化。其中，将主题热度与豆产品价格做比较时，显示出明显的负相关性，这一信息可以转变为巨大的价值。对于期货公司而言，这些碎片化的公共信息一经分析、挖掘就可以指导其做出正确的市场操作，具有巨大经济价值。

那些以前我们认为碎片化、情绪化、难以量化的东西，现在都可以依靠大数据技术被合理量化，并运用大数据的思维实现它的价值。但是随着互联网时代的深入，社会发展的脚步越来越快，企业能够根据数据信息做出预测，先一步采取行动就能够抓住时代的机遇，因而对数据分析技术的高效性要求符合时代的趋势，是大数据思维下的必然选择。

三、关注相关性而不是因果关系

大数据时代数据海量性、多样性的特征以及对数据信息结果时效性的要求，都使得数据结果关注相关性而不是因果关系，也就是说只需要知道是什么，而不需要知道为什么。在这个不确定的时代里，等我们去找到准确的因果关系，再进行决策的时候，信息已经失去了时效性而丧失了价值。因此，社会只把关注点放在相关关系上，放弃对因果关系的渴求，这就推翻了自古以来的惯例，那么我们做出决定和理解现实的最基本方式也将受到挑战。而大数据思维最核心的特征之一，就是突破传统的因果思维并转向新颖的相关思维。

传统的因果思维是说我一定要找到一个原因，推出一个结果来。而大数据不必深究原因，也不要求必须采用科学的方法系统性地论证两个事件之间必然存在的某种因果关系。大数据唯一的需求在于，针对某个发生的迹象，按照一般的情况，数据统计结果中的高概率情形对应于该迹象会导致的结果。那么在这样的信息支持下，一旦该种迹象出现，人们就可以对其后果进行预测，并据此做出决策。基于此，人们的决策将可以免受人员、环境的干扰，单单由数据判断出相应的结果，提高了数据的客观性和可靠性，并且也符合效率思维。

大数据时代的来临为我们带来了全新的思维方式，在挖掘相关关系的过程中，能够发现看似毫不相关的事件中隐藏的关系，并在实践中充分展示出其优势，使得全世界的商界人士都在惊叹：一家超市从一个17岁女孩的购物清单中，发现了她已怀孕的事实，为她推送母婴产品的优惠信息；或者将啤酒与尿不湿放在一起销售，神奇地提高了二者的销售额。大数据透露出来的信息有时确实会起颠覆性作用，比如，腾讯一项针对社交网络的统计显示，爱看家庭剧的男性比女性的两倍还多；最关心金价的是中国大妈，但紧随其后的却是"90后"；在过去一年，支付宝中无线支付比例排名前十的竟然全部在青海、西藏和内蒙古地区。这些信息越是出乎意料，就越能为相关企业的未来业务调整带来启示。

当然，关注相关性，不是不要因果关系，因果关系还是基础，是科学理论的基石。只是在高速信息化的时代，为了得到即时信息，进行实时预测，通过快速的大数据分析技术寻找到相关性信息，预测用户行为，为企业快速决策提供支持，是一种更经济有效的处理方式。

寻找原因是一种现代社会的理论，大数据推翻了这个论断。当习惯用相关性的思维方式来思考问题、解决问题时，过去寻找原因的信念正逐渐被取代。当世界由探求因果关系变成挖掘相关关系时，我们怎样才能既不损坏建立在因果推理基础之上的社会繁荣和人类进步的基石，又取得实际的进步呢？这是值得思考的问题。

四、平等关系代替层级关系

平等性意味着各种数据的重要性是一致的，这与原来层级分明的金字塔式结构显然不同，突出了民主和平等的概念，形成了平起平坐的扁平式结构。在小数据时代更强调系统的层次结构，金字塔式的、不平等的等级结构更为实用，由此来强调系统要素之间的层级关系，突出结构中的重点。在等级结构中，从不同要素间的层级关系与相互联系，可以通过层层还原来不断揭示出要素之间的关系，并强调金字塔底的基础作用以及上下级的领导关系。而数据体量的增加使得这样的层级关系面临着挑战。在大数据的海量数据中，某些数据的重要性不再那么突出，所有的数据更多地是处于平等关系，因此不会特别突出某些数据的关键作用，每一个数据都具有价值。

相应地，数据的平等性特征也会反映到企业与社会关系中，越来越凸显出群众的价值。在大数据时代，企业组织架构由金字塔式趋向扁平化，这一改变能够提高企业的运作效率，使每个人都发挥出各自的价值。社会关系也趋向平等，借助互联网平台的开放性，每个人拥有平等的话语权，这将推动社会民主化的进程。

五、开放创造更多的价值

大数据的开放和包容能够创造出更多的价值，一切数据都对外开放，没有数据特权，从原来的单位利益、个人利益变为全民共享。从过去的实践经验中可以总结，封闭会导致混沌和腐败，开放则带来有序和生机。以往受到数据处理能力的限制，在对研究对象进行研究时，往往通过把对象与环境隔离开来，以简化模型、总结规律。因而，在社会生活中，我们也通过将社会划分为不同的部门或利益共同体加以分析。然而在实际中，不同利益共同体为了自身的利益各自为政，不愿意把信息对外公布和分享。当然，过去受到技术条件的限制，即使想跟公众分享也难以实现。

但是，在大数据时代，互联网、云技术等信息技术的普及带来了更方便快捷的共享手段，使得数据的普遍共享与开放成为可能。随处可见的计算机、智能手机、摄像头和许多其他信息收集设备及存储设备将大量数据存放于公共空间，为公众共享信息提供了基础。与此同时，数据的开放与共享也符合绝大多数人的利益与时代的趋势。大数据时代是一个开放的时代，数据的分享使得隐私的空间越来越小，分享与共享成为大众的共识，传统的小集团利益被打破，形成了一个透明、公开的社会。消费者与企业、企业与企业之间的数据共享有利于打破信息不对称的局面，提高市场的效率。而政府层面的数据信息整合与开放，能够提高公共部门的效率，进一步增加人民福祉，促进不同领域的合作共赢。更重要的是，开放与共享符合大众的期望，信息的公开与透明能够消除因封闭、封锁而导致的腐败，给社会经济带来勃勃生机。

六、关注事物的动态发展规律

世间万物都处在不断的发展变化之中，数据会随时间不断动态发展变化。大数据技术的发展使得人们可以实时对数据进行动态监控，对事物的整体认识与发展变化有了更深刻的了解。从原来的固化在某一时间点的静态数据到现在的随时随地采集的动态数据，在线地反映当下的动态数据和行为，随着时间的推移，系统也在适应。

在小数据时代，收集的数据都是特定时间点的静态数据，如传统的人口普查，必须在特定时间点开始人口普查，通过一段时间到某个时间点结束，然后用几年的时间来处理得到的静态数据。但是静态的人口数据具有很长的时滞性，不能实时反映出每时每刻人口的动态变化，因此人口的真实状况不能得到反映。在大数据时代，数据采集变得更加便利，在线采集数据的形式大大降低了数据采集的成本、缩短了数据采集的时间，并能够迅速处理和反映当下的状态，因此能够反映出数据实时的变动状态。

互联网的普及涌现出各种智能数据采集设备，能够随时随地采集到各种即时数据，并通过网络及时传输，存储在云端，并借助云计算技术进行即时的处理与分析，能够实现即时同步、不断更新。这些随时间流不断更新的数据正好反映了数据随时间的动态演化过程，并构成了一幅动态演化全景图，反映了数据的生长性。此外，系统可以根据即时的动态信息来随时调整系统的行为，从而体现出系统的适应性。

七、大数据思维下的其他原理

大数据思维下的其他原理包括信息找人原理、机器懂人原理、电子商务智能原理和定制产品原理。

（一）信息找人原理

互联网和大数据的发展促使了一个从人找信息到信息找人的思维转变。过去也曾有信息找人的例子，最初的广播模式就是信息找人，我们听收音机、看电视，信息就被动地传送到我们面前。但是这样的模式有一个缺陷，就是不知道信息的受众是谁，后来互联网反其道而行之，提供搜索引擎技术，让人们能够自主找到所需要的信息，所以说搜索引擎是一个很关键的技术。而如今，后搜索引擎时代已经正式来到，推荐引擎的诞生将使得使用搜索引擎的频率大大降低，使用时长大大缩短，信息找人越来越成为一个趋势。

大数据还改变了信息优势。按照循证医学，现在治病的第一件事情不是去研究病理学，而是拿过去的数据去研究，相同情况下是如何治疗的。这导致专家和普通人之间的信息差异没有了。原来我相信医生，因为医生知道得多，但现在我可以到谷歌上查一下，知道自己得了什么病。谷歌有一个机器翻译的团队，最开始的时候翻译之后的内容根本看不懂，但是现在 60% 的内容都能读得懂。

从人找信息到信息找人是交互时代的一个转变，也是智能时代的要求。智能机器已不是冷冰冰的机器，而是具有一定智能的机器。"信息找人"这四个字，预示着大数据时代可以让信息找人，原因是企业懂用户，机器懂用户，你需要什么信息，企业和机器提前知道，而且会主动提供你需要的信息。

（二）机器懂人原理

在大数据的思维下，未来的趋势是机器更懂人，而不是让人更懂机器，就是说使用者能够在不懂机器的情况下，仍然可以使用机器。在自然环境中都是人主动适应环境，但是在数字化环境中已经发生了改变，我们所在的生活世界越来越趋向于它来适应我们，更懂我们。而"大数据"技术就能够帮助我们实现这样的转变。

例如，在亚马逊网站上买书，就会提供一个司空见惯的推荐，买了这本书的人还买了什么书，后来发现相关推荐的书比我想买的书还要好，时间久了之后就会对它产生一种信任。

让机器懂人，是让机器具有学习的功能，人工智能已转变为研究机器学习。大数据分析要求机器更智能，具有分析能力，机器即时学习变得更重要。机器学习是指计算机利用经验改善自身性能的行为。机器学习主要研究如何使用计算机模拟和实现人类获取知识（学习）过程，创新、重构已有的知识，从而提升自身处理问题的能力，机器学习的最终目的是从数据中获取知识。大数据技术的一个核心目标是要从体量巨大、结构繁多的数据中挖掘出隐蔽在其背后的规律，从而使数据发挥最大化的价值。大数据机器分析中，半监督学习、集成学习、概率模型等技术尤为重要。

让机器懂人，这是人工智能的成功，同时，也是人的大数据思维转变。人机关系已发生很大变化，由人机分离，转化为人机沟通、人机互补、机器懂人，现在年青人已离不开智能手机是一个很好的例证。在互联网大数据时代，有问题—问机器—问百度，成为生活的一部分。机器利用大数据库可搜索到相关数据，从而使机器懂人。是人让机器更懂人，如果机器更懂人，那么机器的价值更高。

（三）电子商务智能原理

大数据改变了电子商务模式，让电子商务更智能。传统企业进入互联网在掌握了"大数据"技术应用途径之后，就会发现有一种豁然开朗的感觉。大数据时代不是说我们这个时代除了大数据什么都没有，即使是在互联网和 IT 领域数据也不是一切，而是数据已经成为我们这个时代的一个明显的特征，从而导致我们对以前的生存状态，以及我们个人的生活状态的一个差异化的一种表达。

人脑思维与机器思维有很大差别，但机器思维在速度上是取胜的，而且智能软件在很多领域已能代替人脑思维的操作工作。例如，美国一家媒体公司已用计算机智能软件写稿，可用率已达 70%。云计算机已能处理兆字节的大数据量，人们需要的所有信息都可以得到显现，而且每个人的互联网行为都可记录，这些记录的大数据经过云计算处理能产生深层次信息，经过大数据软件挖掘，企业需要的商务信息都能实时提供，为企业决策和营销、定制产品等提供大数据支持，从而实现更智能化的电子商务。

（四）定制产品原理

大数据时代的产品思维由企业生产产品转变为由客户定制产品，成本低又兼具个性化。比如，消费者希望他购买的车有红色、蓝色，厂商有能力满足要求，但价格又不至于像手工制作那样昂贵。因此，在厂家可以负担得起大规模定制的高成本的前提下，要真正做到个性化产品和服务，就必须对客户需求有很好的了解，这背后就需要依靠大数据技术。

我们现在很多的行为都是比较粗放的，航空公司会给我们里程卡，根据飞行千米数来累计里程，但其实不同顾客所飞行的不同里程对航空公司的利润贡献是不一样的。在过去，企业无法对这些行为加以区分，但是在互联网大数据的时代，商家能够很便利地实现针对每一个顾客进行精准的价格歧视。

同时，企业在互联网时代也找到了定制产品、订单生产、用户销售的新路子。用户在家购买商品已成为趋势，快递的方便快捷让用户体验到实时购物的快感，进而成为网购迷，个人消费不是减少了，反而是增加了。而要让你的商品对用户具备持续的吸引力，就必须深入了解用户需要，而定制产品就成为用户新的需求点，也就成为企业发展的新方向。

第二节　大数据思维对传统思维的影响

一、社会传统思维

在当今信息时代，大数据的应用对社会传统思维产生了重大影响，人们越发重视利用大数据的意识和方法来处理遇到的新问题，这就是大数据思维，它给我们的社会传统思维带来了巨大的改变。

首先，它使社会传统思维变得全局化。大数据研究的对象是所有样本，而非抽样数据，关注样本中的主流，而非个别，这要求我们必须拥有全局和大局思维，并将之融入生活习惯。

其次，它使社会传统思维更开放、更包容。数据分享、信息公开等一系列行为在分享资源的同时，也在释放善意，便于取得互信。在数据交换的基础上产生合作，将打破传统封闭与垄断，形成开放、共享与合作的思维。大数据不仅关注数据的因果关系，更多关注其相关性，提高数据采集的频度，而放宽了数据的精确度，用概率看待问题，使社会的包容思维得以强化。

再次，它打破了低效率的传统社会思维模式，形成了成本控制思维。在传统的社会治理模式中，用增量来配置社会资源，机构和人员不断扩大，成本不断加大。大数据让社会资源的存量得以精确配置、高效使用，避免忙闲不均，社会治理由劳动密集型向技术动态调度转变。

最后，它使传统社会思维更富有创造性。创造性思维是大数据思维方式的特性之一，通过对数据的重组、扩展和再利用，突破原有的框架，开拓新领域、确立新决策，发现隐藏在表面之下的数据价值，数据也创造性地成为可重复使用的"可再生资源"。

历来的变革都是从生产工具推动思维方式的转变开始的，旧的经济体制和传统理念在面临新思维逻辑的冲击时，如果不能与时俱进、吸收并顺应潮流转变为新思维，那么就会成为历史前进的阻力。作为最新的生产工具，大数据将成为治国的利器，通过新思维重组社会、国家、企业的战略、结构、文化和各种策略，可以实现治国理念、工具、目标的现代化，为推进国家治理体系和治理能力现代化提供强劲的动力。

二、政府管理思维

自李克强总理在第十二届全国人大第三次会议上首次提出"互联网＋"的行动计划起，以移动互联网、云计算、大数据、物联网为基础设施的"互联网＋传统行业"浪潮席卷全国，"互联网＋政务"也成为政府创新战略。数据是互联网带来的本质改变，移动互联网加快了数据的流通速度，物联网拓展了数据的来源与规模，云计算提高了数据处理的速度、降低了数据处理的成本。数据技术时代的政府基于公共大数据的社会治理与大众创新，使政府在三维空间、一维时间之上，又增加了数据这一维度。政务创新开拓重点转移到如何应用到数据产生价值上，国民网络普及率逐步攀高，互联网平台型企业使用云计算、大数据的强大技术能力，汇集了远超传统企业规模的海量社会数据，与政府的历史权威统计数据形成优势互补，"互联网应用＋云数据平台＋政府治理"将成为代表未来社会的共治模式。

一方面，大数据将改变政府的执政理念。大数据技术在政务层面的普遍运用使政府得以横向打通不同部门之间的数据联系，实现数据公开与共享，打造一个更加开放、权力更加分散、更加民主的社会，这是大数据时代背景下电子政务发展的趋势。

当前信息发布与传播的及时与迅速、信息交流的便捷与多元有赖于互联网的普及，通过互联网大多数公民得以加入推动"开放政府"与"开放社会"的进程中去。服务型政府的概念广为人知并逐渐被人们接受，以往神秘的行政权力也逐渐变得公开透明。在处理政府数据时，应遵循区别对待不同的数据的原则；在处理关于民意社情、物理环境的数据时，因为其并不涉及公民个人隐私，应当遵循政府信息公开法则，坚持以公开为首要原则，将保密划归为例外；而对于政府业务中涉及公民个人信息等相关隐私的数据记录，遵循具体的情况和条件，在一个公开的范围内进行规定和管制。公众有获得任何不涉及国家机密以及其他社会主体的隐私或应为保密数据的权利。随着互联网、云计算的普及，数据已成为一种事实上的权利，政务发展的趋势转向对不同来源数据的交叉复用与更加广泛的数据公开，数据公开、信息双向传递的历史步伐已经深刻地改变了政治生态。

另一方面，大数据将改变政府的执政方式。通过量化角度的分析，政府可以更加关注微观数据而不仅是宏观数据。大数据具有精准性和科学性，促进政府改变管理模式，通过分析历史数据，实现事件的预先判断和解决，提高政府的执政效率。通过运用大数据技术，政府可以以互联网等为平台收集更多的数据进行分析，更准确地了解社会和民众的需求，提供更加精准的个性化服务，增强服务能力。美国联邦政府认为："数据是一项有价值的国家资本，应对公众开放，而不是把其禁锢在政府体制内。"数据公开共享能够促进政府部门管理方式和理念的转变，充分和透明的数据能够提高行政效率，增加行政决策的透明度。

将数据上升为国家战略发展的维度，需要思路、方法、技术等方面的创新，更需要政府专门组织的，从中央、部委、地方三个方面，在政务云统一平台上实现全国政务大数据的汇总与交换。通过培养政务应用开发市场，凭借互联网集思广益、全民创业的力量，达到"大众创业、万众创新"，使以数据为中心的"第五维度"和其他"四个维度"深层次融合，大力开发并拓展政务数据的使用场景，拓展数据时代政务生态空间，使用高科技众包组建自助式市场化公共服务，构建五维的智慧政府。

三、企业商业思维

大数据思维对企业商业思维也将产生影响，我们首先了解一下在企业商业思维发展的阶段过程中先后出现的以资源、竞争、顾客为本的思维模式、特征，以及大数据思维下企业商业思维的变化（表2-1）。

表2-1　以资源、竞争、顾客为本的思维模式、特征及大数据思维对其的影响

项　目	以资源为本的思维	以竞争为本的思维	以顾客为本的思维
思维重点	企业独特的资源	竞争对手	顾客及顾客需求
评价指标	企业资产	行业吸引力	顾客价值
目的	充分利用企业的独特资源	比竞争对手做得更好或打败竞争对手	维系顾客或比竞争对手更好地满足顾客
大数据思维影响后的变化			
理念改变	大数据是核心资源	大数据改变了行业结构	互动改变价值创造模式
手段创新	基于大数据技术获得关于市场与竞争的独特认识	重新审视行业结构与市场力量	测量、控制企业和利益相关者的社会互动
目的革新	获取数据作为竞争优势	制定适应大数据时代的竞争战略	创造独特的顾客价值

（一）对"以资源为本"思维的影响

以资源为本的战略思维认为，一系列资源的集合形成了企业，企业获得持续竞争优势的关键是企业所控制的有价值的、稀缺的、不可模仿的、不可替代的资源和能力。企业的核心能力是其提供产品或服务的特殊能力，企业并不是简单的不同资源配置下形成的业务组合，而是隐藏于业务组合背后的、更深层次的核心能力的组合。企业要想获得可持续的竞争地位，必须基于其拥有的资源不断构建、培育和巩固其核心能力。以资源为本的战略思维模式的扩展和动态化，就形成了基于核心能力的战略思维，两者都突出了竞争优势的重要性。在以资源为本的战略思维指导下，企业决策者们越来越看重企业是否拥有异于竞争者的独特资源，是否具有能够赶超竞争对手的能力。

在大数据时代背景下，大数据无疑是现代企业的重要战略资源。如果企业以现代信息技术为基础，掌握所有利益相关者尤其是客户的数据，将有助于获取和维护其竞争优势。以"小米"为例，这家成立于2010年4月的移动互联网公司，提出了"为发烧而生"的经营理念，成为智能手机的领导者。小米的成功在很大程度上归功于它的"为发烧而生"的经营理念。他们的想法是，小米

为忠实顾客设计手机，并以较低的价格出售给他们。小米的创新体现在 MIUI 智能手机系统中，它具有高级的性质或优势，而这种优势来自其广泛的用户群。截至 2014 年 7 月 1 日，小米手机拥有 7 000 万 MIUI 用户。该公司每周推出新版本的 MIUI，一个先进性的智能手机系统，而系统升级的想法来自"向数百万人征求的建议"。掌握大客户信息数据，通过创建一个社区网络来与客户实时交互、收集客户的想法、意见并及时响应（每周发布一个新版本的 MIUI 系统），不断满足客户的不同需求，是小米能够快速发展的核心因素。因此，拥有和利用大数据可以使现代企业获得竞争优势并迅速发展。大数据的获取和利用大数据创造价值是新经济环境中"以资源为本"战略思想的内容。

一些传统企业缺乏获取和利用大数据的想法，导致在新的竞争环境中失去原有的竞争优势。例如，在传统零售业中，许多零售企业的发票平台只是用来记录销售不同数量的商品、销售信息，缺少买家的信息收集、分析和利用环节。例如，许多零售商店的监控摄像头只是用来防范盗窃，而不是记录客户信息、分析客户心理和行为。

在大数据的背景下，企业与外部环境之间的界限逐渐模糊，信息共享和知识溢出成为企业与利益相关者之间的主要合作竞争和协同演化。在大数据平台和外部社交网络的基础上，获取外部世界的宝贵信息是获取竞争优势的关键。因此，它是"以资源为本"战略思想的重点，强调大数据的战略资源，积极获取和利用这一战略资源以获得竞争优势。

（二）对"以竞争为本"思维的影响

根据竞争战略理论，行业的盈利潜力决定了企业的盈利能力，而行业的盈利潜力是由行业的竞争实力和行业背后的结构性因素决定的。因此，产业结构分析是建立竞争战略的基础，企业在制定战略时重点分析的是产业特点和结构。在这种战略理论的指引下，竞争成为企业战略思维的出发点，企业决策者会逐渐形成"企业成功的关键在于选择发展前景良好的行业"的战略思维。

随着大数据时代的到来，产业集成和细分协同演进的趋势日益显现。一方面，通过大数据技术，传统行业和无关行业之间有了内在关联。大数据平台的建设和大数据的挖掘与应用促进了行业整合。另一方面，在大数据时代，企业与外部世界的互动也越来越频繁，企业之间的竞争变得非常激烈。广泛而明确地对大数据进行挖掘和细分，能够找到在垂直领域的商机的企业才会脱颖而出，是形成竞争优势的最重要方式。因此，企业需要重新审视行业结构，即潜在竞争者、供应商、替代品、顾客、行业内部竞争等力量，进一步制定适应大数据时代发展的竞争战略。

（三）对"以顾客为本"思维的影响

随着 20 世纪 90 年代工业环境动态和个性化客户需求的发展趋势，客户的战略思维模式逐渐形成。它的核心是强调企业的发展必须以客户为中心，无论是提高自身能力还是扩大市场。研究客户需求，满足客户需求是该策略的出发点。在这一战略思想的指导下，企业决策者意识到，为了获得竞争优势，他们应该更好地利用和满足客户的需求，创造出比竞争对手更独特的客户价值。

在大数据时代，以顾客为本的战略思维也需要有新的变革。围绕顾客需求和企业的产品价值链，大数据时代的一个突出特点是"社会互动"的深刻影响。从新产品开发、测试到新产品的投放，社会互动都扮演着日益重要的角色。例如，在新产品开发阶段，小米公司开创的 MIUI 系统开发与上千万 MIUI 用户进行互动，是产品创新的重要智慧来源。在营销层面，当今的电商平台，无论是国外的亚马逊，还是国内的淘宝和京东，都极其重视其在网络上的口碑。网络口碑实质上就是消费者与供应商对产品的使用反馈和看法之间的交互，是消费者在之后消费决策过程中是否选择商品的基础，互动口碑已成为产品营销的战略手段。

大数据时代客户价值创造分析的一个共同特征是，价值创造主体变得模糊，社会互动变得越来越突出。传统的以客户为中心的战略思想强调企业需要深入了解市场，深入了解客户需求，设计新产品或改进现有产品以满足客户需求并创造价值。由于大数据技术的发展，可以有效地观察和控制社会互动。因此，大数据对客户的战略思维的影响，主要表现在社会交往中对企业和利益相关者的重视，比如与供应商互动设计更好的零部件，与客户交互设计新产品，测试并推广新产品。企业与利益相关者之间的互动将创造价值，并以更高的性价比满足客户需求，从而获得竞争优势。

四、个人行为思维

大数据背景下，社会个体的生存与思维模式都受之影响而被深刻改变，社会主体本身、社会主体的活动、社会主体的周边都得以通过"数据"进行演绎与记录。数据渗透到人们工作和生活的每个角落，深刻地影响着现实社会中的每一个人。个人通过大数据的整合与共享，也能享受到更方便、更迅捷、更个性化的服务。

在大数据思维的冲击下，个人想要利用大数据带来的便利，必须具备开放性思维、关联性思维、去中心化的思维与个性化的思维。开放性，是指需要有开放、包容的思维方式，求同存异、兼收并蓄；关联性，是指思维之间普遍存在各种关联，需要挖掘其中的数字间的关联；去中心化，是指数据以及其他客观事物不存在人为的中心，需要有平等的思维对待它们；个性化，是指尊重个体的特征，从差异中寻求创新。

第三节　大数据思维对传统产业的影响

随着大数据的发展，传统产业加快了信息化和工业化的深度融合，以信息化技术来改造现有的产业，将传统生产力实现升级换代，形成产业信息化的新技术，大幅提升企业和产业的技术创新能力。大数据思维为传统产业的发展带来了冲击，也带来了巨大的发展机遇。

一、大数据思维对传统产业的冲击

（一）第一产业

大数据等信息技术不但颠覆了日出而作日落而息的手工劳作方式，也打破了粗放式的传统生产模式，转而迈向集约化、规模化、智能化和数据化，互联网电子商务及现代物流的出现使得整个农业等生产链重组，线上与线下的耦合度空前提高，这极大地拓展了未来农业经营模式的想象空间。

例如，烟台阳光乔农业电子商务有限公司建立的阳光乔规模农业电子商务服务平台。全国各地的农田数据、农产品贸易价格等，都源源不断地经过网络流入阳光乔平台；这些数据再结合"平台专业服务团队＋本地专家会诊团队＋全国专家远程会诊"的方式，就能为全国各地的规模种植户提供全方位的精准农业决策服务。

由此可见，阳光乔平台充分结合线上与线下，双向流通，农户从与批发商打交道转换到直面消费者，他们开始比任何时候都更有条件关注消费市场的变化，关注数据。而这种转变，直接推动了农业传统生产方式的升级。

大数据也促进了农业的信息化。美国正在利用谷歌眼镜、手机 APP 等移动互联网终端，通过云处理技术实时为农民提供关于农业生产、价格等信息，使农民在田里工作时，就可以通过移动终端得到土壤、天气等情况，软件同时可以向农民提供远期农产品价格，并向农民推荐最为适合这块田地的种子、肥料等信息，还可以通过"电商"的形式在网上购买生产物资并快速配送到田间。

（二）第二产业

传统的制造业往往都是封闭式生产，生产何种商品完全由生产商决定，生产者与消费者的角色是完全割裂的。但是，这种状态将在大数据技术的冲击下土崩瓦解，未来顾客将会全程参与到生产环节中，由用户共同商量决策来制造出他们想要的产品。换句话说，未来生产者与消费者的界限会逐渐模糊，而传统的经济理论正面临崩溃，因此注定要诞生 C2B 全新模式。

基于电子商务的生产方式中运用了大数据的思维，互联网、大数据技术的相互合作使得生产商和消费者之间的联系更加紧密，消费需求的数据、信息能够更迅速地传达给生产者和品牌商，因而生产商能够及时根据市场需求变化组织物料采购、生产制造和物流配送。技术的革新替代了原先大批量、标准化的推动式生产方式，促进市场向需求拉动式生产方式转变。拉动式的生产并不一定要对市场需求进行精准的预测，关键是供应链各方面更紧密的协同，以实现更加"柔性化"的管理。

在大数据思维熏陶下，传统的制造业将难以为继，大规模投放广告到大规模生产时代宣告终结。未来的制造业会进入新的时代，体现个性化、定制化等特征，人人都是设计师，人人都是生产者，人人都在决策——这就是大数据的游戏规则。

（三）第三产业

大数据也大大促进了第三产业的转型和创新发展。上海 1 号店负责生鲜业务的副总裁在某次采访中表示，他们通过海量数据分析、判断和整合，可以精准地预测第二天生鲜货品的订货数量，并据此向供货商下订单，产品第二天早上 8 点进库，这位副总裁说，综合折算下来，仅在仓储环节损耗率就可以控制在个位数，而传统线下渠道的损耗率一般是 30% 左右。

截至 2014 年 6 月底，阿里巴巴旗下两家小额贷款公司为超过 12.9 万家小微企业提供贷款，累计总额超过 60 亿元。而这些企业能拿到贷款的关键之一，就是此前他们网络交易的诚信记录。

可以这样认为，是经济社会的高速发展造就了大数据，是科学技术的高速发展使大数据的思维付诸实践，我们相信这种思维对传统服务业无形地产生了极其深远的影响。其中，大数据给金融、财会行业带来的革新尤为突出。传统会计数据收集渠道、源头和平台单一，数据类型单纯，一般为结构化数据。在大数据时代，数据收集的渠道、源头和平台以及数据类型多样化。目前，随着互联网的普及和发展，新型互联网的应用，大量的数据存在于社交网络、电子商务中的视频、图片、文档、音频、网络日志等应用中，这些数据一般都是非结构化的。

大数据时代，由于数据巨量和多样，要充分利用数据，需要建立大数据仓库。典型的大数据处理系统包括数据的收集、预处理、存储、分析、数据挖掘和价值应用。要完成这一系列的操作，企业要有意识地完成由传统关系型数据库管理系统向大数据仓库管理系统的转变。

二、大数据思维下向传统领域的拓展方向

互联网是大数据应用的起源，并逐步向以数据生产、流通和应用为核心的各个产业渗透。目前，电信、金融、零售、医疗卫生、公共管理等领域率先积极地探索和布局大数据应用，不同领域的发展主要呈现两种方向。

一是积极整合行业和机构内部的各种数据源，通过对整合后的数据进行深度挖掘分析，开发大数据应用。譬如，大数据平台可以帮助一些新兴的大型百货商场整合 POS（point of sale）机、企业 CRM（customer relationship management，客户关系管理）系统、客流监控设备、免费 WiFi 等数据，进而对用户进行聚类分析，支撑包括客户群路径分析、客户习惯查询、打折信息投放、商品位置摆放、移动端营销等应用，从而实现客户图像刻画、精准营销，大大提高商场的营销额与营业效率。大数据还可以应用于智慧城市的决策系统，可将来自人力、教育、经济、统计、民政、卫生等政府部门的内部数据以及来自物联网、移动互联网等线上的外部数据进行整合，分析数据并建立经济社会运行的分析模型，以支撑智慧人口、智能物流、智慧医疗、智能环保、智慧教育等相关决策。

二是积极借助互联网等外部媒介收集数据以实现其他相关领域的应用。例

如，借助互联网用户的微博数据、历史交易数据、社交数据等信息，金融机构就可以评估用户的信用等级；通过整合股票论坛、新闻、公司公告、行业研究报告、交易数据、报单数据、行情数据等公开信息，证券分析机构能够分析和挖掘各种事件与因素对股市及股价走向的影响；将社交数据、网页数据、网络新闻数据等信息与监管机构的数据库进行整合对接，监管机构就可以通过比对结果及时提示风险，及时进行风险预警并采取相应的行动；根据互联网用户数据与电商平台的交易数据，零售企业可以分析商品销售趋势、用户偏好等。从目前发展的情况来看，不同领域的数据能够跨界融合，发挥出更大的作用。

从当前的大数据应用实际看，金融、零售和公共管理领域开展大数据应用时，两个方向都有所涉足，而电信和医疗卫生等领域更关注第一个发展方向。

三、基于国家战略的大数据产业发展思维

大数据产业发展背后的逻辑，是中国经济悄然发生的"质变"。中国经济在增速放缓的情况下，就业率不降反增，一个重要原因就是进行了政府的自身改革，推出一系列简政放权的措施，引发小微企业、个体户井喷式增长。而这些企业、商户中多数人的经营业务都是依托于互联网展开的，都与数据有关，大数据正在孕育出更多的新业态。李克强指出："13亿中国人，八九亿劳动力，这其中如果有越来越多的人依托新业态发展，这会培育出中国经济发展的新'发动机'，也必将会对社会发展、人民进步造成深刻影响。"

大数据不只是一个产业这么简单。它在社会的各个领域中都无所不在，可以与 N 个产业"相加"，形成"大数据+"，"互联网+"的本质是连接和数据。中国联通网络技术研究院首席专家唐雄燕说："数据已经成为一种新的经济资产类别，就像货币或黄金一样，将形成数据材料、数据探矿、数据加工、数据服务等一系列新兴产业。"2014年3月5日，"大数据"首次被写入政府工作报告，受到了广泛的关注。李克强总理在政府工作报告中指出，要加快设立新兴产业创业创新平台，在新一代移动通信、集成电路、大数据、先进制造、新能源、新材料等方面赶超先进，引领未来产业发展。这一政策信号表明，大数据将作为一种新兴产业得到国家层面的大力支持。

大数据时代，数据正在成为一种稀有资产和新兴产业。任何一个行业和领域都会产生有价值的数据，而对这些数据的统计、分析、挖掘则会创造意想不

到的财富。习近平强调："机会稍纵即逝，抓住了就是机遇，抓不住就是挑战。"

在大数据思维下，国家战略发生了翻天覆地的变化。我国应将大数据作为新一轮科技竞争和产业竞争的战略重点与制高点，充分认识"数据、技术、应用"三位一体、有机统一的内涵，掌握未来大数据发展主动权。中国制定国家大数据战略的主要内容包括：构建大数据研究平台，即国家顶层规划，整合创新资源，实施"专项计划"，突破关键技术；构建大数据良性生态环境，制定支持政策，制定行业标准；构建大数据产业发展平台，促进创新链与产业链的有效嫁接。为此，重点开展以下四方面工作。

（一）提升技术研发与软件水平

总体来看，大数据的技术门槛较高，目前在大数据领域展开竞争的信息技术企业多是在数据存储、分析等领域有着传统优势的厂商。我国正处于产业转型升级的关键阶段，必须牢牢把握住互联网、大数据的时代潮流，抓住机遇促进发展，因此，关键技术和新兴技术的开发与应用必须及早布局。具体来看主要分为以下五个方面。

一是以数据分析技术为基础，加强理论研究和人工智能、机器学习等领域的研究与发展，加快非关系型数据库管理技术、非结构化数据处理技术、可视化技术等基础技术研发，并和移动互联网、云计算和物联网技术相结合，形成成熟、可行的解决方案。

二是面向大数据应用，加快研发网页搜索技术、知识计算技术、知识库技术等核心技术，开发出高品质的单项技术产品，结合数据处理技术，为商业智能服务提供技术支撑。

三是推动以企业为核心的产学研用合作，加速提高软件发展水平，为大数据发展和应用奠定基础。利用产业发展引导资金，鼓励软硬件企业和服务企业应用新型技术，结合信息内容服务，面向实际的大数据应用提供具有行业特色的数据分析服务及系统集成解决方案。

四是整合当前的各大互联网企业塑造大数据生态平台，牵头百度、腾讯、阿里巴巴等企业，基于开源、开放操作系统或应用平台，整合优势资源，聚集一批有实力、有特色的中小互联网信息服务提供商，加快开拓整合本土化信息服务，形成健康发展的生态系统。

五是基于数据处理软件的优势，整合所有数据和技术优势，形成完整有效的数据分析软件，提高服务内容的准确性和匹配度。同时，还培育了具有高集成度和强大市场容量的大型数据解决方案提供商，为各行业应用大数据提供了一个成熟的解决方案。

（二）加速推进大数据的示范应用

加速推进大数据的示范应用有以下五个方面。

一是面向医疗、能源、金融、电信等数据量特别大的领域，引导行业厂商参与，促进数据监测、商业决策、数据分析、横向扩展存储等软硬件一体化的行业应用解决方案的进步。

二是面向智慧城市建设和百姓日常生活需求，开展以"智慧交通""智慧旅游"、民生服务等为主要内容的"智慧城市"试点，整合信息资源，实现软硬件资源的共建共享。在智慧城市的建设及个人娱乐、生活服务等领域的应用中融合大数据技术，不断提升数据内容加工处理软件等服务发展水平。

三是推动行业数据深度处理服务。行业数据库应该深度加工，特别是与高科技领域相关的数据，将根据不同行业领域建立特殊数据库，提供内容增值服务。

四是选择重点领域、企业，鼓励其使用数据清洗等手段，对企业日积月累的数据进行初步分析整理，去除重复数据，减少噪声数据，提高大数据集合的建设质量。

五是推动电子政务及信息资源共享。继续实施和完善党委、政府系统电子政务工程以及"金"字工程，推进政府信息公开和政务业务协同系统建设。加快建设并完善数据中心、电子文件（档案）备份中心、异地灾备中心，加快建设四大基础数据库和市场经营主体信用信息数据库。根据各部门信息资源共享的实际情况，整理其需求，建设跨部门、跨地区的信息资源目录体系与交换体系，推进信息资源交换与共享。

（三）优化完善大数据发展环境

优化完善大数据发展环境包括以下三个方面。

一是要加强数据信息安全问题的研究，在大数据背景下，应重视大数据应用可能带来或面临的信息安全风险，基于大数据的情报收集分析工作的信息保密问题尤为重要。

二是要明确数据分析处理服务的价值和作用，推动数据加工处理企业发展，将税收优惠政策的享受范围扩展到具备一定能力的企业的数据加工处理业务。

三是完善相关体制机制，以政府为切入点，推动信息资源的集中共享，夯实大数据的应用基础。

（四）优化产业布局与产业发展模式

国家大数据产业以三大电信运营商数据中心为重要依托，推动实现物联网、云计算等管理平台的统一，网络、存储、计算、系统等软硬件资源平台的统一和"一站办理、一网连通、一号服务、一卡通行"等服务资源平台的统一，引导产业上下游的优势企业相互合作。大力推进智慧城市、网络金融、食品安全等领域的示范应用，带动大数据产业集聚发展。

大数据产业的发展模式也从云计算等技术的提升出发，向工业云服务、政府云服务发展。首先，提升技术水平，推动云计算服务发展，大力引进公共云服务龙头企业，促进电子信息企业转型发展和创新创业，集聚一批服务能力突出的云服务提供商，以提供高质量的云计算服务；其次，打造工业云服务平台，支持工业大数据应用开发和专业化云计算服务提供，推动企业利用云计算技术整合信息系统，提高运营管理水平和服务能力；同时，打造电子政务云服务平台，充分发挥政府在云计算服务应用中的引领作用，引导财政资金支持优先考虑信息化项目，利用统一的大数据基础设施进行部署，逐步推进相关政府部门现有信息系统向平台迁移。

四、当前国家的大数据战略

据不完全统计，2014 年至 2017 年年底有 63 个国家级文件涉及大数据发展与应用，根据文件内容，重点发展的行业领域有 31 个，主要涉及新能源汽车、商业健康保险、内贸流通、高校双创教育改革、城市公立医院改革、民营银行发展、融资租赁业、金融租赁业、商贸流通、电动汽车充电基础设施、互联网领域侵权、农村电子商务、农村一、二、三产业融合、医药产业制造、健康医疗、生产性服务业、物流业、科技服务业、服务外包产业、云计算、服务贸易、展览业、电子商务、制造业、"互联网＋"、快递业、普惠金融、中医药、制造业与互联网融合、战略性新兴产业。重点工作推进方向主要涉及统计、投资监管、安全生产监管、网络提速降费、市场主体服务和监管、公共资源交易平台、产品追溯、众创空间、全民科学素质、政务服务、科技成果转移转化、创业创新品牌、政务公开、审计、小微企业、就业创业、简政放权、新消费、全民健身、政务信息资源。而重点发展区域主要集中在长江经济带与泛珠三角区域。

（一）"十三五"国家信息化规划

"十三五"期间，世界信息发展的环境、条件和内涵正在发生深刻变化。世界经济在深度调整中曲折复苏、增长艰难，全球贸易继续走软，劳动人口的增长减缓，资源和环境约束日益收紧，局部区域地缘政治博弈更强烈，越来越多的全球性问题和挑战导致对人类社会前所未有的信息技术发展的迫切需求。同时，全球信息化进入了全面渗透、跨界融合、加速创新和发展的新阶段。信息技术创新代际周期大幅缩短，创新活力、集聚效应和应用潜能裂变式释放，更快速度、更广范围、更深程度地引发新一轮科技革命和产业变革。

物联网、云计算、大数据、人工智能、机器学习、区块链、生物基因工程等新技术驱动网络空间从人人互联向万物互联演进，数字化、网络化、智能化服务将无处不在。全球经济体普遍把加快信息技术创新、最大程度释放数字红利，作为应对"后金融危机"时代增长不稳定性和不确定性、深化结构性改革和推动可持续发展的关键引擎。

规划的重点实施方向在于统筹实施网络强国战略、大数据战略、开展"互联网＋"行动，集中整合资源力量，紧密结合大众创业万众创新、"中国制造2025"的口号，重点放在引领创新驱动、促进均衡协调、支撑绿色低碳、深化开放合作、推动共建共享、主动防范风险等方面取得突破，为深化改革开放、推进国家治理体系和治理能力现代化提供数字动力引擎。着力增强以信息基础设施体系为支撑、信息技术产业生态体系为牵引、数据资源体系为核心的国家信息化发展能力，重点关注信息化在促进经济转型升级、推动国家治理体系和治理能力现代化、促进信息惠民、鼓励军民深度融合发展等重点领域的应用水平的提升，完善扶持网络企业制定全球发展战略、网络安全保障、网络空间治理等的外部环境，不断促进我国在安全支撑能力和信息化水平方面的跨越式提升。具体而言，主要分为以下几个方面：构建现代信息技术和产业生态体系、建立统一开放的大数据体系、构筑融合创新的信息经济体系、支持善治高效的国家治理体系构建和健全网络安全保障体系。

（二）国家大数据（贵州）综合试验区

2017 年，一个全国智能终端产品生产制造基地已初现雏形——贵州电子信息制造业规模以上工业总产值突破 600 亿元，软件和信息技术服务业收入 260亿元，引进 2 家以上国际大数据核心企业、10 家以上国内知名大数据龙头企业、

50 家以上国内有影响力的大数据优强企业落地贵州。

大数据，正有力地助推贵州实体经济升级转型。通过"大数据+"三次产业的深度融合，今年贵州省将建设 100 个以上典型示范项目，引进扶持一批解决方案服务商，推动传统产业数字化、智能化，促进产品创新、技术创新、经营模式创新。

加快建设"数字政府"，省、市两级政府部门非涉密应用系统 100% 接入云上贵州体系，省直部门绿色数据全部上架开放，在扶贫、旅游、医疗、教育等方面建设 50 个典型示范应用，打造全国领先的政务民生 APP 品牌，并建设汇聚全省扶贫大数据的扶贫主体共享数据库，11 个厅局、所有市州共享应用。打响信息基础设施攻坚战，把贵州打造成全国信息高速公路的南方枢纽。2016 年贵州省完成投资 180 亿元，基本建成全光网省，新增 2 800 个行政村电信光纤网络全覆盖，基本消除乡镇以上城镇建成区移动网络盲点盲区，出省带宽能力突破 6 000 GB/s，率先实现国家北斗导航位置服务数据中心贵州分中心与国家北斗导航位置服务数据中心的互联互通。

贵州用不到两年时间，实现了在大数据领域的多个领先。为巩固贵州大数据的先行优势，2017 年 2 月 28 日，贵州省发布了 2017 年全省大数据十大工程，具体如下。

1. 产业培育工程

培育发展电子信息制造业，电子信息制造业规模以上工业总产值突破 600 亿元，规模以上工业增加值突破 100 亿元，同比增长 20%，打造全国智能终端产品生产制造基地。培育发展软件和信息技术服务业，软件和信息技术服务业收入 260 亿元，同比增长 30%。培育发展大数据采集分析，贵阳大数据清洗加工基地、贵安新区大数据加工基地投入运行。培育发展大数据资源储备，全省数据中心服务器数 7 万台以上。培育发展大数据交易，贵阳大数据交易所会员达到 2 000 家，交易规模累计 3 亿元以上。培育发展大数据安全产业，贵阳大数据安全示范园区上半年投入使用，吸引 10 家以上大数据安全企业集聚。培育发展通信服务产业，通信运营服务业务总量 1 070 亿元，同比增长 32%。培育发展呼叫与服务外包产业，全省呼叫中心签约投运累计超过 10 万席。

2. 项目裂变工程

未来将结合"千企引进"工程，引进 2 家以上国际大数据核心企业、10 家以上国内知名大数据龙头企业、50 家以上国内有影响力的大数据优强企业落地贵州。华为全球数据中心、阿里巴巴贵州大数据产业园已经开工建设，云上贵州软件开发云平台上线运行，华芯通 ARM 架构服务器芯片完成第一代集成电路设计工作、确定第二代产品规划。

3. 融合升级工程

实施"大数据＋产业深度融合行动计划"，引领全省各行各业转型升级提质增效发展，建设 100 个以上典型示范项目，引进扶持一批解决方案服务商。其中主要涉及大数据与工业、服务业与农业的深度融合。

"大数据＋工业深度融合专项行动"以智能制造作为主攻方向，重点建设 50 个以上典型示范项目，包括 10 个省级智能制造试点示范项目，争取 1～2 个成为国家级智能制造试点示范。"大数据＋服务业深度融合专项行动"重点建设 40 个以上典型示范项目，包括 15 个智慧旅游项目、15 个电子商务项目、10 个智慧物流项目以及贵州金融云等大数据金融项目。"大数据＋农业深度融合专项行动"重点建设 10 个以上典型示范项目，以茶叶等特色农产品为重点开展农业物联网示范。

4. 数据融通工程

积极争取国家大数据中心体系的国家级节点落户贵安新区。云上贵州数据共享交换平台将接入国家数据共享平台，率先成为省级分平台国家试点。届时，省、市两级政府部门非涉密应用系统 100% 接入云上贵州体系，打造全省统一的政府数据中心，云上贵州系统体系内政府应用系统数据资源目录 100% 上架，50% 数据资源共享。同时，开展"数聚星空"专项行动，省直部门绿色数据全部上架开放，大大扩展政府数据公开的广度。

5. 数字政府工程

编制实施贵州省"数字政府"建设三年行动计划。以云上贵州平台为载体，以贵州政府网为统一门户，以电子政务云为核心，深入推进"互联网＋政务服务"。实施"政府大数据应用专项行动"，在扶贫、旅游、医疗、教育、粮食、食品、交通、民政、人社、国土、工商、环保、税务、安全生产、北斗等方面重点建设 50 个典型示范应用。同时，推进面向社会民生服务的政府系统 APP 化，"云上贵州 APP 平台"已于 2017 年上半年正式上线运行。

6. 数据扶贫工程

建设汇聚全省扶贫大数据的扶贫主体共享数据库，扶贫、教育、公安、民政、人社、卫计、住建、水利、移民、林业、大数据11个部门共享应用。同时，建设精准扶贫APP、农产品价格和成本监控平台APP等一系列大数据＋大扶贫APP应用。举办全球电商减贫大会，助推大扶贫、大数据两大战略行动。

7. 基础设施攻坚工程

开展"信息基础设施会战攻坚年"活动，完成信息基础设施投资180亿元。推进"光网贵州"建设，基本建成全光网省。推进"宽带乡村"建设，新增2 800个行政村电信光纤网络全覆盖。强化"提速降费"惠民生。进一步深化数据中心电力直接交易机制，强化信息基础设施建设同步规划、同步设计、同步施工、同步验收，推进"满格贵州"建设，基本消除乡镇以上城镇建成区移动网络盲点盲区。加快"贵州·中国南方数据中心示范基地"建设，引进一批国家部委、行业或标志性企业数据资源。率先实现国家北斗导航位置服务数据中心贵州分中心，与国家北斗导航位置服务数据中心的互联互通。

8. 安全铁壁工程

数据安全至关重要，因而应当加快推进贵阳市"数据安全示范城市"建设及大数据安全靶场建设，形成"网络安全自主创新中心、网络安全应用示范中心、网络安全政府监管中心"三个中心及 N 个待建系统平台。

9. 万千人才工程

通过建设"贵州大数据人才云"，计划引进培养大数据领军人才5～10名、专业人才及其他人才1 000名。开展全省公务员大数据专业知识培训1 000人次，大数据领域专业人员培训5 000人次，并组织编制"大数据战略行动干部手册"。

10. 首选实验田工程

为加快推进国家大数据（贵州）综合试验区的建设，将在全省创建一批大数据首选实验田，包括创建5个数字经济示范小镇、10个数字经济示范园区、10个数字经济示范景区和10个数字经济示范企业，开展大数据安全靶场、无人驾驶试验、区块链试验以及FAST（500米口径球面射电望远镜）大数据分析应用等重大创新改革试验。

（三）国家新型城镇化大数据库方案

2016年10月18日，国家发改委与清华大学签署了"关于共建国家新型城镇化大数据库的框架协议"，该协议明确指出了构建大数据库的重大战略意义，确定其功能定位与核心技术，搭建出"技术先进、开放共享"的整体方案架构，指明了大数据库在国家、省级、城镇三个层面的核心应用领域。

1. 大数据库建设的宏观背景

首先，城镇化推进面临空间的困难和矛盾。现阶段，资源型产业、传统制造业面临大面积产能过剩，以工业园区为典型空间特征的城镇扩张时代基本结束，产业用地大规模扩张的高峰期已经过去，产能过剩导致的低效和工业设施与用地的废弃，给城市更新改造带来巨大压力和负担，传统产业低水平重复建设支撑的城镇化扩张难以为继。曾经，房地产作为支柱产业是城镇扩张的第二大动力，但是房地产用地扩张的速度在政策调控和阶段性供应过剩的双重打压下也将大幅度降低，依靠房地产推进城镇化的时代已经过去。同时，公共治理体制落后，治理手段低效、粗放，管理的精细化水平不够，整体缺乏统筹和协同，政策间相互冲突，使得公共治理能力和水平长期滞后。城市运行基础设施、公共服务设施、公共安全设施、人居环境质量等方面存在大量欠账和短板，城市运行基本保障设施的发展严重滞后于城乡居民生活水平提高的需要。生态环境破坏严重，大城市病问题日趋严重，以土地财政支持的城市建设投融资模式难以为继。而在乡村，还面临着人口外流、经济单一以及文化发展停滞甚至倒退的困境。

其次，城镇化治理模式和方法面临紧迫的变革需求。城镇化治理应以天人合一、社会和谐、共享融合为主旨，即强调和谐的人与自然关系，包容的人与人关系，人本城市和共享的当代与未来关系。但是，当前的城镇化管理和决策理论与方法相对滞后，传统决策理论方法，即系统论、控制论、信息论，最大局限性在于其主要适用于对简单、可控的平衡状态下系统的研究，无法有效应对城镇化和城乡发展面对的复杂巨系统问题，应对这样的问题需要系统科学支撑。

最后，大数据和信息技术的发展，为新型城镇化治理能力的提升提供了重要的基础科学支撑。大数据技术可提高城镇化管理决策科学水平，物联网技术可实现城镇化运行动态监测精准管理，新一代互联网技术可打造新的城镇管理服务模式，云计算为新型城镇化大数据库建设提供基础设施保障，基于三维地理空间的城市信息模型（city information modeling，CIM）技术为新型城镇化发展提供空间信息基础设施。

2. 大数据库建设的战略和实践意义

大数据库建设的战略和实践意义有以下几点。

一是数据的集成化，借助现代化数据信息平台和工具，推进城镇化数据信息的集成化存储、管理、应用和共享，为推进新型城镇化相关决策和管理，提供最基础的依据。

二是调控的主动化，通过构建国家、区域、城镇、乡村的完整数据体系，及时识别突出矛盾和关键问题，明确调控的目标和任务，做到超前预判和未雨绸缪，抓住宏观调控的牛鼻子，提高政策应对的主动性，从根本上扭转头痛医头、脚痛医脚的被动调控方式。

三是决策的科学化，通过大数据分析和应用，针对城市复杂巨系统问题，实现从单目标决策到多目标决策，从静态决策到实时动态决策的转变，全面推进新型城镇化发展建设决策的智慧化、科学化。

四是治理的协同化，以共享、高效、集成化信息管理平台，支撑新型城镇化推进的全方位工作协同。包括：技术与政策的工作协同；行业、部门间的工作协同；上、下级政府间的工作协同；不同地市间的工作协同；决策、执行、监督各工作环节间的工作协同。

五是管理的精细化，依托现代化信息技术手段和工作平台，实时、动态、全面反馈城镇化和城乡发展建设的全貌，精准甄别问题，及时把控趋势和动态，适时采取针对性有效措施，实现新型城镇化管理的精细化、高效化。

六是管理的常态化，以大数据库的持续更新维护，实现对新型城镇化推进成效和相关政策绩效的长期动态评估、反馈、检讨、修正和完善。

七是管理的民主化，通过大数据平台的不断推广、普及和扩大应用，支撑新型城镇化相关信息和数据的开放与共享，促进城镇化发展。

3. 大数据库的具体建设内容

大数据库的体系结构，主要分为三级大数据库：首先是国家级，在国家层面上整合城镇化发展宏观数据，涉及政策性研究、前沿理论研究、宏观决策和整体规划、管理等；其次是省级，整合城镇化发展的中观数据，涉及本地区对新型城镇化的政策性研究、宏观决策、功能区规划、城镇化监督管理等；最后是城镇级，相对应的是城镇化运行发展的微观数据整合，体现城镇化运行微观数据的能力。具体结构示意图如图 2-1 所示。

同时，整合科学、严谨的支撑模型，包括人口模型（人口总量预测模型、人口年龄结构预测模型、流动人口预测模型）、产业模型 [计量模型（包括空间计量模型）、空间分析模型等] 与公共服务模型（公共服务水平指标体系模型、

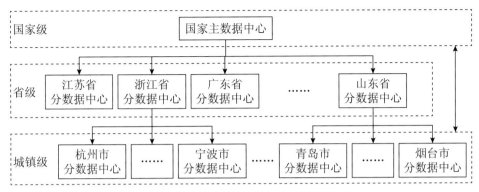

图 2-1　国家新型城镇化大数据库体系结构

公共服务设施空间布局模型、公共服务设施使用评估模型等），完善新型城镇化指标体系。全面对接新型城镇化核心内涵，重视质量、兼顾速度；重点突出新型城镇化主要任务，重视导向、兼顾评价；坚持全国一盘棋和尊重地方特色相结合，重视全局、兼顾差异；全面融合政府大数据和商业大数据；全面衔接各部委事权和重点工作。

本 章 小 结

　　大数据不仅代表着一种新的技术手段，还代表着一种新的思维方式。大数据技术的发展不仅变革了生产力，也改变了我们的思维方式。本章讲述了大数据思维带来的六大转变，并讲述了在大数据思维方式的冲击下，社会、政府、企业、个人的传统思维均发生了变化，提出了全新的大数据思维方式。而这样的思维方式也改变了传统的产业发展，使得不同产业都重新焕发生机。大数据是未来的发展方向，国家层面也积极布局大数据产业发展战略，推动数据成为科技竞争和产业竞争的战略重点与制高点。

　　大数据时代的到来给我们生活的方方面面带来改变，而其中对金融领域的影响十分抢眼，下面的章节将具体阐述大数据和金融相融合带来的创新与变革。

第三章

大数据与金融的融合

　　大数据是时代的特征，大数据与金融本是两个不紧密相关的概念，但是随着现代移动互联网的广泛运用，以及大数据相关技术不断发展成熟，大数据被越来越多地应用于金融领域，大数据金融概念应运而生。本章从大数据金融的特征、内涵、发展状况与趋势出发，详细叙述了大数据金融在新时代下的发展方向。

第一节　现代金融的大数据特征

大数据金融是时代发展的产物，是金融业和大数据技术发展到一定阶段的必然要求，两者的融合来自三个方面的推动力，分别是金融业应用大数据技术的优势、大数据技术应用的逐步成熟和金融业创新发展的必然要求。

一、金融业应用大数据技术的优势

金融业是一个典型的数据密集型产业。与其他行业相比，金融业的数据类型和自身各方面资源更适合大数据技术的广泛应用，所以大数据技术对金融业而言更具潜在价值。金融业在促进大数据技术与金融业融合发展方面具有以下优势。

一方面，金融机构沉淀着大量数据，在利用大数据技术方面具备显著优势。首先，银行通过日常业务可以积累海量用户数据，不仅包括所有客户的账户和资金收付交易等结构化数据，还包括客服音频、网上银行记录、电子商城记录等非结构化数据。金融机构在业务开展过程中积累了包括客户身份、资产负债情况、资金收付交易等大量高价值的数据，这些数据在运用专业技术挖掘和分析之后，将产生巨大的商业价值。其次，金融业务的开展离不开数据的支撑，金融机构通常拥有丰富的处理传统数据的经验，这些经验同样也可以运用到大数据处理之中，使金融机构更好地适应技术变革，增强自身的竞争力。

另一方面，金融机构的预算充足，能够提供优越的薪酬待遇，吸引大量的大数据技术人才加入金融机构的大数据基础设施建设中，促使金融机构的数据处理技术加快升级，更好地促使大数据技术与金融业的深入融合。此外，大数据的决策模式也适用于金融业的日常决策过程。在大数据技术的推动下，金融业的管理模式、发展趋势、产业创新日新月异。因此，金融机构利用大数据技术实现金融业与大数据的融合有其内在的合理性。

二、大数据技术应用的逐步成熟

大数据技术应用的日益成熟是推动大数据与金融业融合的重要因素，为"大数据金融"概念从理论变成现实奠定了技术基础。

首先，大数据技术的深入发展和广泛应用离不开互联网的快速普及。近年来移动互联网呈爆发式增长，全球数据量以几何级数增加。数据的形式不再集中于可量化的、精确的结构化数据，而是出现了大量非量化的、非结构化的数据，使数据类型更加复杂，处理分析难度增大。数据类型的增加也对大数据技术处理数据的速度和获取数据价值的能力提出了更高的要求。经过多年的发展，大数据领域已经涌现出了大量的数据处理技术，它们成为大数据采集、存储、处理和呈现的有力武器。大数据相关的技术和工具层出不穷，新的技术和工具，如 Hadoop 分发、Spark 平台、下一代数据仓库等，这些成了大数据领域的创新热点。同时，云数据分析平台趋于完善。大数据的分析工具和数据库也在向着云计算方向发展。云计算为大数据提供了可以弹性扩展、相对便宜的存储空间和计算资源，使得中小金融机构也可以像大型金融机构一样通过云计算来完成大数据的分析应用。

此外，随着数据分析集的逐步扩大，企业级数据仓库将成为主流。大数据技术的成熟发展不仅为金融业带来了数据处理技术，而且凭借大数据思维影响着金融业的进一步发展。金融业只有在运营中积累独一无二的数据资源，变数据为黄金，方能迎来更大的发展。随着大数据技术的成熟，其在金融领域的应用也越来越广，最终促成大数据金融的蓬勃发展。

总之，大数据技术的发展成熟，是实现大数据在金融行业广泛应用的基础。如果没有大数据处理工具的运用，大数据金融只能停留在概念阶段，只是一个空想。而如今，大数据金融已经变成现实，其无时无刻不在影响着经济的运行，影响着金融机构的决策方式。

三、金融业创新发展的必然要求

创新是事物发展的源泉，需求是事物发展的内在动力。随着互联网时代的飞速发展，物联网、云计算、数据挖掘等技术的逐渐成熟，利用最新技术提高自身的竞争力成了金融机构的内在需求。从图 3-1 中可以看出金融机构与大数据紧密相连的关系：金融机构利用大数据技术的根本目的在于提高金融服务水平，提高金融数据的运用效率，创造更大的价值，更好地促进金融资源与实体经济的有效结合。

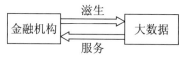

图 3-1   金融机构与大数据的关系

（一）提升金融服务水平

随着后金融危机时代全球经济的逐渐复苏，金融业正进入一个全新发展阶段。各种新型的金融机构层出不穷，如征信公司、小额信贷公司、P2P 公司等，金融行业的竞争越发加剧，严重挑战着传统金融机构的运营模式。传统金融机构亟待寻找突破，寻找新的创新点，而大数据技术正是金融机构推动业务创新和产品创新、进而提高金融服务效率的重要支撑。

通过大数据技术，金融机构可以精确地刻画出客户画像。客户画像主要分为个人客户画像和企业客户画像。个人客户画像包括人口统计学特征、消费能力数据、兴趣数据、风险偏好等。企业客户画像包括生产、流通、运营、财务、销售和客户数据、上游和下游相关产业链数据。通过大数据技术对客户个人情况等静态信息和交易记录等动态信息的综合分析，金融机构可以得出客户的消费偏好、风险偏好等内在的客户行为数据，从而投其所好，为客户提供个性化的服务。所以客户画像可以帮助金融机构更加了解客户，根据客户的需求，量身定制金融服务，从而提高客户的满意度、忠诚度。

同时，在拥有了客户画像的基础上，银行还可以有效地开展精准营销。精准营销最大的优点就是可以实施个性化推荐，即金融机构可以根据客户的偏好进行服务或者对银行产品进行个性化推荐，如根据客户的年龄、资产规模、理财偏好等，对客户群进行精准定位，分析出其潜在金融服务需求，进而有针对性进行营销推广。利用大数据技术所得出的客户行为信息，是金融机构从事个性化服务的基础。提供有针对性的服务，可以使客户的需求得到最大程度的满足，进而促进金融服务和产品的创新，提高金融机构服务水平。精准营销的一个典型实例就是实时营销，它根据客户的实时状态来进行营销活动。比如，根据客户当时的所在地、客户最近一次交易记录等信息来有针对地进行营销；或者将改变客户生活状态的事件，如改变居住城市等，视为营销机会。一方面，实时营销可以提高营销的成功率；另一方面，也方便客户使用服务，提高金融机构的服务水平。

大数据技术也在金融客户生命周期管理上发挥了重大的作用。客户生命周期管理包括新客户的获取、现有客户的防流失，以及失去客户的赢回等。大数据技术可以建立一系列的监测模型，分析客户在金融生命周期的哪个阶段，客户对企业的价值如何，从而帮助金融机构提供差异化的服务。针对处在不同生命周期阶段、不同价值的客户采取差别性对待策略，以更好地发挥现有客户的价值，提升服务质量，同时培养潜在客户，从整体上改善金融机构的服务水平。

总之，金融机构的发展需要大数据的支撑，大数据技术的应用促使金融机构整合各方面的信息，形成客户画像，并在此基础上进行精准营销，提供个性化的定制服务，从而提高金融行业的服务水平。大数据技术的运用可以使金融机构更加贴心地为客户服务，增加客户的认同感和归属感，提高客户的满意度。

（二）提高金融机构管理效率

当前随着我国经济发展进入"新常态"，传统金融机构管理效率低下、运营成本和风险控制成本过高、盈利能力下降等短板愈加凸显。大数据技术的出现迎合了金融机构迫切需要紧跟时代趋势、转变经营战略的需求，使得金融机构能够提高管理效率，降低运营和管理成本，提高风险控制能力，降低整体风险，从而提高盈利水平，形成自身的核心竞争力。大数据技术通过对大量金融相关数据的分析整合，可以更加清晰地指出当前金融机构存在的关键问题，从而更好地对症下药，提高金融机构的管理效率，以弥补当前金融机构面临的不足。大数据技术的应用有利于提高金融机构管理效率，主要体现在降低金融机构运营成本和提高金融机构风险控制能力两个方面。

一方面，大数据技术能够降低金融机构的管理和运行成本。大数据技术可以提高金融机构的内部管理水平，通过减少组织纵向层级，增强横向联系来推进组织机构扁平化，使金融机构内部管理信息的传递效率和质量均有所提高。同时组织纵向层级的减少，也精简了管理的机构，降低了管理的成本，提高了管理的效率。通过大数据技术，金融机构还能够得到精确的客户画像，使金融机构能够更好地了解客户的消费特征和行为习惯，及时、准确地推荐合适的产品或者服务给合适的客户，提高营销的成功率，得以降低人力物力成本。在大数据技术的支持下，金融机构改变了以往靠提高业务覆盖面、占据市场份额取胜的传统管理模式，改为提供精确服务、以服务质量取胜的新型模式，从而降低运行方面的成本，提高盈利水平。

另一方面，大数据技术能够增强金融机构抵御风险的能力。大数据可以帮助金融企业更好地实施风险控制与管理。金融机构可以通过大数据技术建立征信体系来提高风险管理效率，降低业务成本。征信体系，就是指按照一定的数据采集标准，对信用主体的信用信息进行采集、加工、核实和更新，以实现信用信息在体系内互联互通的一种信用管理运行机制。征信体系主要包含的信息由三个部分组成：第一部分是个人或者机构的基本信息；第二部分是客户与金融机构的交易记录；第三部分是客户与非金融机构的交易信息，包括金融机构以外的交易记录。征信体系通过大数据技术对上述信息进行综合分析，判断客户违约的概率，提高管理客户的效率，通过采集更广泛、更真实的数据，通过大数据分析和处理技术，可以更深刻地分析客户或项目的风险，从而更好地监控风险，改善风险决策，提高风险管理效率。大数据技术有助于降低信息的不对称性程度，增强风险控制能力。金融机构可以摒弃原来过度依靠客户提供财务报表获取信息的业务方式，转而对客户的资产价格、账务流水、相关业务活动等流动性数据进行动态和全程的监控分析，从而有效提升客户信息透明度，更加有效地控制经营中的各类风险。

（三）互联网金融发展的推动

近年来随着互联网的深入普及，互联网金融异军突起，已演化成不可阻挡的时代趋势，互联网金融公司如雨后春笋般纷纷出现，冲击着传统金融机构的地位，对传统金融机构运行构成潜在威胁。在互联网信息平台上，互联网金融企业能够借助网络对大量分散主体展开标准化、自助化的服务，以降低金融服务的边际成本，直至其趋近于零，从而实现规模经济和范围经济。互联网金融的进步有益于降低小额分散零售客户的金融服务风险与成本，极大地提高了金融服务的效率。同时，互联网技术大大降低了信息获取成本、信息清算成本、风险识别成本、客户管理成本，从而大大地提高金融服务的价值创造能力。

大量非传统金融机构切入金融服务链条，从客观上降低了金融业的准入门槛。非金融机构利用自身的技术优势和监管盲区在金融业的大碗中分得一杯羹，冲击了传统金融机构的服务模式。阿里巴巴和腾讯就是这类企业的典型，它们利用原有平台的用户交易数据，分析用户的消费偏好、行为模式，进而为用户提供个性化服务。同时，它们利用平台的协同效应，为用户提供多样化的理财服务。此外一些新兴金融机构也紧跟时代趋势，率先利用大数据技术进行业务创新，其中小额信贷公司就是其中的典型代表。小额信贷公司一般依托于互联网和大数据技术，为客户提供一定金额数量下的"金额小、期限短、随借随还"的纯信用小额贷款服务。其通过对大量数据的分析处理，将传统的抵押贷款模式转变为信用贷款模式，为优质顾客的小额贷款提供更加便利的服务。小额贷款既方便又实用，节省人力物力，是对传统金融机构的有益补充。同样还有如火如荼的征信体系建设，无论是芝麻信用还是腾讯信用，都对传统金融机构的业务产生了一定的冲击。大数据与金融的融合已是时代的趋势，率先转型金融机构的成功已经说明了大数据金融的发展趋势不可阻挡。传统金融机构如果不借助大数据技术进一步发展，最终将被时代所淘汰。所以，传统金融机构必须充分利用大数据技术，转变自身的思维，积极变革，提高自身在金融业的竞争力。无论是从金融机构自身来看，还是从其他企业对金融业的介入来看，金融与大数据的融合都已是既成事实。金融机构优化利用大数据技术，可以进一步提高自身的竞争力，顺应时代的发展趋势。

第二节　大数据金融的内涵

一、大数据金融的界定

所谓的大数据金融，是运用大数据技术开展金融服务，即集合大规模结构化、半结构化、非结构化数据，通过互联网、云计算和数据挖掘等信息处理的方式进行实时分析，向客户提供全方位的信息，并通过分析和挖掘客户交易与客户的消费习惯的信息，预测客户的行为，以结合传统的金融服务、开展资金融通、创新金融服务。

首先，当代金融机构的发展离不开大数据的支撑，大数据金融有利于金融机构进行精准营销，大大提高其金融服务效率。因为大数据技术的运用可以提供更为周到的金融服务，增加客户的认同感和归属感，在客户心目中树立起良好的企业形象。其次，大数据金融迎合了当前金融机构迫切需要转型升级的内在需求，提高了金融机构的盈利水平，逐步形成了自身的核心竞争力。最后，在互联网企业涉足金融和传统金融机构的双重夹击下，传统金融机构必须顺应时代发展潮流，积极变革，转变自身的思维，大力发展大数据金融，提高自身在金融业中的竞争力。

此外，大数据金融对传统金融行业的革新、产业链的价值重构、互联网金融生态圈的建设等起到了重要的推动作用，我们将在后面章节进行详细介绍。

二、大数据金融的特征

大数据技术与金融领域相结合，将彻底改变传统金融服务模式，重构金融产业价值链。与传统金融形式相比，大数据金融具有以下几个明显不同的特征。

（一）数字化

2016年1月，中国人民银行公开宣布将尽快推出数字货币。紧接着的2月，中国人民银行行长周小川在接受财新周刊专访时，又对数字货币进行了详细阐述，可见中国离数字货币时代越来越近。从长远来看，数据化和网络化全面深入的发展将极大地改变金融行业，大数据的应用将改变传统金融机构的资金中介的职能，使其表现出虚拟化和电子化的交易特征，整个金融行业未来的发展方向将是虚拟化的，全面颠覆当前的金融服务形态。具体体现在以下三个方面。

（1）产品的虚拟化。传统的资金流将逐渐体现为数据信号的交换，电子货币等数字化金融产品在经济生活中将成为主流。

（2）服务的虚拟化。传统的人工服务将逐渐被移动互联网、全息仿真技术等科技手段所替代，银行通过完全虚拟的渠道更广泛地向客户提供金融服务。

（3）流程的虚拟化。银行业务流程中各种单据和凭证等将逐渐由传统的纸质形式转变为数字文件的形式来处理，将极大提高工作效率和便利性。

可以合理地预见，在大数据时代，传统金融机构将在涉及管理理念和运营方式的多个方面面临着诸多挑战。未来金融机构的整体运作将是一个数据的洪流，"数字金融"得以全面实现。

（二）开放性

传统金融机构拥有两项基础功能：一是资金中介，即传统金融机构通过专有技术达到规模经济，降低资金融通的交易成本；二是信息中介，即传统金融机构采用专门的信息处理技术，解决资金借贷双方之间由于信息不对称而引发的逆向选择和道德风险问题。

在大数据时代，金融机构将不再自然而然地拥有社会经济信息中心的地位，企业不再仅通过向金融机构提供信息来获取信用。新兴技术如社交网络、物联网、搜索引擎、移动互联网、大数据、云计算等改变了信息产生、传播、处理并运用的方式，尤其是依托互联网与移动支付技术为基础的互联网金融降低了信息不对称和物理区域所带来的障碍，通过信息流、数据流引导各类资源的全面有效分配，甚至资金供需双方可以直接通过网络获取信息并参与交易（P2P 平台迅速发展就是实证），促使传统的生产关系发生变革，形成了各机构主体间关系的相对平等。这对传统金融机构业务发展提出了巨大挑战，金融机构将改变过去自然的、被动的社会经济信息收集中心的角色，以开放的方式与客户平等交流，主动收集客户信息。

（三）高生产力

在未来的经济活动中，大数据将与物质资本、人力资本一起，成为生产过程中的一个重要生产要素。它可以转变成现实的生产力，并创造出巨大的经济价值。随着大数据的广泛应用，开放的、数字化的金融机构可以实现更高的生产力，主要体现在以下几个方面。

（1）降低经营成本。信息技术发展带来金融产品交易的虚拟化，使金融供应链对外延伸，降低了全社会融资成本和财务费用，提高了整个市场的生产效率。

（2）提高营销的精确度。大数据的积累使得金融机构可以通过全面分析自身内部数据和外部的社会化数据，进而获得更为完整的客户信息，避免因客户信息不对称而导致错误认知，使得金融产品和服务销售更具精准性。此外，银行还可以通过现有客户和他们的社交网络或商业网络找到更有价值的潜在客户，并发起精准营销。

（3）提高风险控制能力。随着科技的进步和数据类型的扩展，越来越多的半结构化的数据，利用大数据技术能够整合结构化和半结构化的交易数据、非结构化交互数据，开展全面的模式识别、分析，帮助银行实现事前风险预警、事中风险控制，建立动态的、可靠的信用系统，并识别各种交易风险，有效防范和控制金融风险，深度挖掘高价值的目标客户。

（4）促进业务产品创新。金融机构可以利用大数据分析技术对海量结构化、非结构化数据进行深度分析和挖掘，更好地了解客户的消费习惯、行为特征、客户群体及个体网络行为模式，并基于这些有价值的信息，为客户制定个性化、智能化的服务模式，设计开发出更贴近用户需求的新产品。

（四）科学决策

大数据的客观性和价值性将彻底重塑传统的银行决策机制，大数据时代为金融机构经营管理提供了全面、及时的决策支持信息。金融机构可以从每一个经营环节中挖掘出数据的价值，通过大数据分析以更好地了解客户的行为特征、客户群体网络行为模式，优化运营流程，并进行业务创新。

传统金融机构的决策模式依赖于样本数据分析和高层管理经验，而大数据时代的全量数据分析使得分析结果更具客观性和决策支持性，金融机构的决策过程将以数据为核心进行决策判断。对于金融机构的管理者来说，这是一场管理革命，能够极大地改变思维习惯。我们知道全数据分析是大数据的一个显著特征，在大数据金融体系下，金融机构数据获取、分析和运用的渠道机制都和传统金融运行方式截然不同。金融机构通过大数据分析技术对海量结构化数据和非结构化数据进行分析、判断和提取后，能够及时准确地发现业务和管理领域可能存在的机会与风险，为业务发展和风险防范提供重要决策依据。

第三节　大数据金融的发展状况与趋势

一、大数据金融发展现状

在大数据时代，首先，金融市场各参与方有了更坚实的合作基础，证券信息自由流动，非对称程度大大降低。这将使资源配置突破时间、空间和行业的限制，成本大为降低，效率进一步提高，甚至在一些社交网络上就可以形成交易市场。其次，信用评价和征信体系更加有效，大数据所具有的预测能力将使风险管理和决策的模式由静态变为实时动态，个人的网络行为及动机也将被纳入风险定价和金融决策。再次，信息非对称的减少及参与个体的信用能够被有效纳入定价模型，使金融市场的定价能力、范围和效率大大增强，价格信号的作用更及时有效。最后，服务的综合化、一体化程度将加深，使金融服务的边界扩大；服务的精细化程度将无限延伸，个性化程度将大大增加，大量贴身服务模式出现。因此，大数据时代的金融以无所不在的信息为中介，自然地融入我们的经济、生活和工作中。

随着移动互联网和信息技术的迅速发展，金融行业的数据收集能力得到很大提高，大量连续、动态变化的数据存储成为可能。与其他行业相比，大数据决策模式对金融业更具针对性，而且金融业具备实施大数据的基本条件，所以大数据对金融业来说更具潜在应用价值。麦肯锡的研究显示，金融业在大数据价值潜力指数中排名第一。伴随着大数据的应用、技术革新和商业模式的创新，金融交易形式日趋电子化和数字化，具体表现为支付电子化、渠道网络化、信用数字化，运营效率得到极大提升，银行、券商、保险等传统金融行业将迎来巨大转变。此外，百度、阿里巴巴、腾讯、京东等互联网企业也在凭借其强大的数据积累和客户基础，进军金融业，开拓新的业务模式。

传统金融体系经过多年的技术改造，已经具备了一定的数据处理能力，大数据金融的雏形开始显现。中国的金融机构在这个领域也取得了不小的成就，主要概括总结为七个层次的能力，主要包括集成、存储、计算、整合、智慧、消费和洞察。其中前四个层次主要考验金融体系 IT 基础设施的支持能力，后三个层次考虑的是金融业务范畴上的思维方式改变和服务模式转型升级，如图 3-2 所示。

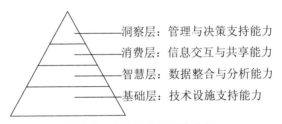

图 3-2　大数据金融层次分析

与金融行业紧密相关的是后三个层次：智慧层是基于金融数据基础层的信息，利用人工智能和数据挖掘技术，实现信息的分解和提炼，找出对融资客户、对金融产品、对业务流程等一系列目标对象有价值的信息点，用于支持后续的营销、管理、优化等场景。主要包括实时决策、机器学习、数据沙箱等。而面对客户的消费层，主要提升的是信息交互与共享能力，也就是金融信息消费，更加注重自动化的处理，将金融数据直接提供给各类业务系统，用于实现无须人工干预的自动化业务决策和处理。最上面的洞察层，则是将相关的一系列金融数据的概貌以各种形式展现出来，用于支持各类企业管理和市场决策需求。

二、大数据金融应用的重点

未来大数据金融应用的重点在于客户洞察、市场洞察及运营洞察三个方面，如图 3-3 所示。首先，是客户洞察方面，金融机构一方面可以捕捉和分析金融客户相关海量服务信息数据，以提高金融服务质量；另一方面可以利用各种服务交付渠道的海量客户数据，开发出新的预测分析模型，深刻解析客户的消费行为模式，进而有针对性地提高潜在客户的转化率。其次，在市场洞察方面，大数据可以帮助金融企业分析历史数据，寻找其中的金融创新机会。最后，在运营洞察方面，大数据可协助金融企业提高风险透明度，加强风险的控制和管理力度；同时也能帮助金融服务企业充分掌握业务数据的价值，降低业务成本并发掘新的套利机会。

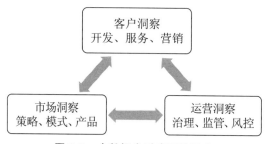

图 3-3　大数据金融应用的重点

具体而言，大数据应用能够带来市场营销、客户体验、风险、欺诈和运营五个方面的价值体现。

市场营销	客户体验	风险	欺诈	运营
· 购买路径 · 营销归因 · 事件营销 · 放弃的营销机会 · 捆绑销售 · 价值路径	· 客户流失 · 客户投诉 · 客户满意度 · 中断流程 · 情绪分析	· 风险数据的改善 · 违约路线 · 关联风险 · 交易对手风险 · 催收分析 · 操作风险	· 欺诈路线 · 商家欺诈 · 索赔欺诈 · 在线欺诈 · 员工欺诈 · 网络安全	· 数据安全 · 销售合规 · 呼叫中心分析 · 邮件路径 · 网站分析 · 流程优化

图 3-4　大数据应用的业务价值

大数据的商业价值是在方方面面的，但大数据的应用价值或是商业价值在哪些方面呢？具体而言，是在一个企业的价值链里面，有销售端、制造端、生产端、采购端等。从它的市场营销、客户体验，到内部运营的风险把控和欺诈，可以利用大数据帮助我们了解任何一家类型的企业。刚才说的营销，可以进行精准营销、事件营销、去做好交叉销售。如何做好客户体验，做好呼叫中心的流程，这些都可以基于数据去做。支付宝在风险把控方面做得很好，这是通过大数据提供的欺诈和风险的防范。

传统数据和大数据结合将使得数据分析更精准。如图 3-5 所示，根据传统客户数据可以推荐一种适合的产品。如果今天在网上搜索理财产品，当客户进入理财经理室之前，理财经理就可以知道客户的行为，能够更好地向客户进行推送，是不是这样根据大数据应用给到客户经理，让客户经理知道客户资产状况，就可以更精准地向客户进行推荐。

传统客户数据信息

- 拥有4种账户——支票、存款、信用卡、汽车贷款
- 每月存款5次，取款25次
- 没有去柜台办理业务
- 存款资产总共有50 000元
- 信用卡和贷款欠15 000元

应该向客户提供什么样的产品？

- 上月查看了五次贷款利率
- 查询过家庭保险信息
- 查询过灾难保险信息
- 上月查看过三次家庭贷款品种信息

更好决定该提供什么样的产品？

图 3-5　大数据应用的业务价值

三、大数据金融的未来发展趋势

在大数据金融时代，"一切皆可数据化"，即企业或个人的各种融资行为都可以数据化，几乎所有的问题都能通过数据化的方法进行解决。随着大数据与金融的深入融合，金融的进一步发展需要创新逻辑和创新思维，更需要创新想象力。"开放"和"融合"是大数据金融时代的核心词汇，大数据是重塑金融竞争格局的一个重要支点。在大数据技术日新月异的时代背景下，金融企业有效利用大数据的能力有待进一步提升，这也是大数据金融发展的必然要求，它将带动整个金融行业的革新，给整个金融体系带来创新动能。未来，大数据与金融的融合主要体现在以下三个层次上：一是大数据技术的提升使得数据价值被进一步挖掘，即大数据的价值变现呈现出新特征；二是金融行业架构重塑；三是大数据技术的跨界应用，使得其突破金融行业边界。图 3-6 详细描述了这三个层次。

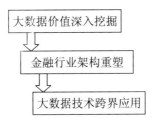

图 3-6　大数据与金融融合的三个层次

（一）数据价值深入挖掘

如果我们把"大数据 1.0 时代"定义为大数据的效率时代，以发现、存储、处理大数据为特征，数据挖掘主要以结构化数据为主，以自身数据为主，以报表应用为主。那么"大数据 2.0 时代"就是实现大数据价值变现的时代，可以理解为"数据＋平台＋场景"，其中数据包含金融企业自身数据和外部数据，平台包括移动 APP 分析平台和 DMP（大数据营销平台），场景需要金融业共同开发，包含 O2O 场景和跨界营销场景。"大数据金融 2.0 时代"主要体现在以下几个方面。

1. 移动大数据成为基础数据

金融企业欲在"大数据金融 2.0 时代"取得领先优势，就必须重视移动大数据的价值。金融企业必须打破自身的数据闭环，像互联网企业一样坚持开放心态，除了收集和处理自身银行 APP 应用中的行为数据外，还需要利用具有价值的外部数据。

移动 APP 应用中的数据由于包含了用户位置信息、生活轨迹和个人喜好，成为金融行业大数据应用的基础数据。金融企业应主动寻求与拥有丰富移动大数据的互联网公司间的广泛合作，坚持平等协作精神，共同开发移动大数据金矿。金融企业在选择合作伙伴时，需要谨慎考虑与大数据巨头间的合作方式，建议同新兴的、独立的移动互联网大数据公司合作，掌握合作的主动权和大数据应用的控制权，实现大数据应用的双赢。

移动互联网行业中的 TalkingData（腾云天下）拥有大量移动互联网数据，是独立的第三方数据提供方，目前已经为招商银行、兴业银行、平安银行、国信证券、海通证券等金融企业提供了完整的移动大数据解决方案，获得了较好的大数据变现效果，传统金融企业可以尝试与其建立互利合作关系。

2. 通过移动 APP 平台洞察客户行为

传统银行数据一般为结构化数据，可以利用银行现有的数据仓库软件进行存储，也可以借助数据挖掘软件进行分析。但现代银行移动 APP 产生的数据中，绝大多数为非结构化数据，表现为用户点击数据、日志数据等用户行为数据，不能在银行结构化数据库里面进行存储和处理，只能利用基于大数据技术的移动 APP 运营统计平台进行处理。

移动 APP 大数据运营统计分析平台是基于 Hadoop 技术的非结构化数据存储和处理平台，利用 Hive 数据挖掘技术，提供数据采集、数据清洗、数据归类和分析的功能。提供客户登录时间，留存时间，活跃程度，用户点击习惯，用户行为分析、事件定义，事件管理、预警分析等功能。移动 APP 运营统计分析平台是洞察客户的传感器，利用反馈数据分析客户行为，为优化移动 APP 提供有力支持。在移动互联网时代，银行要想提高对用户的认知、洞察客户、取得领先优势，移动 APP 运营统计分析平台将成为大数据金融的必备武器。

3. 数据管理平台（DMP）的出现

在"大数据 2.0 时代"，金融企业需要一个能够转化银行数据的平台，实现金融大数据价值的变现。DMP 就是承担这个使命的平台，其主要负责收集金融行业自身的交易数据，经过数据分析加工后，为用户贴上标签，并结合外部数据，帮助金融企业实现大数据精准营销和客户挖掘。DMP 平台至少包括用户标签、用户画像、精准营销渠道、自我算法优化、数据可视化、外部数据引入和广告监测等功能。

DMP 平台的出现将加速金融行业大数据商业应用的进展，真正将大数据同金融行业的实际业务结合起来。未来，DMP 将会成为金融行业大数据应用的主要平台，特别是引入移动互联网大数据和 DSP（需求方平台）数据的 DMP，将会成为金融行业大数据应用标准。

4. 数据标签是大数据金融的基本元素

数据标签的表述既简单又复杂，简单地讲，就是描述某类用户行为属性的集和，具有相关性和大概率性等特点。数据标签可以很宽也可以很细，完全取决于标签创建者的经验。因此数据标签的精准定义成为大数据金融应用的关键所在。

数据标签作为"大数据金融 2.0 时代"最基本的元素，正成为大数据金融的重要武器。很多大数据金融的应用都依赖于数据标签，数据标签的细化程度和覆盖范围体现了金融企业大数据应用的成熟度。数据标签可以分为用户属性、位置信息、游戏偏好、应用兴趣、消费偏好等类型。定义数据标签的方法可以从社会人特点和具体商业需求出发，定义出金融行业需要的客户群体信息。

大数据标签是用户画像、精准营销、风险监测等金融大数据应用的基础，金融行业大数据标签的定义是具有挑战性的话题，并将成为"大数据金融 2.0 时代"的热点话题。

5. CRM 系统的重要性愈加显现

进入 21 世纪以来，金融行业正在经历"以账户为中心"的商业模式转向"以客户为中心"的商业模式。银行、证券、基金、保险等金融机构纷纷上线 CRM 系统（客户关系管理系统），将客户关系管理作为其主要业务之一，并希望通过对客户需求的挖掘来开发和推荐新产品。

在"大数据 2.0 时代"，CRM 系统中除了包含用户的基本数据（如用户习惯特性、用户喜好特性、用户轨迹、用户消费趋势等信息）和信用数据外，还需要增加用户画像信息，这些都需要大数据平台 DMP 来提供。具有了用户画像信息的 CRM 将会大大增强金融行业的商业竞争优势。当金融行业客服人员或客户经理打电话同客户进行沟通时，用户画像将提供高价值的信息，洞察客户，拉近金融企业同客户的距离，了解客户需求，提高客户满意度和市场营销转化率。

进入大数据价值变现时代之后，面对激烈的竞争，金融行业应该积极拥抱移动互联网与大数据，积极建设 DMP 平台与 CRM 系统，持开放心态，同具有移动数据和相关技术的企业进行合作，利用已有的数据和外部数据取得先发优势。

（二）金融行业架构重塑

随着社会经济基础环境的改变，我国以银行为主的金融体系必然逐渐过渡到以整个社会大联网为平台的"大金融模式"。从目前国内金融行业发展的态势来看，已经初步体现出"大金融模式"的某些特点和趋势：一是以互联网平台集聚金融资源供求双方的信息，通过平台形成良性循环的各类金融功能和服务，进而构建一种全新的商业模式，如阿里巴巴、京东、招商银行、平安集团、建设银行等均将移动支付、清算结算、购物消费、征信、财富管理等金融行为网络化、一体化；二是互联网平台金融服务范围跨界化、金融产品种类多样化，如人人贷、阿里等互联网企业向传统金融领域的渗透，利用互联网平台销售跨银行、证券和保险类的金融产品等；三是互联网平台的聚集效应是"大金融模式"诞生的基础，如东方财富网日均客户浏览量接近 1 000 万，阿里控股天弘基金后，仅 6 个月就聚集了 2 000 万客户；而在传统金融服务模式下，最大基金的累计客户数量不到 100 万。因此，大数据金融在互联网时代的发展优势十分明显。

"大金融模式"必然会重塑现有的金融体系架构，这种重塑体现在以下几个方面。

1.竞争格局的变化

新兴信息技术和国家大资管政策促使中国金融业出现了三个层次的竞争：一是金融业的潜在进入者与传统各类金融机构之间的竞争；二是银行、保险、证券和基金等传统金融机构之间的直接竞争开始加剧；三是全国大型金融机构与区域中小型金融机构之间的正面竞争日趋激烈，如图 3-7 所示。互联网和大数据技术打破了原有行业的进入壁垒，使得传统金融行业与互联网企业、新兴网络平台直接展开竞争。在大资管政策的推动下，混业经营已经成为一种发展趋势，银行、保险、证券、基金等金融机构间分业经营的局面将不复存在。互联网大数据技术将成为金融机构间展开混业竞争的关键。大数据和互联网打破了信息不对称的问题和物理区域壁垒，使得中小型、区域型金融机构与大型、全国型金融机构站在同一层次竞争，迫使中小金融机构向差异化转型发展，否则结局将被淘汰。以证券公司为例，区域优势成为很多区域性证券公司收取较高的经纪费率的理由，但在 2013 年 3 月，中国证券登记结算公司推出《证券账户非现场开户实施暂行办法》，允许用户通过网络进行开户，这将对区域性证券公司业务发展带来较大冲击。

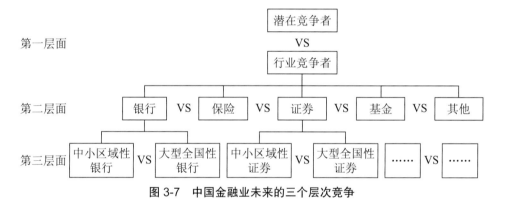

图 3-7　中国金融业未来的三个层次竞争

2. 产业格局的变化

上述金融业三个层次的竞争将重构现有产业格局，互联网平台化的产业格局（大平台＋众多小企业）将成为未来发展趋势。在大数据时代和混业竞争的背景下，由于金融业信息密集型的特点，实力强的大型金融企业将快速扩张，大平台将凸显"赢者通吃"的态势，尤其是在标准化产品和低净值客户领域将更加凸显其规模优势和成本优势。与此同时，其他实力较弱的金融企业只有寻求差异化经营模式，改造和转型线下传统营业厅，通过线上线下深度融合的方式重点针对高净值客户提供非标准化产品和服务，否则将难以抵御大金融机构的强势竞争。由于金融需求的多层次性，小型金融机构可在一些细分领域找到适合的市场生存空间。

　　金融机构通过快速地嫁接互联网，同时引进大数据技术，能够对网络平台产生的大数据进行深入分析，提供更个性化和精准化的服务，提高竞争优势。目前国内在这方面的趋势已经非常明显：一方面，互联网企业向传统金融的渗透来势汹汹，传统金融业不改变就会被改变；另一方面，传统金融业也开始拥抱大数据时代带来的机遇，如建设银行于 2012 年就推出"善融商务"，目前成交额已经达到 100 亿元；多家银行推出了"微信银行"服务。大数据时代将带来人类生产力的又一次大解放和生产效率的巨大提高，移动互联网络将成为实现中国梦的重要载体，这本质上需要相互联通、相互融合的"大金融体系"。

3. 监管体系的变化

　　大数据时代实时流转的信息交流超越了金融细分行业的界限，甚至超过了现有混业经营模式的界限。分业金融监管模式难以适应"大金融模式"的发展需求，金融监管机构必须重塑自身的监管职能，以适应新时代下金融监管的需要。我国金融市场经过 20 多年的飞速发展，货币市场、资本市场、保险市场均取得了很大进步，混业和协调发展趋势明显，但现有金融监管框架仍然是分业的。虽然市场上早就呼吁构建"新型金融监管体系"，但目前却并没有实质性措施落地，互联网金融和大数据时代迫切需要金融监管体系的早日整合。

　　我国现有分业金融监管体系阻碍了金融机构进行改革创新，如银行、证券、保险等行业相互割裂，难以适应大数据时代金融发展的要求。当前虽然移动互联带来了巨大的发展机遇，但传统金融企业难以把握这一历史性机遇，反而受到互联网企业的全面渗透，处于"不改变就被改变"的尴尬境地。相关各方应该抓住建立"金融监管协调部际联席会议制度"这一机会，创新金融监管体制和机制，鼓励金融领域中银行、证券、保险等各方的相互开放与合作，以促进金融监管体系的整合，积极加入互联网发展的浪潮中，支持其在"大金融体系"下的金融创新和做大做强。

（三）数据技术跨界应用

　　大数据时代模糊了行业间清晰的界限，不同行业可以实现信息的整合与共享，跨界经营越来越成为时代发展的趋势。一些互联网公司凭借数据资源优势和技术优势涉足金融业，打破了原有的竞争格局体系。

　　金融业的潜在进入者主要可以分为两类：一类是跨界企业，其中以阿里巴巴、京东商城、谷歌等互联网企业为主要代表，新兴技术快速进步极大地促进了产业边界的模糊化，跨国竞争逐渐成为常态。这类企业的共同点是在各自领域都拥有多年的业务积累，能够掌握大量的用户数据，凭借这些信息涉足金融领域能够更好地满足用户的需求，进而促进整个金融生态环境的提升；另一类是互联网企业，主要以支付宝、财付通等第三方支付企业，陆金所、人人贷、Lending Club 等 P2P 网络借贷企业为代表，Kabbage 小额网络信贷企业等。而传统的金融机构也通过自建电商平台、整合线下资源等，弥补自身在互联网平台搭建、数据来源方面的劣势。大数据无处不在，逐渐将我们生活中的不同行业连接起来，我们的生活将因此发生翻天覆地的变化。

第四节　大数据与互联网金融的关系

一、互联网金融催生大数据分析需求

（一）大数据依存于互联网金融环境

互联网金融产生大数据，而互联网金融的发展又高度依赖大数据的发展，两者相互促进、共同发展。大数据具有显著的数量巨大、结构复杂、处理要求高、时效性强等特点。同时，大数据的无缝化、全覆盖特点又使得数据量和异构化趋势进一步加剧。这些特点带来以下两种趋势变化。

（1）互联网金融越来越复杂的业务模式和业务逻辑，产生了越来越巨量的数据，这些数据在未来将发挥更重要的作用。在过去传统的金融领域中，一些数据的价值可能被忽略，如客户的行为数据等。但是在互联网金融大数据的背景下，客户的行为数据将被视为珍宝。

（2）大数据对互联网金融环境的依存度也越来越高，因为脱离这个环境，很多数据就会变得无效。用计算机的行话来说，互联网金融的上下文铸就了大数据的高有效性。

另外，互联网金融领域的大数据在处理上也要有新思路、新方法和新手段。

（1）多样化、异构化的数据整合处理显得越来越重要。很多大数据分析需要整合处理视频、音频、文本、图像、半结构化等数据，才能得出最后的结论，单单从建模角度考虑，就需要实现混合模式识别等复杂技术。

（2）大数据的分析结果会被实时应用到互联网金融业务环境中，对数据流的单遍描述、实时处理、并发处理等技术都会被综合利用，大数据分析技术需要进一步提升。

由此可见，大数据与互联网金融环境的紧密依存关系，会带来较大的工作量和难度，但也使得大数据的分析处理更加必要，获得了更大的发展。

（二）移动环境下大数据的特点和处理

移动计算和移动数据处理，是诞生于 20 世纪 90 年代的新型数据处理技术。而移动环境下的大数据处理有两个特点。

（1）移动环境下，大数据收集和处理方式相对简单，这是因为数据的类型和数据量相对要小一点儿。但是，随着产业科技的升级，对于数据处理的实时性要求逐步提高，带宽优化等方面都需要比有线环境更为复杂的处理手段。

（2）移动端的大数据处理，往往会整合多样化、异构化、不同应用环境中的大数据，进行统一处理。在处理过程中，有时还需要保持移动数据处理的相对独立性。

可以预见，移动环境是未来大数据发展的最重要的阶段，单个移动设备的大数据处理或许挑战不大，但是众多移动设备的大数据处理，就会在整体上对处理的时效性提出挑战。

二、大数据为互联网金融提供技术支持

（一）大数据促进互联网金融业务的扩展

互联网金融业务与传统金融业务相比，有它的特殊性，其客户群体来源于网络，相关业务采用远程方式办理，一般是 7/24 小时的服务，这些服务要求重视客户体验，并且能够快捷方便地办理。这一切，都可借助大数据分析予以支撑。

正是由于业务办理的网络化、远程化，远程结点之间信任程度将影响业务办理。大数据技术的一些手段，如区块链技术等，正是解决远程结点之间信任关系的良好工具，需要在实践中加以应用。同时，征信大数据分析手段也是重要的信用基础。

风控大数据的积累和应用，是另一个重要话题，如果说互联网金融环境存在不确定的话，那么基于大数据分析的风险控制技术就是获得某种确定性的重

要手段。

（二）大数据自身创造价值

最近，国内外大数据领域动作频繁，大数据交易所成立、大数据的交易日趋活跃。这说明了一个道理，大数据本身是有价值的。数据是信息的记录载体，就知识产权而言，大数据本身或许是有隐私权的，但是在大数据基础之上的分析结果往往是具有交易价值的。大数据自身的价值如图 3-8 所示。

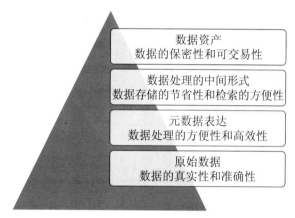

图 3-8　大数据自身的价值

三、互联网金融时代大数据面临的挑战

互联网金融时代孕育了大数据的繁荣景象，同时，多元化的数据类型和巨量的数量体量也给数据处理带来了新的挑战。

（1）海量数据的集聚，如流数据、并发数据、快速变化和采集的数据等，使得巨量数据成为大数据处理的第一道关口。硬件成本的快速扩张、并发处理的瞬间增长、流数据的持续单遍扫描处理等都成为大数据分析处理的必备条件。

（2）数据类型的多样性和数据的异构性，成为大数据处理的另一个挑战，建模的复杂性也成为一大难题，需要配套多样化的处理手段，其中的许多处理手段尚在研究和实验室阶段，这为大数据处理的应用带来不小的困扰。例如，基于特征的视频处理、音频处理技术仍在发展中。大数据处理模式如图 3-9所示。

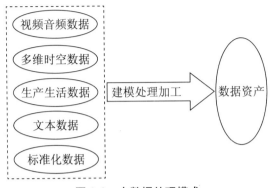

图 3-9　大数据处理模式

（3）大数据的处理要求会提高，如要求高速处理、实时处理、分布式处理等。随着处理要求的提高，对于硬件配置、算法设计、信息安全也提出了一定的挑战。

（4）大数据的准确性处理将会成为一大难题。由于处在快速变化的互联网金融环境下，数据的有效性问题、数据的清理问题、数据噪声的去除等问题都会被提出来，成为一大挑战。

（5）移动环境的大数据处理虽然相对简单，但是处理要求会异于有线环境下的数据处理。移动环境下的数据组织与数据广播本身就是学术界一直在研究的问题，距离应用还有一段距离。

（6）社会结构或者社会分工所导致的数据条块分割难以共享，将会成为大数据处理的人为障碍，也是大数据分析处理的一大挑战。

本 章 小 结

如今，大数据思维日益融入人心，大数据与政府的融合已是大势所趋，并很可能在未来上升为国家重要的发展战略之一。

本章第一节主要从金融业应用大数据的优势、大数据技术应用的日臻成熟和金融业创新发展的必然要求三个方面阐述了现代金融的大数据特征，探寻了大数据与金融业融合的动因。第二节从大数据金融的内涵界定入手，分析了大数据金融的四个基本特征，即数字化、开放性、高生产力和科学决策，同时也比较详细地阐述了每个特征的含义。第三节从大数据金融发展现状与趋势着眼，简单地介绍了当下大数据金融发展状况及大数据金融应用的重点方向，认为大数据金融正悄悄地融入我们的日常经济、生活和工作中；展望大数据金融发展的未来，分别从数据价值深入挖掘、金融行业架构重塑以及大数据技术跨界运用这三个方面入手，详尽地勾勒出大数据金融的未来发展蓝图。

　　大数据金融的未来是美好的，值得每个人去憧憬，但唯有通过创新才可以达到美好的未来。大数据金融这一新思维，让我们突破了传统思维的桎梏，大大提高了当代企业的创新意识。在下一章中，我们将具体阐述大数据金融所引发的商业模式创新。

第四章

大数据金融的商业模式

　　根据 2014 年《中国产业链大数据白皮书》显示，预计未来 5 年内全球大数据市场规模将迎来高达 26% 的年复合增长率——从 2014 年的 148.7 亿美元增长到 2018 年的 463.4 亿美元。基于大数据发展的良好前景，全球各大公司、企业和研究机构都对大数据商业模式进行了广泛的探索和尝试，大数据的未来价值受到了广泛的关注，十分值得期待。本章从大数据金融商业模式的选择出发，从企业、产业与行业三个维度具体论述大数据时代下金融业务商业模式的创新之处及其未来的发展趋势。

第一节　大数据金融商业模式的选择

大数据时代渐行渐近，大数据对经济的贡献在于提升各行各业满足需求效率的同时，以新的业务形态颠覆旧经济体。就大数据的行业特征看，其进入壁垒不高，谁掌握了数据，谁就能够进入大数据领域。但是与一般行业相比，其成长发展的壁垒很高，表现为大数据需要三个方面的综合能力——IT、数学以及行业经验，而且其规模化发展的壁垒随时间积累越来越高，掌握数据越多、理解数据越深、利用数据产出越多就越能通过规模化经营形成自身的竞争优势。

大数据时代下，互联网从媒体、零售和内容开始，逐步向金融、医疗、教育、电视、建筑等行业渗入，融合形成新的商业模式，并有效提升行业的竞争效率。接下来将简要概括分析商业模式创新对金融行业的影响。

一、商业模式创新有利于提升金融行业的运营效率

金融交易形式的电子化和数字化，具体表现为支付电子化、渠道网络化、信用数字化，使得金融行业的运营效率大大提升。金融中介体现出虚拟化和电子化的交易特征，其职能逐渐发生了变化。金融数据平台的升级及数据的整理能够提升整个金融市场及金融体系的生产力，其主要体现在以下几个方面：一是计算机技术的发展带动的商业模式创新使金融供应链外延，降低了全社会金融融资成本和财务费用，给整个市场带来了高效率；二是商业模式中大数据的积累使得金融机构销售更具有精准性，金融机构能够发现更多具有价值的潜在客户，并对其展开精准营销；三是由于商业模式创新中硬件的开发和数据平台的建设，推动了在不同系统中分散化的、面向最底层的交易数据实现完整的模式识别和模式分析，有助于事前提防、事中控制；四是有利于促进金融机构进行产品创新，金融机构通过对用户的分类和信用能力分析，可以高效快捷地建立并管理由不同品种、不同数量组合的金融产品，还可利用计算机语言，编写复杂的交易策略，处理海量的市场信息，捕捉短暂的市场波动，把握交易机会，

提升金融机构的盈利水平。

二、商业模式创新有利于提升金融行业的结构效率

互联网和大数据打破了信息不对称与物理区域壁垒，通过信息流、数据流引导各类资源的充分有效分配，促使传统的生产关系发生变革，F2C 模式成为重要趋势，这将大大提高传统金融行业的结构效率，对于中国经济结构调整和产业转型升级具有非常重要的意义。

目前，我国金融市场提供两种融资方式（图 4-1）：一是间接融资方式，即银行系统的信贷，这也是当前中国主要的资金融通方式；二是直接融资方式，即通过证券系统的股票或债券上市交易。这两种资金融通方式对于促进我国经济增长和资源配置起到了重要的作用，但也产生了很大的交易成本。

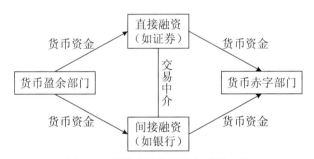

图 4-1　传统金融市场资金融通方式

在新的商业模式下，未来的金融模式将会实现资金供求双方的自由匹配，且是双向互动社交化的，如图 4-2 所示。但在金融业中，信息不对称的现象与知识不对称的现象同时存在，因而金融产品具有风险性，个性化的解决方案在未来将会面临极大的市场。借助技术手段可以将人类的知识结构化，且随着机器学习、IT 智能的发展，传统金融作为服务中介的部分功能也会逐渐被 IT 智能支持所取代，整个行业将面临变革。

图 4-2　未来金融市场资金融通方式

第二节　大数据金融商业模式的维度分析

商业模式是一套整体的解决方案，旨在实现客户价值最大化，整合企业运行所需的内外各要素，形成一个完整的、高效率的、具有独特核心竞争力的运行系统，并以实现客户价值为核心理念，以一个最优的实现形式呈现在客户面前，满足客户的实际需求，并能实现系统的持续盈利目标。

麦肯锡的研究显示，金融业在大数据价值潜力指数中排名第一。将大数据技术与金融行业相融合，能够促进金融企业商业模式的创新，塑造企业的核心竞争力。大数据能够使企业改善、创新产品及服务，创造全新的商业模式，这是大数据创造价值的方式之一，也将成为未来企业竞争的关键。大数据的应用将使得产业链中的各个环节联系更加紧密，更加高效。据此，下面将从企业、产业和行业三个层面来具体阐述大数据金融的商业模式创新，并简要论述大数据对金融行业商业模式创新带来的影响与意义。

一、企业维度

从微观角度可以将商业模式理解为企业获取价值的逻辑，也就是企业如何利用价值链中的具体环节以及在价值链中的定位来获取利润。商业模式主要专注于以下问题：哪些是企业的顾客，他们的价值在哪里，如何获取这些价值，如何以合适的成本传递价值。其主要构成要素包括市场、企业、客户和盈利模式。一方面，大数据能帮助企业解答如何利用商业模式创造价值的问题；另一方面，大数据金融改变了原有金融市场的市场格局、企业运营模式、客户关系管理和盈利模式，甚至创造了全新的商业模式。

在本章中，从企业层面将大数据技术影响商业模式创新的关键因素划分为组织、产品、客户、业务、财务五个角度分别阐述（图4-3）。

基于大数据的组织创新，从管理和经济两个层面出发。

基于大数据的产品创新，包括价值主张、技术革新和产品定价策略。

基于大数据的客户创新，主要集中在客户细分、渠道通路和客户关系管理方面。

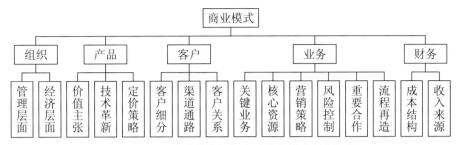

图 4-3　企业维度的大数据金融商业模式创新框架

基于大数据的业务创新，包括关键业务、核心资源、营销策略、风控模式、重要合作和流程再造。

基于大数据的财务创新，包括成本结构和收入来源。

二、产业维度

大数据的广泛应用也使得大数据产业链中的各个环节之间的联系更加紧密，提高运作的效率，使得大数据发挥更重要的作用。

在大数据的背景下，一个企业的商业模式往往由其在大数据产业链中所处的位置决定。人们看到的通常是大数据应用的结果，它不是单一的没有联系的大数据产物，而是大数据产业链环环相扣的结果。大数据产业链由四个部分构成，它们分别是数据采集、导入与预处理、统计与分析、解释与应用（图 4-4）。这些环节在第一章中已经有了较为详细的技术层面解释，在这里，仅从产业链的角度对其进行解释与补充。

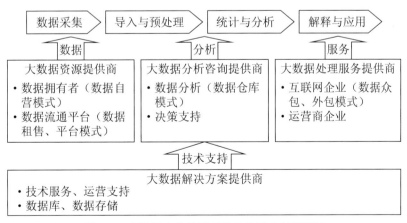

图 4-4　大数据产业链层面的商业模式创新框架

资料来源：工业和信息化部电信研究院

数据采集，是指对企业的内部经营数据、企业的内部管理数据和企业外部的用户行为数据等进行挖掘、整合的过程。数据源是互联网、物联网、企业数据等。

数据的导入与预处理，是指通过提取、转换、加载（ETL）等方式将数据导入数据处理平台中，从而进行数据存储的工作。数据的预处理是在数据导入的基础上进行对数据的批处理、交互分析和流处理的过程。

数据的统计与分析，是指通过数据仓库、OLAP（联机分析处理）、商务智能等方式对数据进行深度挖掘，所以也称数据挖掘。数据的统计与分析有利于寻找数据的价值，但在这一过程中往往体现了大数据价值密度低的特征。

数据的解释与应用，是指将可视化数据应用到行业中，数据产品将有利于企业主体进行决策，提高企业运营效率。

数据采集、数据导入与预处理、数据统计与分析和数据的解释与应用这四个环节，是层层递进、环环相扣的，它们共同组成了大数据产业链。一方面，从大数据产业链的过程看，不同环节正在催生不同的商业需求，也会涌现出相应的新兴产业，如数据供应商、数据分析商、数据集成商、大数据硬软件技术供应商等不同的企业，使得大数据产业链蕴含巨大的市场和利润空间；另一方面，从大数据产业链的行业应用看，产业链上每一环节的应用都可以向不同行业无限延伸，突破行业界限，进行互联结合，使得行业内部发生数据化变革浪潮，能够在传统的基础上创造出新的成果。

以上只是对大数据产业链的构成进行了大致描述，本章第四节中将根据产业链上从事不同环节的数据资源提供商、大数据分析咨询提供商、大数据处理服务提供商和大数据解决方案提供商这四个方面出发，详细分析商业模式在大数据产业链层面上的创新与实践应用。

三、行业维度

目前很多国内金融机构的数据量级已经达到 100 TB 以上。而且，非结构化数据量正在以更快的速度增长。金融业不仅是大数据的重要生产者，也是大数据的重要消费者。数据即资产，这在金融业表现得尤为明显。

大数据在行业维度上的表现相比上文中的企业层面、产业层面更为宏观，大数据在金融行业中不同机构的广泛应用催生了金融机构与产品的创新，也推动了企业内部的数据整合，共同构建平台式的商业模式，以疏通数据采集、分析、应用、反馈的通道，提高数据流通效率，充分挖掘与发挥大数据的价值。

在建立大数据平台的基础上，以数据为媒介整合和控制产业链上下游，占据平台金融的核心位置，从而利用聚集效应为用户提供金融服务，实现数据驱动跨界的模式。通过数据连接起了不同行业，拉近了市场、企业和客户之间的距离，最终实现了价值关系的重组。

第三节　大数据金融的企业商业模式创新

一、基于大数据的组织架构创新

大数据对于组织构架的创新体现在管理层面和经济层面两个方面。

管理学上，邓荣霖和罗锐轫（1998）认为，组织架构即为展示组织各部分排列次序、空间位置、聚集状态、联系方式以及各要素之间相互关系的一种模式，是进行经营管理活动的体制方式之一。组织架构拥有三大核心要点：一是其决定了正式的报告关系，包括层级和管理者的管理幅度；二是其决定了内部形成机制，即个体如何构建出部门，在此基础上部门如何构建出组织；三是其保障了交流体系，以保证部门之间的有效沟通、合作与整合。

在管理层面上，大数据使得组织的层级结构改变，使其趋于扁平化，减少了管理层级，扩大了管理者的管理幅度，加快了信息的迅速传递和横向传递，借助大数据技术，通过管理信息系统，传统单一的上下级报告关系变为底层业务信息也可直接输送给决策者的网络报告模式。

经济学上，布里克利（2004）提出，组织架构具体是指公司组织中三个关键方面：公司内部决策权的分配、个人奖励的方法、个人和业务单位业绩评估系统的结构。他指出组织架构的部件正如一个凳子的三条腿，变动其中一条腿而不考虑另外两条腿通常是错误的，只有统筹考虑，"凳子才能平衡"。

在经济层面上，大数据技术使得企业内外部资源和数据得以统筹规划，可以改善企业决策模式，使得企业决策模式从"高管决定"转变为"大众参与"，从"业务核心"转变为"数据中心"，从"事后归纳"转变为"事前预判"。传统金融业，由企业高层管理人员依据现有业务状况、经验和市场调研来做出决策。而大数据使得企业基于各个管理层和业务层提供的全面的市场、客户、产品信息，利用管理信息系统，如高管支持系统，收集和分析非结构化数据，从而预测企业的未来发展。此外，工作人员的登录操作日志、线上业务处理时间等数据也可以被大数据技术处理，纳入个人考评体系。海量的数据和全面的信息以及管理信息系统可以帮助企业完善个人与业务单位业绩评估，并比较各种奖励方法优劣，选择出最优的奖惩制度。

二、基于大数据的产品创新

（一）价值主张

价值主张，即企业为满足客户需求而生产的产品或服务，向客户提供的价值。价值主张是企业在市场中树立形象、获取客户、吸引消费的核心内容。价值主张一般与企业所能提供的产品或服务相吻合，这些产品或服务是依据顾客属性和需求生产的，它是企业所能提供的产品或服务的集合。价值主张可以是全新的，能够为客户提供区别于原有产品或服务的体验，也可以是对现有产品服务的完善与改进。

在大数据时代，由于大数据的可得性，包括企业内外部的业务数据、客户数据、各类环境数据等的易于广泛获取和高透明度的特征，企业可以在对这些数据更加科学深入地挖掘与分析之后，再决定其主张的价值。

企业对大数据进行收集、存储、处理和分析，整合分析企业内外部数，使得企业在生产产成品或提供服务之前，就可以通过开展各类可控的数据实验，预判其价值主张是否能够切实满足客户的具体需求。通过对大数据的挖掘与分析，企业能够更加准确地把握客户的真实需求、解决存在的问题，生产出更加适应客户和市场的产品或服务。因此，这项产品或服务能够给客户带来的价值将远高于传统时代的产品或服务的价值。

此外，在大数据时代，数据成为企业迫切需要的战略资产，具备收集、存储、处理和应用海量大数据的企业，还可以将数据成果进行加工，进而将大数据作为可交易的产品出售。未来数据市场有可能会出现数据现货交易、期货交易，甚至是数据衍生品交易。到那个时候，数据将成为企业的主要资产，为企业创造新的收入来源，甚至进入企业的资产负债表。

大数据在未来的发展中必将成为企业创新发展的驱动力。

（二）技术革新

在大数据时代，技术革新是企业利用大数据的基石。在数据采集方面，由于数据量大并且结构多样，需要离线采集和在线采集技术并行；在数据计算方面，为了提升数据质量和效率，需要开发、计算和存储资源以及离线计算与在线计算技术；在数据服务方面，不仅需要利用大数据技术使数据服务化，还必须保证数据交换不共享，以确定数据的安全性；在数据产品方面，必须使得数据产品在商业理解、数据披露和数据解读中价值最大化。为了达到以上要求，大数据技术必须保证数据的准确性、及时性、机密性和可用性。

大数据技术的出现和应用使得一些以往被忽略、难以使用的数据也有了用武之地，为企业开发新的功能奠定了基础。用户的登录和操作行为是一种系统日志，在过去，由于缺乏大数据技术对数据资产进行长久管理，这些系统日志数据无法被利用，只能抛弃。现在，很多证券公司都意识到了日志数据管理的重要性，他们通过大数据技术来管理日志数据，对股价趋势进行预测。

此外，大数据技术使得企业供应链和客户关系管理更加信息化。大数据技术可帮助我们判断供应链上的企业资金供需量的变动和变动的规律，对目标客户进行资信评估、风险控制等，从而改变传统的供应链金融商业模式。银行的客户经理可以借助大数据平台上源源不断的数据来源和数据分析结果成为客户的顾问，向客户提供当地最新的市场信息、个性化产品，提升服务水平和客户满意度。

（三）定价策略

定价策略分为产品定价策略和平台定价策略两种。

1. 产品定价策略

为产品制定合适的价格，是企业获取利润的基础。如今大数据为公司提供了难得的机会，可以基于数据分析做出更合理的定价决策，对那些能够井然有序地应对复杂大数据的公司而言，蕴含着巨大价值。

传统时代，企业往往根据规模和销量来制定产品价格，而不是科学合理地制定价格。传统定价方法只能根据过于简单的因素来制定价格，比如产品制造成本、标准利润、类似产品的价格和批量折扣等。对于不同产品，依赖"久经考验、屡试不爽"的历史方法，比如所有产品的价格普遍上调10%，这是一种几乎不可能看到可以完全释放价值的定价模式。而大数据可以很好地解决这一问题，可以充分利用海量数据，甚至商业引擎的其他方面，比如"动态交易评分"提供了单笔交易层面的价格指导，还提供了决策逐级上报点、激励机制、绩效评分及更多方面，立足于一系列相似的盈亏交易来制定价格，从而释放利润。

2. 平台定价策略

传统的双边平台模式中定价策略是向买卖双方收取不同的交易费用确定的。根据交易费用来源的不同，可分为会员费制、佣金制和二部收费制三种情况。然而，近年来，国内企业采用的双边平台定价策略经历了从买卖双方的免费到其中一方免费一方收费的转变。对买卖双方（顾客和供应商）承诺一定期限的免费政策，由此带来的网络外部性效应正好推动了平台的快速发展和扩张。逐步采取了对顾客免费而对供应商收取一定费用的价格结构策略。随着大数据技术的飞速发展，企业可以在满足多边群体和不同细分市场需求的基础上，拥有更多自主营销决策和价格策略的选择与确定，不再依赖于经验直觉判断，而是通过对海量数据进行严谨的数理统计分析，从而预测顾客实际行为的变化，实施多边协同定价策略。

三、基于大数据的客户创新

（一）客户细分

客户细分，即根据客户的属性，包括自然属性和行为属性，从不同的角度，深层次分析客户、了解客户，以此增加新的客户、提高客户的忠诚度、降低客户流失率、提高客户消费。它主要描述了企业的目标客户群，在同一个客户细分中的人往往具有某些共同的属性，使得企业可以根据这些属性为这个客户细分提供针对性的价值主张。一般而言，企业客户细分描述了可以传递价值主张的客户群体，即一个企业期望接触和服务的不同客户群体，企业通常对不同地域、不同类型、不同属性的人群采取相应的营销方式，提供个性化的产品或服务。

通过对商业模式的研究和实践，可以看出商业模式的核心就是客户。只有依靠可以使企业获益的客户，企业才能长寿。客户越来越个性化且其水平越来越高，企业为了能够提高销售产品或服务的效率及满意度，就会对客户进行细分工作，有针对性地满足他们的需求。

在传统的非数据时代，企业一般只根据客户的基本属性进行细分，因此，传统金融机构长期面临着一个很尴尬的局面，就是不知道客户的真实想法，无法挖掘客户的潜在需求，也无法对客户需求的满足程度进行精确分析。而进入大数据时代后，企业通过收集与客户有关的各方面的数据，利用大数据技术分析挖掘现有客户消费行为背后隐藏的真实需求，以及发掘更多的潜在客户群体，并以此为依据对客户进行细分。在这样的模式下，可以更加科学、有效地辨别企业的客户群体特征及需求，对客户群体的优先级做出准确的排序，从而将企业的价值主张传递给这些最需要的客户细分群体，针对特定的客户群体创造符合需求的新产品、新服务来实现企业价值最大化。

除此之外，依托大数据海量性和实时性的特征，企业可以实时反馈用户的各项数据，从而为用户实时提供定制化产品或服务，全面提升企业的效率和客户细分群体的满意度。因此，大数据能使企业创造高度细分的市场，并精确调整产品及服务来满足具体的需求。营销部门利用社会媒体信息，改变传统的客户抽样分析，将其转变为全数据集分析，以一对一营销取代按人口特征进行细分的市场营销方式，从依靠历史数据进行长期趋势预测转变为对突发事件实时反应。这一改进大大提高了预测客户行为的准确度和拟采取方案的有效性，催生了新的商业模式。

（二）渠道通路

渠道通路，即企业向其客户销售产品或服务并且维系关系的各种途径。每个企业都需要通过其自身的渠道通路向客户传递价值主张。没有渠道通路，企业就不能接触到客户，其商业模式也无法维持。渠道通路是企业与客户沟通的关键要素，对于提升客户体验非常重要。大数据技术对渠道通路的创新，一方面在于大数据可以开拓新的渠道通路；另一方面在于利用大数据技术，企业可以很好地调节渠道冲突的问题，主要是线上和线下渠道冲突。

以银行业为例，通过大数据，银行可以监控不同市场推广渠道，尤其是网络渠道推广的质量，从而进行合作渠道的调整和优化。同时，也可以通过数据分析哪些渠道更适合推广哪类银行产品或者服务，从而进行渠道推广策略的优化。

（三）客户关系

客户关系，即企业与其特定客户细分群体所建立的关系。首先，企业受到客户获取、客户维系及提高销售额这三个动机的驱动，需要明确所需建立的客户细分群体的关系类型，其客户关系的范围也可以从个人到自动化。商业模式所要求的客户关系将在很大程度上影响着整体客户体验。

在建立客户关系方面，大数据思维下客户被放在公司战略的核心位置上。客户信息能够在交互网站、政府、在线社区及第三方数据库中获取，并利用先进的分析工具更快、更有效、更低成本地进行数据处理，并创造出开发新洞察力的能力。由此，企业在逐步满足客户差异化需求、提供具有前瞻性的服务等手段的过程中，建立了更加稳固、亲密的客户关系。

在传统金融业，从决策、生产到最终客户消费、反馈的链条拉得很长，过长的内部时滞和过低的信息传递效率导致了价值流失严重。在大数据时代，企业通过获取、收集、分析大量内外部数据，提炼出全方位、有价值的信息，为管理者提供决策支持和缩短决策时间。信息的迅速传递和横向传递可以减少从决策到消费反馈的中间环节，精简组织构架，从而使客户关系紧密化、亲密化，减少客户价值流失。

此外，客户在使用过程中的问题、对产品的使用建议、对产品开发的建议都可以通过大数据处理技术直接提交给企业，甚至客户可以参与企业设计和创造金融产品与服务的过程，客户不仅是价值消费者，也是价值创造者。

四、基于大数据的业务创新

（一）关键业务

关键业务是指让商业模式成功运营所必需的经营活动。只有通过这些活动，一个公司才能创造并提供价值内涵，得到市场，保持客户关系，并获得收入。其主要包括生产产品、提供服务、解决问题、构建平台等。一般而言，仅仅依靠一项关键业务并不能撑起一整个商业模式，一个成熟的商业模式需要多种关键业务相互配合。这些关键业务可以是研发、销售、售后服务等任何一个环节。可以说，一个企业的关键业务就是企业运作、管理和发展中最重要的一项任务。

在传统时代，技术研发、产品销售、售后支持等方面是企业的关键业务，企业运营主要依靠经验者的"经验"或"直觉"，主观性较强。进入大数据时代后，基础数据分析成了企业运作活动的中心，企业的决策、管理、运营、销售等都将由数据驱动。因此，在大数据时代企业要想有所作为就必须将数据的收集、存储、处理和分析当作关键业务看待。只有在大数据方面的业务得以成功运作，企业的商业模式才能发挥其该有的价值，而企业其他的关键业务都将围绕数据业务展开，由数据业务进行指导和驱动。这也增加了企业商业模式运作的科学性、严谨性和有效性。

（二）核心资源

核心资源，即商业模式成功运营所必需的资源，是指企业运作、管理和发展中最重要的内部与外部因素。核心资源是生产和传递价值主张，与客户细分群体相互作用从而获得收益的关键因素，任何商业模式的有效运作都离不开核心资源。这些核心资源可以是实体的，也可以是虚拟的，可以是自有的，也可以是租借的或合作方提供的，如实物资产、知识产权、人力资源、金融资源等。

在传统时代，尽管很多企业也会进行大量的数据分析，但是相对而言，企业的核心资源仍然是实体资产、金融资产等。进入大数据时代后，企业能够通过大数据的收集、存储、处理和分析来提高企业决策水平、管理水平，提升企业产品或服务的质量，并节省企业各项成本，甚至企业运作的一切活动都建立在大数据的基础上。因此，企业商业模式运转的最核心资源是数据资产，其包括企业内外部的各种结构化、半结构化及非结构化数据。在大数据时代，任何对数据这项核心资源不够重视的企业，都将落后于其竞争者，最终被市场淘汰。为了在大数据浪潮中提升竞争力，每个企业都需要尽可能多地收集、存储各类数据，并且对这些数据进行高效、科学的处理与分析。

大数据浪潮来势汹汹，然而高层次的大数据分析专业人才却极为紧俏，因此适应大数据时代的数据专家人才成为每个企业所必须具备的核心资源。要想最大限度地挖掘大数据中潜藏的价值，只有将数据与具备相关处理能力的人才相匹配。目前，国内能极好地利用大数据的金融公司很少，主要原因就是人才跟不上，特别是交叉复合型人才。

（三）营销策略

从营销视角来看，企业可以利用大数据分析提供的信息，针对具体的客户，满足他们的个性化需求，设计和提供不同的金融产品与服务，提高营销的成功率。具体来说，企业可以利用大数据实现精准营销。

精准营销通常建立在客户画像的基础上。客户画像应用主要分为个人客户画像和企业客户画像。个人客户画像包括消费能力数据、人口统计学特征、兴趣数据、风险偏好等；企业客户画像包括企业的生产、流通、运营、销售、财务、客户、相关产业链上下游等数据。值得注意的是，金融机构拥有的客户信息往往有些片面，基于自身拥有的数据很难得出理想的结果，甚至会出现偏差，因此需要与其他外部数据相融合，通常包括以下几个方面。

（1）客户在社交媒体上的行为数据。以光大银行为例，其建立了社交网络信息数据库，通过打通银行内部数据和外部社会化的数据可以获得更为完整的客户拼图，从而进行更为精准的营销和管理。

（2）客户在电商网站上的交易数据，以建设银行为例，其将自身的电子商务平台和信贷业务结合起来，以电子交易数据弥补企业数据不全面的短板。而互联网电商平台涉足金融业务时，在数据方面具有先天的优势。阿里集团旗下有淘宝网、天猫商城、聚划算等平台，为其开展金融业务提供了大量的数据基础。通过对用户过去交易行为数据的分析与判断，能够对客户的信用水平做出评级，而获取相应的无抵押贷款。

（3）企业客户的产业链上下游数据。如果银行掌握了企业所在的产业链上下游的数据，就可以更好地掌握企业的外部环境发展情况，从而预测企业未来的状况。

（4）其他有利于扩展银行对客户兴趣爱好的数据，如网络广告界目前正在兴起的 DMP 数据平台的互联网用户行为数据。

而基于客户画像开展的精准营销一般包括以下几个方面。

（1）实时营销，即根据客户的实时状态来进行营销。比如根据客户实时的地理位置、最近一次消费等信息进行有针对性的营销，或者将改变生活状态的事件，如改变工作、婚姻状况、购置房产等，视为营销机会，向客户推荐相对应的符合客户需求的产品。

（2）交叉营销，即不同业务或产品的交叉推荐，如招商银行可以根据客户交易记录分析，有效地识别小微企业客户，然后用远程银行来实施交叉销售。

（3）个性化营销，主要是为了迎合客户越来越多变的需求，实时了解客户的需求变更，而及时为客户提供其最需要的服务，提升企业的服务水平和效率。这需要企业能够实时获取客户的数据信息，并且企业内部各部门之间整合、共享数据资源，分工协调，确保信息传递的畅通、高效。以一个具体事例来说明：当客户需要住房贷款时，银行通过大数据就可以在客户提出贷款要求之前，及时为其提供相应服务。在交易之前，银行与客户的交流渠道进行了整合，只要某个客户在网上点击查询了有关房贷利率的信息，系统就会提示呼叫中心在电话交流时推荐房贷产品。如果发现顾客确实对此感兴趣，销售部门就会发送推介信息给客户，如果这位顾客到银行网点办事，业务人员就会详细介绍房贷产品，开始只有少量的线索，但通过多渠道地与顾客交互接触，在这个过程中，令顾客体验了银行精准、体贴的服务，其结果是营业收入大为增加，成本大幅降低。

（4）客户生命周期管理，包括新客户获取、客户防流失和客户赢回等。如招商银行根据用户数据构建了客户流失预警模型，为了挽留流失率等级前 20% 的客户，对其发售高收益理财产品，有效降低了客户流失率，金葵花卡和金卡的客户流失率分别降低了 7% 和 15%。

（四）风控模式

大数据技术在金融行业的应用使得银行信息获取、分析和运用的渠道与机制发生了彻底的改变，为信息化风险监控创造了技术条件。一方面，客户交易行为迅速增加，使得运营过程中积累了海量数据，借助有效的数据清洗和数据挖掘技术，信用风险管理过程中的关键信息可以被有效地识别出来，提高了数据的价值和利用效率。另一方面，随着互联网的普及化，社交媒体、电子商务等越来越多地与银行业务紧密融合起来，大量的非结构化数据信息是广泛存在于互联网、电子商务等媒介，整合结构化和非结构化的信息，可以打破边界数据，减少信息不对称的风险，使银行能够对客户进行行为立体化的跟踪评估，以期望构建更为深化的信用风险管理全景视图。金融企业通过推进对大数据的应用，可以创新风险决策模式。一方面，通过多种传感器、多渠道采集数据，更加全面、准确、实时地掌握借款人信息，有效降低信息不对称带来的风险。另一方面，利用大数据技术可以找到不同变量间的内在关系，形成更准确的决策模型。这方面，国内外金融机构已取得不少成功经验。例如，利用客户积累在阿里巴巴 B2B、支付宝、淘宝等电商平台上的信用以及行为数据，构建网络数据模型和在线视频资信调查模式，通过交叉检验技术，并借助第三方验证提高客户信息的真实性，就能够衡量那些通常无法在传统金融渠道获得贷款的客户群体的信用水平，以此为依据向他们发放"金额小、期限短、随借随还"的小额信贷。依靠大数据而不是担保抵押来进行风险的决策与抵御，这使阿里金融获得了向传统银行发起挑战的核心竞争力。至于金融机构面临的其他风险，包括市场风险、操作风险、流动性风险等，也可以依靠大量基础数据，进行有效的监控和管理。

风险控制的环节一般包括信用分配、风险评估、实施授权、风险干预和欺诈识别等。以下，我们将一一说明大数据在各个环节中的创新作用。

1.信用分配

通过大数据分析，提供个人信用评级服务。通过电商支付平台，如支付宝等，累积的大量交易支付数据作为最基础的材料。而其他数据，如银行流水账、水电缴纳历史等，作为辅助材料，数据汇总后，利用模型进行信用评级。

大数据在信用分配中最重要的贡献在于征信系统。数据的存储、管理和维护是数据处理首先要考虑的，而这些问题可以由数据库技术来解决，但数据库技术不是征信公司所特有的核心技术。征信公司的核心技术有两个：一是个人信用数据的配对技术，即识别某人的信用数据，集中到一起形成整体；二是个人特征变量生成技术，即把有关某人的大量原始数据进行加工后形成几个中间变量，最终形成"特征变量"以供商业运作及商业数据模型开发，使得该人的风险特征和价值特征这些变量可以被准确、完整地描绘出来。

2. 风险评估

我们以中小企业贷款的风险评估为例进行说明。银行可通过企业的生产、流通、销售、财务等相关信息结合大数据挖掘方法进行贷款风险分析，量化企业的信用额度，更有效地开展中小企业贷款。

3. 实施授权

金融企业可以将信用评级等授权给专业的大数据公司，利用第三方的数据对客户进行评级，从而实现有效的风险控制。

在线金融搜索服务融360日推出了"天机"大数据风控系统，它是一组会根据身份认证、还款意愿和还款能力三大维度，给申请贷款的用户进行信用评分，依据分值来决定是否应放款的模型。有20多家小贷公司和P2P平台在用这个系统，一些银行也在与融360洽谈，希望可以授权给"天机"，由他们进行信用评级和放贷。

4. 风险干预

在传统的非大数据时代，一旦感觉到风险增加的压力，一些金融企业往往为弥补损失而不得不提高金融产品的价格，采取提高贷款利率等行为。然而，在金融业竞争日益加剧的现在，被动地接受风险已经显得不合时宜。这样一来，不仅增加了客户的经济负担，更由于金融产品的价格高于行业内的平均水平而导致市场竞争力的下降，影响公司经营效益。此外，因拒绝加高费用，金融公司和客户的冲突时有发生，使很多客户在不明真相的情况，利用社交网络散布不利消息。借助大数据，我们可以采取有效的风险干预措施，如依据交易和客户信息，为客户设计并推荐合理的消费方式。

5. 欺诈识别

银行可以利用持卡人基本信息、卡基本信息、交易历史、客户历史行为模式、当前发生的行为模式（如转账）等，结合智能规则引擎，进行实时的反欺诈分析，如从一个不经常出现的国家为一个特有用户转账或从一个不熟悉的位置进行在线交易，这些反常的交易就会受到重点关注。如摩根大通银行就是利用大数据技术追踪盗取客户账号或侵入自动柜员机（ATM）系统的罪犯。

（五）重要合作

重要合作主要描述了企业为了能够有效运作其商业模式而与其他企业形成的合作伙伴关系。一般来说，战略联盟或战略伙伴关系是最常见的企业合作伙伴关系之一。重要合作随着经济全球化的不断发展，已逐渐成为商业模式体系的坚实基础。通过构建重要合作伙伴关系，企业可以获取自身不具有的资源，降低企业运作的风险，并且完善其商业模式。

在大数据时代，企业应当加强与各大电商的合作。当前各大电商平台上，每天都有大量交易发生，但这些交易的支付结算大多被第三方支付机构垄断，传统金融企业处于支付链末端，从中获取的价值较小。为此，金融机构可考虑自行搭建数据平台，将核心话语权掌握在自己的手中。另外，也可以与电信、电商、社交网络等大数据平台开展战略合作，进行数据和信息的交换共享，全面整合客户有效信息，将金融服务与移动网络、电子商务、社交网络等融合起来。从专业分工角度讲，金融机构与数据服务商开展战略合作是比较现实的选择，如果选择自主开发电商平台，由于缺乏专业优势和先发优势，不仅费时费力，还可能丧失市场机遇。

（六）流程再造

流程再造，即对企业的业务流程作根本性的再思考和彻底性的重新设计，其根本目的是保持或获取核心竞争力，达到企业能够持续发展的目的。从实践中可以看出，信息化技术的发展与企业流程再造相辅相成，大数据时代的到来是信息化不断发展的直接产物，大数据不仅带来了 IT 技术上的又一次挑战和飞跃，更使得管理理念和商务决策模式获得了全新化、智能化的改变。企业要想通过变革来顺应大数据时代的潮流，那么企业流程再造就是其中不可或缺的一步。

在传统时代，企业流程再造的方法主要有两种：一是全新式再造法，就是从企业的目标出发，逆向倒推，对企业流程进行彻底的重新设计；二是系统再造法，就是从企业原有的流程出发，通过移除非增值任务，再对其他任务进行简化、整合以及信息化，来完成优化再造的过程。

在大数据背景下，企业要进行流程再造就要考虑许多新的问题，包括如何判别企业在大数据浪潮中的位置，以及基础设施、人才、大数据本身的发展和变化等，这就需要我们寻求更适宜的方法来指导企业在大数据背景下的流程再造活动。为紧跟时代的步伐，企业必须不断地开展信息化、数据化改造，不断推动自身从管理理念、商务运营模式、决策模式、组织形式、人才取向等各方面进行调整和变革，发挥企业流程再造的最大的价值。大数据时代带来的各种革新，触发了企业进行流程再造的需求，相应地，合理的企业流程再造也能帮助企业更好地应对大数据时代带来的各种挑战。

五、基于大数据的财务创新

（一）成本结构

成本结构主要描述了企业商业模式运作而产生的所有成本，任何企业在生产和传递价值主张、与客户细分群体交互从而获得收益的过程中都会产生各种各样的有形或者无形的成本。成本结构与商业模式相对应，不同的商业模式下，就会形成成本驱动型、价值驱动型等不同的成本结构。成本结构的主要经济特征有规模经济效应、范围经济效应、固定成本和可变成本关系等。在任何一个商业模式中，成本结构都扮演着比较重要的角色，合理的成本结构是企业进一步发展的强有力支撑。

在非大数据时代，企业的成本往往在更大程度上基于生产产品或服务、销售产品或服务等活动产生。在大数据时代，数据量极速扩张，传统数据存储、处理能力上限迅速被超越，因此，为了更好地适应大数据的需求，企业必须在大数据收集、存储、处理和分析方面投入更多的资源与能力。这些资源和能力的成本将成为基于大数据的商业模式的主要成本，使得企业原有的成本结构发生巨大的变化。因此，企业只有在此基础上优化其成本结构，才能够创造更加适应大数据时代的商业模式，使企业立于不败之地。

大数据可以优化企业的成本结构，这体现在大数据改变了企业价值活动的衔接、协调方式，由此导致企业成本结构发生变化。以生产一种新的金融产品过程中的成本控制为例，某金融企业想为高净值客户提供一个新的信托产品，在设计产品之前，需要进行市场调研，可以利用大数据技术对调查结果进行分析，减少调查过程中的信息流失，甚至可以利用大数据技术对过去客户的购买记录或反馈数据进行分析，节约调研成本。利用大数据技术对整个生产流程进行实时监控，并邀请高净值客户随时参加产品设计，了解每个环节的执行情况，快速地发现异常或不符合高净值客户需求的环节，进行有针对的改进，从而最大限度地降低企业的运营成本。

通过对大数据的应用和分析，金融机构能够准确地定位内部管理缺陷，制订有针对性的改进措施，实行符合自身特点的管理模式，进而降低管理运营成本。例如，在传统金融业中，很多管理层对企业经营发展的分析只停留在简单业务信息层面，对客户需求、产品设计、市场需求的分析数据不足，从而限制了决策者的思维。另外，从决策到营销的链条拉得很长，过长的内部时滞和过低的信息传递效率导致了价值流失严重。在大数据时代，企业通过获取、收集、分析大量内外部数据，提炼出全方位、有价值的信息，为管理者提供决策支持和缩短决策时间。信息的迅速传递和横向传递可以减少从决策到营销的中间环节的管理层，精简组织构架，从而减少内部成本。

（二）收入来源

收入来源主要描述了企业从不同客户细分群体获得的各种收入。企业存在的根本是获取盈利，因此，收入来源是企业商业模式的关键部分。每个企业都必须生产符合客户需求的产品或服务来吸引客户消费，从而创造收入。

在大数据时代，企业的价值创造方式从实体经营转向虚拟经营，价值创造空间也从企业内部转向企业外部。在这样一个多维的价值网络体系下，合作伙伴网络就处于一个极其重要的位置。在网络合作界面中，企业必须考虑如何选择合作方式与如何设计合作机制。在选择合作方式时，企业可以考虑将非核心活动或业务与核心业务剥离开来，外包给合作企业，利用比较优势获取各种互补性资源并最大限度地减少资产性投入，也可以通过虚拟运营实现合作网络内企业的协同运作。设计合作机制时，大数据背景下维持合作网络稳定有效运行的关键是信任机制与利益分配机制。通过搭建大数据信息平台，使得数据信息通道畅通，实现合作伙伴之间内部大数据的沟通共享，从而形成稳健的信任关系。

同时，企业可以利用大数据资源和技术更加精准地评估在合作网络中不同利益主体的贡献值，以此为基础设计基于贡献率的利益分配机制。

第四节　大数据金融的产业商业模式创新

一、数据资源提供商

数据作为大数据时代的核心资源，是产业链上的关键起点。而数据资源提供商因具备大量的数据资源或者拥有获取数据资源的平台与渠道，能够为后续企业提供数据支持，具有天然的优势。

（一）数据拥有者

自身拥有大量数据的企业，可以分为两类：一类公司没有将大数据作为其主流业务，只是将其置于从属地位，以帮助公司提高运营效率、增加业务收入或者创造新的收入。目前，大部分银行、运营商等仍属于这一类型，虽然在信息获取能力方面拥有得天独厚的优势，但并没有对自身积累的大数据进行重复利用与挖掘；另一类公司将大数据视为其业务核心，并对大数据进行重复利用，扩展产业链下游的分析与运用环节，以此来赚取公司利润，可以概括为数据自营模式。这类企业往往拥有海量数据并具有很强大的大数据技术能力，同时具备一定的分析能力，因而可以涉足产业链上多重角色，既为新的数据开源又钻研技术、提供服务。这样的商业模式能够降低生产与研发成本，并能够及时获取最新的数据资源，使企业在大数据带动的商业浪潮中更容易占领高地、攫取利益。但是，数据自营模式对企业自身有着极高的要求，它要求企业首先要拥有海量的用户数据；其次是不断更新坚实的大数据技术，继而具备完善可信的数据统计和分析能力；最后是能够将数据分析结果精准运用于实践。

数据自营模式在阿里巴巴、Google、Amazon 和 Facebook 等企业身上得到了成功的运用。就阿里巴巴而言，其并购活动和其内部大数据产业链的构建是紧密联系在一起的。其投资动作主要围绕大数据产业链的纵轴来展开，有的放矢地补充产业链短板，把并购重点放在了社交、地图、移动工具和垂直应用中。2013 年 11 月 19 日，移动应用服务平台友盟宣布，阿里巴巴已完成对其收购流程，收购后友盟将作为独立公司运作。阿里收购友盟能够完善产业链中对用户信息

的收集，而这只是阿里当年众多投资并购项目中的其中一项。同年，阿里以 2.94
亿美元购买高德软件公司 28% 的股份，并购入新浪微博股份，近期多次具有战
略意义的收购，为其在大数据产业链上的布局迈出坚实的一步。除上述投资以
外，阿里投资的项目还包括陌陌，对 UC 浏览器的增持，以及旅游社区穷游网、
音乐社区虾米网、旅游移动 APP 在路上等，并能够为大数据产业链的构建引进
海量数据，实现上溯产业链的目的。为了实现产业链中游的畅通无阻，企业通
过资源的整合迅速提升产业的技术发展，加速了大数据的处理和分析过程。同时，
越来越多的企业和人员参与到大数据蓝图中来，拓宽了大数据的应用，为大数
据向产业链下游的延伸奠定了基础。

　　目前，国内主要的大数据交易机构对比分析如表 4-1 所示。

表 4-1　主要大数据交易机构对比分析

序号	大数据交易所（中心）	运营厂商	交易所（中心）特点	运营厂商优势
1	贵阳大数据交易所	九次方	具有全国先发优势及标杆影响力。由于具有贵州省政府的强力支持，在政府数据公开方面具有先导作用	九次方在金融大数据行业积累了大量成功经验，在全国企业征信平台的基础上，能够为平台企业提供信用分级、风险评估、投资研究和数据服务。九次方还受邀参加工信部《中国大数据产业"十三五"发展规划》的编制工作，具有先发优势
2	长江大数据交易中心	亚信科技	以市场需求为导向，目前以企业数据交易为突破口	具有丰富的电信支撑软件提供商业经验，提供覆盖电信运营商信息化运营全部环节的 700 多个解决方案和 300 多个软件产品。亚信本身也拥有自身的大数据产品团队，能够为企业提供大数据应用层面的服务
3	东湖大数据交易中心	中润普达	以个人数据交易为突破口，交易方式灵活	独创的中文大数据分词矩阵、信源矩阵和规则矩阵技术。公司已战略性布局数据交易领域，武汉、江苏、浙江、北京等地的大数据交易中心已启动布局
4	京津冀大数据交易中心	数海科技	借助数海科技的行业经验，交易中心在数据资产评估方面具有优势，同时具有服务于京津冀的地域优势	数海科技建立了全国第一家数据交易平台，其在大数据资产评估层面拥有比较多的积累。目前正在运营的中关村数海大数据交易中心、京津冀大数据交易中心均由北京数海科技进行运营

数据来源：易观智库、国海证券研究所

（二）数据流通平台

　　拥有获取数据资源平台与渠道的企业，通常也能够作为数据资源的提供商

占有一席之地。其本身不具有创造数据的能力，而是一个数据交易与流通的平台，从各种地方收集数据进行初步的整合，然后再提取有用的信息进行利用。此类企业在实际操作中主要采用数据租售与数据平台两种商业模式。

（1）数据租售模式，是指通过媒介将精心筛选的数据包出租或者售卖给别人，体现了"数据即资产，你就是猎物"的思想。在大数据的世界里，每个人都是由数据集构成的一个画像，各种数据显示出爱好、个性、消费习惯、生活习惯等，而这些数据就是每个人独特的资产。在该种模式下，企业需要具备众多获取数据的渠道，同时也需要具备良好的数据分析能力和甄别能力。

数据租售模式使数据实现了增值的目的，也为企业获利增加了新的渠道。该种模式适合自身拥有海量数据的企业，因为它们只需稍加分析和整理，便可将海量数据打包成数据库，并且每年更新，以出租来获得报酬。

数据租售模式非常常见，如Inrix在交通信息领域，面向GPS（全球定位系统）生产商、交通规划部门、UPS（联合包裹速递服务公司）等，出售完整的当前甚至未来的交通状况的模式图或者数据库。数据租售模式的代表之一就是广联达，它通过销售"建筑材料价格信息"来盈利。广联达的主营业务在建筑领域，因而其在经营过程中能够接触到大量实时产品数据，通过简单的数据分析与加工，一些建筑公司、研究院所需的价格信息就能被有效筛选用于销售获利。通过把主营业务中的信息变成有价值的数据，广联达毫不费力地拓展了新的盈利空间。

（2）数据平台模式，是指通过平台就能够实现数据的分析、分享和交易等功能，其商业模式是为用户提供快捷方便的个性化平台服务以获取利润。按平台实现客户目的的不同，可以分为数据分析平台模式、数据分享平台模式和数据交易平台模式。

数据分析平台模式是指通过灵活租赁的方式为用户提供数据存储、数据运算和数据分析的平台服务。在数据分析平台模式下，用户只需将数据上传到平台上，并掌握一定的数据分析技能，便可利用平台上面的分析工具进行数据分析。

数据分享平台模式是指平台服务商凭借其拥有的数据资产，为用户提供云数据库、数据推送、数据集成等服务，同时开放数据接口、提供开发环境，通过向开发者提供应用开发所需的数据从而获取利润的商业模式。在数据分享平台模式下，数据平台服务商必须具有强大的数据采集能力和分析能力，才能为用户提供满意的服务。

数据交易平台模式是指第三方平台提供商为数据所有者和需求者提供数据交换、交易的服务平台。其交易的顺利进行需要完善的平台技术作为保证，数据的拥有者将数据上传到平台上，需求者便可从平台上下载。技术创新型企业是数据平台模式的最佳应用领域，因为其拥有先进的平台技术，能够自如地利用平台进行数据处理和交易。这种模式主要是由技术驱动的，只要技术不断创新，未来将不可估量。

当前已经有了一些关于数据平台模式的尝试。在线数据分析平台 Big Query 即由 Google 提供，用户直接可以上传大量数据并通过大数据产业链进行交互式分析，不必投资建立自己的数据中心。Big Query 为用户提供了方便快捷的服务，还节省了时间和成本。广告交易平台"品友互动"也是大数据交易平台中的一种，其拥有海量数据，利用数据处理与分析能够判断出用户感兴趣的、出价最高的商家的信息，及时反馈到平台上，以供广告交易平台将相应的广告投放到用户所打开的网页上。数据交易平台模式让消费者、广告主和媒体的利益都得到了最大化。

以上商业模式都主要面向企业和政府部门。至于面向个人，数据来源提供商则主要提供基于数据分析结果的服务。例如，Inrix 提供一个免费的智能手机应用程序，一方面它可以为用户提供免费的交通信息，另一方面它自己也得到了同步的数据。

二、大数据分析咨询提供商

数据分析咨询提供商主要提供数据分析和决策支持工作。数据分析商与纯粹的技术提供商还是有很大区别的，前者是基于大数据基础设施的大数据处理手段，而后者则更倾向于大数据基础设施的构建与完善。大数据分析公司提供数据分析解决方案、数据可视化、统计计算、社交媒体、舆情分析、分析服务还有 IT 分析等。数据分析商在大数据产业链中担任着十分重要的角色，大数据只有通过具体的分析处理，才能转换为有用的结果。

数据分析公司主要采取数据仓库的模式经营，指通过整合所有类型的数据来为企业提供决策支持，从而达到获利目的。运用该模式的企业需要有高素质的数据分析人才和数据挖掘技术，因为该类企业最终通常是提供分析性报告和决策支持。数据仓库模式定位在某一具体行业，通过大量数据支持，对数据进行挖掘分析后预测相关主体的行为，以开展业务。

这类企业凭借擅长的数据挖掘分析技术，协助银行、运营商等拥有海量数据的企业开展新的业务，一般拥有很快的成长速度。数据仓库模式在金融投资领域应用广泛，特别是证券投资公司，该类型企业往往需要帮助客户快速做出决定，以实现投资回报率最大化。数据仓库模式可以帮助企业借助外在技术资源实现自身业务运营质量提高。

数据仓库模式有多种模型运用，其中最常用的是星型模型。图 4-5 所示为关于银行贷款业务的数据仓库模式，从图 4-5 中可以看到数据仓库从不同角度对业务主体的情况进行评价。

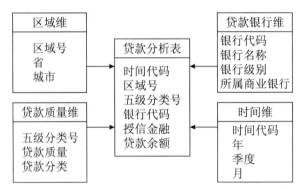

图 4-5　银行贷款业务的数据仓库模式

目前，在数据分析商的领域中，Wind 咨询公司处在行业领先地位。在国内市场，超过 90% 的中国证券公司、基金管理公司、保险公司、银行和投资公司等金融企业都是 Wind 资讯的客户；而在国际市场，Wind 资讯的客户包括合格境外机构投资者（qualified foreign institutional investor，QFII）中高达 75% 的机构。同时，国内众多知名金融学术研究机构和权威监管机构也十分青睐 Wind，Wind 资讯数据受到诸多中英文新闻媒体、学术论文、研究报告的采用。

在财经数据领域，Wind 资讯已拥有国内最为全面、精准和卓越的以金融证券数据为核心的财经与金融工程数据仓库，覆盖了多种证券、外汇、期货、保险与宏观经济等方面的多种数据和新闻，新的信息内容在第一时间进行更新以满足机构投资者的需求。

Wind 资讯开发了一系列围绕信息检索、数据提取与分析、投资组合管理应用等领域的专业分析软件与应用工具，以满足不同客户的需求。用户可以借助这些终端工具，及时从 Wind 资讯获取到准确、完整的财经数据、信息和各种分析结果。

Wind 咨询成功运用大数据的案例告诉我们，要紧密跟随金融市场的发展，以数据为起点，深入挖掘与分析，向新的领域发展，向新的产品和服务战略延伸。

三、大数据处理服务提供商

大数据处理服务提供商能够有效整合大数据产业链的上下游，承担数据集成的角色，进行数据价值的深入挖掘与加工，它们运用数据资源与数据分析的成果，进行成果转换与服务输出，是大数据产业运用的前沿阵地。目前其主要代表有两类企业，一类是新兴互联网企业，一般从事 IT 行业、电子商务等；另一类是传统运营商企业，负责提供网络服务。

（一）互联网企业

互联网企业依靠电子商务平台和电子支付工具逐步向金融领域的其他产品和服务渗透，依靠大数据技术的发展，创新金融理财产品，如活期宝、余额宝等。

大数据首先在互联网平台上得到了广泛的运用。阿里巴巴是互联网金融行业的领先者，阿里巴巴从最初的支付宝，到阿里担保、阿里小额贷款到后来的阿里小额金融服务集团，已是电商巨头的阿里巴巴已经完成了从在线支付、担保到专业金融服务的华丽转身。其中，大数据的应用功不可没。大数据分析和挖掘技术利用海量用户数据实现了风险控制的创新，比如 IPC（进程间通信）技术受到了很多互联网金融服务平台的青睐，它有效地保证了服务平台资金流充足，可通过控制流量、排名等技术方式控制借贷者的行为。电商从在线平台入手，通过用户和数据积累，能够较为轻易地向金融服务转型，实现金融理财产品和服务的创新。

然而，随着技术的发展和移动设备、智能穿戴、智能家居等的逐步普及，智能终端将由台式电脑逐步转换为移动设备。而紧接着伴随的就是，对金融服务的需求不分时间不分地点，互联网金融就是要实现小额金融产品的"自金融"需求，而移动端的普及正好能够实现点对点的服务。

基于以上数据平台，主要的商业模式包括数据众包和数据外包。

1. 数据众包模式

数据众包模式是指企业在线发布问题，大众群体（专业或非专业）提供解决方案，为赢者获取报酬，且其知识成果归企业所有，是一种在线、分布式问题的解决模式和生产模式。数据众包模式提供在线 E2E 大数据技术或者解决方案，其最后的知识成果归企业所有，是对知识产权的新的诠释。该种模式特别有利于创新驱动型企业，核心是用户创造数据，优势在于强调了社会的差异性、多元性带来的创新潜力。由于这种模式倚重"草根阶层",大大降低了企业运营成本,并且产品更具创造力和适应性。

众包本身就是一种创新的合作模式,它提供了企业最接近市场的一种方式,以顾客需求为导向,进行创新与研发。其中,宝洁(P&G)、星巴克(SBUX)、戴尔(DELL)、耐克(NIKE)都建立了自己的网络平台来吸引业余爱好者解决企业技术难题、设计新产品和提供新创意。

2. 数据外包模式

外包是指在企业为获得竞争优势,把除核心资源以外的其他资源借助于外部最优秀的专业化资源予以整合,达到降低成本、提高绩效水平、提升企业核心竞争力和增强企业对环境应变能力的一种管理模式。

数据外包模式是指数据收集、数据处理等业务环节被企业剥离出来,外包给专业的数据处理机构,通过资源整合与优化配置,实现降低成本、增强核心竞争力的目的。数据外包模式主要有两种,一是决策外包,要求企业拥有一定的大数据知识背景、先进的数据处理技术和卓越的分析应变能力,能够游刃有余地解决各种类型企业的决策问题和技术问题;二是技术外包,适用于经验型企业,这种模式不仅能够帮助用户缩短决策周期、缩减业务流程,而且可以降低运营成本,使用户集中精力做核心业务,不断增强其核心竞争力。

(二)传统运营商

传统运营商负责提供网络服务,但是在市场需求的推动下,也开始以大数据与互联网思维重新规划发展战略,开始注重开发线上平台,采取新的营销策略、风控方式,利用数据了解客户需求开发新产品。

在移动设备的竞赛中,中国移动凭借其先发优势,多年占据超过2/3的市场席位,但是在大数据时代的争夺赛中,更为活跃的则是联通一方。中国联通自2012年就成立了集团的数据中心,并在此基础上建成了一个覆盖全国3亿用户数据的大数据平台。该平台包含2 000个数据节点,数据量已达4 PB,是目前国内乃至国际运营商中规模最大、处理能力最强的平台之一。随着4G牌照的发放、行业竞争格局的变化和产业挑战的影响,中国联通致力于向客户提供全面、高品质的宽带通信和信息服务,积极促进并专注于向以客户为中心转型运营。基于大数据平台,中国联通为改善客户体验和提升服务质量已实施了若干客户体验管理解决方案。至今,该平台应用已取得显著效益,基于大数据支撑开展的自动化存量维系营销活动，维系用户数已达 1.45 亿，营销精准度提高了 7 倍，营销收入达 1 191.5 亿元。通过专注于网络、销售、服务、产品、消费和应用 6 个维度的一体化客户体验改善计划，客户流失率降低了 12%；通过开展精准营销，中国联通 2014 年移动市场份额增加 5.3%，销售成本同期降低了 21%。同时，中国联通通过挖掘潜在的用户需求，为进一步实现企业转型和创新发展推出了实时竞价广告服务、在线金融服务以及智能交通和智能城市服务等一系列新的数据服务与产品，积极扩大了业务范围。

通过联通成功运用大数据的企业案例，可以看出大数据分析应用已成为企业降本增收、增加用户黏性、提高用户服务水平、挖掘客户潜在价值、拓展现有业务范畴、创新收入流的关键要素之一。联通的商业模式创新是大数据思维运用于实践中的创新，大数据思维体现的是利用数据开展大规模定制，让传统行业更好地了解客户需求、提供个性化服务。大数据是庞杂的，甚至可以说是混乱的，但是海量数据中存在极大的相关关系，而企业就是从这些相关性中开展精准营销等活动。

四、大数据解决方案提供商

大数据解决方案提供商主要为大数据企业提供软硬件设施等技术产品方面的支持以及运营维护服务。这类公司以技术占据市场，凭借技术承担起连接大数据产业链的功能，贯穿于大数据产业链的各个环节，是大数据产业链中最基础的一环。此类企业大部分并不具备数据资源，而更应该称为技术公司，而非大数据公司。它们着重于大数据基础设施的建设，比如 NoSQL 数据库、Hadoop 相关产品、NewSQL 数据库、MPP 数据库、管理监控等。

2014 年中国十大金融 IT 软件排名位居前五的分别是北京软通动力信息技术有限公司、中科软科技股份有限公司、恒生电子有限公司、上海复旦金仕达计算机有限公司和深圳市金证科技有限公司。这些公司主要负责提供金融信息领域中 IT 外包服务、承接大型行业应用软件开发及系统集成项目、网络通信及办公自动化系统设计等。这些公司在行业领域中各有侧重。

当前我国金融信息化建设取得了很大成绩，先进技术的应用基本与国外持平，但运行效率、信息综合程度和信息服务水平与发达国家相比还有较大差距，亟待提升。但技术并不是本章讨论的重点，将不在此赘述。

第五节　大数据金融的行业商业模式创新

一、数据驱动跨界模式

金融和大数据的相互作用诞生了一种全新的跨界融合力量。数据在跨界融合中发挥了极大的作用。金融和大数据的融合，将促进金融机构和互联网企业形成技术与数据上的互补，通过加强数据资源上的合作，将为大数据价值的发挥开辟新的空间。随着互联网技术的发展，互联网金融日益受到关注。它们不仅改变了人们的消费习惯，更深刻地影响着金融产业的格局。

同时，越来越多的传统金融交易和服务因互联网技术得以升级和替代，最直接的表现是支付方式的不断创新，电子支付系统不断完善并仍在继续发展。互联网技术为大数据下的跨界合作提供了平台和技术基础。基于大数据金融的优势，电商、电信运营商、钢铁企业、IT 企业等纷纷利用大数据金融涉足金融产业，发展跨界经营。

大数据金融大大降低了金融交易的成本，减少了信息不对称而导致的道德风险和逆向选择问题，同时大数据金融也在无形中弱化了金融中介的作用。传统金融如银行业，五大国有商业银行以及部分股份制商业银行纷纷开通了手机银行、微信银行等，商业银行逐步减少物理网点，着力于完善对线上平台的功能设计。而其他行业，比如电商、电信运营商、钢铁企业、IT 企业等也纷纷利用大数据金融涉足金融领域，发展跨界经营。

无论是电商、电信运营商、钢铁企业、IT 企业等，这些跨界经营企业有个共同特点，就是自身都具备海量数据资源，或为获得大数据资源，整合和控制产业链上下游，占据平台金融或供应链金融的核心位置，从而利用聚集效应为用户提供金融服务。

数据驱动跨界与大数据思维无边界的特征是紧密相关的，大数据的特征是海量数据，正如上文所述，大数据是庞杂的且价值密度低，拥有大量数据之后，只有注重数据之间的相关性，也就是数据内部之间的联系，才能实现数据的量变到质变。数据之所以能够驱动跨界在于数据能够被重复利用，发现大数据之间的相关性并对之进行再处理，使得数据在多个领域都具有价值。

在大数据时代，开展大数据金融服务成了众多企业企图占领行业制高点的抉择。越来越多的行业工作者发现必须结合大数据的思维和技术创新商业模式与盈利模式，同时想要基业长青，必须掌控大数据金融而获得在产业链中的核心地位。

下面简单介绍一下各行业跨界经营大数据金融的模式。

很多电商企业，根据所处的产业链上下游，充分整合供应链资源和客户资源，通过布局大数据金融来发展和掌控整个产业链；在大数据金融的支持下，电信运营商纷纷发展起跨界消费金融，抢占移动支付等金融服务，中国电信、中国移动都积极筹备发展移动支付业务，充分挖掘和利用大数据金融抢占市场；IT 企业的 DNA 中包括大数据的基因，它们可以更便捷地利用大数据金融发展跨界经营。很多 IT 企业不惜重金将同样具备大数据金融并可以带来现金流的互联网金融公司收入囊中。

二、价值关系重构

大数据金融的商业模式最重要的一个创新点和趋势是价值环模式。

传统金融通常是价值链模式，即由上游供应商（主要是银行、基金公司等）首先从市场获取基本资源，如客户存款等，再根据客户存款和需求设计金融产品，如基金产品、理财产品等，最后分销商将这些产品销售给客户。客户在使用完产品后，其信息和使用的产品就失去了价值，从而被丢弃。

与传统金融业不一样的是，大数据金融将客户在交易前的基本信息，交易时的相关信息包括产品信息，以及在其他信息交易完成后，被作为数据储存下来，并进行分析，提取信息，用于下一次交易或其他类型交易。从而帮助企业根据这些信息设计新产品，提高客户消费。此外，客户对使用过程中的问题、对产品的使用建议、产品开发建议都可以通过大数据处理技术提交给企业，参与企业设计和创造金融产品与服务的过程，客户不仅是价值消费者，也是价值创造者，从而实现价值共创，为价值链中间环节增值，促进金融的健康良性循环，图 4-6 所示为大数据重构的金融价值环模式。

无论是哪一种商业模式，其价值来源都是利用大数据缩短了从战略规划到产品成功销售的时间，从而获取资金的时间价值，大数据金融最重要的特点正在于此。

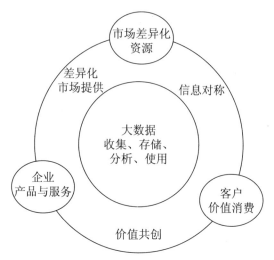

图 4-6　大数据重构的金融价值环模式

第六节　大数据金融商业模式的未来趋势

一、企业战略

　　企业大数据的发展战略根据大数据整体的技术发展方向制定，将整合产业链上下游，向理论突破、数据资源、云端结合等方向发展。大数据资源化是指大数据成为企业和社会关注的重要战略资源。因而，企业必须提前制订大数据经营战略计划，抢占市场先机。

　　IDC（互联网数据中心）中国负责商业分析软件市场的研究经理潘永花指出："在中国，互联网巨头是率先使用大数据技术的用户，但他们主要基于开源软件自主开发大数据应用。电信和银行领域开始对大数据技术和服务产生浓厚的兴趣，将会从非关键应用开始尝试使用大数据解决方案。"

　　在技术方面，工信部发布的物联网"十二五"规划中，四项关键技术创新工程之一便是信息处理技术，而其包含的数据挖掘、海量数据存储、图像视频智能分析等都是大数据的重要组成部分，企业的大数据战略也将向这些方面靠近。

　　在数据分析方面，大数据时代已经改变了传统的以企业内部的结构化数据为主、以描述性分析和报表为主的数据分析形式，迎来了大数据分析的2.0时代。

数据主要来源于企业外部的各种文档、照片、视频和传感器、社交媒体数据等非结构化的数据,并运用技术做出相关性分析及预测性分析。未来将走向运营型分析的 3.0 时代,所谓运营型分析,是指分析过程已超出了描述性甚至是预测性,是规范性的,将分析与业务运行整合,快速而敏捷地发布,分析嵌入决策与运营过程中,自动地制定决策。

二、产业生态

大数据时代渐行渐近,大数据对经济的贡献在于提升各行各业的效率,同时以新的业务形态颠覆旧经济体。就大数据的产业特征看,其进入壁垒不高,只要掌握数据来源,就能够进入大数据领域。但是,其成长发展的壁垒很高,集中表现为大数据需要 IT、数学、相应行业经验以及三者的综合能力。而且,其规模化发展的壁垒随时间积累越来越高,企业掌握数据的资源越多,分析数据的能力越强,则利用数据带来的产出越多,更容易在产业中占据主导地位。

打造一个多方共赢的生态圈是大数据商业模式创新战略的核心。大数据产业依靠大数据生态圈的整体发展氛围,构建一个多边群体合作共赢机制,在核心业务的驱动下,各个衍生覆盖业务模块经过有机的协同而形成一个统一的系统,连接多边群体,创造一个和谐共赢的大数据金融生态圈。基于以上目标,必须全面考虑以下几点。

1. 政策环境

政策支持能够为构建大数据生态圈创造良好的环境,应当全面性、系统性、集中性地出台"创新政策群"。政策支持应当将大数据产业发展需求作为导向,按照分类施策、重点突出、统筹兼顾的原则,研究制定包括大数据方向的战略规划、工商类、融资类、提升创新能力类、人才、税收、股权激励类、知识产权类等政策,进一步完善政策体系,发挥创新政策群的"叠加效应"。同时,在信息开放及获取方面,借鉴国外先进的立法经验,制定数据开放法律制度,努力营造一个开放、稳定、可持续的政策环境,培育大数据产业集群。结合本地发展实际需要,一系列制度政策及行业标准如数据信息公开、数据使用标准等逐步制定与出台,从而实现共享数据,细化数据安全、可靠性和市场准入机制。

2. 市场环境

构建大数据产业生态圈,达到理顺体制、健全制度的目的,创造健康、有序的市场氛围，就应该从市场需求出发建立大数据产业服务体系与专业化市场。一方面，企业间扩大交流范围能够促进信息、知识的扩散，强化企业合作意识，推动企业间良性的互动发展，消除市场壁垒，打破部门数据垄断，规范市场秩序，营造一个数据自由流通、友好合作竞争的环境；另一方面，有利于发挥市场杠杆作用，整合大数据市场中有关产业集群的资源，发挥集群内的协同效应，塑造大数据产业良好的生态环境，使其成为大数据企业首选的市场。

3. 文化环境

产业集群内部需要形成一套有利于大数据企业创业的独特创新文化，形成知识共享、交流学习、协同创新、敢冒风险的主流价值观。创造宽容的文化环境，不仅能使集群内企业价值观趋同，更重要的是切合城市精神，为城市乃至国家的未来发展提供战略制高点，对城市内大数据金融产业发展具有重大价值。

为了充分建设大数据金融的生态圈，未来商业模式的创新方向需要满足以下几个要求。

1. 充分重视信息数据的聚集和挖掘式创新

大数据金融的本质其实就是提供数据服务，因此，在构建大数据金融生态圈的过程中必须充分重视信息和数据。大数据时代信息和数据非常丰富，但相应的，这也意味着其他某些事物的缺少，即被信息消耗掉的任何事物都处于稀缺之中。大数据环境中信息数据的规模性也给用户带来了困惑——由于时间、精力、能力的限制，在对信息数据的需求产生时，用户可能搜索不到或不能完全理解分析到相关的数据和信息。这样的情况使用户的注意力被分散和碎片化，降低了数据信息的价值。因此，满足注意力稀缺需求的创新型数据的挖掘是大数据金融企业的机遇与前景。

2. 加强自身产品或服务创新与用户需求的匹配性

每一种创新都遵循着共同价值所阐述的核心业务和用户之间的双向驱动机制，整个价值创造系统得以运作的动力正在于此，并是商业模式创新不仅是围绕自身技术优势的保证，而是基于用户的偏好或需求。研发、生产、销售环节是新价值创造的活动节点，这些环节配合程度通常取决于产品或服务与用户需求的匹配性。大数据企业在构建金融生态圈时一定要从企业价值主张转向客户价值主张，实现企业核心业务和用户之间的双向驱动，最终实现企业价值。

3. 依据自身核心业务所需进行适度的多元化

随着大数据对客户需求的挖掘，我们发现客户需求呈多样化、个性化和低成本高价值化的趋势。金融产品或服务的研发、生产、营销等环节也越来越复杂，能否快速响应市场需求成为每个大数据金融企业生存和发展的关键，企业必须适度多元化满足客户需求。然而，多元化必须围绕核心业务的完善，进行适当多元化而不能过度多元化。因为企业战略性资源、企业管理者管理能力、企业传递给用户的品牌范畴等往往是有限的，如果过度多元化，在一定程度上会导致企业战略和用户对企业产品或服务认识的混乱。只有适度多元化才能合理利用企业资源，实现规模经济，并在网络效应的作用下形成良性循环。

只有满足上述条件的商业模式的创新才是大数据金融的生态圈所需要的，也是未来商业模式的核心。

三、社会运用

21 世纪以来，在知识资本和人力资本快速流动的全球化背景下，世界进入了协同发展的轨道。中国正面临新一轮的社会转型，此次转型呈现多元复合特征，具体表现为八个方面：一是从乡村社会转型为城市社会，二是从计划经济转型为市场经济，三是从农业社会转型为工业社会、知识经济社会，四是从封闭社会转型为开放社会，五是从立体的、层级分明的社会转型为扁平化、网络化的社会，六是从追随型产业发展转型为创新型产业发展，七是从线性经济转型为循环经济，八是从生存文化转型为发展文化。这八个方面的转型互为前提，相互交织，相互渗透，难解难分。而大数据能够在商业模式、产业格局、生态价值与教育层面上，为政府宏观部门、不同的产业界与学术界，甚至个人消费者带来新理念和新思维。未来，一个国家拥有的数据规模及运用的能力将成为综合国力的重要组成部分，对数据的占有权和控制权将成为陆权、海权、空权之外的国家核心权力。如何利用大数据的力量有效激发技术创新和文化进步，不仅需要内部革新，还需要向外开拓，打破社会僵滞状态、转变发展模式。

在社会多元复合转型的关键时期，经济转型至关重要，而经济转型的主要因素是商业模式的转型。以往简单依靠自上而下的改革创新模式已经无法适应信息高度个性化的时代要求了，在发展过程中出现了内部价值流失、信息不对称等许多问题和矛盾。在大数据时代，创新变革的力量正在向普通大众流动，逐渐形成以客户为中心的商业模式，探寻新的商业模式创新已经成为大数据时代发展的必然。

意识革新是商业模式创新的基础，也是未来商业模式持续创新的核心所在。大数据的意识革命将打破小数据时代结构性样本分析的局限，颠覆因果理念，转而寻求相关性。在意识革命持续深入的背景下，社会普遍对数据的观点与运用策略将更加科学。比如，以往政府部门认为掌握公众的信息就是大数据，忽略了数据的透明和公开，而限制了数据分析所能带来的效用，未来将加速大众数据公开共享的进程。

中国的大数据尚处于起步发展阶段，产业链中处在各个环节的企业之间沟通不畅，缺乏协同发展的理念，并且没有对行业用户的需求进行深入了解。这不仅使得我国大数据产业中的企业无法齐心协力，而且关于大数据相关产品和解决方案也缺乏行业应用基础。基于当前的发展现状，在意识革命带动下的商业模式革新将掀起理性和开放的思想浪潮，无论是政府、公司还是个人，要避免成为信息孤岛，打造开发、共享、包容的环境，抓住历史的机遇、紧跟大数据产业革命浪潮，从顶层设计入手，在软件、硬件和信息沟通机制三个层面上做好准备。

大数据的商业模式在社会运用方面的革新还需要多股力量的支持：一是政府的力量，以工信部为代表的政府部委展开了广泛的关于大数据的行业性讨论，以求可以给大数据一个标准的定义；二是公司的力量，包括自身具有开发优势的技术型公司和借助数据外包进行创新的公司，其中后者是目前中国商业里的主流模式；三是投资者的力量，以宽带资本为代表的投资基金主动连结产学研各方面资源，推动成立中关村数据产业联盟，中关村成为中国大数据一个重要的战略基地；四是人才储备的力量，当前中国的专业数据人才储备不足，与走在创新前沿的英、美国家相比存在明显的差距。

本 章 小 结

从公司战略到产业生态，从学术研究到业务实践，大数据深刻地影响着金融产业。其中，商业模式的创新是突出表现之一。本章从企业、产业、行业三个维度具体论述大数据带来的商业模式创新，并指出商业模式创新带来了金融行业运营效率与结构效率的提高，以及在企业战略、产业生态和社会运用等方面的前景。

巨大的经济利益驱使企业不断扩大数据处理规模，提升数据处理效率，大数据逐渐成为企业关注的重点。借助大数据技术，商业决策更加清晰，商业成果更为丰硕，能够帮助企业领导者、行业主导者乃至国家战略规划者从更广泛、更全面的途径关注他们所需的信息，获取决策和行动智慧，并创造、管理和治理数据驱动组织的、迎合国家战略的新型商业模式，同时为新的商业模式创造良好的生态环境。

我们应当保持谦虚和探索的精神，在大数据时代的背景下，去迎接日新月异的金融业和金融企业，互相协作、共同分享，改革与创造商业模式，实现大数据金融的美好未来。

第五章

大数据金融机构与产品创新

　　大数据对金融行业的影响还体现在传统金融机构的大数据应用和基于互联网的新型机构与产品。本章从银行业、证券业、保险业、信托业、融资租赁业和中央银行这些传统金融机构的大数据应用实践与创新谈起，论述传统金融机构如何利用大数据技术紧跟时代潮流，并对基于互联网的大数据产品——大数据征信体系、P2P平台、众筹和大数据指数作详细介绍。

第一节 金融业大数据应用现状

一、传统金融业大数据应用

（一）银行业大数据应用

近年来，银行业的交易数据、客户数据、管理数据等均呈爆炸式增长。大数据对传统银行业的影响尤为突出，其中股份制商业银行是拥抱大数据最为活跃的群体，目前银行业大数据应用主要集中在客户营销、产品创新、风险控制和运营优化等领域。银行业在大数据应用方面具有以下先天优势条件：一是海量数据存量，即银行拥有大量结构化和非结构化数据；二是大数据技术日新月异，银行拥有雄厚的财力支撑大数据技术的研发和应用。

大数据应用对银行业务革新作用主要体现在以下四个方面：一是通过加强对客户数据的分析和洞察，得到客户的全景视图，提高新客户的获取率和留存率，以及潜在客户的激活率和持续性，提升客户的整体价值；二是通过交叉营销分析、精准营销分析和个性化推荐分析的应用，改善金融业务营销；三是利用大数据技术下的市场风险分析、中小企业风险评估、实时欺诈交易分析和反洗钱活动分析等手段，提升风险管控水平；四是通过增加渠道优化分析、市场分析、热点分析、舆情分析等多维分析方法，提升产品运营质量，加速产品创新。

（二）证券业大数据应用

大数据对于证券业也有着深远的影响。在大数据时代，证券信息的形式、数量和质量等都对证券市场参与者的大数据分析处理能力提出了前所未有的要求。在大数据趋势的影响下，国内外主要交易所都加强了信息产品研发，有针对性地推出了市场信息分析、市场情绪分析和机器可读新闻等产品，部分交易所还推出了供市场参与者使用的大数据"云平台"。此外，部分证券交易所还加强了大数据证券产品的研发，众多投资机构已经将大数据因素纳入自身投资分析框架中。

（三）保险业大数据应用

大数据与保险业有着天然的关联性。众所周知，保险业通过上门、柜面、电话、信函等多种渠道，积累了大量的客户交互数据。近年来，保险业基于大数据的创新实践层出不穷。其中最具突破性的当属 2014 年由中国保险保障基金有限责任公司出资 20 亿元成立的大数据保险信息公司——中国保险信息技术管理有限责任公司，催生出中国保险行业首家数据共享平台。该平台将成为整个保险行业在大数据发展方面的有力支撑，因为数据的整合与共享是发展大数据保险的基础，而这一点却是任何保险公司都难以独自实现的。多家保险公司已经进行了大数据布局，主要领域包括产品创新、风险控制和运营优化等。除此之外，近年来新兴起的互联网保险也成为保险业收集数据的新平台。

（四）信托业大数据应用

虽然信托业在国内起步较晚，但最近几年发展非常迅速，信托业资产规模急剧攀升，截至 2015 年 2 季度末，全国 68 家信托公司管理的信托资产规模高达 15.87 万亿元。20 多年的快速发展使信托业内部积累了一定的数据资源，信托业大数据的应用主要在于内部数据的深度挖掘分析。对大数据的深度挖掘不仅是为了实现高净值客户的开发和维护，而且是为了强化信托公司内部风险控制、支持业务精细化管理、助力服务和产品的创新等。

（五）融资租赁业大数据应用

融资租赁又称现代租赁，是指实质上转移与资产所有权有关的全部或绝大部分风险和报酬的租赁。截至 2014 年年底，我国登记在册的融资租赁企业共2 045 家，比 2013 年年底增加 959 家，增幅为 88.3%；全国融资租赁企业注册资本金总量 5 564.6 亿元，比 2013 年年底增加 2 680.4 亿元，增幅为 92.9%；融资租赁企业资产总额 11 010.0 亿元，比 2013 年同期增长 26.2%。融资租赁资产的所有权在合同期截止时可以转移，也可以不转移。目前大数据与融资租赁业的融合也日渐显现，主要集中于融资租赁企业的风险管理和市场营销方面。

（六）担保业大数据应用

担保是指法律为确保特定的债权人实现债权，以债务人或第三人的信用或者特定财产来督促债务人履行债务的制度。截至 2012 年年末，全国融资性担保行业共有法人机构 8 590 家；在保余额方面，全国融资性担保行业在保余额 21 704 亿元，同比增加 2 584 亿元，增长 13.5%。大数据在担保方面的应用与融资租赁业非常相似，两者都强调对债权的风险管理，所以在风险管理和数据挖掘方面有着广泛应用。

二、基于互联网的机构与产品

近年来，互联网金融的发展如火如荼，而大数据则是互联网金融发展的一剂强心针，对传统金融行业格局产生了巨大的冲击，推动着传统金融体系的重塑。大数据与互联网金融的结合主要体现在以下几个方面。

（一）大数据征信体系

金融征信体系是金融业征信系统及信用管理运行机制的总称，以金融业主管部门为主导进行建设。其主要用户是金融机构，主要征信对象是授信申请人，其主要目的是实现信用信息在金融业内互通互联、共同防范信用交易风险。

我国的金融征信体系有两个基本特点，即行业征信与准公共征信。行业征信是指金融机构传递的信用信息是我国金融征信体系主要的信息采集来源，金融机构就是其主要服务对象，即征信是在行业内部进行的，征信的结果也主要是为本行业服务。准公共征信就是金融征信体系首先要在金融业内进行信息的共享，其次才是有选择地以有偿或者无偿的方式对外公开一些数据与信息，而公开这些信息的前提是不影响金融行业的安全。

大数据技术在征信领域的应用使得非金融行业的信用数据也能够运用于金融征信体系的建设，弥补了传统金融征信体系中数据来源单一、局限于行业内部的不足，能够提高征信数据的质量。同时，大数据技术使得实时获取用户信息成为可能，形成对用户信用水平的动态衡量，改变了以往根据过去的信用信息进行评估的状况，这是征信体系的一大进步。

（二）P2P 平台

2015 年，我国互联网金融的发展成就显著，其中 P2P 行业的发展速度尤其惊人。但是由于我国个人征信系统尚待完善，P2P 平台仍然无法进行准确的线上信贷审核。现阶段，识别信用风险，解决 P2P 网络借贷平台线上信贷审核问题的有效方式，就是建立基于大数据分析的征信体系。基于大数据的前瞻性应用，P2P网络借贷平台有望实现两大突破，这也是其相对传统商业银行的核心竞争力。

其一，网贷机构通过及时、准确、海量的网络数据挖掘，能更真实地反映客户当前及未来的还款能力和还款意愿，提高信贷服务的覆盖面。完全基于个人征信系统进行授信的个人信用报告，只能反映借款人的历史信用记录，无法反映当前及未来信用的真实情况，存在一定的局限性。另外，个人信用报告只能反映拥有个人信用记录客户的信用信息，而实际上很多人在个人信用体系中没有任何信用记录，这些"漏网"的客户就无法获得融资。

其二，银行的审核严格程度与贷款便捷性往往存在负相关关系。商业银行在服务借款人时，要经过较长时间严格的信贷审核后，才能对客户的贷款申请进行答复。而过于快捷的信贷审核流程，又可能意味着银行对风险把控不严。但网络贷款机构可通过分析客户的网络搜索记录，更真实、有效率地预测借款人的借款需求，有望在强化风险把控能力的同时，提高信贷的便捷性。

（三）众筹

众筹作为一种新型的互联网融资方式，相对于传统的融资方式而言更为开放、更具普惠性。能否获得资金也不再是以项目的商业价值作为唯一标准，只要是公众喜欢的项目，都可以通过众筹方式获得项目启动的第一笔资金，且一般首次筹资的规模都不会很大，为更多小本经营或创业人提供了无限的可能。

大数据在众筹领域的应用在于能够降低运营成本。开展众筹业务的互联网公司在积累数据之后可以利用大数据分析技术，自动给中小企业进行信用打分，减少成本，借助互联网快捷的网络信贷、众筹等模式，快速抢占中小企业融资市场，这给互联网金融企业和中小融资企业都带来了不同的盈利模式和融资渠道。而对于传统金融机构，其复杂繁冗的风控体系和征信模式也会受到一定的冲击，迫使其在保证安全的同时进行系统的创新和转型。

（四）大数据指数

大数据指数的最大创新点在于将互联网与大数据技术引入到指数编制中，利用大数据对市场主体情绪进行刻画和量化，为目前市场上的指数投资带来了全新的视角和参考体系。这是大数据技术在指数编制上实现的创新，也开创了大数据时代的投资新策略。

传统金融领域和新兴金融领域的两地开花，给大数据的发展孕育了无限可能,传统金融借助大数据的力量紧跟时代,新兴金融依托大数据的发展完善金融服务。大数据的运用为各个金融机构在产品创新、营销方式、运营方式、管理效率、风险控制等方面均带来了改变和革新。下面将选取银行业、证券业、保险业、信托业和融资租赁业中具有代表性的创新方式,具体探讨大数据时代金融机构的伟大变革。

第二节　银行业大数据金融

总体来看,大数据在银行业中的应用与创新,主要体现在四个方面(图5-1)。

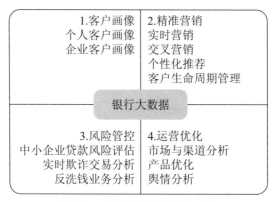

图 5-1　银行大数据应用与创新

一是对客户画像的准确刻画,从而深刻了解客户的需求特征、消费习惯、信用水平等信息,为金融业务开展奠定了数据信息基础;二是精准营销,在准确刻画客户特征的基础上,挖掘客户的需求方向,预测客户的消费行为,提高产品创新能力,完善信息反馈与改进机制,提升客户体验,增强客户黏性和活跃度;三是风险管控,在贷款风控、反欺诈、反洗钱等领域进行大数据分析,利用数据信息分析整合客户的信用水平、实时掌控客户的交易行为,从而提高银行对风险的预判与控制能力;四是运营优化,大数据将致力于优化银行的组织结构、提高银行的管理效率,打通银行与市场的沟通渠道,提高银行在资本市场中的活跃度。

对于不同规模、不同类型的银行,以上四个方面的大数据应用都将有所体现,但也会存在一定的差异,各有侧重。下面将从不同银行规模角度进行具体分析。

一、大型商业银行

（一）风控体系创新

大数据在金融领域的核心作用在于提高金融机构的风险定价能力，为金融机构提供全面、动态的风险控制体系，并推动金融体系变革。

征信是风险控制体系的核心。我国征信体系发展比较滞后，一直都缺乏充分的数据来源和有效的技术手段。2004 年，央行建成全国统一的个人信用信息基础数据库；2005 年，原有的银行信贷登记咨询系统升级为企业信用信息基础数据库。目前，央行征信数据库有大约 8 亿人和近 2 000 万家企业的征信数据。但是，央行的征信数据是来自商业银行等金融机构上报的数据，存在信息量少、准确率低、时效性差等缺点，尤其是个人用户和小微企业，无法真正有效识别其信用状况。

大型商业银行拥有大量的客户，由此产生的客户数据也是海量的。大型商业银行在金融方面具有数据的优势，但是其短板在于个人和小微企业的交易数据。在传统的业务模式中，受限于信用数据的不足，大型商业银行往往较少为小微企业、个人用户提供信用贷款等金融服务。为解决个人和小微企业信用数据不足的问题，大型商业银行采取的举措之一就是建立电子商务平台。从 2011 年开始，中国银行、建设银行、交通银行、工商银行、农业银行等大型国有商业银行均成立了自己的电子商务平台。中国银行于 2011 年 5 月 5 日正式上线"银通商城"，该电商平台由中国银行的网上支付合作方——通联支付网络服务股份有限公司运营，仅向中国银行持卡客户提供网上消费服务。交通银行于 2012 年年初上线的"交博汇"，定位于大而全的银行系电商平台，推出生活出行、商品、金融、企业经营四类服务，功能全面。建设银行"善融商务"于 2012 年 6 月上线运营，其个人商城是典型的 B2C 平台，企业商城是典型的 B2B 平台，此外还设有房地产平台——"房 e 通"，提供房产交易和贷款服务。工商银行的"融 e 购"平台上线较晚，于 2014 年上线，与"交博汇"类似，提供全面的产品和服务，但以金融产品、黄金珠宝、进口商品、汽车等投资品或高消费品为主。

这些电商平台不仅模仿京东、苏宁易购、天猫、当当等电商网站，推出各种食品、化妆品、日用品等商品，涵盖普通消费者生活的方方面面，有些电商平台还开展理财产品、贵金属制品、房地产、汽车等业务。大多数银行自行筹建电商业务，而一些银行，如中国银行，采用与其他平台合作共建的方式参与电商。例如，中国银行的"海淘业务"是与境外第三方电商企业合作，中行卡持有者可以选购海外品牌，并且享有一定的刷卡优惠。

目前，银行系统的电商平台在客户和交易量级方面远远比不上传统电商，还不能保证稳定的盈利水平。大型商业银行做电商不仅是为了拓宽其非利息收入的渠道，更看重的是这些电商平台背后的数据。银行通过收集电商平台上个人和企业的网络交易数据，丰富其掌握的客户生活数据方面的不足，以便更有效地开展个人消费贷款业务和小微企业贷款业务，显著提高了贷款业务的广度和深度。

国内的大型商业银行出于安全性、可靠性等考虑，较少参考第三方征信公司的信用评分，往往首先通过自有的电商平台积累个人和小微企业的信用大数据，其次是与第三方公司合作，由拥有数据优势的第三方公司提供更多数据，用以识别个人和企业的信用风险，扩大个人消费和小微企业信贷业务。

（二）业务经营与客户关系管理创新

大数据时代，"新型客户"已经形成。客户比以往有更多的选择和更自主的要求，需要银行提供更加多元化的金融产品和服务。在大数据时代，每一个客户都能够清晰地发出声音。客户有更多的话语权、更强的自主选择意愿和更多的选择权利。这类新型客户不仅要求银行能提供满足个人偏好或需求的、跨渠道的、一致的、良好互动的客户体验，还要求银行的服务能力和运营效率同步提升。银行推出一个金融产品或服务就能满足大多数客户需求的时代将不复存在，发现并留住最有价值的客户也变得越来越困难。

银行通过电商平台获取的数据不仅能用于个人或企业的信用评价，完善风险控制体系，同时也能提高客户黏性和活跃度，预测客户的消费行为，进行精准营销。银行将金融服务和生活服务结合起来，对客户的数据分析更为精确和立体，由此得出的策略也更具有针对性。对客户交易和消费行为更准确的预测和对客户群体更精确的细分，能够帮助银行做出更优化的决策，提供更具差异化和竞争力的服务。银行搭建电子商务平台，不仅采用 B2C 模式为个人客户提供服务，还采用 B2B 模式为企业客户提供服务。例如，中国建设银行的"善融商务"企业商城，从事电子商务的企业供应商就可以在平台上进行商品发布、在线交易、供应链融资等，而采购商也可在平台上进行批量采购，发布求购信息以及申请融资贷款等。

相较于传统互联网电商，多数银行都选择将电子商务模式与金融服务相结合，在网上商城内都设有"金融馆"或"金融超市"，并下设基金、理财产品、贵金属、保险、外汇等多个与金融产品和服务相关的子栏目，如交行的"交博汇"、建行的"善融商务"。除了金融产品外，消费者还可以通过银行的电商平台直接购车、购房并贷款。除了作为交易中介，提供第三方支付服务外，商业银行同时还开展电子商务平台分期业务，众多在售的产品都可以使用分期付款进行购买。与传统电商平台相比较，银行提供分期服务的产品多、范围广、价格局限小，即使百余元的产品在银行网上商城也可以利用贷款购买。通常银行都采取限制加优惠的措施，消费者在持卡消费的过程中，只能使用该行的信用卡或者借记卡进行消费，但会有一定的优惠，以提高客户的忠诚度。

尽管上述业务的开展并非直接运用大数据技术，但却是金融大数据的重要来源。大型商业银行正通过自身强劲的实力，获取底层数据，降低不必要的数据购买成本和风险。但在信息时代的潮流下，企业之间的合作共赢将是主要趋势，大数据难以被垄断。未来银行应与互联网企业、电子商务平台、社交网络平台等合作，进行信息整合与数据共享，促进金融服务与移动网络、电子商务、社交网络等的融合。

（三）管理决策方式创新

大数据的显著特征就是全数据分析。在大数据体系下，相较于传统的方式，银行数据获取、分析和运用的渠道机制都已经发生了巨大改变。商业银行使用大数据分析技术和工具，对海量结构化数据和非结构化数据进行分析、判断和挖掘，能够及时、准确地发现业务和管理领域的风险与机会，为业务发展和风险防范提供全面及时的决策支持信息。

大数据金融的本质特征之一就是决策模式的不同：大数据决策建立在牢固的数据证据基础上。传统商业银行的决策模式依赖于样本数据分析和高层管理经验，片面性和主观性较强。而在大数据时代，使用全量数据进行分析，将使得分析结果更具客观性和决策支持性。银行的决策过程将以数据为核心，这对银行的管理者来说是一场改变思维习惯的管理革命，大数据的客观性将对现有银行决策机制产生历史性革新。

二、中小型银行

（一）精准营销创新

当前我国商业银行服务同质化，产品差异性小，因而产品和业务创新是中小型商业银行提高核心竞争力的重要手段。从商业银行的角度来看，大数据的应用在提升效率、降低成本、加强风控、精准营销等方面，对银行业务发展的贡献日益显现。随着竞争的加剧，大数据推动着银行的变革：根据数据智能分析向前台提供服务与反馈，支持实现以客户为中心的服务模式与体验；整合日益互联互通的各种服务渠道；形成从广泛的数据源持续获取、量度、建模、处理、分析大容量多类型数据的能力；在流程、服务、系统间实时共享数据，并将经过智能分析和加工的数据用于业务决策与支持；智能分析与预测客户需求。商业银行不断推出以大数据为核心的创新业务，将拓展银行的业务发展空间，在客户能够享受到优质金融服务的同时，银行自身运转也更加高效和顺畅。中小型商业银行面对的客户多为个人和小微企业，利用大数据技术开展精准营销，是众多中小型商业银行主要的方向。

光大银行于 2012 年推出了"阳光理财"资产配置平台，该平台的特点就是能够根据客户需求提供合理、个性化的资产配置建议，持续跟踪客户的持仓资产，并根据宏观市场环境变化以动态调整客户的资产配置方案。截至 2014 年 3 月，该平台直接和间接促成的理财产品、代销基金、代销保险和其他产品的销售总额达到 84.28 亿元，其中直接促成的销售额为 28.73 亿元。光大银行"阳光理财"资产配置平台的研发思路和服务理念是大数据思维的一次成功运用，并实现了国内银行零售金融服务支持系统的示范。民生银行基于 IBM 大数据方案部署建立了精细化的交叉协同销售平台，以及智能化的产业链金融平台等，根据数据智能分析向前台提供服务与反馈，并将经过智能分析和加工的数据用于业务决策与支持。

利用 Greenplum 数据仓库解决方案，中信银行信用卡中心构建统一的客户视图，结合实时、历史数据进行全局分析，将营销活动配置的平均时间从两周缩短到 2～3 天，全面提升了运营效率。2013 年 6 月，中信银行与银联商务有限公司合作，推出 POS 网络商户贷款业务。依托银联商务所拥有的丰富商户资源和终端资源，综合评估在这些商户终端上的交易信息、风险监控信息、商户入网资质等数据，以期更真实地反映商户的信用情况，为中信银行的小额短期信用贷款提供数据支持。数据挖掘分析技术不仅将中信银行的小微企业融资服务能力提升到新高度，也提升了其对银联商户的增值服务能力。兴业银行运用大数据进行初步分析，已经能够通过对还款数据的分析比较，区分出优质客户，根据客户还款数额的差别，提供差异化的金融产品和服务方式。为进一步应用大数据，兴业银行还通过不同角度的筛选分析，支持企业的业务运作。

不难看出，当前中小型商业银行运用大数据开展精准营销，尚处于大数据挖掘的起步阶段，其核心策略是拓展数据来源并进行深度分析。未来应加强小微金融服务与社交网络的融合，通过社交媒体等新渠道获取尽可能多的客户信息，从这些数据中挖掘更多的客户价值。最终通过将银行内部数据和外部社交数据互联，不仅能获得更加完整的客户画像，更能高效地进行客户关系管理，还可以创造性地利用社交网络数据等进行产品创新和业务创新。

（二）小微信贷业务创新

商业银行早期开展的数据分析系统，大多分布在信贷管理、风险管控领域，而在产品研发、市场营销、客户服务、商业模式创新等领域应用较少，而后者往往代表着大数据的应用重点和未来方向。

小微信贷是中小型商业银行应用大数据分析的一个重要方向。从 2012 年各大国有银行和股份制银行的年报可以看出，商业银行对小贷市场的关注度不断提升。截至 2012 年年底，小微贷款余额达 12 万亿元之多，其中过半来自中小型商业银行，可以看出中小型商业银行已经开始战略转型，占据了小贷市场的较高份额，未来会更加重视小微信贷市场。目前整体来看，中小型商业银行在小微借贷领域覆盖面有限，与其他平台竞争时亟须提高效率、降低成本。商业银行与电商金融平台相比有着更为丰富的产品和从业经验，而且有着一套相对完善的风险管理体系，因而在业务开展方面更具优势。商业银行通过构建大数据金融平台，以弥补在"小微贷"业务方面的经营短板，利用智能化和多样化的手段，结合自身优势，积极主动推进小微金融产品创新、业务创新、服务创新、流程创新和管理创新。同时，建立智能化的小微金融服务模式，通过技术挖掘数据的潜在价值，为小微金融业务中客户终端交叉营销、营运流程优化、风险模型控制以及市场预测等各环节提供科学分析与决策依据。

小贷业务的开展往往受到股份制银行的重视，如平安银行提出的"供应链金融"概念，帮助小微企业实现价值附加。与 P2P 网贷、小额贷款公司相比，小贷市场中的高端市场被银行占据，银行往往拥有雄厚的财力，成熟的体制，贷款额度较高，多在 10 万元以上。传统商业银行和 P2P 网贷对于小微信贷市场的竞争威胁和行业整合将在未来几年加剧。2013 年 12 月 11 日，浦发银行正式发布了"电商通 2.0"产品以发展大数据金融，升级该行服务小微电商企业能力。小微电商经营于虚拟网络空间，金融服务模式必须与电商经营模式完全契合，才能符合电商经营的需要。浦发银行的"电商通 2.0"着手搭建大数据平台，包括线上经营、线上数据、线上审批与线上贷款，尝试变革商务企业融资方式。以授信评审为例，升级后的浦发电商业务就以自动评审为核心，简化操作流程，客户经理只上门一次、客户来银行一次即可完成所有业务流程。招商银行成立了互联网金融部，转变传统相对低效的贷款方式，利用大数据全面分析客户行为，简化步骤筛选出业务和信用良好的中小企业，为其提供急需的资金，缓解中小企业客户融资难的问题。江苏银行与网盛"生意宝"平台合作，贷款客户成为网盛"生意宝"B2B 平台的会员，就能在线提出贷款需求，通过银行审核与授信，建立互助基金，交纳保证金，由专业公司提供担保，贷款客户"无抵押、无担保"，即可获得小额短期信用融资。

（三）与第三方征信公司的数据合作

中小银行在数据采集方面有明显的不足，而如果采取自建电商平台、自主进行数据采集、自主开发数据分析平台的方式则耗资巨大，因此可以通过数据合作的方式弥补自身不足，紧跟大数据时代的潮流，实现双方的共赢，充分发挥数据作为一种重要资产的价值。北京银行成立了信用卡中心，并与独立第三方信用评估及信用管理机构"芝麻信用"签约，开展信用信息查询和应用、产品研发、商业活动等多个方面的合作。双方的合作开启了商业银行应用互联网征信的先河，探索互联网征信大数据批量化应用于传统金融。

三、互联网银行

从 20 世纪 90 年代起，互联网技术得到广泛应用，银行开始通过电子信息渠道来接受交易指令，为消费者提供服务，即我们常说的互联网银行服务。国际上关于互联网银行概念主要有以下几种表达方式：Electronicbanking、PCbanking、Internetbanking、Onlinebanking、Cellphonebanking 和 Virtualbanking等。互联网银行的类型主要包括三个层次：第一是提供信息的网站，主要是向消费者和公众发布银行产品与服务的信息；第二是简单的交易网站，可以实现提交银行服务请求、查询其账户情况、向银行下达交易指令，但不允许资金转移；第三是功能较高的交易网站，消费者可以在不同账户之间进行资金转移，可以支付账单以及在线进行其他的银行业务。传统互联网银行都建立在线下实体的基础之上，即传统银行业务的互联网化。然而在大数据时代，出现了没有线下网点，成立之初就完全依赖线上业务的新型互联网银行，本节若不做特殊说明，论述的均为此类互联网银行。

互联网银行建立在大数据分析的基础上。在大数据时代，美国人克里斯·安德森提出了"长尾理论"。他认为，在产品的存储和流通的渠道足够大的前提下，之前需求不旺或销量不佳的产品可以和那些少数热销产品占据相当的市场份额，甚至更大，即众多小市场汇聚可产生与主流相匹敌的市场能量。在金融领域、传统商业银行等较大的金融企业 80% 的利润来自 20% 的重要客户，其余 20% 的利润则来自 80% 的普通客户。互联网银行的定位即是依托大数据优势，服务 80% 的普通客户，充分挖掘中低端客户的价值。互联网银行，尤其是资深电商企业设立的互联网银行，在征信方面有更为可靠的私有数据库，结合央行的征信体系，可以更有效地开展信用贷款等业务，显著提高金融业务的广度和深度，帮助互联网银行低成本、高效率地服务低收入人群和小微企业。互联网银行应当充分利用现有的优势与机遇，并严格遵守国家金融法律法规和监管政策，以依法合规、审慎经营为基础，以持续发展为目标，不断创新。

（一）美国互联网银行发展模式及其启示

经过十几年的发展，美国互联网银行已经形成较为成熟的互联网运营模式。目前，美国的互联网银行主要有互联网平台模式、直销银行模式、银行服务商模式等，这三种发展模式各具特色，各有优势。

一是互联网平台模式。该模式以 Bank of Internet USA 为代表，它是一家纯正的美国本土互联网银行，于 2000 年 7 月开业，通过互联网在全美范围内提供互联网消费领域的银行服务，未设立任何物理网点，这与网商银行、微众银行的运营模式类似。其采取线上与线下相结合的方式。在线上利用大数据分析技术，针对客户群体特点开展精准营销，提供有针对性的产品，并以较高的利率、较少的收费项目吸引目标群体；线下则与连锁超市等结成互联网合作伙伴，通过提供快捷的支付方式，吸引此类客户。同时，通过线上线下客户端收集数据，利用数据分析技术，开展交叉销售，牢牢锁定客户，提高服务水平与效率，从而提升企业的核心竞争力。

二是直销银行模式。以 ING 美国直销银行为代表，这是荷兰 ING 银行主动结合互联网的一种典型运作模式。ING 美国直销银行面向零售客户，产品和服务流程简单、标准化，也便于网上操作和数据采集。其风险控制依赖"硬信息"和"大数法则"，充分结合大数据技术，能够提高银行的风险管理水平和效率，从而能够更快捷地为客户提供服务。

三是银行服务商模式。以 Simple 为代表，其本身不是银行，而是一家通过网页和手机移动客户端提供个人综合金融服务的银行服务商。合作银行提供一个受 FDIC（联邦存款保险公司）存款保险的 NOW 存款账户，而 Simple 则在此账户基础上，结合大数据技术，明确目标客户定位，为个人客户提供包括综合理财在内的个人金融服务。

美国互联网银行发展的启示主要有以下几点。

（1）规模经济是互联网银行盈利模式的主要特征。互联网的优势主要是成本节约，因此可以容忍更低的息差，"薄利多销"是其主要特征。互联网银行"轻资产、弱网点"的发展模式能够降低运营成本，以网络为基础分布，意味着银行可以不需要设立分支机构进行业务扩展，提供了更大的潜在增长空间。其管理模式也更趋于扁平化，避免因层级过多而效率低下，有利于管理效率的提高，并且线上经营的模式更便于数据的采集与分析运用，凭借大数据技术能够提高管理决策水平，提高运营效率，进一步降低运营成本，实现规模经济。

（2）互联网银行必须重视客户体验和现实需求。互联网银行主要服务于个人消费者和小微企业客户，其对金融服务的需求范围更广、个性化更强，并且风险控制方面需要考虑更多。运用大数据技术，可以从客户需求出发去开发产品，实现精准营销。从美国互联网银行的发展来看，互联网银行往往提供标准化的产品和有限的产品选择，多集中在储蓄产品和抵押贷款产品。标准化的自助银行产品，客户易于尝试，并可由消费者独立管理。这样的模式也更适应于大数据采集与分析，能够尽快运用于产品反馈和客户需求分析，从而提高客户体验。

（3）与传统银行的错位竞争与合作。互联网银行主要面对长尾市场，客户数量众多，单个客户金融交易的金额很小，因此能够承担的融资成本也非常小。互联网银行是对现有银行体系的有益补充，两者存在竞争与合作的关系。互联网银行与传统银行在小微贷款的基础上进行有效的合作，合作模式包括：①共同设立项目资金池，构建银团性质的循环授信贷款，共同承担客户风险，均分溢价；②构建结构化产品、分级产品，根据自身风险偏好程度高低，来选择适合自身的收益率产品，互联网银行成为银行的资产管理中介机构；③互联网银行采取输出信用模型的纯中介模式，根据外部银行目标授信群体的特征、大数据模型参数进行筛选，或直接提供客户的信用评分报告。当然，传统银行也可以借鉴互联网银行的优势来提高自身零售贷款的服务效率，通过建立自己的直销银行或者与银行服务商合作的模式进入互联网金融领域。

（二）国内互联网银行发展现状

随着大数据浪潮的到来，基于电商或社交平台的企业成立互联网银行具有独特的优势。目前国内互联网银行的主要代表是：腾讯、百业源、立业共同出资成立的深圳前海微众银行，阿里巴巴和万向出资成立的浙江网商银行，以及由百度和中信银行共同出资成立的百信银行。

作为首批试点的民营互联网银行之一，浙江网商银行在经营模式上将以纯互联网方式运营，不设物理网点，不做现金业务，也不会涉足传统银行的线下业务，如支票、汇票等。网商银行定位于服务"长尾"客户，尤其是广大的小微企业、个人创业者和普通消费者，特别是其中的农村消费群体。将采取"小存小贷"模式，具体指主要提供 20 万元以下的存款产品和 500 万元以下的贷款产品。

浙江网商银行之所以能够采取"小存小贷"模式，源于阿里电商平台的大数据处理能力和征信体系的建设。浙江网商银行将普惠金融作为自身的使命，希望利用互联网的技术、数据和渠道创新，来帮助解决小微企业融资难、融资贵、农村金融服务匮乏等问题，促进实体经济发展。网商银行也是中国第一家将核心系统架构在金融云上的银行。基于金融云计算平台，浙江网商银行拥有处理高并发金融交易、海量大数据和弹性扩容的能力，可以利用互联网和大数据的优势，给更多小微企业提供金融服务。其中，蚂蚁小贷将运用大数据技术为淘宝、天猫上的小微企业、个人创业者提供小额贷款。2015 年年初，蚂蚁金服推出了芝麻信用，主要基于阿里巴巴的电商交易数据和蚂蚁金服的互联网金融数据，对用户进行信用评估，这些信用评估可以帮助互联网金融企业对用户的还款意愿及还款能力提供依据，继而为用户提供快速授信及现金分期服务。

2014 年 12 月 12 日，深圳前海微众银行由银监会批准成立，2015 年 1 月 18 日对外试营业。微众银行也以"普惠金融"为概念，主要面对个人或企业的小微贷款需求。其创新了金融业务模式和金融交易方式，将结合互联网平台，凭借大数据技术，提供高效和差异化的金融服务。微众银行既无营业柜台和营业网点，也不需财产担保，主要通过大数据信用评级和人脸识别技术发放贷款等。2015 年 5 月，微众银行推出了首个互联网银行产品——微粒贷，尚处于体验和测试阶段。"微粒贷"属于小额信用贷款产品，具有"无抵押、无担保、随借随还、按日计息"特点，额度在 2 万～20 万元，日息 0.005%，7×24 小时服务，最快 15 分钟贷款完成。该产品暂时植入在 QQ 钱包的功能模块之中，未来或可进一步放入腾讯现有的一些流量较大的产品之中，如 QQ、微信以及一些电商、游戏的平台之上。

互联网金融产品的本质是传统银行个人信用贷款或者是循环贷款的互联网化。传统业务模式是依据借款人的综合信用和收入、流水以及一些资产证明作为发放贷款的依据，而互联网银行的信用合规方式与传统银行有较大的差异，主要是利用线上的消费、支付、理财、社交等多维度的大数据，通过建模分析出具信用报告。阿里的芝麻征信、腾讯征信等公司都已经逐渐开始开发互联网第三方的征信市场，互联网银行可以借此获取用户的征信数据，作为评估贷款发放额度的主要依据。

（三）国内互联网银行面临的风险与挑战

没有物理网点和服务柜台，国内互联网银行如何规避经营风险、保证储户存款安全等都将是其持续稳定发展面临的重要问题。具体体现在如下几个方面。

1. 竞争压力较大

互联网银行主要面对来自传统商业银行与非银行类互联网金融企业的竞争压力。互联网银行的目标客户为小微企业和个人消费者，这与当前的众多理财类产品既有的生态体系会存在一定重合，因此互联网银行与众多互联网金融企业将在线上展开直接的竞争。而改革开放30多年来，中国的主流商业银行几乎都是由中央政府或地方政府以及大型国有企业共同管理进行控股经营的。相比之下，民营银行的发展规模较小、资本实力较弱，经营有限，因而在整个银行业中的市场竞争力通常处于不利地位。此外，大中型商业银行同样抓住了互联网和大数据带来的机遇，因此互联网银行力求在国有银行占市场大部分份额的情况下，通过差异化经营以分享市场份额，逐步发展用户规模并占据一定的金融市场空间，对其存贷款等业务产品的创新性提出了很高要求。

2. 业务经营信用风险较大

互联网银行除了需要面对包括宏观经济环境、金融环境等系统性风险外，还需要面对以信用风险为主的非系统性风险。因为互联网银行的主要用户是个人消费者和小微企业，这些客户的信用信息往往不完善或者信用水平不高，银行往往面临着更高的信用风险。国有银行有长期的业务经营积累，具有庞大的业务规模、雄厚的资金链和国家信用为保障，因而具有良好的信用基础。与国有银行相比，互联网银行则刚刚起步，发展规模较小，面临着外部较大的监管压力，其利用大数据创新建立了市场化的经营运作模式和风险控制模式，但其可靠性尚待检验。

3. 网络技术安全风险

在信息化时代，网络安全是一个必须重视的问题。具体到金融领域，网络技术安全是决定一家互联网金融企业能否长期、稳健发展的直接因素。因此，互联网银行必须把风险控制（包括网络技术安全风险）放在首位，需要在保证互联网用户体验和兼顾金融安全性之间寻求一个平衡点。目前大数据技术的广泛运用也带来了数据信息的安全性和保密性等问题，这也是互联网银行必须面对的挑战。

第三节　证券业大数据金融

一、证券行业创新

现代证券业具有资本密集、信息密集、智力密集和技术密集等特点。在大数据时代，数据信息不仅在量上剧增，而且在数据的产生、传播、内容、速度、形式等方面都更加多样、复杂，越来越呈现出细节化、多维化、立体化的特点，这些都对证券业务发展产生了深远影响。

与其他行业相比，证券业务更适合大数据的思维方式。在多年的电算化运营中，证券公司的电算化系统已经积累了大量碎片化的标准数据，构成了海量的数据资产，这将在后期的数据挖掘和客户服务中发挥重要作用。互联网大数据金融模式在证券业的应用能大幅减小交易成本和信息挖掘处理成本，而同时券商的海量客户信息将成为新的生产要素，进一步促进证券业大数据的发展。因而，大数据将推动证券行业的继续革新。

在大数据时代，数据成为一种重要资源，将发挥越来越重要的角色。为了提高证券行业的整体效率，券商的数据中心首先要从半封闭的状态走向全开放的模式，而这样的转变将对证券行业的技术架构、业务架构和管理架构都产生非常大的影响。

（一）技术架构改变

大数据时代，只有一小部分数据是以结构化的形态存在的，大部分数据是以"非结构化"形式存储在数据库中。传统用于数据分析的商业智能模型已经不再适用于目前的异构数据类型，包括电子邮件、图片、视频和机器生成的日志等。银河证券唐沛来谈道："我们的目的是找到一种能够对所有数据存储进行搜索、发现和分析（SDA）的解决方案，为企业提供及时和具有成本效益的数据总体访问能力和洞察力。"

大数据技术的日新月异，使得证券行业中的信息收集与分析反馈更加便捷高效。以银河证券为例，从提供基础搜索的应用程序和通过类似商业智能报告的挖掘开始，首先，为客户提供关键字搜索加发现功能（例如，聚类、建议和分类），以帮助客户更快地找到具体内容，实现大数据和有疑问的实际用户发起的点到点实时数据访问的结合。其次，在大数据可行的搜索技术中，强大的关键字搜索以及发现和导航能力，将为企业提供在极短时间内对海量数据进行更深入的数据挖掘和分析能力，同时运用数学、统计学知识，通过更长时间的数据累积，发现和创造更多更大的价值。此外，系统还能够将客户搜索和企业分析信息反馈回来，以供系统进行不断的改善，从而提高系统的整体有效性。当然，这对证券公司的数据分析能力也提出了更高的要求。

（二）业务架构改变

目前，我国券商的中介服务职能深陷同质化竞争的泥潭中，相互间甚至引发了价格战。在大数据与互联网信息技术的冲击下，券商的金融中介职能将有所改变。如果标准化、同质化服务不能给券商带来正常利润，那么最优选择是要么从竞争中彻底退出，要么转变经营思路，将原先的通道业务转变成包含增值服务的金融服务商。因此，券商必须提前布局自身的职能转变，成为综合类金融服务产品的提供者。

券商作为金融服务商，面对的是不断变化的客户需求、市场竞争、监管要求和自身商业价值体现。在大数据背景下，券商将有能力快速收集传导大量的高质量信息，以设计出符合客户需求的产品组合，并不断根据客户偏好的改变而调整。与客户的距离越近，其发现价值和实现价值就越发便利，也就越方便告别低级的通道竞争，开展财富管理服务，帮助客户成长的同时实现自身业务增长。

在大数据的冲击下，券商现有的业务将有所调整。其中，传统经纪业务首当其冲，将最先面临转型压力。网络化冲击必将导致经纪业务线出现全行业的萎缩，但最先着手整理历史客户数据和建设标准化服务平台的大券商，则有望借机完成市场份额的新一轮扩张。另外，投行通道中介职能的重要性逐渐衰弱，历史上作为投行收入核心的IPO（首次公开募股）业务利润贡献度将有所下降。投行部门需要转型，强化非通道方面的服务力度，比如后IPO的跟踪服务。最后，券商资管的下一个爆发点在于集合理财业务、资产证券化和信用业务。大数据将进一步加深资管业务的精细化和专业化，助力这些板块获得新的突破。总之，随着大资管时代的来临，证券、基金等金融机构迫切需要打通渠道通路，平衡渠道体系格局，低成本高效率的网络渠道有助于帮助证券、基金实现这一目标。

（三）管理架构改变

鉴于社会主义市场经济和国内证券交易所建立时间均不长，国内证券公司起步较晚，证券公司的内部控制环境建设存在很多不足之处：一是证券市场存在诸多问题，证券市场是证券公司赖以生存与发展的环境基础，缺乏一个良好的制度环境就难以获得发展；二是证券公司缺乏合理规范的法人治理结构，内部难以形成有效的制衡机制。当前证券公司对风险的内部控制意识薄弱，亟待完善。而大数据技术的到来正好可以弥补这方面的不足，利用数据的实时分析与反馈使得内部风险的控制变得更加便捷和高效。

近20多年来，随着我国证券市场的迅速发展和网上证券交易量的蓬勃增长，市场监管者和经营者充分认识到开展信息化建设的必要性与紧迫性，证券行业信息化建设任重而道远。证券公司希望构建一个完整的证券信息服务平台，用于支持公司内部的市场、行业、金融工程等方面的研究，为客户的理性化投资提供更好的服务，满足公司在资产管理、风险控制、投资决策等方面的数据支持需求。在可预见的未来，证券业在建立了企业级数据中心后，随着云计算的落地和应用的深化，企业级的数据中心必将向社会化数据中心进行演变，从而构建行业平台数据中心，实现数据资源的共享。

二、证券投资决策和业务模式转变

信息拥有量决定着证券投资决策的成败。因此，信息传播对证券市场走势的影响一直是金融学研究的核心问题。长期以来，由于信息不对称造成的投资决策错误是投资失败的主要因素，因此如何有效地获得和分析信息并进行市场预测是产业界与学术界共同的研究热点。互联网技术的飞速发展，使得证券市场从信息匮乏转变为信息过剩，信息的快速增长为股票分析与预测带来了宝贵机遇和严峻挑战。

　　一方面，当前传递信息、沟通交流的主要平台是各种新兴的网络社会媒体，如论坛、社区、博客、微博、微信等，平台上的海量信息为投资决策提供了丰富的数据支撑；另一方面，大数据信息的有效分析和利用也面临着来自互联网的挑战与困扰。当前，互联网已经成为股市投资信息传播的主要渠道，投资者利用网络搜索金融信息、与他人交流投资经验的现象越来越普遍。同时，资本市场的信息传播方式也产生了重大变化，互联网的广泛推广能够有效缓解证券市场的信息不对称问题。与此同时，新的市场信息结构也影响着投资者的行为方式，进而影响了股票资产定价和金融资源的配置。

　　未来，传统证券业金融机构与互联网、大数据将加快渗透和融合，并与金融系统内的其他金融机构和互联网公司处于相互渗透、相互合作竞争的状态，如果不及时改变，最终会被淘汰。证券业的经营模式可能会发展成以下三种类型：第一种是为小微企业和低收入群体服务，实现相互之间对接的网上模式来代替传统的营业部模式；第二种是为中产阶级的综合服务模式，即通过深度挖掘互联网平台收集的数据，在对客户跟踪分类的基础上提供各类精准化服务；第三种是面对机构客户和高净值个人客户的专业化综合模式，这些客户涉及多种专业化定制服务需求，如合理避税、多元化投资等。

三、大数据时代的量化投资

（一）大数据时代中量化投资的优势与特点

　　通常所说的"投资"是指定性投资，它属于主观判断型，如看到俄罗斯出兵乌克兰的新闻时，我们的投资经理可能就会想，接下来，国际金价可能上升，于是购买黄金以待升值。这种基于现象的预判而进行的投资，就是典型的主观判断型投资。主观判断型投资或定性投资的一个最大问题就是投资过程中人的情绪会显著影响投资进程——这是因为人的本性是趋利避害，这个本性直接导致整个投资过程对于风险并不能做到客观的准确度量，而只能跟着感觉走。

　　而基于大数据分析的量化投资，最显著的作用就是把人的情绪排除到投资进程之外——整个投资进程完全按照人预先设定的程序来进行操作，以确保投资进程的客观性。因为构建量化投资策略是基于大数据分析总结出来的客观规律，它们具有客观的精确性（例如，风险的准确度量等）。这是通常的定性投资所没有的，也是量化投资之所以极具吸引力的一个本质原因。

构建量化投资策略时，通常通过分析历史数据，获得经验规律，然后把此规律用于预测市场的未来走势，以便从中获利。这里的一个科学依据是：历史往往会重复。其实，不仅股票市场过去的历史会在未来重复，同期来看，一个国家的股票市场的某些规律，也可能在另一个国家的股票市场中重复出现。

（二）大数据时代中量化投资的挑战或问题

1. 对象方面："数据陷阱"

海量数据增加可能会让量化投资者切实感受到"不识庐山真面目，只缘身在此山中"式的迷茫。这里说的"数据陷阱"，就是说"尽信数据不如无数据"。

可以用淘宝网络营销的数据作为举例，数据分析发现新疆和内蒙古销售出去的比基尼远远超过广东等沿海省份，那么就可以得出结论"比基尼广告的重点应该放在新疆和内蒙古，而非广东等沿海省份"吗？实际情况是，诸如新疆和内蒙古等内陆省份，当地超市不太乐意销售比基尼等非常用的物品，消费者就只能到网上购买了，而在广东等沿海省份，超市里有大量的比基尼，相对而言，到网上去购买比基尼的人自然会少很多。从这个角度看，拘泥于数据本身做分析，其结论有时看起来并不靠谱或不经推敲。

2. 方法方面："先天缺陷"

众所周知，当我们透过蓝色眼镜看一张白纸时，我们眼中看到的将是"蓝纸"而非白纸。与此类似，在当前关于大数据的研究中，大数据就像铺在我们眼前的"白纸"，而我们使用的很多统计分析方法就像我们佩戴的"蓝色眼镜"。也就是说，基于这些统计方法分析大数据得到的结果通常依赖于统计方法本身，这就导致这些结果可能与事实不符。例如，统计学界常用的 P 值检验方法，于 2014 年被偶然发现它其实"不靠谱"，以致经济学家史蒂芬说，"P 值没有起到人们期望的作用，因为它压根就不可能起到这个作用"。

3. 结果方面："针尖对麦芒"

基于大量数据的实证分析，以诺贝尔经济学奖得主 Fama 为首的主流经济金融学家们认为"风险越大、收益越大"。但是，美国麻省理工学院金融学家 Bowman 则得到一个截然相反的结论"风险越大、收益越小"——这个发现后来也获得很多例证，以致今天的学界为 Bowman 的这个发现专门取了一个名字，叫"Bowman 悖论"。

第四节 保险业大数据金融

一、业务经营技术创新

（一）基于 NoSQL 数据库的保单管理

保单管理是保险公司业务经营的重要方面。在传统的关系数据库中，从保单号出发，通过一系列关联操作（join），可以将绝大部分的业务数据串联。在关系数据库模式下，1：N 的关系往往被拆解为多个表进行保存，其优点是能够通过消除冗余，保证很好的数据一致性，同时降低存储的容量；但是其缺点也十分明显，就是需要不断通过 join 操作进行多个表之间的关联才能够实现基于保单号的保单视图查询，这就会复杂化后续应用过程。

在数据可视化时代，基于 NoSQL 数据库的数据模型设计可以以多结构化的模式进行存储。其优点是各条记录之间的格式可以不同；对于 1：N 的关系，可以采用表中表的方式来存储；列式数据库增加了表的字段数，使得所有业务数据存储在一张表中成为可能。

（二）基于 NoSQL 数据库的历史数据查询

随着保险公司日常业务经营的开展，其内部 IT 系统中存有大量历史数据。作为一个低成本解决方案，NoSQL 数据库将承担起查询历史数据的功能。有两种方式可以实现历史数据的查询：一是数据整合法，将不同版本的历史数据迁移整合到一个统一的模型和数据标准下，并在此基础上开发历史数据查询应用。这种方法的要求在于掌握各个版本历史数据的迁移规则，并且适合那些有明确查询需求的应用情形并且针对应用而运作的历史数据查询平台；二是同源设计法，各个版本的历史数据按 1：1 迁移到 NoSQL 数据库中，并且数据保留其原有的属性和排列方式而无须改动，原先在传统数据库中搭建的应用也以 1：1 迁移至新的平台。在这种方法下，不需要掌握各个版本的区别和转换规则，有助于较少历史应用管理成本，推动历史数据查询平台的运作以数据驱动的方式演进。

（三）基于语音数据识别的自动质检

近年来我国保险业产品销售渠道格局发生重大改变，电话销售日益成为保险产品销售的一个重要渠道。在电话销售管理中，一个主要的手段是通过质量检测发现销售人员通话过程中存在的问题。传统的质检方式是质检人员抽查听取销售人员的电话录音，这样的模式效率低下，抽查比例低，难以反映市场的全面性。同时质检结果主要由质检人员主观决定，其准确性难以保障。

而大数据技术的进步推动了语音数据识别技术的发展成熟，自动化的语音数据识别技术能够全方位提高质检的准确性。中国平安率先实施基于语音数据识别的自动质检应用，以替代传统的人工质检。在保险公司的电话销售自动质检中，违规词检测、服务忌语检测、标准欢迎语检测、标准结束语检测、健康告知检测、免责声明检测和十天犹豫期告知检测等规则都可以自主定义。

（四）基于内外部数据结合的地址信息标准化

保险单证上客户信息的人工录入是当前我国众多保险公司积累原始数据的一个重要来源渠道。以地址信息为例，我国目前对于地址信息还没有一个统一的标准，同一个地址会呈现出不同的填写方式。因而，客户填写信息状况会影响保险公司录入数据的完整性和准确性。而从行业以往的数据来看，数据质量在完整性和准确性方面都差强人意。

借助大数据技术，将人工信息与外部的标准化地址库进行匹配，可以以标准化地址替代既有的录入地址，进而与地图引擎结合进行地址标注，可以从两方面提升业务能力：一是客户服务，有了标准化的地址信息，就可以按照区域合理划分服务人员的服务范围，同一地址或邻近地址的客户将由同一服务人员进行保单分配、递送各种通知等服务；二是营销活动，标准化的地址有利于进行客户划分，将同一地址的客户归为同一个标签，统一策划上门营销活动，以提高营销活动的效率。

（五）数据标签化与数据补充

当前，电商、零售和电信行业已开始通过标签化来提炼客户特征，对已有数据进行加工和分析，并取得了良好的实践效果。由于保险业务较为低频，保险公司缺乏对客户的深入了解和洞察，给保险公司在设计产品和开展营销活动方面带来了挑战。目前，保险公司已经通过利用大数据提炼客户特征、形成客户标签，但现有的客户标签无论从标签的数量还是数据的丰富度、准确性上都有较大的提升空间。这也将激励保险公司与第三方公司合作，继续补充、完善既有客户的标签。

二、产品营销方式创新

传统保险公司常常采用扫楼、陌生拜访、陪同拜访等营销方式开拓客户、销售产品，但在大数据营销的新时代，取而代之的是通过大数据分析发现潜在客户的精准营销。此种营销模式对于代理人素质的甄别和选拔也具有推动作用，也可以提高保险从业人员的素质，给予客户专业、周到的保险规划，对于保险业形象的重塑也有着相当积极的意义。

大数据营销会彻底重塑传统保险产品的销售方式，而且保险公司的销售支持系统也可能迎来一次重大变革。从客户资源上说，客户不再局限于代理人自己的个人资源，客户的质量将成为更重要的考核指标，与代理人的业绩评估、综合水平紧密相关。从公司提供的佣金来说，将客户名单统一上传至数据库，方便代理人直接使用，能够大大减轻代理人开拓新客户的成本，因而佣金比例将会下降，能够减轻公司的运营成本。从销售管理角度说，海量数据能够为代理人提供强大的后援，保障保单的签单量和质量。实际上，一些国内保险公司已经利用了大数据技术在保险营销的方式和客户挖掘的技术等方面走在了市场的前列。

2010年，阳光保险集团建成数据挖掘系统，这在保险行业是第一家。利用该系统，该集团开展了许多保险大数据智慧应用的项目，获得了一些成果，同时培养出了国内保险行业的第一批数据挖掘师。2011年，中再产险全面启动客户关系管理，着手数据分析。通过深度挖掘和开发数据资源，提供可以用作产品定价的、承保口径的逐单数据，系统的行业终极赔付分析以及符合中国本土市场的财产险风险曲线，直保公司可以根据这些数据来分析某类风险的保险费率水平，了解公司与行业合理定价水平的差距，促进理性分析经营。同时，分析结果还可以应用到营销、业务拓展等方面，为直保公司决策提供参考。2013年，中国财险再保险公司行业数据分析中心正式挂牌成立，这是保险企业追赶"大数据"时代浪潮的一次标志性事件。早在1996年中再保险公司就利用与直保公司的非竞争关系，积极对数据进行集约化管理，拓展与直保公司在数据分析领域中的合作。

第五节 信托业大数据金融

当前中国经济正面临增长速度换挡期、结构调整期和前期刺激政策消化期"三期叠加"的严峻形势，实体经济下行风险不断向金融领域传递，个别产业的风险呈上升趋势，信托行业资产管理规模增速开始下降，信托项目兑付压力进一步加大，风险预警频发。在这样的背景下，亟须依托现有的资源优势及大数据技术进行创新和转型。

大数据是一种工具，也是一种理念。信托业在大数据应用方面有着非常广阔的前景，有望成为新的蓝海，它既是一种工具的创新，同时也是人类历史上认识世界方法论的一次创新。大数据时代，人们不再受限于传统的思维模式，伴随着思维方式脱胎换骨似的变革，信托行业的理念、营销方法势必也将被刷新。信托公司在业务最核心的流程中引入了大数据的方法，对借款人的净值调查采用了大数据分析，发现很多借款人在原来的净值调整过程中发现不了的问题，取得了很好的效果。未来还将使用大数据的方法做信托项目运行过程中的风险监控。

一、战略性结合

信托公司可以凭借灵活的制度优势，主动探索如何将大数据基因与金融元素整合起来。要从战略层面分析信托公司对大数据的主要需求，就要明确信托公司在转型时期核心竞争力的构成要素，分别体现在产品研发、风险管理、财富管理以及运营决策水平几个方面。

（一）产品研发

信托公司的业务领域横跨资本市场、货币市场与实业市场，产品类型丰富，产品设计灵活，不同类产品之间的组合具有很大的空间。通过大数据手段，可以在以下三个方面提高信托公司的产品研发水平。

一是传统业务的专业化。利率的不断下行、优质资产的匮乏使传统信托融资业务面临一定困难，但在信托业的转型过程中，这类业务仍将在一定时期占据相当大的比重。用投资思维做融资类业务，是传统业务的专业化发展方向。这就要求无论在房地产领域，还是在地方基础设施项目上，都要用更专业的眼光进行判断。大数据有利于传统业务沿这一方向的改造升级，如在房地产领域，通过大数据支持，可以对项目所在城市的房价走势、所在地段的未来发展前景、区域人口流动及对房地产的需求、当地物价及收入水平等多因素进行全面分析，得到更科学的结论；在地方基础设施项目方面，利用大数据对地方财政偿债能力、交易对手财务状况等做出综合判断，有利于确定项目的规模、价格等因素，进行科学的产品设计和决策。

二是提高资本市场的业务能力。信托公司转型的一个重要方向是资本市场，主要业务不仅包括股票、债券等金融产品投资，还包括定向增发、FOF、MOM等多个方向。在传统的金融产品投资方面，通过大数据手段，可以提高对金融市场走势的判断水平，有利于弥补多数信托公司在证券投资能力上的不足。在FOF、MOM等产品组合投资方面，也可以通过大数据分析，对不同基金的投资能力做出更合理的判断。

三是探索创新业务模式。大数据本身就是资产，通过合理的产品设计，大数据可以产生超出想象的商业价值。在信托公司鼓励业务创新的趋势下，利用大数据的商业价值，可以进行多种新产品和新业务模式的尝试。

（二）风险管理

在经济下行阶段，信托公司的风险项目时有暴露，对风险管理的要求不断提高。通过大数据手段，可以为风险管理提供更多先进的工具。

一是提高风险管理的全面性。大数据的典型特征就是海量数据资源，一方面，可以通过结构化的手段对目标特征进行描述；另一方面，在数据数量和类型足够的情况下，也可以通过非结构化手段对目标特征进行描述，后者的结论很可能超乎预料，从而发现通常可能忽视的问题。因此，通过大数据对交易对手的风险进行分析，对信托公司掌握更多更全面的风险信息将会有一定帮助。

二是提高风险管理的动态性。加强存续项目的过程管理，是多数信托公司提高风险管理水平的重点。但是，信托公司项目众多，每一个项目的融资方、抵押物、担保方的情况都处于不断变化的过程中。而信托公司负责过程管理的人手十分有限，仅通过相关人员的定期调查回访，很难发现潜在的风险和问题。利用大数据，建立每一个项目的过程管理数据档案，对抵质押物的价值变化进行动态监测，对交易对手、担保方的经营情况、资产负债和现金流等信息进行及时分析，可以提高风险管理的及时性和动态性，提高项目过程管理水平。

三是提高舆情预警能力。声誉风险也是信托公司必须面对的重要风险。信托公司的舆情监测往往是事后进行的，应对措施较为被动。而银行等金融机构利用大数据等手段，对舆情风险进行预警，在这方面的做法已有一定探索。一些领先的大数据服务商通过非结构化手段已研发出先进的舆情预警工具，这些先进手段都有助于提高信托公司的舆情预警能力，使信托公司更为主动地化解声誉风险。

（三）财富管理

尽管信托公司拥有渠道、产品等多方面优势，但是在互联网和泛资管时代，提升财富管理能力成为信托公司面临的共同课题。大数据对包括信托公司在内的金融机构的财富管理业务，将起到重要的推动作用。

一是助力产品营销。一方面，利用大数据技术，信托公司可以更为精准地细分客户群，根据不同类型的客户，了解其投资与风险偏好，为其提供不同类型的产品，更好地满足客户需求；另一方面，对于产品而言，通过大数据分析，可以对产品进行更为全面的评级，衡量其风险与收益的匹配程度，进而对产品进行合理定价。

二是助力资产配置。财富管理业务发展到一定阶段，重点将从产品营销转为针对客户需求和偏好的资产配置。利用大数据，不仅可以帮助客户选择收益率适当、风险可控的多样化产品，而且可以更准确了解客户的风险和收益需求，为量身定制资产配置方案提供帮助。

三是助力客户拓展。信托公司的财富管理业务将来有两个发展趋势，一是围绕更高净值的客户，开展家族信托服务；二是对接互联网，扩大客户范围和数量。对于后者，大数据可以在风险偏好、行为习惯等方面对客户进行更为细致的描述，帮助信托公司更有针对性地开发与维护客户。

（四）运营决策

尽管与银行、券商等机构相比，信托公司人员规模较小、管理流程较简单，但越来越多的信托公司开始重视系统建设，不断提高运营、管理和决策水平。大数据在这方面也可以发挥一定的积极作用。

一是帮助信托公司及时掌握内部经营管理状况。金融机构在经营管理过程中，本身也会产生大量数据。运用大数据思维，信托公司可以对经营活动中的数据进行有效利用，为管理层和相关部门提供具有较强价值和时效性的信息，对公司内部经营管理情况进行及时了解。

二是帮助信托公司提高决策水平。大数据不仅强调多样化和海量特征，其本身的存在也代表了一定的客观性。用大数据思维和工具对公司经营管理的各方面进行描述，可以为公司的各项决策提供客观依据。此外，大数据的即时性特征可以将相关信息迅速传递给管理层，有利于提高决策效率。

二、产品创新

由于传统信托产品的非标准化、私募的特性使其与互联网"流量为王"的优势并不契合，相对其他金融行业来讲，目前信托业与互联网、大数据的结合相对较慢。不过在业务转型压力与互联网金融的冲击下，信托业基于互联网和大数据开发产品的案例也在逐渐增多，并衍生出诸多特色鲜明的新产品体系。

信托业大数据应用的主要代表之一就是消费信托。作为近年来新兴的信托创新产品，目前已有中信信托、西藏信托、长安信托、北京信托等多家信托公司推出消费信托相关产品。消费信托与传统的投融资概念集合资金信托不同，投资者购买信托产品的同时可获得消费权益，直接连接投资者和提供消费产品的产业供给方，从而将投资者的理财需求和消费需求整合起来。

消费信托的投资收益主要是通过消费权益来实现的。消费权益的增值主要体现在三个方面，首先是帮助消费者遴选可提供更好消费权益的商家和服务机构；其次是借助"集中采购"获取消费权益认购的"折扣优惠"；最后是在信托机构的监管下，保证预付资金的安全。例如，2014 年 1 月 17 日，首款消费信托产品"中信·消费信托嘉丽泽健康度假产品系列信托项目"正式向投资者发售。首期"中信招商嘉丽泽健康度假产品"分为 H 类和 G 类两种产品，期限均为 5 年。H 类产品客户交付资金 8.8 万元，其中 7.5 万元为保证金，5 年后到期全额返还，另外 1.3 万元作为会籍费一次性收取，每年会籍费 2 600 元，按年度扣减；G 类产品的门槛则是 18.8 万元，其中 15 万元为保证金，3.8 万元为会籍费。以 H 类产品为例，在度假消费权益方面，客户每年拥有 14 天云南嘉丽泽健康岛度假公寓居住权，另外附赠嘉丽泽项目健康消费卡。又如西藏信托发行的"BMW X1 消费信托"，该信托的认购本金为 150 万元，存续期限 3 年，投资者在认购产品后可获得市价为 39.8 万元的 BMW X1 汽车使用权，并在 3 年期满后收回 150

万元本金。同时，在信托到期后，投资者可以进行消费权选择，继续使用车辆或者由万宝行（中国）融资租赁公司以 15 万元价格回购。

此外，信托行业继续积极地开展产品创新，家族信托和土地流转信托的研究与实践已初见成效，公益信托、养老信托、股指期货业务、资产证券化受托业务等也已取得突破。在信托产品研发过程中，大数据的作用主要体现在客户的定位和消费权益的设计上。在大数据背景下，信托公司可以发现投资者的偏好，高净值的投资客户对优质的服务产生了极大的需求。信托公司借助自身以及合作方采集的客户信息样本，通过大数据分析来挖掘人与人之间、行业与行业之间的隐性联系，并利用信托的方式进行金融对接。简言之，就是打通产业链的前端融资需求和后端消费需求。信托公司还可以和其他金融机构合作与对接，如保险公司通过健康大数据，开发某种保险产品，并与信托进行对接，对特定人群进行细分营销，通过信托的收益投资于保险产品，所得保费也可以再投资信托，从而实现资产的跨领域配置。

三、互联网信托平台

互联网信托平台是信托业与大数据的另一个结合点。在开放式产品平台上，客户不仅可以获得各信托公司发行的优质信托产品资讯，还可获取证券公司资产管理计划产品、基金子公司资产管理计划产品、银行理财产品及私募股权投资产品等各类产品资讯。例如，平安集团 2014 年 11 月推出的"平安财富宝"，其主要依托移动客户端平台，集中多种投融资服务。截至 2015 年 7 月，该平台累计用户数近 70 万人，平台交易量近 450 亿元，交易客户户均资产达 15 万元。这些产品服务过程中积累的海量数据已成为大数据分析的基础。

推行类似的开放式平台对于大部分信托公司来说是比较困难的。因为"平安财富宝"有平安集团的支撑，其推出的面向不同需求的投资品种能吸引到流量，而其他平台则难以获得类似的支持，此外还存在同业竞争、企业支持力度不足、内部认同等问题。一些信托公司开始建立私有平台，作为海量数据的获取途径。例如，中信信托的"中信宝"平台是其消费信托的官方平台，旨在为消费者提供更为完善便利的消费服务，通过后台的大数据分析和处理，匹配客户的消费需求。

第六节　融资租赁业大数据金融

近几年我国融资租赁行业资产规模不断增长，成为国内金融细分行业快速发展的一个典型。实践证明，融资租赁是解决中小企业融资问题的有效途径之一，已经成了我国金融市场的重要融资工具。目前国外近20%的设备投资通过融资租赁完成，而在国内只有5%。ELFE研究发现，截至2015年，全球范围内，64%的企业已经在大数据的一些方面有所投资，或者说他们打算投资。这其中就包括想要从集体中分离的设备融资租赁公司。随着税务制度、法律环境的逐步成熟，以及互联网、大数据等新理念、新技术的渗透，融资租赁迎来了新一轮的快速发展。大数据与融资租赁业的结合主要体现在风险管理、行业分析以及融资租赁平台建设等方面。

一、风险管理

及时、精准、有效的数据收集和大数据分析技术的有效结合，是融资租赁平台的风险控制和信用保障的重要方法与渠道。例如，国内融资租赁互联网金融平台"陆金所"，其"融资租赁＋互联网金融"的A2P模式，将大数据技术引入风控体系中，通过构建多元化的风控模型，使项目风险维持在可控水平。

然而在具体的融资租赁风险管理方面，由于融资租赁公司面对的融资需求复杂性高，缺乏足够的海量数据，所以大数据的应用仍面临较大的局限性。金融租赁公司依托于银行，往往有着成熟的风控系统。而对于专注于特定行业的中小型融资租赁公司，大数据风控已初现成效。未来通过挖掘自身积累的数据和数学模型计算客户的信用等级与违约风险，可以大大降低审批的成本。

二、行业分析

大数据技术在行业分析方面发挥着行业指引投放的作用。对融资租赁业而言，行业周期分析主要有两个方面，一是产业本身盈利能力的周期，二是设备更新和添置的周期。前者是还款付息的保证，后者是业务的来源，两者并不同步。通过行业数据库分析预测成本、单价、利润率、需求量等重要指标的走势，可以有效地预测客户未来的经营状况，识别特定的风险。在第一届全球租赁业竞争力论坛上，上海租赁协会推出的数据分析系统，有效地反映了业界的经营情况。通过大量具有代表性数据的采样和科学分析方法，从市场角度，运用投资思维分析，得出了融资租赁的产业集中度、利润增长点等方面具有重要投资价值的分析结果。

三、融资租赁平台建设

大数据在融资租赁平台方面也发挥着重要的作用。原有的融资租赁模式与当下先进的互联网平台相结合，将个人、融资租赁公司与中小企业相结合，建立起一个成体系的互联网融资租赁平台。融资租赁与互联网金融服务平台合作带来租赁项目成交额的大幅上升，"互联网＋融资租赁"已进入高速发展期，未来将会有更多的互联网金融平台与融资租赁公司融合，做大做深这一市场，实践探索这一模式的可持续发展方向与专业化细分领域。

在互联网融资租赁平台下，大数据整理与云计算分析显得至关重要。首先，承租人的融资需求需要被融资租赁公司有效地了解，并且融资租赁公司能够引导承租人进行信息披露，了解承租人、供应商的信息，能够将承租人的信息（客户信息、信用信息）借助于互联网渠道公布给投资人一端，运用互联网信息技术多方位全面分析客户的资料，识别项目风险、为投资人遴选出优质项目。除此之外，融资租赁公司需利用互联网对于企业的相关信息进行跟踪分析，利用云计算进行实时动态解析。例如，对企业经营、销售情况、资产负债率、流动比率、速动比率、应收账款周转率等重要动态指标进行监控，在项目周期内对监控指标进行实时预警分析。利用相关风险控制模型对大数据进行深入的挖掘分析，建立起行业内认同的信用等级机制，实现信用审核标准化。在一定的体系形成后，需要通过计算机内成熟的体系对计算系统进行及时合适的调整，便可以极大地降低操作误差引起的人为风险。互联网融资租赁模式形成后，从长远来看，对中小企业带来了极大的便利，为融资租赁公司带来了安全、可靠、低风险的收益。

除小额信贷外，服务中小型企业的融资租赁也是 P2P 行业的主流业务。此外还有只做融资租赁业务的 P2L（persontoleasing）交易平台模式，即个人投资对接融资租赁项目，P2L 平台与融资租赁公司、经销商、第三方支付机构等进行合作，提供各种融资租赁项目信息给合适的投资者，促成个人经过平台对融资租赁项目进行投资，而融资租赁公司和投资人共同持有融资租赁项目的收益权。基于融资租赁公司成立专门的融资租赁互联网平台（如普资华企、e 租宝等），和已有的 P2P 网贷平台通过和线下融资租赁公司进行合作在平台上新增融资租赁项目（比如理财范、爱投资、积木盒子等），是目前融资租赁平台的两种主要形式。在 P2L 模式下，互联网平台一般充当中介人的角色，主要负责构建信息平台，对融资租赁公司的项目进行审核发布，引入第三方支付和多重担保，降低融资违约风险，同时降低融资门槛。大数据在其中主要发挥风险控制以及客户关系管理的作用。

第七节　中央银行大数据应用

　　大数据与中央银行的结合主要体现在其履行金融监管职责的过程中。从跨平台、跨部门共享和收集征信数据，到建立早期的提前预警监管指标体系；从采集各种统计口径下的数据，到甄别追踪可疑的洗钱交易；从监测分析跨境外汇资金流动，到适时适度调整和优化货币政策，中央银行都需要掌握运用大数据分析的技术和能力。

　　中央银行若能充分利用各大数据源，如金融监测数据系统、国库数据系统、征信数据系统、反洗钱数据系统、清算中心数据系统等，关注不同统计数据的关联性，提高统计数据的综合利用能力，便可发挥大数据在预测和分析上无可比拟的优势，及时捕捉经济金融运行中的热点、难点问题。现阶段，我国中央银行应用大数据的前景主要体现在提高统计预测能力、完善征信体系、加强反洗钱监测和提高外汇管理能力等领域。

一、提高统计预测能力

　　中央银行可以依托大数据挖掘技术从社交网络中人们的情绪表达和事实陈述语句中，提前掌握失业和房屋销售变化趋势等信息，提高其统计预测能力。大数据技术改变了传统的信息不对称结构，能够为中央银行核心业务进行"精确制导"，新的逆周期的宏观审慎监管模式需要尽快从依托信息不对称转为依托数据不对称。

二、完善征信体系

成熟的征信系统是金融体系良性运转的重要保障。未来中央银行应该加快与金融机构数据接口的对接，实现或加强与公安身份、海关进出口、税收征收管理、工商注册、电信运营商、民政注册、法院审判文书公开等信息系统的信息共享，降低信息收集时滞，甚至可以利用第三方支付系统和电商交易平台采集和生成的信用数据。作为央行征信系统的补充，拥有海量丰富行为数据的互联网第三方征信公司正试图通过对长期积累的数据进行挖掘和分析，并构建一个更复杂、全面的征信模型，对每一个人的信用进行评估。而在互联网金融、智能移动终端和大数据普及之前，这个模型被认为几乎无法实现。创新的征信服务将为实体经济发展、小微企业融资和之前难以覆盖的人群创业提供有力的支撑，大数据时代的中国征信业呈现出新的变革趋势。

三、加强反洗钱监测

中国反洗钱监测中心的数据主要来源于各金融机构总部直接向其报送的可疑交易数据。2013 年，中国人民银行组织 37 家金融机构开展大额交易和可疑交易报告综合试点改革，通过研发新的异常交易监测指标和异常交易监测模型，使可疑交易报告数量较上年同期下降 98.96%，而反洗钱调查次数同比上升42.4%。试点金融机构防御性报告问题得到了很好的解决，可疑交易报告的有效性、准确性大幅提升。通过将反洗钱监测自主分析第一道防线前移和落实到各个金融机构，实现了分层次多关口的监测系统，降低了可疑交易报告分析的漏警率和误报率，既过滤了大量垃圾信息，又分离出真正有价值的可疑交易和洗钱线索。

四、提高外汇管理能力

国家外汇管理局通过整合互不兼容和互不共享的业务系统，最大限度地压缩银行端和企业端的数据报送系统个数，避免数据的重复采集，并通过制定统一的数据采集标准实现多平台应用系统之间的数据共享。这一改革举措可以大幅提高数据一致性，减少数据冗余，这使得在外汇管理业务中广泛应用大数据技术成为可能，也为跨境外汇资金流动监测提供了高质量、高时效的数据源。

第八节　基于大数据金融的征信产品

一、大数据征信的概念

征信体系主要是指在相关主管部门的推动和组织下，按照一定的数据采集标准，采集、加工、核实和更新关于信用主体的各项信用信息，以实现信用信息在体系内互联互通的一种信用管理运行机制。征信体系建设是我国社会经济发展的必然要求，是社会主义市场经济的最新组成部分，也是我国创新社会管理的重要内容之一。

我国的征信体系建设经过十几年的发展探索已经初有成效，在政府部门、行业组织和地方政府等层面逐渐发展，扮演着不同程度的角色。根据数据来源和应用领域的不同，我国征信体系可以划分为金融征信体系、行政管理征信体系和商业征信体系。

金融征信体系建设主要由金融业主管部门主导，目前我国已经形成了以中国人民银行征信中心为核心的初具规模的征信体系。中国人民银行征信中心全面收集企业和个人的信息，其中银行信贷信息是其核心内容，此外还包括社保、公积金、环保、欠税、民事裁决与执行等公共信息。全国各地的金融机构网点都能够使用征信系统的信息查询端口，形成了一个以企业和个人信用报告为核心的征信产品体系。

行政管理征信体系建设主要由政府及其主要职能部门主导，其主要用户是政府及其各职能部门，征信对象是企业和个人，其主要目的是构建信用信息在政府及其各部门间互通互联、实现统一的信用惩戒与预警监管为主要目的的政府行政管理征信系统及运行机制。当前我国尚未形成完整统一的行政管理征信体系，政府职能部门、地方政府，特别是与经济活动相关的政府职能部门独自建立了独立的行政监管征信数据库，互相独立、互补共享是其主要原因。同时，不同部门间数据质量和规范程度等存在差异，但都辅助了行政管理职能的发挥。

为了构建此类数据之间的联系与交互机制，执行统一的失信惩戒和守信奖励是十分关键的。

商业征信体系建设主要由行业协会组织及其会员主导进行，主要用户是政府、企业、个人，征信对象是企业和个人，其主要目的是构建信用信息在组织内部及相应市场范围内互联互通、共同防范信用交易与管理风险的商业征信系统及信用管理运行机制。征信机构、信用评级机构等信用服务中介机构是商业征信体系的主要组成机构，对个人或企业的信用信息进行采集、筛选和评估等。市场化是商业征信体系的最明显的特征，这意味着它将按照市场化的方式运作，并由独立于政府之外的民营机构组织运营。其信息来源一般是交易性交换或有偿性提供的，因而较为广泛。

我国征信行业的发展现状如图 5-2 所示，从图中可知，我国征信体系的特征是：由中国人民银行进行监管，制定相关政策法规，央行征信体系和民营征信体系并存，共同为政府部门、金融机构、普通工商企业和个人提供服务。

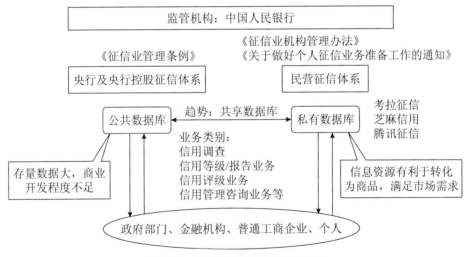

图 5-2 我国征信行业的发展现状

日新月异的大数据分析技术极大地拓展了信用数据的来源，并使得原有的三种征信体系呈现出相互融合的趋势。大数据征信可以综合多方信用信息，进而通过复杂的建模分析，生成个人或企业的信用评价，可靠性和应用效率都得到了很大程度的提升。大数据征信的数据来源有如下三个方面的优势。

首先，征信对象覆盖面广泛，可作为征信体系建设的有效补充。中国人民银行征信中心积累了大量的征信数据，有效地解决了信用风险问题，帮助金融行业持续健康发展，大大提高了金融服务的获得性。同时我们也看到，现在在央行征信系统有信用记录的人还不到 4 亿，还有绝大部分人缺乏信用记录数据，这使得他们在获得金融服务时仍旧存在一定的阻碍。中国有 6.48 亿网民，覆盖面十分广泛，对他们在网络上留下的踪迹进行数据挖掘及分析，能够有效补充目前征信体系的状况，让更多的人得到完善的金融服务。

其次，信用信息更加多维，如图 5-3 所示。现有征信记录主要是个人信息加信贷记录，而互联网上的行为记录非常多，可以用大数据的方法计算互联网上的上万个变量，将更多信用记录以外的信息纳入征信体系，包括行政管理、行业共享、自主上传、网络交易等多方面的数据源。结合现有身份记录和信贷记录，以及生活类数据，再加上互联网数据，可以得到更多广谱信息来刻画信用。

行政管理	行业共享	自主上传	网络交易
学历学籍 水、电、煤 工作单位 工商执照	通信 工资收入 婚恋 信用消费记录 租借记录 典当记录 行业黑名单	房产 车辆 证书 信用卡账单 收入 风险测试	电商消费 支付转账 物流信息 人脉

图 5-3 用于大数据征信的信用信息广谱多维

最后，数据的实时性。大数据的两个主要特点是存量大和实时性，不再是离线的事后分析数据，而是在线实时的互动数据。如果某个人有违约行为记录，会立刻被计算进来，使当前业务的快速决策更加有效。

按照具体对象的不同，征信可以分为个人征信和企业征信。大数据时代的个人征信和企业征信与以往相比，有着截然不同的特征。对于个人用户而言，用户在互联网上的行为被系统所记录，其中包含大量的有价值信息，如社交类数据、电商类数据、支付类数据、生活服务类数据等，这些数据将成为描绘个人征信情况的基础信息，通过大数据建模得出信用评级。相对于企业用户，大量的小微企业开始使用 B2B 平台、B2C 平台、融资平台、辅助交易平台、云服务等互联网应用，小微企业的经营情况和现金流情况会被记录下来，而这些数据能够通过构建模型成为小微企业信用评级的依据。

（一）个人征信

个人征信是指收集个人信用信息、提供个人信用服务的业务行为。我国的个人征信系统建设启动的标志是上海资信有限公司开展个人征信业务试点活动。1999年，中国人民银行批准在上海和深圳开展个人征信试点。同年7月，上海市政府发起成立上海资信有限公司，该公司主营个人信用信息服务，其主要行政主管部门是原中国人民银行上海分行和上海市信息办。初步的试点之后，直到2004年年初，中国人民银行才开始组织商业银行建立全国统一的个人征信系统。当年年末，个人征信系统在全国8个城市成功联网，实现了在15家全国性商业银行和8家城市商业银行的成功试运行。2005年8月，个人征信系统完成与全国所有商业银行和部分有条件的农村信用社的联网运行，并于2006年1月在全国正式运行。建设企业和个人信用系统在参考国际最佳实践的基础上，采用了一个集中的数据库模型，全面收集企业和个人正面与负面的信用信息，按照"统一制度、统一管理、统一标准"的原则，实现在中国的商业银行体系的企业和个人信用信息交换与共享，系统效率高，实现信用评级报告查询秒级响应。2015年1月，中国人民银行印发《关于做好个人征信业务准备工作的通知》，要求8家机构做好个人征信业务的准备工作，准备时间为6个月。8家机构包括：深圳前海征信、芝麻信用、中诚信征信、腾讯征信、拉卡拉信用、鹏元征信、北京华道征信及中智诚征信。在这之前，我国提供个人征信服务的机构只有央行征信中心及其下属的上海资信公司，而首批8家第三方征信机构具有一定代表性。从背景来看，芝麻、腾讯、拉卡拉征信在互联网大数据征信方面有优势，鹏元、中诚信、中智诚是传统的征信企业。腾讯征信主要是基于QQ和微信平台上用户所积累的数据来进行分析和评级，除了金融数据模型外，还有社交数据，目前已和浦发银行、广发银行等传统金融机构合作；芝麻征信是基于淘宝、支付宝用户所积累的数据，囊括衣食住行等各方面，侧重于消费领域；前海征信也推出了"好信度"信用分，此外还推出了针对贷款全流程的全套服务，主要以中小金融企业为主，如小贷公司、P2P等。

截至2015年7月，8家机构中，拉卡拉信用的"考拉分"、中诚信征信的"万象分"、阿里旗下的"芝麻信用分"、前海征信的"好信度"、华道征信的"猪猪分"、腾讯征信的信用评级产品等已陆续上线或开始内测。目前，可被用于大数据征信的数据来源可以分为如下六类，如图5-4所示。

一是电商类网站大数据，以阿里巴巴为例，它利用电商大数据建立了相对完善的风控数据挖掘系统，并通过旗下阿里巴巴、淘宝、天猫、支付宝等积累的大量交易数据作为基础数据，将数值输入网络行为评分模型，进行信用评级。

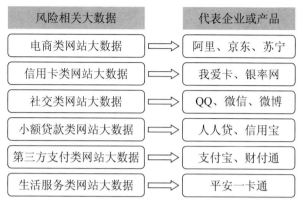

图 5-4　金融风险控制（征信）大数据来源

二是信用卡类网站大数据，此类大数据以信用卡申请年份、通过与否、授信额度、卡片种类、还款金额等作为信用评级的参考数据。国内典型企业是成立于 2005 年的"我爱卡"，它利用自身积累的数据和流量优势，结合国外引入的 FICO（费埃哲）风控模型，从事互联网金融小额信贷业务。

三是社交类网站大数据，典型企业为美国的 Lending Club，它基于社交平台上的应用搭建借贷双方平台，并利用社交网络关系数据和朋友之间的相互信任聚合人气，平台上的借款人被分为若干信用等级，但是不必公布自己的信用历史。

四是小额贷款类网站大数据，目前可以充分利用的小贷风控数据包括信贷额度、违约记录等。由于单一企业信贷数据的数量级较低、地域性较强，业内共享数据的模式已正逐步被认可。

五是第三方支付网站大数据，支付是互联网金融行业的资金入口和结算通道，此类平台可基于用户消费数据做信用分析，支付方向、月支付额度、消费品牌都可以作为信用评级数据。

六是生活服务类网站大数据，包括水、电、煤气、物业费交纳等，此类数据客观真实地反映了个人基本信息，是信用评级中一种重要的数据类型。

大数据征信模型与传统信用评估体系有着较大差别。以芝麻信用为例，大数据征信融合了传统信用评估与创新信用评估，开创了大数据征信模型。具体地，大数据征信模型包含五个维度：信用历史（比重最高）、身份特质、履约能力、行为偏好和人脉关系（比重稍低）。通过这五大维度来刻画个人信用的全貌，如图 5-5 所示。

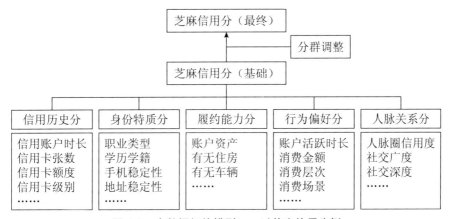

图 5-5　大数据征信模型——以芝麻信用为例

在大数据时代，个人征信行业也面临着不少的挑战。

一是大数据采集存在着法律风险。目前我国新兴的第三方征信公司获取非传统信贷数据的方式主要是通过互联网线上采集，数据多为网购交易、第三方支付、网络借贷、社交网络等平台上产生和沉淀的多类别结构化与非结构化的行为数据和关系数据。虽然这些数据可以被视为对银行等传统信用数据的有益补充和大数据个人征信的基础，但大部分数据将涉及用户个人隐私和信息安全。因此，信用业务开展最大的瓶颈是在法律允许的范围内，如何尽量把握用户完整、丰富的数据信息，并能更好地保护用户信息安全和隐私。

二是有限的征信数据开放共享。首先，新兴的互联网个人征信企业现在并没有实际有效地接入央行征信数据库，对数据的筛选、清洗和交叉验证造成了困难，通过大量的数据挖掘和分析技术降低了实时动态预测个人信用状况的效率和价值。其次，不同类型的互联网个人征信机构间的合作空间有限。不同类型的网络金融企业与不同类型的大数据资产类型各异，目前我国开展互联网金融企业多以各自平台上沉淀的非传统信贷数据为核心竞争力来进行信用风险评估和控制，如阿里、京东等以电商交易类大数据为特色，人人贷和信用宝则以网络借贷类大数据为优势，新浪微博和腾讯等掌握了大量的网络社交数据。但由于我国互联网数据产权缺少法律上的清晰界定，各机构平台在大数据共享和接口提供上存在"瓶颈"，征信机构之间的合作困难，削弱了我国个人信贷业务在我国应用的有效性和推广力度。

三是第三方征信企业缺乏金融业务经验。除了缺乏金融数据、不同机构间数据共享存在壁垒外，现有的互联网征信企业的主业均为非传统金融借贷业务，在数据转化、信用评估模型设计以及应用场景开发方面将面临不小的挑战。因此，现阶段互联网征信机构如何将海量的行为和关系性数据通过特定的算法模型转化为信用评估数据，设计出接受程度较高的信用评估框架以及开发出专业化细分的应用场景都将是这些新兴征信机构急需解决的核心问题。

四是大数据技术基础薄弱，专业人才储备不足。相比欧美等发达国家，我国的大数据个人征信业务尚处于摸索阶段，大数据处理技术基础薄弱，总体上以跟随为主，特别是在数据分布式存储、分布式数据挖掘算法、虚拟化环境和大数据分析平台等方面还存在不小差距，加之缺少掌握大数据技术的复合型金融人才，这都为我国新兴互联网个人征信企事业利用低成本和可扩展的大数据方式开展征信业务，减少主观判断，提高信用风险评估的准确性设置了技术障碍。

五是征信行业监管技术和水平有待提高。目前我国对征信行业的监管主要依赖央行，以《征信业管理条例》和《征信机构管理办法》为监管依据。随着大数据时代的到来，征信监管水平要能跟上大数据征信的发展水平，监管政策要符合大数据的基本规律，这都将对以央行征信为主导的监管模式、征信行业自律监管以及具备大数据知识和能力的监管人员的培养等提出更高的要求。

（二）企业征信

我国企业征信系统建设大致可分为以下三个阶段。

第一阶段是 1991—1996 年探索阶段。征信系统的早期雏形的标志是纸质贷款证的出现。20 世纪 90 年代初，原中国人民银行深圳分行为了解决企业多头贷款和拖欠、逃废银行债务的行为，适应银行对贷款信息共享的需求，首先开始施行"贷款证"制度。它统一由中国人民银行颁发，对象是具有法人资格的所有企业和事业单位，贷款时由银行在贷款证上如实登记，偿还贷款后作还款记录。1992 年，多个省份在辖内选取地级市进行试点探索，全国范围内的"贷款证"制度初步展开。1996 年，试点成功的"贷款证"制度在全国得到推广。

第二阶段是 1996—2005 年起步阶段。IT 技术的发展使纸质贷款证变为电子贷款卡成为现实。1996 年，厦门、宁波等地开始试行贷款证电子化管理，贷款卡所关联的企业信贷信息通过电子方式记载成为银行信贷登记咨询系统的发展雏形。1997 年，中国人民银行信贷登记咨询系统开始筹建。2002 年，银行信贷登记咨询系统建成地级行、省级行、总行三级数据库，并实现全国联网查询。

第三阶段是 2005 年至今的发展阶段。银行信贷登记咨询系统升级为全国集中统一的企业征信系统。2005 年 12 月，企业征信系统实现主要商业银行的全国联网运行，并在天津、上海、浙江、福建 4 个省（市）开通查询用户试运行。

2006 年 6 月末，企业征信系统实现所有中资、外资商业银行和有条件的农村信用社的全国联网运行，并于 2006 年 7 月末完成全国范围内与银行信贷登记咨询系统的切换工作。

2012 年被称为互联网和大数据元年。随着大数据广泛而深入的应用，企业征信也进入了一个全新的发展阶段。基于大数据应用的互联网金融模式，正在凭借互联网开放平台的信息收集优势与数据挖掘能力，通过缓解小微企业的信息不对称，降低征信成本，增强借贷的风险可控性，突破小微企业的融资约束。

二、大数据征信的应用优势

与传统征信体系相比，大数据征信弥补了个人和小微企业信用评价的不足，其应用优势主要体现在如下三个方面。

（一）个人信用贷款（消费金融）

与个人征信公司合作，商业银行可以识别个人用户的信用风险，扩大个人消费信贷业务。2016 年美国消费金融市场规模将近 3 万亿美元，而我国消费金融尚处于起步阶段，未来还有很大的挖掘空间。

至于对个人消费贷款的潜在不良风险进行预警的问题，可以基于决策树方法建立多因子数据挖掘模型，通过深入分析影响个人消费贷款的风险因素，预测和定位个人消费贷款的高风险客户群，并根据预警结果建立针对性的、分层次的信用风险防控措施。利用决策树对数据建模之前，首先需要指定目标变量（因变量），在风险预警中目标变量通常是客户是否发生不良。其次应当划定输入变量范围，根据业务情况挑选一些特定指标纳入范围，并基于模型从中筛选出可以预测客户未来不良的某些因子。然后进行数据清洗，按照事先设定的比率将样本数据以随机抽样的方式分配给训练集和验证集，再运用统计分析软件对模型进行估计。决策树根据筛选出的预测因子细分出叶结点，基于各个叶结点得出不同客群的规则。基于模型估计结果，风险客户较为集中地聚集在部分叶结点，再通过对预警模型效果滚动验证并不断优化，待模型稳定后即可根据预测结果进行事前风险控制。

（二）信用卡申请

在传统的信用卡申请模式下，银行通常根据客户的申请材料、央行征信和银行内交易信息对客户进行申请评分，从而为信用卡办理等业务提供参考标准。同时，银行所掌握的信息是较为局限的，会对申请者的风险预判带来困难。而先前的线上办卡模式中，审核和验证信息等环节具有诸多漏洞和较高程度的信息不对称，会使得银行在无形之中承受更大的风险。

大数据技术的广泛应用充分具备化解上述问题的能力。通过将客户的浏览和购买行为等非结构化的信息有机整合，并将结构化的数据进行梳理之后，可对信用卡用户的网上行为数据和信用卡风险特征加以统计分析。针对各用户差别化的浏览和消费等行为特质，数据挖掘模型承接了风险评估和预测的关键作用。基于模型的分析结果，网上行为与信用卡风险之间的内在联系得以被揭示出来，对这些分析成果和申请者评分结果加以得当运用，有助于为信用卡办理及额度等相关指标的确定提供良好的判断基础。

（三）小微企业信用贷款

商业银行或小额贷款公司可以主动寻求与第三方征信公司合作，由拥有数据优势的第三方征信公司通过建模识别小微企业的违约风险，为商业银行小微企业信贷提供信用验证。

大数据征信与传统征信业务不同，其面对企业数以 TB 计的数据进行实时、自动的挖掘和计算加密传递至管理系统；通过对数据的归类、剔除、清洗、分析、检验、纠偏等自动化处理，将经营交易数据转化为可量化分析的信用数据。通过客观信用评价体系，把已处理完毕的数据形成指标，再通过相应的数学模型计算出评价结果和信用额度，作为贷款额度审批的依据。

采用大数据征信的小微企业贷款模式具有明显的创新性。一是摆脱仅仅依赖财务数据的局限性；二是尽量降低人为分析的主观性，最大限度地保证了评价过程中的客观性；三是突破评估者的能力限制，运用计算机开展 7×24 小时的贷后风险监控。这样的模式比较适合我国小微企业众多、融资期限短、规模小、频率高、需求急的特点，可极大地提高企业融资和银行贷后监管效率。

三、大数据时代征信行业发展相关建议

近年来，基于欣欣向荣的互联网和蓬勃发展的大数据、云计算技术，数据资源日益丰硕，高效的信息研究工具不断涌现，为征信业发展提供了优良的前

提条件，也使得征信产品开发过程中对其功能和应用的定位发生了深刻的改变，引领未来的征信行业紧随时代趋势。相比于发达国家，我国征信行业仍处于创设初期阶段，有较多方面亟须加快建设，尤其是在个人征信方面，需要把规章制度、技术支持、应用领域、监管保护等各个角度作为切入点对其进行不断的创新和改善，推动征信行业整体更上一层楼。

首先，完善个人征信业务相关法律法规，基于大数据征信的需求和影响促进科学的规章形成。《征信业管理条例》是我国一切征信活动的首要指挥和监管基础，基于该条例应着眼于针对安全和隐私的法律建设，界定信息产权，明确各个信息关联方所对应的权责，维护信息所有者的合法权益。

其次，加快央行征信基础数据库建设，促成征信机构分享大数据并携手拓展业务。在完善的大数据征信业务规章体系之下，央行的关键性征信数据得以在不同业务和各个层面上充分贯通。同时，促进社会上各家征信机构之间的密切联系，提升数据共享度和使用效率，创新各自业务发展方式，巩固并深化各自对大数据处理分析和深入研究的成果，强化对传统信用和网络行为的挖掘技能，提升将数据用于信用风险评估的能力。

再次，鼓励征信产品创新，引导征信业差异化竞争，促成完善的征信产业链。互联网征信机构在风控方面往往缺乏操作经验，应当通过协助传统金融机构从而深度学习并弥补此类缺陷。具体而言，互联网征信机构可以尝试从设计、销售网络信贷产品并提供配套金融服务做起，在此过程中不断累积用户借贷数据等信息，为其进行数据分析提供良好的基础。此外，大数据征信机构应基于其拥有的资源，构造极具预测性的专业评估模型，全面评估用户信用，从而使得相关风险得到更为精准高效的估测与控制。同时，针对各个类型的用户，可以充分挖掘其特质，顺应不同层次用户的特点，设计出适合不同人群的征信产品，在个性化发展思路中引导市场的差异化竞争。

最后，提升征信行业监督管理水平。有关部门应严格按照《征信业管理条例》《征信机构管理办法》对征信市场实行监督和管理，密切关注征信业务的最新状况和发展趋势，加强对专业人士的培育和提拔，进而全方位强化其监督管理能力。同时，应尽快针对数据安全、用户隐私等问题提出合理的解决方案，依据征信业发展状况不断完善有关法律规章，建立起多部门协作的监管机制，同时也注重对行业自律的宣传，从而推动个人征信行业不断发展壮大。

第九节 基于大数据金融的指数化产品

一、大数据指数

（一）中证百度百发策略 100 指数

2014 年 7 月 8 日，广发基金管理有限公司联合百度公司、中证指数有限公司联合开发的中证百度百发策略 100 指数（CSI Baidu Baifa Strategy 100 Index，简称"百发 100"指数）正式发布，首次将互联网大数据技术引入指数编制方案中，是目前国内首支利用大数据技术开发的股票指数和首个可直接反映市场情绪的指数。

"百发 100"指数以 2008 年 12 月 31 日为基日，以该日收盘后所有样本股的调整市值为基期，以 1 000 点为基点。在样本的选取上，其以中证全指为样本空间，对样本空间的股票，按其综合财务因子、综合动量因子和搜索因子计算的综合评分降序排列，选取排名前 100 名的股票作为"百发 100"指数成分股。

单个股票的综合评分计算因子如下。

（1）综合财务因子。选取净资产收益率（ROE）、资产收益率（ROA）、每股收益增长率（EPS）、流动负债比率、EV/EBITDA（企业价值倍数）、净利润同比增长率、股权集中度、自由流通市值共 8 个财务因子，采用因子分析模型，计算每期个股的综合得分，记为综合财务因子。

（2）综合动量因子。计算最近一个月的个股价格收益率和波动率，得到风险调整后的动量指标，按照大小从高往低排取前 30% 记为动量因子，后 30% 记为反转因子，中间 40% 部分记为稳定因子，根据量化模型计算的评分记为综合动量因子。

（3）搜索因子。对样本空间的股票分别计算最近一个月的搜索总量和搜索增量，分别记为总量因子和增量因子；对搜索总量因子和增量因子构建因子分析模型，计算每期个股的综合得分，记为搜索因子。

（4）综合评分。对综合财务因子、综合动量因子和搜索因子计算个股内在价值，选取排序最大的 100 支股票作为成分股。

与传统指数半年定期调整一次样本不同，"百发 100"指数每月会对成分股进行调整。中证百度百发策略 100 指数每月审核一次样本股，并根据审核结果调整指数样本股。样本股调整实施时间为每月第三周的星期三。从结果看，"百发 100"指数所选成分股大部分集中于基本面优良、契合市场或行业轮动特点等具有稳定业绩回报和投资价值的股票。

"百发 100"指数是金融机构和互联网公司在权益投资领域的首次合作，也是业内首支基于互联网大数据应用编制的策略指数。传统的指数选股方式主要将股票市值、股票成交量、财务指标等作为选股因子，而"百发 100"指数则以百度互联网金融大数据为基础进行指数成分股选择，模型的构建主要依托于百度大数据技术。通过百度互联网金融大数据，融合传统金融数据，构建量化选股模型，从而实现指数成分股的选择。"百发 100"指数的选股思路源于互联网金融大数据，是基于行为金融学理论——有限关注度概念，通过百度互联网金融大数据构建的综合情绪模型（BFS 模型），其结果能够更为直接和精确地反映投资者对具体某支股票关注程度。

（二）南方新浪大数据系列指数

2014 年 9 月 12 日，深圳证券信息有限公司、南方基金管理有限公司和北京新浪互联信息服务有限公司联合发布了三方合作编制的南方新浪大数据系列指数，包括南方新浪大数据 100 指数（代码 399415，简称"i100"）、南方新浪大数据 300 指数（代码 399416，简称"i300"）。两支指数基于对互联网"大数据"的挖掘，均以 2010 年 1 月 29 日为基日，以 1 000 点为基点。

新浪财经有着良好的数据来源，其股票频道、财经新闻、股吧论坛和新浪微博对上市公司有着及时全面的资讯覆盖，其财经数据的互动信息来自资深的投资者，更具指导意义。新浪财经的数据平台隐含海量的投资辅助信息，而南方基金量化团队的工作就是利用新浪在财经领域的大数据，深度挖掘网民关注度、新闻点击率等数据与证券市场潜在的趋势性联动信息，为指数编制提供决策参考依据。通过对大数据的定性与定量分析，找出股票热度预期、成长预期、估值提升预期与股价表现的同步关系，构建策略因子，精选出具有超额收益预期的股票，构建、编制并发布策略指数。

（三）中证淘金大数据 100 指数

2015 年 4 月 9 日，博时基金、蚂蚁金服、恒生聚源及中证指数共同发布了全球第一个电商大数据指数——中证淘金大数据 100 指数（简称"淘金 100"指数）。同时，基于"淘金 100"指数开发的相应的公募基金产品随后也在市场推出。

"淘金 100"也是一个股票指数。与其他传统指数不同，"淘金 100"是基于海量的电商交易数据，经过大数据与金融的深度融合后，产生的全球首个电商大数据指数产品。"淘金 100"指数依托蚂蚁金服的大数据平台，基于海量的互联网电商交易大数据，预期一个行业未来盈利状况、预判一个行业的繁荣程度，并在此基础上选取 100 支股票形成投资组合。由于时效性的大幅提升，"淘金 100"指数同样每个月审核一次样本股，并将样本股调整周期缩短至一个月。在市场上，绝大部分的传统指数，如沪深 300 指数，则每半年调整一次指数成分股。

（四）其他待发布的大数据指数

大数据指数正逐渐成为行业产品创新的前沿阵地。中证指数有限公司已于 2015 年 8 月 24 日正式发布首批基于银联旗下大数据平台开发的策略指数，分别是中证银联智惠大数据 100 指数、中证银联智策大数据 100 指数与中证银联智策消费大数据指数。三个指数分别由博时、中欧与鹏华三家基金管理公司定制开发。

根据编制方案，三指数均以银联刷卡数据所覆盖的相关行业所有上市公司为样本空间，中证银联智惠大数据 100 指数根据个股量化因子与行业大数据因子选取综合评分最高的 100 支股票作为样本股，并采用等权重计算。中证银联智策大数据 100 指数根据经济指标、行业大数据因子以及其他投资研究指标，对宏观板块及行业进行轮动配置，并结合个股量化模型选取综合评分最高的 100 支股票作为样本股。中证银联智策消费大数据指数在选取市值最大的 100 支股票的基础上，利用行业大数据因子对指数行业权重进行优化。其中，行业大数据因子分别基于银联旗下银联智惠与银联智策两家机构提供的消费领域交易型趋势统计数据进行加工后得到。

（五）北京大学互联网金融发展指数

2015 年 12 月，北京大学互联网金融研究中心联合上海新金融研究院和蚂蚁金服集团，编制了"北京大学互联网金融发展指数"，基于蚂蚁金服以及其他代表性的互联网金融企业的海量数据，通过编制互联网金融的全国总指数，以及分属性、分业务、分地区指数，揭示了我国互联网金融发展的现状和趋势，为互联网金融企业家、监管部门官员和学术专家提供了有益的参考，并在 2016

年 4 月发布的第二期指数中，特别编制了城市互联网金融发展指数。

金融发展指标体系的设置遵循代表性、可操作性、独立性、可拓展性的原则，既考虑业务的通用性，也考虑业务的个性化，整体指标体系共分为四级，六大业务，如图 5-6 所示。六大业务的通用性指标又可以分为广度指标和深度指标。广度指标是指反映各业务发展规模的总量指标，深度指标是反映各业务发展质量的平均指标。其中五项业务（互联网支付、互联网货币基金、互联网信贷、互联网保险和互联网投资理财）的通用广度指标为最近一个月的交易渗透率，通用深度指标为最近一个月的人均交易金额和人均交易笔数。而征信业务由于是互联网金融的基础设施，并不直接产生交易，而是协同其他业务产生交易，为其他业务提供风控、定价服务，所以其广度指标为最近一个月被调用互联网征信人数渗透率，深度指标为最近一个月人均被调用互联网征信的次数。

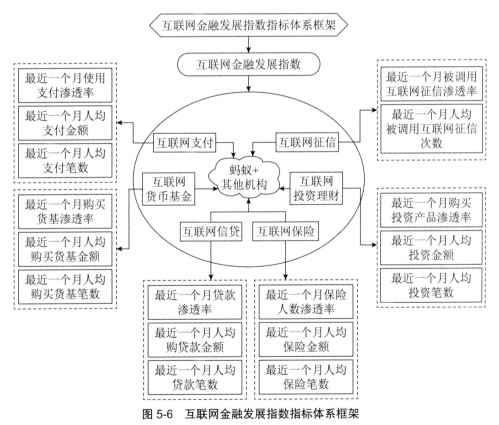

图 5-6 互联网金融发展指数指标体系框架

（六）北京大学互联网金融情绪指数

虽然在互联网金融发展的进程中有大量的结构化数据与指数可以度量，但对于新闻报道这种非结构化信息，尚无有效的量化分析。而北京大学互联网金融情绪指数就进行了相关的研究，构建一个指标体系以衡量互联网金融及其重要组成部分在不同时期的受关注情况，同时，描绘新闻媒体对于它们的正负评价情况。

指标体系的构建工作其实可以分为三个步骤，第一步，从海量新闻中，寻找互联网金融相关的新闻；第二步，将这些新闻归类至互联网金融的不同子类中；第三步，构建对新闻的正负情感的量化描述。其中，前两步对于指数的正确性有着很重要的影响，一方面其需要一个高效的算法以处理大量数据；另一方面需要实现在一定规模的数据量的计算中，收敛至一个较为精确的结果，因而设计了图 5-7 所示的流程。

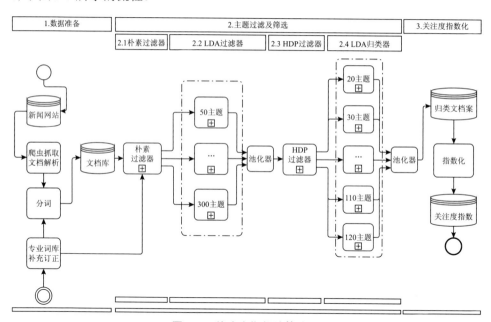

图 5-7　关注度指数计算流程

按照功能划分，该流程可以被视为三个部分：一是对数据进行准备，从网页抓取到生成分词完毕的待处理数据；二是对数据进行主题过滤及其结果的筛选，这部分为该流程的核心，完成了识别文章主题并正确归类的任务；三是对归类完毕的文档进行指数化，刻画关注度指数。

（七）北京大学数字普惠金融指数

2013 年 11 月，党的十八届三中全会通过《中共中央关于全面深化改革若干重大问题的决定》，第一次在中央的重要文件中提出发展普惠金融的理念。

2015 年年底，国务院在《推进普惠金融发展规划（2016—2020 年）》（以下简称《规划》）的通知中首次在国家层面明确了相关的定义：普惠金融是指立足机会平等要求和商业可持续原则，通过加大政策引导扶持、加强金融体系建设、健全金融基础设施，以可负担的成本为有金融服务需求的社会各阶层和群体提供适当的、有效的金融服务。该《规划》还提出将在未来定期发布"中国普惠金融指数"。由此可见，普惠金融正日益成为中国金融业发展中的重要概念。

而且，在传统金融机构加大普惠金融实践的同时，依赖信息技术、大数据技术和云计算等的创新性，互联网金融进一步拓展了普惠金融的触达能力和服务范围。互联网金融通过信息化技术及数字金融产品创新，提升了触达能力，降低了金融服务的成本，扩大金融服务的覆盖范围，努力实现互联网金融机构和客户的共赢。然而，目前关于普惠金融的讨论，以及普惠金融的指标体系的构建主要依赖于传统金融的产品和服务等，没有充分考虑到互联网金融及其带来的数字普惠金融的优势——更广的覆盖范围和更便捷的触达等。因此，北京大学互联网金融研究中心、上海新金融研究院联合蚂蚁金服集团，利用蚂蚁金服关于数字普惠金融的海量数据，构建了一套北京大学数字普惠金融指数体系，以期能够科学、准确地刻画我国数字普惠金融的发展现状。该指数的空间跨度包含省级、城市和县域三个层级，并在总指数基础上，从不同维度细分数字普惠金融指数，如覆盖广度、使用深度和数字支持服务程度，以及支付、保险、货币基金、征信、投资、信贷等业务分类指数。

按照以上综合性、均衡性、可比性、连续性和可行性等原则，本项目设计指标体系的思路是：在现有文献和国际组织提出的传统普惠金融指标基础上，综合传统金融服务和互联网金融服务新形势特征，结合数据的可得性和可靠性，从互联网金融服务的覆盖广度、使用深度和数字支持服务三个维度来构建指标体系，一共包含 24 个指标，以期能更客观、全面地反映数字普惠金融的实际发展状况。覆盖广度方面，不同于传统金融机构触达用户的直接体现为"金融机构网点数"和"金融服务人员数"，在基于互联网的新金融模式下，由于互联网天然不受地域限制，互联网金融服务供给在多大程度上能保证用户得到相应服务是通过电子账户数（如互联网支付账号及其绑定的银行账户数）等来体现的。

在使用深度方面，本项目主要从实际使用互联网金融服务的情况来衡量。就金融服务类型而言，包括支付服务、信贷服务、保险服务、投资服务和征信服务。从使用情况来看，既用实际使用人数，也用人均交易笔数和人均交易金额来衡量使用情况。在数字服务支持方面，便利性和成本是影响用户使用金融服务的主要因素，切实体现了互联网金融服务的低成本和低门槛优势。互联网金融服务越便利（如较高的移动化程度）、成本越低（如较低的贷款利率），则金融服务需求越多，反之则越少。数字普惠金融指标体系框架图如图 5-8 所示。

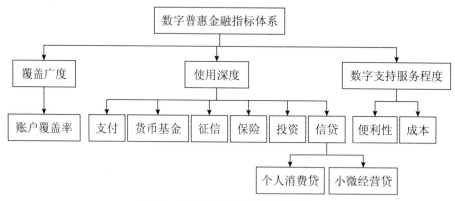

图 5-8　数字普惠金融指标体系框架

二、基于大数据指数的产品设计

从未来发展趋势上看，国内发布的大数据指数均正在开发或即将发布指数基金，如广发中证百度百发策略 100 指数型证券投资基金和南方新浪大数据指数基金。

"百发 100"指数自从上市以来就经历了空前的抢购，可见其受到了市场的热捧。截至 2015 年 4 月 13 日 15 时，中证百度百发策略 100 指数基金 E 类份额第二次打开申购，线上销售超过 20 亿元，远超 5 亿元募集上限，最终确认的配售比例为 24.6%。400 万元申购额度一经开放就销售一空，1 小时申购额突破 4 亿元，3 天申购达 20 亿元，大数据基金的互联网销售业绩远远超过了传统线下渠道。同样的，南方新浪大数据指数一经发售便售卖一空。

"百发 100"和南方新浪大数据指数基金的成功，也让电商大数据基金有望成为继余额宝之后，新一代互联网基金的代表。这也开启了基金公司与互联网企业相互借力、资源共享的合作新模式。大数据基金，不仅让 BAT 成功摆脱互联网销售渠道的标签，而且能够深入互联网金融的上游——产品开发设计，其大数据分析与运用也成为金融机构器重的核心。

广发"百发100"指数基金为普通投资者参与大数据投资提供了一条可行的通道。之后，广发基金还将联合百度及中证，推出绝对涨幅类产品、增强型指数产品、量化对冲产品等。未来，将有更多的产品开发设计基于大数据技术，大数据将成为行业中不可或缺的一部分。

本 章 小 结

本章概述了大数据时代的金融机构与产品创新。第一节简要介绍了大数据在各传统金融行业的应用现状，并列出了一些典型的基于互联网的机构与产品创新。第二节主要介绍了银行业大数据金融创新，分别从大型商业银行、中小型商业银行和互联网银行三个角度予以具体分析。认为在大数据时代，大型商业银行的创新体现在内部风险控制体系、业务经营与客户关系管理和管理决策方式等方面；中小型商业银行应着力于进行精准营销创新、小微信贷业务创新与第三方征信公司的数据合作；国内互联网银行发展尚处于"星星之火，正待燎原"之态，面临着竞争压力较大、特定客户群信用风险较大、网络技术安全分析等问题。第三节阐述了大数据技术促使证券业技术架构、业务架构和管理架构发生革新，证券投资决策和证券行业格局也随之改变。第四节分析了大数据时代的保险业务创新、营销方式创新，以及大数据与保险业融合发展的路径。第五节和第六节分别介绍了信托业和融资租赁业大数据金融创新，重点阐述了信托业与大数据的战略结合，并认为融资租赁业大数据金融创新主要集中在风险管理、行业分析和融资平台建设等方面。对于货币当局中央银行而言，大数据同样有着广阔的创新应用前景。第七节主要阐述了大数据有利于中央银行提高统计预测能力、完善征信体系、加强反洗钱监测、提高外汇管理能力等。征信体系作为整个金融系统的基石，是金融体系有效运转的重要组成部分。而大数据分析能够弥补传统征信体系的不足，更好地促进金融服务实体的经济发展。第八节从介绍大数据征信概念入手，分析了个人征信和企业征信的发展现状与面临的问题；认为大数据征信在个人信用贷款（消费金融）、信用卡申请和小微企业信用贷款等领域具有比较优势，并结合现实提出了大数据时代征信业发展的一些相关建议。此外，第九节分析了基于大数据指数的产品创新。指出当前金融市场推出大数据指数的创新之处在于，其融合了市场行情、财务状况、投资者关注度、社交舆情等多维度的数据，选取最具投资价值的股票编制股票指数，并以远远短于传统股指调整成分股的时间间隔进行调整，能够实时地反映市场动态。基金公司基于此推出了追踪大数据指数的指数基金，大数据极大地提升了资本市场的活跃度。

总之，大数据分析作为基础的、底层的新兴技术，给金融机构带来的是一场从微观业务到行业格局的深刻变革。大数据金融的快速发展将激活更多的金融机构与产品创新，为金融体系良性运行注入源源不断的生机和活力。

第六章

大数据与供应链金融

第一节　供应链金融的发展现状

一、供应链金融的发展背景

供应链金融是指基于真实贸易背景，依托核心企业，运用自偿性贸易方式融资，通过应收账款质押、货权质押等手段封闭资金流或者控制物权，对供应链上下游企业提供综合性金融产品和服务。供应链金融以核心企业为出发点，重点关注供应链中位于核心企业上下游的中小企业的融资诉求，通过供应链系统信息、资源等有效传递，实现了供应链上各个企业的共同发展，持续经营。

供应链金融起源来自供应链管理，传统的供应链管理强调"6R"，即将顾客所需的正确的产品能够在正确的时间、按照正确的数量、正确的质量和正确的状态送到正确的地点，并使总成本最小。然而，随着经济全球化与网络化进程的加速，不同地区、国家、产业、公司之间的隔离逐步被打破，大企业与强国在供应链中占据主导优势地位，而落后地区的小企业则处于劣势地位，成为全球供应链中的短板，制约了全球供应链的发展。为了增强供应链的稳定性和减少供应链整体的财务成本，新时代的供应链研究和探索开始强调提升资金流效率，重塑商业流程。在此背景下，供应链金融开始产生。

供应链金融的发展与壮大是因为这种全新的产融结合模式解决了传统供应链中的参与主体的痛点。对于中小企业来说，供应链金融模式为全球激烈竞争环境处于资金支持弱势、降低成本能力弱势、风险管理弱势的中小型企业提供了低成本的融资平台与高效率的运营平台；对于大型核心企业，供应链金融模式降低了整体的供应链成本并探索出了新的收入增长点；对于传统的金融机构，供应链金融模式探索出全新的风险管理与流动性管理路径，为利率市场化后的金融机构找到了丰富收入来源的通道。随着供应链金融的发展，物流、信息流与资金流将三流合一，供应链整体的资本结构、资本成本、资金流转周期改善的问题都将有一个整体解决方案，供应链整体绩效将得到有效提升。

全球一体化与网络化背景下的供应链金融是一种独特的商业融资模式，也是一种全新的产业组织模式。供应链金融的模式通过产业数据的底层渗透，能够对产业链整体企业全面把控，提供全面金融服务，促进供应链上企业资金流与"产—供—销"链条的稳固和流转顺畅，降低整个供应链运作成本。同时，供应链金融模式也对企业间的关系以及企业与银行之间的关系进行改造。一方面，由于银行的介入使供应链上的企业合作能够更加紧密；另一方面，企业与银行之间突破了单纯的资金借贷行为，而是基于企业真实业务的资金链维护与监控的全程合作，形成了实体经济和金融企业共生发展的新模式。因此，供应链金融的本质是通过金融资本与实业经济的协作，构筑银行、企业和供应链的互利共存、持续发展的新型产业生态。

（一）供应链金融产生的宏观基础

1. 供应链全球化与金融全球化

经济全球化具体表现为生产全球化、贸易全球化、金融全球化。在此宏观背景下，生产领域的国际分工开始出现，国际分工由同一产业、同一行业不同品种之间衍化为同一生产流程内部各个零部件之间的国际分工与交换。国际之间的分工和交换逐步走向细化与纵深化。同时，跨国公司的经营使得全球经济活动趋于同步，目前，近 7 万家跨国公司贡献了世界总产值 40% 的份额，贡献世界贸易总额 60% 的份额。随着分工的细化与纵深发展，跨国企业的壮大，全球经济体现出生产—研发—销售一体化的特色。传统产品的价值链更加碎片化，每一个地区或者每一家企业都有可能成为全球生产化链条中的一环，产品的价值链可能由不同国家或地区的不同企业分工完成。

随着产品价值链条的重构，国际贸易也呈现出贸易总量、贸易金额增长，贸易品种增加以及贸易范围扩大的特色。贸易领域的全球化推动了世界市场的进一步完善，国际贸易开始从地区性的互惠互利向多边贸易体制转变，统一的全球化大市场逐步形成。国际贸易的全球化趋势必然伴随着资金流动的全球化。在此基础上，开启了金融全球化的进程。金融全球化不仅使得资金在全球范围内进行高效的流动，更重要的是，金融全球化使得资本在世界范围内寻找收益更高的国家、地区、行业、公司、项目。通过资本向更高效益地区流动，促进了全球经济效率的提高。

就目前的趋势来看，基于生产链的全球化运作，供应链金融服务的全球化也相应地成为大势所趋，共同的发展方向在很大程度上使两者的联系日趋紧密。

以此为基础，为了顺应国际贸易的全球化趋势，金融市场中必将围绕供应链发展而诞生出更为高效、便捷、风险可控的金融产品和融资模式。供应链金融正是在这种背景下应运而生的。

2. 中小企业面临信贷摩擦

随着全球产业分工链条深化，越来越多的中小企业参与到全球分工中，由此他们的生产、采购、贸易、融资需求逐步增加。然而，由于中小企业处在产品价值链末端，无法掌握定价权，为了走向价值链顶端，中小企业面临着不断发展壮大自身规模的压力。这就带来了中小企业的贸易融资需求。由于我国直接融资市场的相对不发达，从目前的中小企业融资渠道来看，绝大多数的融资只能依靠银行信贷。然而，由于中小企业的资信状况较差、财务制度不健全、抗风险能力弱、缺乏足够的抵押担保，根据商业银行的风控与监管要求，商业银行为了尽量减少呆账、坏账，并且考虑到成本收益比，商业银行不愿意贷款给中小企业。中小企业不仅很难从商业银行那里获得贷款，即使获得了贷款，成本也相对较高。因此中小企业在信贷市场上面临着严重的信贷摩擦。

3. 传统金融机构需要新的利润增长点

在我国目前的商业银行体系中，存贷利差仍然是收入的主要来源。这主要是由于存贷利率管制导致的高利差环境，使得商业银行能够"躺着赚钱"。然而随着利率市场化进程的加速，我国预计在未来 1～2 年内将完成利率市场化，长久以来商业银行赖以生存的高利差环境将逐步消失，商业银行之间的竞争更加市场化。

根据海外经验，利率市场化之后，存贷利差收入在商业银行整体占比中将下滑，参考海外发达国家商业银行利润来源，将近一半的收入来源于中间业务，即银行为客户办理各种委托代理业务。银行作为信用关系的中间人，既不是债务人，也不是债权人，它只提供金融服务，受托处理各类业务并从中抽取一定的服务费用和佣金。从宏观金融环境来看，随着国内投融资体制的深入改革和金融深化，直接融资市场的逐步完善与壮大，多层次资本市场的构建，一些实力雄厚的大型公司客户能够自行发行股票和债券进行直接融资。未来金融活动将越来越不依赖于银行，银行在融资市场中的份额会越来越小。

在市场竞争下的创新压力加上新形势下企业需求的变化，越来越多的商业银行开始对供应链金融服务进行尝试和发展。各商业银行纷纷以创设自有供应链金融品牌的方式进军相关领域，其中深圳发展银行是最典型的例子，另有包括广东发展银行、上海浦东发展银行、华夏银行在内的多家其他银行也逐步搭建起了相应的平台生态圈。目前，国内已经有 10 多家商业表明即将大力推进供应链金融相关业务的立场。

（二）供应链金融产生的微观基础

1. 结构融资需求

现代供应链是一个复杂的经营和管理过程。几乎供应链每一个运营环节都会涉及资金流动，同时也产生流动性与融资需求。然而，由于现代供应链的复杂性，企业支出与收入的资金通常发生在不同时刻，这就产生了巨大的资金缺口，也带来了结构性融资需求。比如，上游大型企业在下达订单与接收货物之间存在资金缺口，下游中小型企业与原料供应商也存在资金上的压力，经销商销售产品和终端客户支付现金之间也存在一定程度的资金缺口，整个供应链链条上存在支付现金和实际接受现金之间的差异，产生了现金转换周期，从而对上游企业产生资金上的压力，对企业的现金流产生不利影响，使正常的生产经营活动出现困难。

为了解决供应链条上的资金缺口，结构性融资应运而生。作为一种金融创新形式，结构性融资在美国金融市场融资总量中已经占比达到 30%。结构性融资的要义在于，把企业资产中能够在未来为企业带来现金流的部分资产与其他资产区别并提取出来，再以该部分资产为标的从事融资活动。换句话说，用流动资产将企业的某一部分资产从其资产负债结构中置换出来，从而在维持原有资产负债率的基础上，配置了更高比例的高效资产。之所以被称为"结构融资"，主要是因为从财务报表的结构考虑资产的置换。结构融资创造性地运用各种传统的和创新的融资方式。目前比较常用的结构性融资方案有三种：应收账款担保融资、存货担保融资、预付款融资。

2. 供应链各成员之间的非良性竞争

由于上述客观资金缺口的存在，供应链参与成员存在着利益冲突。中小型企业尽管有着更灵活的运营成本，但由于其依赖于大型企业而生存，通常不掌握定价权，一旦大型企业拖延现金支付，中小企业容易产生较为严重的现金流问题。同样，大型企业尽管掌握着供应链中的核心优势，但由于面对着数量众多的中小供应商或者经销商，通常会因为弹性支付产生信用、账单、收集和坏账等问题。资金链、信息流、商物流无法融合，供应链系统效率低下，市场需要一个能够整合供应链各个成员的生态系统的出现。而供应链金融正是这样一种产融结合的新型生态系统。

二、供应链金融的发展历程

国际供应链金融的产生源于大型物流企业集团的发展，其业务介入金融领域，将传统金融推向新的领地，从传统金融的有价物抵押，到大型企业的供应链中存货的质押再到应收账款的质押，最后形成综合性的金融服务，供应链金融经历不同时期，也在不断地完善与丰富，与国内丰富的模式和参与主体相比，国外的形式还比较单一。国内的供应链金融经历过三个时代的发展，现在已经形成了多种形式和多个主体参与的具有不同属性和组合的供应链金融。

（一）1.0 时代：线下"1+N"，核心企业 + 多家上下游企业

在互联网技术还未开启的时代，银行根据核心企业"1"的信用支撑，以完成对为一众核心企业提供服务的中小微型企业"N"的融资授信支持。这样的融资服务受诸多因素影响。银行对存货数量的真实性不好把控，较难核实重复抵押的行为；其次在于经营过程中的操作风险。这是互联网技术未实现之前传统金融企业的做法，围绕核心企业的授信贷款，有一定风险，也是供应链金融最初始的模样。

（二）2.0 时代：线上"1+N"，核心企业数据 + 多家上下游企业

当传统的线下供应链金融在线上开展时，核心企业"1"的数据能够迅速传递到银行一方，从而使得供应链上下游企业和中游核心企业的采购、交付等环节进程在银行端触手可及。依靠互联网技术的强大支持，供应链金融能够在网上高效开展业务，实现多方线上合作，提升业务处理速度。但这种大数据只涉及了关键的核心企业，对其上下游中小企业的控制力不足，虽然已经取得了核心数据的支持，但对于真正借款的中小企业未完成实际的数据收集和掌控。

（三）3.0 时代：线上"N+N"，核心企业 + 多家上下游企业 + 全数据

电商云服务平台的搭建颠覆了过往以融资为核心的供应链模式，转为以企业的交易过程为核心。出现了货物质押之外的方式，通过在企业交易过程中应收账款的质押等方式，银行要搭建一个服务平台，让中小企业的订单、运单、

收单、融资、仓储等经营性行为都完整地呈现在系统中，同时引入物流、第三方信息等企业，搭建服务平台为企业提供配套服务。在这个系统中，核心企业起到了增信的作用，使得各种交易数据更加可信。现在不仅仅是银行系统在努力做，还有更多的关联企业参与进来，都试图通过自己的优势为基础，构建整个供应链上的服务平台，这也是目前为什么供应链金融形式多样化的原因了。现在银行虽然还是主角，但已经不是一家独大的局面了。

三、供应链金融新模式

根据供应链金融的定义可以看出：一般而言，商业银行才是供应链金融综合性金融产品和服务的提供主体，但供应链金融的发展模式并不只有商业银行主导这一种。供应链金融在国外的发展比较成熟，主要的模式有银行主导型、核心企业主导型以及物流企业主导型三种。按照融资所需的资产不同，供应链金融模式可以分为应收账款融资模式、融通仓融资模式以及保兑仓融资模式。这三种融资模式的依据资产分别为应收账款等应收类资产、存货以及预付账款等预付账款资产。

虽然我国供应链金融的发展时间较短，但是发展较为迅速，这一特点在"互联网＋"发展背景下得到了充足的展现。我国供应链金融在"互联网＋"浪潮的带动下呈现出以下新的发展特点与发展模式：①电商平台；②行业资讯公司；③信息化管理服务提供商；④供应链服务提供商；⑤行业核心公司等。

（一）电商平台发展模式

电商平台发展模式主要是批发零售电商以在互联网交易中获取的客户交易记录与流水为基础，针对客户实际要求，为其提供金融产品与服务。以该种模式运作的典型公司之一是苏宁云商。该公司通过线上零售所汇集的客户资源、信息和人性化的顾客服务，构建了围绕电商平台的生态产业链，并借助其推出的网络借贷产品苏宁小贷为供应链上下游企业提供便利优质的配套服务。

作为线上零售商，苏宁云商通过 O2O 模式运作维系了与众多客户之间的友好关系，并且获得了交易客户的交易数据，为其完善金融服务提供者的角色打下了坚实的基础。同时，为了进一步壮大客户群体，扩充客户资源，苏宁启动了与阿里巴巴公司的合作，汇聚双方实力，贯通线上线下，拓宽业务渠道，为苏宁云商在零售领域大展身手、打造苏宁生态产业链创造了不可多得的机会。

（二）行业资讯公司发展模式

行业咨询公司转型模式主要是一些主营行业信息咨询的互联网公司，借助长期积累的信息优势所形成的大数据支持与客户认可，通过先前设立的网站或者重新创建交互性渠道来为上下游企业提供金融产品和服务。上海钢联是采取这一模式转型的典型公司。

上海钢联是集钢铁信息技术服务、电子商务等为一体的综合性企业，会员培训服务与信息服务构成其主要收入来源。基于"互联网＋"的盛行，公司推行线上模式的供应链金融服务，丰富了业务范围，拓展了收入渠道。上海钢联之所以能够利用钢银平台发展供应链金融主要是得益于长时期的信息收集与积累、大数据的支撑、采用寄售模式背景下的平台交易量不断增加、闭环的钢银电商模式的构建以及公司大股东的强力支持。

上海钢联的资金来源主要是银行贷款和股东支持。在发展互联网背景下的供应链金融的种种举措下，不能忽略的就是供应链金融的资金来源问题。目前钢银平台向客户提供融资服务的资金主要来源于自有资金和银行贷款。但是随着钢贸平台交易量的不断增加，钢贸企业的融资需求也在不断增长。因此，上海钢联陆续通过向控股股东申请贷款、增资扩股等形式扩充资本。同时，上海钢联平价将复星持有的股权进行回购，也说明了大股东对于上海钢联的支持力度。上海钢联于2015年8月8日发布公告称其子公司钢银电商拟申请挂牌新三板，如果顺利实现，这将有利于钢银平台更好地开展供应链金融业务。

（三）信息化管理服务提供商发展模式

信息化管理服务提供商发展模式主要是一些软件开发商借助企业管理信息系统，辅助企业基于信息分析结果改进生产经营活动安排，在提升企业运作效率的同时扩充了开发商的顾客资源。开发商通过其客户资源和自身声誉为上下游企业提供融资服务及其他相关金融服务。汉得信息是运作该种模式的典型企业之一。

近10年来汉得信息在运作信息服务方面取得了突飞猛进的发展，该公司自主创设了租赁管理平台、移动业务管理系统、财务共享平台、精益制造管理系统、费用控制系统等多元化企业管理系统，同时也为诸多此类产品的云共享使用方式做了更新和完善，为企业管理实现精细化和敏捷化运作提供更多行之有效的管理手段。得益于领先的软件开发能力和顾客资源优势，汉得信息得以实现企业的跨越式发展并巩固其供应链业务。

在供应链金融供给端，汉得信息通过与银行达成合作来开展供应链金融业务。2015 年 6 月，汉得信息与平安银行签署了供应链金融战略合作协议，对接汉得信息的供应链金融平台与平安的保理云平台，汉得信息负责向其大数据平台输入数据并评估风险，平安银行则掌管资金的发放。基于双方的顺利合作，平安银行除了对核心企业的贷款业务提供配套服务之外，还直接给予汉得信息保理公司资金支持，帮助其拓展保理业务，进而推动公司供应链金融的整体发展。

（四）供应链服务提供商发展模式

一般而言，主流的供应链服务提供商发展模式是指供应链服务提供商对采购、分销、交付等环节中的各方信息进行收集和运用，从而为上下游企业提供供应链金融产品和服务。怡亚通是运作这种模式的典型供应链企业之一。

怡亚通是一家承接企业非核心业务中外包部分的整合型服务商，其业务合作方主要是 O2O 金融、供应链网贷和 P2P 小贷，资金来源是与之达成协议的商业银行。O2O 金融根据怡亚通供应链的商业模式，把该公司 380 消费供应链平台中庞大数量的下游小微企业作为服务主体，针对顾客独特的资金需求，与商业银行合作开发融资业务，打造信息共享、资源协同的高效优质金融服务。

（五）行业核心公司发展模式

在供应链金融蓬勃的发展态势之下，传统型企业也对其保持密切关注并力图借以实现企业转型。该类企业往往是所属行业的领头羊，在新常态经济和供给侧改革的浪潮之下面临发展"瓶颈"，遂整合业内上下游资源，运作供应链金融模式。事实上，这样的典型公司不胜枚举：安源煤业通过旗下江西省煤炭交易中心发展跨区域多品种电商，金叶珠宝借助对丰汇租赁的收购涉足金融领域，道氏技术凭借其设立的共赢商电子商务公司经营陶瓷采购和供应商互联网平台业务，传化股份收购大股东资产传化物流，助力形成互联网 + 物流供应链 + 金融服务生态圈，钢铁行业先锋宝钢股份坐拥东方钢铁网和上海钢铁交易中心两大电商平台，智慧能源逐步创立起电缆网的电商平台，并参股了北京随时融公司，有助于其拓展融资渠道，促进资金周转。上述公司的发展脉络有着较多相似之处，即为依靠自身力量搭建或者从外部并购线上交易平台，从而为其业务流量提供充足保证，紧接着承接其业务基础，拓展其在保理、物流、交付等环节的服务，同时投资于金融企业以形成基于供应链的稳定金融支持，为公司本身提供融资便利。

行业核心公司进入金融领域的难度要大于前述的平台类或信息服务类公司。公司本身是产业里的竞争主体，与同业存在竞争关系，能否吸引到行业内足够多的流量转移到自身平台上是一个问题，受制于行业自身发展空间的天花板；同时资金流集中后会在核心公司层面放大本行业的周期性风险。

第二节　大数据对供应链金融的影响

一、大数据对传统供应链的影响

（一）变革车货匹配

在物流园区常常能看到大量车辆停在园区的停车场候着，有时候会出现等上两三天配不上货的现象，这种情况大大浪费了资源。而大数据的运用就能够建立起车货匹配的信息平台和 APP，通过运力池的大数据分析，将公共运力的标准化和专业运力的个性化需求之间进行良好的匹配，同时，结合企业信息系统也会全面整合与优化。基于大数据实现车货高效匹配，不仅能减少空驶带来的损耗，还能减少污染。同时，大数据的应用还能有效解决公共信息平台上没有货源或货源信息虚假的问题，构建车货匹配的运行体系。

（二）运输路线优化

以 UPS 运用大数据优化送货路线为例，UPS 采用 Orion 系统可实时分析 20 万种可能路线，3 秒找出最佳路径。UPS 通过大数据分析规定：卡车不能左转，原因是左转会导致货车长时间等待。未来，UPS 将用大数据预测快递员将做什么并及时控制纠正问题。通过运用大数据，物流运输效率将得到大幅提高，大数据为物流企业间搭建起沟通的桥梁，物流车辆行车路径也将被最短化、最优化定制。根据往年的数据，因为执行尽量避免左转的政策，UPS 货车在行驶路程减少 2.04 亿公里的前提下，多送出了 350 000 件包裹。可见，运用数据合理规划运输路线能够大大提高运输效率。

通过大数据分析进行合理的运输管理、道路运力资源管理，能够建立起高效的运输与配送中心管理，提高企业对业务风险的管控力，改善企业运作和客户服务品质。

（三）精准需求预测

供应链上的企业，存在紧密的关联关系。终端消费量的变动，必然会引起上游各环节的变动。大数据时代海量数据分析能够帮助我们判断一系列变动的规律。同时，我们还可以把一定时期内的流通和消费看作是一个常量，而把地区、方向、渠道、市场上的分配作为变量，通过对以往数据的分析，对未来需求量做出精准的预测。

需求预测是整个供应链的源头，是市场需求波动的直接反映。销售预测的灵敏程度直接关系到库存策略、生产安排以及对终端客户的订单交付率。企业需要借助大数据分析手段，通过有效的定性和定量的预测分析模型，并结合历史需求数据和安全库存水平，综合制订精确的需求预测计划。

更进一步，借助互联网技术和商业模式，可以实现从生产者直接到顾客的供应渠道的改变。这样的改变，从时间和空间两个维度都为物流业创造新价值奠定了很好的基础。借助大数据，通过从需求变动、安全库存水平、采购提前期、最大库存设置、采购订购批量、采购变动等方面综合考虑，监理优化的库存结构和库存水平设置。不断优化库存结构和降低库存存储成本，运用大数据分析商品品类，系统会自动调用哪些商品是用来促销的，哪些商品是用来引流的。同时，系统会自动根据以往的销售数据建模和分析，以此判断当前商品的安全库存，并及时给出预警，而不再是根据往年的销售情况来预测当前的库存状况。成熟的补货和库存协调机制能够消除过量的库存，降低库存持有成本。

通过互联网技术的变化，可以让全国物流业的布局相应地发生一系列调整。从过去生产者全国布局配送中心，逐步演化成为个性化订单，从顾客的需求向上推移，促使整个配送模式的改变。过去是供给决定需求，今后越来越多地从需求开始倒推，按照需求的模式重新设计相应的供给点的安排。这些都是因为大数据时代到来所产生的变革。

（四）风险预警

运用大数据和预测性分析可以实现问题预测与风险预警，即在问题出现之前就做好解决方案的准备，并及时预警，避免突发情况造成的经营灾难。同时，还可以应用到质量风险控制，如美国联合包裹服务公司（UPS）从2000年就开

始使用预测性分析来检测整个车队的状况，以及时地进行防御性的修理。6 000
辆规模的车队通过监测车辆的各个部位，只需及时更换旧零件就能保障运行，
大大缩减了维护成本，同时也提高了整个车队的运行效率与安全。

（五）供应链协同管理

高效地发挥数据的最大价值，能够简化供应链计划流程。一个有效的供应
链计划系统把包含需求评估、库存管理、资源配置、设备维护、生产规划、物
料盘点等一系列企业经营活动组合成一个有机整体，彻底变革企业市场边界、
业务组合、商业模式和运作模式等，借助与供应商之间的密切合作，促成双方
资源共享和数据互递。制造商与供应商之间的友好协作在降低双方信息不对称、
建立信任机制的过程中扮演着极其重要的作用。一旦两者之间启动对库存与需
求数据分析的共享并逐步搭建 VIM 机制，这将对制造过程中的货物不足问题及
其不良影响带来重大改善。部署供应链管理系统，要将资源数据、交易数据、
供应商数据、质量数据等存储起来用于跟踪供应链在执行过程中的效率、成本，
从而控制产品质量。企业为保证生产过程的有序与匀速，为达到最佳物料供应
分解和生产订单的拆分，需要综合平衡订单、产能、调度、库存和成本间的关系，
需要大量的数学模型、优化和模拟技术为复杂的生产与供应问题找到优化解决
方案。

（六）变革思维方式

物流行业的人们不再认为数据是静止和无价值的，对数据也有了重新认识，
但片段性的、短期的数据似乎并未发挥出让人立竿见影看得到的价值！也许，
有的企业会死在追求大数据的道路上，当然出现这种结果也是悲壮的！企业管
理人员如果没有大数据的理念，就会丢失掉很多有价值的数据，譬如某专线货
车价格并不完全依赖于起点和终点，也不完全依赖于千米数，有太多影响其价
格变动的因素了。

如今，大数据逐渐成为投资公司热衷的领域，也逐渐成为一种商业资本，
未来大数据还能创造更多的出乎意料的价值存在，短期看也许是"虚"的，但
一旦转变思维，数据就能激发出更多新点子，创造更多新产品和新型服务，数
据的奥妙只为一直追求、愿意聆听且掌握了学习手段的人所知。

加速大数据产业链，需要更先进的分析技术，"互联网＋物流"的本质是
物流行业经过互联网改造后的在线化、数据化，其前提是互联网作为一种基础

设施的广泛安装。"互联网＋"仰赖的新基础设施，可以概括为云（云计算和大数据基础设施）、网（互联网＋物联网）、端（直接服务个人的设备）三部分，这三部分的推进将决定"互联网＋"计划改造升级物流产业的效率和深度。大数据时代的来临，不是技术的变革，首当其冲是思维的变革，随之而来的将是商业模式的改变。

二、大数据时代下供应链金融的改变

（一）互联网对供应链金融的影响

1. 互联网为供应链金融发展提供助力

虽然我国供应链金融发展的时间较短，但是发展较为迅速，这一特点在"互联网＋"发展背景下得到了充足的展现。我国供应链金融在"互联网＋"浪潮的带动下呈现出新的发展特点与发展模式。

首先，银行不再是供应链金融产品与服务提供的绝对主体，更多的是市场主体参与产品与服务的提供。在"互联网＋"浪潮的冲击下，更多的企业有机会利用自身的信息优势、交易资源优势以及客户资源优势，转型成为供应链金融产品与服务提供主体。

其次，在供应链金融的链条架构上，模式由"1+1+N"变为"N+1+N"（图6-1和图6-2）。原来的供应链金融主要是采用"1+1+N"的架构模式来发展，其中"1"是银行以及核心企业，"N"是上下游多个企业，而银行主要是对核心企业进行授信，伴随着互联网浪潮的冲击，更多的上下游融资企业已经可以直接与核心企业进行接触，由核心企业对上下游融资企业进行授信。而核心企业既可以利用自身资金，也可以通过外部融资补充资金，这样就使得链条构架变为"N+1+N"，而且更加凸显核心企业的作用。

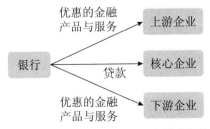

图 6-1　供应链金融"1+1+N"模式架构

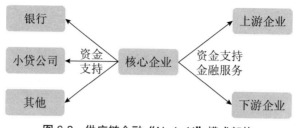

图 6-2 供应链金融"N+1+N"模式架构

再次，提供供应链金融产品和服务的方式从线下向线上迁徙。以前主要是一种线下的方式来进行。随着互联网金融概念的普及与强化，供应链金融在产品和服务的提供上已经转变为线上和线下相结合的方式来进行。线上供应链金融的提供方式可以有效地降低交易和融资的成本，提高融资以及整个供应链交易的效率。

最后，互联网和大数据使得供应链金融覆盖众多小企业成为可能。在供应链金融服务对象多样性方面，原来的供应链金融只是针对核心企业，并通过核心企业为该核心企业的上下游企业提供金融产品或者服务。但是"互联网＋"下的供应链金融能够很好地将以前供应链金融无法覆盖的企业涵盖进来，能够很好地利用"长尾效应"，扩大自身的市场份额。可以说，"互联网＋"下的供应链金融产品和服务的对象更加多样化。

2. 发展互联网供应链金融必备因素

在"互联网＋"浪潮下并不是所有有热情的公司都能分得互联网供应链金融的一杯羹，结合以上分析，发展互联网供应链金融还需要具备以下几种因素。

1）积累足够的信息优势

发展供应链金融前掌握大量的客户交易信息，拥有上下游客户的交易数据，能够为公司了解客户的交易习惯、资金需求程度奠定很好的基础。只有真正地了解客户的金融需求，才能依据客户本身出发设计出适合的融资工具并提供恰当的综合性金融服务。

2）数据的整理和分析运用能力

在积累足够的客户信息之后，如果不能够很好地对客户信息进行分类整理并分析也难以有效地开展供应链金融服务。大数据平台的建设是在互联网浪潮下的另外一个发展的趋势，大数据平台的建设可以很好地帮助企业进行数据的整理和分析，能够帮助公司节省成本，提高信息利用效率以及提供融资服务的实现效率。

3）公司整体业务生态圈的构建

发展互联网供应链金融业务绝不仅仅是将网上平台搭建起来，寻找有融资需求的客户那么简单。特别是在互联网热潮下，仅仅是发展互联网来支撑整个公司的发展是不现实的。所以在互联网供应链金融发展的同时，其他业务也要相互配合。因此，企业应当在努力构建整个业务体系的基础上，实现交易、咨询、物流、支付、其他服务的整体业务生态圈。构造整体业务生态圈，能够在不断发展上下游客户的同时，保持客户的黏性。如果仅仅是依赖互联网，而没有从实际业务中使客户得到便利与认可，那么这样的互联网供应链金融即使发展起来，也将是昙花一现。

4）资金端足够的支撑

互联网供应链金融业务的开展主要是给予上下游企业资金支持，但是给予支持的这部分资金如果完全由公司自身承担，这对于公司来说必定是一个不小的压力与挑战，这在供应链金融业务规模不断扩大的时候更为显著。从企业开展供应链金融业务的实践中可以看出，企业并没有完全由自身承担这部分资金，而是将资金来源端扩展到了商业银行、小额贷款公司等。虽然在这其中金融机构赚取的只是利息差，但是这能够保证其供应链金融业务的长足发展。此外，还有公司通过股东的支持获取足够的资金。这些公司通过自身资金的支持以及第三方的资金支持可以使得公司在保证供应链业务发展的同时也能够赚取足够的利润。

5）公司战略的支持

发展互联网供应链金融并不像生产产品一样有着固定的生产流程，随着互联网技术的不断更新，互联网供应链金融模式也在不断地发展。这就需要公司能够在不断变化的情况下，根据实际情况制定不同阶段的发展战略。如果发展互联网供应链金融只是借助这波市场行情炒概念、讲故事，公司本身并没有制定长远且完善的发展目标与战略，那么当市场行情退去，终究会被抛弃。

（二）区块链对供应链金融的影响

1. 区块链重塑供应链金融模式

区块链技术在短时间内能够受到业界重视的原因，是它被很多人看作可以改变现有交易模式、从底层基础设施重构社会的突破性变革技术。马尔科·扬西蒂，卡里姆·拉哈尼在《哈佛商业评论》中发表了题为 The Truth About

Blockchain 的文章，对区块链的运作原理进行了系统性的总结，他指出区块链本身是一种开源分布式账本，能够高效记录买卖双方的交易，并保证这些记录是可查证且永久保存的。该账本也可以通过设置自动发起交易。其运作原理可以具体概括为分布式数据库、对等传输、透明的匿名信、记录的不可逆性、计算逻辑。

ThoughtWorks 认为区块链的这些特征使之在供应链金融领域具有独一无二的优势，显示出了解决现有供应链金融存在问题的潜力。

（1）建立 P2P 的强信任关系。作为一种分布式账本技术，区块链采用分布式部署存储，数据不是由单一中心化机构统一维护，也不可能按照自己的利益来操控数据，因此具备较强的信任关系。

（2）建立透明供应链。区块链保存完整数据，使得不同参与者使用一致的数据来源，而不是分散的数据，保证了供应链信息的可追溯性，实现供应链透明化。

（3）金融级别加密安全性。由于对交易进行了加密，并具有不可改变的性质，所以分类账几乎不可能受到损害。

（4）个性化服务。区块链本身的可编程性可以从本质上满足各类消费者的个性化需求。

（5）可审计性。记录每次数据更改的身份信息，可以进行可靠的审计跟踪。

区块链是一项基础性技术——它有潜力为供应链金融行业的经济和交易制度创造新的技术基础。可以肯定的是，区块链技术将深刻改变供应链金融行业的商业运作，这种改变远远大于供应链行业的改变。区块链应用不仅是传统业务模式的挑战，更是创建新业务和简化内部流程的重要机会。

Santander InnoVentures Fund（桑坦德银行创新风险基金）预测，到 2022 年，使用区块链技术的银行可以每年节省高达 200 亿美元。而世界经济论坛也预测，2017 年全球 GDP 的 10% 已存储在区块链平台之上。

2. 区块链在供应链金融领域的应用

区块链的特性和优势可以帮助我们创新性地解决问题，并促进供应链金融价值链的重塑，这些创新应用千变万化，或许在现在看来，有很多应用我们都难以想象和预测。可以从下面四个角度来描述区块链如何应用于供应链金融领域。

1）提高整个行业的透明度

类似于 RFID 的技术很早便被应用以提升供应链的透明度，区块链则能够确保物品从物理世界向虚拟世界映射的透明度和安全性。区块链将分类账上的货物转移登记为交易，以确定与生产链管理相关的各参与方以及产品产地、日期、价格、质量和其他相关信息。由于分类账呈现分散式结构特点，任何一方都不可能拥有分类账的所有权，也不可能为谋取私利而操控数据。此外，由于交易进行过加密，并具有不可改变的性质，所以分类账几乎不可能受到损害。

这对于供应链金融具有重要的意义。整个供应链金融企业将据此重新评估风险控制模型。可以明确的是，由于整体透明度的提高，行业风险将被极大地降低，参与各方均将从中受益。

区块链为供应链提供了交易状态实时、可靠的视图，有效提升了交易透明度，这将大大方便中介机构基于常用的发票、库存资产等金融工具进行放款。其中抵押资产的价值将根据现实时间实时更新，最终这将有助于建立一个更可靠和稳定的供应链金融生态系统。

目前，已经有尝试利用区块链技术来改善供应链管理的先例。例如，IBM推出了一项服务，允许客户在安全云环境中测试区块链，并通过复杂的供应链追踪高价值商品。区块链初创企业 Everledger 正在使用该项服务，希望能够利用区块链技术来推动钻石供应链提高透明度；伦敦的区块链初创企业 Provenance 致力于为用户提供一个网络平台，使品牌商能够追踪产品材料、原料以及产品的起源和历史；BlockVerify 同样是一家位于伦敦的初创企业，该公司主要利用区块链技术提升行业透明度，从而打击产品假冒行为；Skuchain 公司正在为 B2B 交易和供应链金融市场开发基于供应链的产品；Fluent 正在朝着"在主要金融模块领域，为供应链管理使用区块链盈利"方向努力。

2）降低整体供应链金融交易成本

另一个充满潜在区块链应用的领域在于降低交易成本。区块链技术可以弥补不同交易主体之间的信任鸿沟，当甲乙两家公司在国际上发送高价值和大批量的货物，如铁矿石。甲为发货方，乙为收货方，双方约定到货 30 日后付款。甲方找到中介机构金融 A 为其提供供应链金融服务，B 为其增信。在这个事例中甲乙两家公司，以及中介金融机构 A、B 同时面临着不可预知的运输风险。现在我们是通过签署复杂的纸质文档来试图规避上述风险：当事方必须管理托运人中介金融机构和接收方的中介金融机构之间的协议，同时被管理的还有记录货物价值和装运方式的大量协议。大多数时候，我们需要原始合同文档验证信息的真伪。

使用区块链应用程序，公司可以将所有文档都放到区块链上，基于区块链的运行机制，这些数据不能够被更改。一旦出现问题，当事方可以通过区块链技术快速定位在特定日期处于特定版本的合同文档上，这对于处理纠纷非常关键。区块链上的所有文档对所有人提供完全平等的访问权，参与方可以快速访问目标材料，并且这种访问基于高度的信任关系和对于所有的交易记录可追溯性和可验证性。事实上，区块链包含对供应链金融至关重要的所有必要组件：时间戳、不可逆性和可追溯性。

一旦完成合同文件的发送和接收，当事方公司可以通过区块链上的智能合同进行支付。交易双方可以事先约定合同的处罚条款，如"当满足条件 X 时，乙方将支付 N 给 A"。通过这种方式，在给予借/贷双方更加个性化的服务的同时，区块链也实现了文件的交换和价值的交换。

Barclays 公司试验了这种可能性。2016 年 9 月，他们已经完成了基于区块链的供应链金融的第一次现场试验；另一个例子是农业合作组织 Ornua 和塞舌尔贸易公司（一家食品产品经销商）基于区块链完成黄油贸易有关的文件，虽然本身的支付仍然是"传统的"，但使用区块链交换文件将贸易时间从 10 天减少到几个小时。其他公司也在尝试。汇丰银行和美银美林正在使用 Linux 基金会的 Hyperledger 平台，在重金属贸易融资领域进行类似的实验和测试。

3）催生新的商业模式

区块链技术不仅仅是一项技术变革，它最终会影响到供应链金融交易过程中合同、交易及其记录，进而改变现在的商业模式。随着信任壁垒的去除、交易透明化，区块链会催生真正意义上的供应链金融平台。

新型供应链金融平台，主要的参与者包括平台本身、保理机构、中介金融机构、企业、个人甚至是算法公司。供应链金融平台负责提供供应链信息，客户信息这些类似水电的基础服务；第三方中介机构可以基于平台信息进行整合，提供更加定制化的供应链金融服务，这种服务将更加的精细化、个性化。比如传统意义上我们可以将应收账款抵押，在未来的供应链金融平台上，我们可以将应收账款细分，根据不同的节点状态建立金融模型，进而产生不同的金融产品。同时未来随着可追溯能力的增强，所有的金融模型都将根据供应链的实时状态进行数据更新，对标的资产或者是借款人持续评估。算法公司可以基于平台提供的 API（应用程序编程接口），开发金融模型，并出售给第三方金融机构和保理公司。

最终，区块链将增强市场中抵押资产的流动性，改善当前最常用的供应链金融工具，如保理、采购融资、供应商管理库存融资等，并为深层融资提供机会。

催生新的商业模式——供应链金融即服务。

4）简化交易过程，提升客户体验

设想这样一个场景：李琳在北京经营一家黄金首饰店铺，在黄金珠宝市场的销售旺季到来之前，作为下游的终端店铺想提前囤点儿货，她手上资金紧张，但是作为终端店铺的老板，她知道这个旺季把货销出去后一定可以大赚一笔，她找到供应链金融平台，平台虚拟助手通过触摸屏为她提供了多种金融方案选择（比如通过品牌商的担保或反担保的增信措施到平台来获取融资借贷），所有的方案都是为李琳量身定做，因为第三方金融机构已经通过平台提供的 API 接口了解了足够详细的李琳的个人和商业信息，如征信记录、违章记录、处罚信息等。所有上述信息都是通过区块链存储的，这也确保了李琳的个人信息不会泄露。同时李琳还可以得到外部机构对她的信用评级信息，基于李琳在区块链实时的数据映射。

李琳通过触摸屏选择最佳选项。触摸屏读取她的指纹，并且系统通过区块链验证她的身份。通过后，金融机构的银行账户向李琳的银行账户划款，接下来，系统设置每月从李琳的银行账户向放款的金融机构直接划款，这些行为通过智能合同触发。

几个月后的一天，李琳购买的黄金首饰在运输途中丢失，安装在运输外箱上的智能传感器通过区块链触发了丢失通知，保理公司和中介金融机构第一时间收到了丢失信息，并通知李琳去保理机构，在她去保理机构的路上，她非常担心，不知道该如何处理索赔和退款，以及这些会如何影响到她的还款合同。当她到达保理机构后，李琳惊奇地发现索赔已经通过块链提交，并且保理公司已经批准了索赔。

这个例子向我们很好地说明了区块链技术如何提升用户的体验，而只要我们稍加留意，就会发现很多类似的应用场景。

最后，技术和场景是互联网和 IT 行业发展的重要推动力，我们相信，未来随着区块链在供应链金融应用场景的不断丰富和实践，终将会颠覆整个供应链金融行业。

（三）金融科技（Fintech）对供应链金融的影响

供应链金融的难点在于防范中小企业融资难所产生的金融风险，而金融科技则可以帮助改善这一情况。金融科技改变供应链金融主要体现在以下三个本质层面：交易征信与自动贷后解决贸易真实性、自偿性和中小企业评价问题；

大数据：解决核心企业与贸易伙伴的关系，供应链金融的开放性问题；区块链：解决与链式非信任关系问题。

1. 交易征信与自动贷后解决贸易真实性、自偿性和中小企业评价问题

金融科技对于供应链金融的提升主要是基于交易数据的征信以及自动贷后，能够把原来单纯依托静态的、事后的，有可能会人为加工过的财报类的数据，延伸到交易数据层面。以前的财报基本就是平面上的一个点，现在拿到的则是一个立体的数据，这样就可以从更多的维度去观察和分析，造假的难度和人为加工的难度非常大。真正解决人工确权、贸易真实性和自偿性问题。

利用大数据，可以对供应链上客户的生产安排、研发能力、盈利水平、投资配置与收益等贯穿企业生产经营活动的各个环节开展深入透彻的分析，公开化的各类信息可以全面而直观地反映企业发展现状，从而提高资信评估和放贷速度，提高业务效率。

通常来讲，数据经过脱敏的处理，对企业数据相关敏感性是在企业自愿的情况下脱敏化处理之后再到中心端，中心端基于数据进行进一步的分析，在本质化效率提升的数据基础之上，结合行内数据、其他外源数据，再把模型分析做好，就能够真正做到量化授信，分级预警，在这当中不止有实时监控，甚至在模型里面还有一些预测性的指标，帮助金融机构更早、更及时性地解决相关问题。

2. 大数据：解决核心企业与贸易伙伴的关系，供应链金融的开放性问题

供应链金融首先解决的是以核心企业为依托的上下游问题，但本质上供应链金融的目的是解决中小企业的问题。在很多传统的解决方案中，仅仅依赖供应链上核心企业的配合和数据，而核心企业往往只掌握部分交互类的数据，如下游预付渠道融资中的客户订货数据。

新的金融科技发展采用交易网关数据工具部署在中小企业，可以智能适配到中小企业进销存 ERP（企业资源计划）的系统，或从云端获取额外的交叉数据。真正建立基于授信主体的全方位数据才能真正掌握，结合行业大数据，摆脱以往占核心企业的额度，要求核心企业硬性担保等问题，才能真正发展依托中小企业的更开放的行业性供应链金融体系。

3. 区块链：解决与链式非信任关系问题

区块链所解决的都是一个核心的问题，即信任问题，来自多方的数据，比如供应链金融的货押业务，就会涉及金融机构、企业、仓储、服务提供方、仓储监管方五方，包括企业那边可能还有买方和卖方，在这当中获取数据和数据之间的来回确认相对会比较麻烦，由于他们各自都有信息记录的方式，所以五方一起去对账非常烦琐。

产业之间本身也有上下游的关系，比如原材料、化工和日化品的品牌商、汽车的主机厂和汽车零配件的产业就是一个上下游，这也会有相关的纵向的协同。更好的方式是大家各自都往区块链记载分布式的账本，大家最终又有一个能够达成的共识，所以，区块链解决的就是供应链金融在非信任的体制下怎样达成一个信任关系。

传统的供应链金融因为存在着核心企业沟通、操作成本高昂、贷后管理复杂等一系列问题，结果就是花费很大精力却无法产生合理收益，金融科技的发展将真正改变传统供应链金融，不只是简单在线化，而是通过交易征信、大数据和区块链等技术推动供应链金融更加自动化和智能化，为实体经济创造更大价值。

第三节　大数据时代下供应链金融发展趋势

一、供应链金融发展的新思潮

2016 年，国家多部委频频发布支持供应链金融发展政策，充足的政策支持，促使各路产业资本和金融资本踊跃投入到供应链金融大潮之中。供应链金融正在成为企业拓展融资渠道的重要途径之一。而随着互联网的介入，供应链金融在升级换代的同时达到了高速发展阶段，迎来了发展黄金时期。未来供应链金融发展将面临以下十大新思潮。

（一）B2B 中交易、支付和融资多层次加速融合

中国 B2B 的加速发展，根源是行业整合，尤其是原先流通领域小、散、乱的环节正在被更高效率、更集约成本所替代，本质是行业整合，并购整合和 B2B 电商整合只是手段，一个是资本手段，一个是效率手段。B2B 电商狭义来说只是交易交互层，需要产品物流进销存财整体业务性管理，前后台贯通。

如同 B2C 中场景导向，多层融合一样，无论是企业 B2B 电商化还是 B2B

电商平台企业正在加速 B2B 中交易、支付结算和信贷融资融合。然而仅仅就融合而言，B2B 中仍然存在本公司内部流程与外部流程系统问题，仍然高昂的 B2B 支付成本问题和对中小企业依据主体评级准入问题。

（二）大数据、大数据思维及区块链思维

大数据的直接方式是获取更多规模更加庞大的数据，但由于天然数据所有权的限制，这种直接的方式并不利于开展大数据服务。但是大数据思维就是开放、共享的，这一思维方式更加有利于开展社会和商业层面大数据服务。

同样地，区块链思维是分布开放合理共享的思维，而不是仅仅讨论分布记账和智能合约技术。比如在现实的供应链金融业务中，如果要求核心企业全量推送贸易伙伴全量数据往往比较难以实施，而是应用区块链或者区块链思维，数据仍然存放于核心企业处，只有需要相关确认或者更新类的数据按照相关指令交互和反馈。

（三）对公交易银行大幅发展，供应链金融是重要组成

交易银行＝互联网＋（公司银行－投资银行）。按照中信银行王鹏虎先生的梳理："交易银行是服务于客户交易活动，以提高交易效率和降低交易成本为目标，以电商为入口或场景，以电子银行为渠道，以现金管理和贸易金融为服务内容的综合化、生态化和互联网化的公司金融服务。"

当供应链金融概念逐步扩展与贸易金融、中小企业融资广泛交集时，供应链金融将是对公交易银行发展的重要组成。交易银行发展的核心能力之一是作为银行对于中小企业交易数据掌握和交易场景融合能力。

（四）供应链金融与中小企业融资的关系

"1+N"供应链金融无法解决广泛的中小企业融资问题，只有目标面向单独的授信主体，通过行业化产品，才是理想方向。此时的中小企业融资是立足中小企业自身，利用了供应链交易结构，交易数据的理解，行业属性的理解，是供应链金融概念的延伸或称为交易信用融资。

当然可以通过"1+N"形式了解行业，积累对数据的理解并逐步推进，如表 6-1 所示。

表6-1　供应链金融中交易结构的演变

传统 1+*N* 紧耦合	创新 1+*N* 松耦合	行业化产品交易信用
核心企业作用强 切分核心企业信用额度、硬性担保、差额回购等	核心企业作用弱 管理配合、数据配合	中小企业融资 交易供应链结构

（五）对资产的不同理解

由于所在行业和业务角度的不同，从事供应链业务和金融业务的从业人员会对同一资产概念产生不同的理解，具体的不同点如表6-2所示。

表6-2　供应链从业人员与金融从业人员对资产概念的不同理解

资产概念	供应链从业人员	金融从业人员
应收账款	供应链条中各种形式应收债权的形成，在供应链不同节点动态评价应收和风险比例	发票、确权
库存	库存合理性评估，进销存链条平衡	估值、抵押、监管
预付账款	基于历史行为和当下节点的订购行为合理性，授信主体贸易自偿性	能否控贷

（六）交易信用的概念广泛应用

交易信用认为交易和信用相生相随。交易信用以企业交易数据为主要核心数据，用信驱动审批，精准单笔交易额度管理为驱动流程，支撑从主体债项评级走向交易评级。面向交易，数据驱动是交易信用的主要实施手段。交易信用为中小企业融资和供应链金融提供了更加坚实的构筑体系。

（七）系统确权高于人为确权

无论是应收业务还是预付业务，系统确权指的是利用系统间交互和相关合规性电子签名等技术获取相关债权资产的确切信息，并保持信息的及时更新。避免人为误解和人为制造的问题，效率更高，金融业务更安全。

（八）应用区块链利用核心企业数据

在现实的供应链金融业务中，如果要求核心企业全量推送贸易伙伴全量数据往往比较难以实施，而是应用区块链或者区块链思维，数据仍然存放于核心企业处，只有需要相关确认或者更新类的数据才能按照相关指令交互和反馈。

（九）国际供应链可视化与国际供应链金融

在跨境电商、"一带一路"等走出去战略下，传统贸易融资国际结算向着国际供应链金融的方向迅速发展。不仅仅是解决中小企业出口、退税等问题，甚至服务生产资料类大宗跨境贸易。通过国际供应链可视化的平台，综合供应链链条中各关键节点、关键信息，并刷新 ETA（预计达到时间）和实际执行情况，融合跨境支付和结算。

（十）生态金融平台的形成和发展

利用行业化零售商深入了解行业企业、深入多层次融合，配合商业银行资金成本、账户体系、信用中介乃至获客能力等优势，共同输出生态金融平台，结合量化风险评判能力，将能以更丰富的服务层次匹配不同风险喜好和资金成本，有助于提升整体社会金融服务，更大程度解决中小企业融资难、慢、贵的问题。行业化零售商可以是供应链管理公司、数据服务征信公司、B2B 平台企业等各类型企业。

在国家支持政策放开和"互联网＋"浪潮的推动下，商业银行、核心企业、第三方物流、电商和其他协作方都将利用自身的优势，迎着供应链金融的发展浪潮携手共进，彼此激励，在机遇和挑战中提升自己的核心竞争力。展望明天，社会大众将在我国的供应链金融领域领略到繁多而各具特色的发展模式，以及不断涌现的新型产品和服务，供应链金融有望一举发展为推动企业转型、产业调整乃至经济复兴的中坚力量。我国的供应链金融领域将迎来发展的春天，引领国家进步的趋势和时代的潮流。

二、大数据时代下供应链金融的发展趋势

中小企业是我国经济的重要组成部分，2016 年其创造的最终产品和服务价值占国内生产总值的（GDP）总量的60%，纳税占国家税收总额的50%。与此同时，中小企业在促进就业方面也有着突出贡献。然而，融资难问题一直以来是制约我国中小企业发展的桎梏。一方面，中小企业的资金链有进一步恶化的状况；另一方面，我国目前存在大量的应收账款，2016 年中国规模以上工业企业应收账款净额为 128 万亿元。因此，如何采用更为有效的手段解决中小企业融资难问题，成为当今经济发展中的重要课题。正是在这一背景下，供应链金融成了

当今推动经济进一步持续发展，有效解决中小企业融资难的重要战略举措，从当今中国供应链金融的走向看，供应链金融在中国的发展将会出现出以下五个趋势。

（一）以互联网平台为基础的产业整合在加剧

供应链金融的前提是供应链管理，没有健全良好的供应链作为支撑，供应链金融就会成为无源之水、无本之木，因此，供应链建设和发展的程度是供应链金融健康发展的关键。从我国供应链管理的发展来看，目前经历了从传统的业务型供应链向协调、整合型供应链的发展。供应链金融开展的初期阶段是银行推动的以应收账款、动产和预付款为基础的 $M+1+N$ 式的融资业务，其业务开展和风险管理的基础是核心企业发生的上下游业务活动，作为融资方的银行并不参与到供应链运营中。而进入到第二阶段，供应链金融的推动者不再是传统的商业银行，而是产业中的企业或信息化服务公司，他们直接参与到供应链运营过程中，在把握供应链商流、物流和信息流的基础上，与银行等金融机构合作，为供应链中的企业提供融资等服务，随着第二阶段供应链服务和运营的逐步成熟与发展，供应链金融得以开展的基础会逐渐从"链"式进化到"网"式，即基于互联网的虚拟电子供应链。基于互联网平台的虚拟电子供应链是通过运用高速通信的网络技术，让虚拟产业集群中所有的中小微企业能够低成本，甚至无代价地加入网络平台，并且任何一个企业与其他参与者协同预测、同步开发和生产，并实现高效配送和精准服务，满足分散动态化的客户需求。因此，虚拟电子供应链实现了所有利益相关方的高度整合，或者说它成了众多子平台子生态的联结平台。

（二）产业供应链作为一种生态开始于金融生态结合

供应链金融的本质是一种基于供应链优化企业融资结构与现金流的有效方式。从根本上说，供应链金融不仅仅是融资这种资金借贷性行为，更是通过产业与金融的有效、有序的结合，一方面实现产业现金流的加速，缩短行业的现金流周期；另一方面也实现金融的增值和稳健发展，产业作为一种生态需要也应该与金融生态相结合，其含义是通过产业供应链推动金融业态的打造和发展，反过来运用金融来进一步推进产业供应链生态的壮大。因此，供应链金融的发展，不仅需要产业端的创新，更需要金融端的创新。具体来说，金融端的变革应当体现在两个方面：一是金融端的主体以及业务生态建设，也就是说金融机构之间的合作和协同机制的建立是供应链金融有效发展的重要基础；二是不同规模金融机构之间的合作，目前我国存在不同规模的金融机构，以银行体系为例，有全国性国有商业银行、股份制商业银行、外资商业银行、区域性商业银行、农村商业银行以及民营金融机构和互联网银行，各自都有着不同的定位、渠道和优势。如果相互之间能够基于各自的优势充分合作，就能为整个供应链产业优化现金流，不仅是加速现金流，而且能创造现金流。

（三）金融科技成为推动供应链金融的主导力量

以往互联网的作用只是作为金融活动开展和管理的辅助手段，而今却可能成为推动供应链金融的主导力量。由于供应链的主体具有多样性、活动具有异质性，没有良好的标准化、电子化、可流转、安全签章的电子票据、电子税票和电子仓单，就无法实现业务流程的顺畅管理。同理，没有良好的云平台、云计算，虚拟电子供应链就无法真正实现。而要真正把握供应链运营规律，有效知晓每个参与主体的行为，就需要建立和发展大数据的能力。针对资金和资产对应匹配的唯一性与真实性，运用区块链技术和物联网技术。利用区块链实现分布式记账和资金管理，实现智能合约，同时借助物联网技术做到资金和资产的唯一对应。显然，没有金融科技的支撑，上述这些问题都不可能真正有效解决，供应链金融会遭遇巨大"瓶颈"。

（四）防范风险成为供应链金融的核心能力

供应链金融要想谋求长远发展的另一个核心要素是风险的管控。供应链金融作为一种微观的金融活动，其运营规律如同一座天平，天平的两端是资产和资金，天平的梁是产业供应链信息，而支撑整个天平的是天平的底座（风险管控）和支柱（信用）。金融本质是风险估值和信用，这两点如果被忽略了，就会引发巨大的金融危机。因此，风险的预警和管理是供应链金融的重中之重。总体上说，风险的防控需要从供应链结构管理、流程管理和要素管理三个方面入手。结构管理指的是能够有效、合理地设计、构建供应链运营和服务体系，使得各个主体角色清晰，责权利明确。同时又能使供应链运营业务实现闭合化、收入自偿化。流程管理指的是整个业务和金融活动的流向、流量和流速明确，整个业务和金融活动能够实现管理垂直化。同时能够根据流程的状况和要求，协同各类金融机构涉及和提供风险缓释手段，实现风险管控结构化。要素管理则是能对金融产品和业务信息数据做到及时、迅速的获取和分析，真正做到交易信息化，并且能够在全面掌握各主体资信的前提下，通过声誉资产化建立供应链信用体系。

（五）协同专业化将成为智慧供应链金融的主题

供应链金融成功实施需要生态中多种形态组织的充分沟通和协同，这些主体除了供应链上下游企业和相关业务参与方外，还包括至关重要的三类组织机构，即平台服务商、风险管理者和流动性提供者。平台服务商主要承担着收集、汇总和整合供应链运营中发生的结构性数据以及其他非结构性数据的作用。风险管理者，主要根据平台服务商提供的信息和数据进行分析，定制金融产品，服务于特定的产业主体。流动性提供者是具体提供流动性或资金的主体，也是最终的风险承担者。这三类机构各自发挥着不同的作用，共同推动供应链金融的发展。因此，就需要这三类机构充分探索与发展各自的能力，将其提供的差别化服务发挥到极致，只有实现高度的专业化，才能产生协同化。

本 章 小 结

在大数据时代下，供应链金融实现了物流、资金流、数据流的结合。本章从供应链金融发展的背景出发，介绍了供应链发展的三个不同阶段，以及在当前大数据、信息化的趋势下，供应链金融产业出现的新模式。具体论述了大数据对传统供应链、互联网、区块链的影响以及Fintech对供应链金融的影响。同时，在新时代下供应链金融的风险类型、风险成因也有了一些变化，因而风险管控机制及手段也做出了相应的调整。最后，展望了大数据时代下供应链金融发展的新思潮以及具体的发展趋势。

第七章

大数据金融服务平台

近几年来，随着移动互联网时代的到来，传统的网上银行模式已经逐渐被淘汰，取而代之的是各个金融机构的 APP 应用。因而，与传统网上银行模式相对应的传统数据处理方法也难以适应新的市场需求。为了收集并分析移动 APP 终端中的用户行为信息，帮助金融机构实现更好的决策和发展，大数据金融服务平台应运而生。本章对大数据金融服务平台的概念与分类进行了介绍，并突出大数据金融服务平台带来的革新和将会面临的风险与挑战。

第一节 大数据金融服务平台的界定

所谓大数据金融服务平台就是一个利用大数据、云计算等技术，分析各类结构化和非结构化的数据，得出所需的某一方面信息，以支持金融机构决策、为交易双方提供信息支持的平台。大数据金融服务平台通过收集用户的行为数据，并结合金融行业自身的数据，以及外部的数据，帮助金融机构实现大数据的变现。

大数据金融服务平台的架构主要分为四个部分（图7-1），分别为数据使用层、数据分析层、数据存储层和数据集成层。这四个部分在平台管理的整体控制下，自下而上地完成数据的处理，最终得出所需的信息。

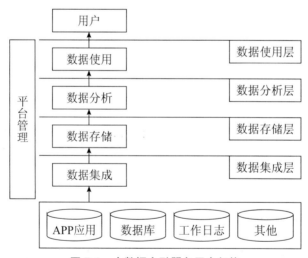

图 7-1 大数据金融服务平台架构

数据集成层的主要功能是汇总收集所有渠道的、可用于分析的数据，包括金融机构日常的营业数据、APP 应用数据、日志，以及其他各类结构化和非结构化数据。通过数据的集成形成一个完整统一的数据库，方便数据的查询和调用。我们通常称此数据库为数据源。

数据存储层负责从数据源获取数据，并且在必要时将它转化为适合数据分析方式的不同格式。数据存储层的主要任务就是根据合规性制度和数据处理的要求不同，为不同的数据提供合适的存储方式。

数据分析层主要是通过读取数据存储中的信息，分析找出所需的信息。在某些情况下，数据分析层也可以直接从数据源中提取数据。在分析数据前，必须经过认真的规划，明确分析的目的、数据来源，以及所需的工具及算法。

数据使用层是对数据分析层所得出信息的输出。信息的使用者可以是可视化的应用程序、平台用户、金融机构等主体。通过对数据的使用，可以实现大数据的变现，实现大数据平台的最终价值。

第二节　大数据金融服务平台的分类

当今社会已经全面进入移动互联网时代，市面上的大数据金融服务平台层出不穷，种类繁多，以下从不同角度对其进行简单的分类。

一、按数据来源划分

数据资源是大数据金融服务平台的基础，因此可以按照数据的获取来源和使用者的不同来划分其类别，可以大致分为两类：第一方大数据金融服务平台和第三方大数据金融服务平台。

（一）第一方大数据金融服务平台

第一方大数据金融服务平台就是指私有的金融大数据平台，是用户自身创建的大数据金融服务平台并且服务于其本身。此平台用于收集、分析平台创建者自身的数据，并经过一定的处理过程，使数据结果服务于自身的目标。这样的平台相对具有高度的保密性和安全性。在第一方大数据金融服务平台的理论下，各金融机构能够独立地分析处理自身的数据，不对外界透露自身数据，但也同时难以获取其他金融机构的数据，缺乏数据的全面性。数据是金融机构珍贵的无形资产，创建者所拥有的数据信息越多、越全面，也就越能够在数据中挖掘出更多的价值，平台所产生的价值就越大。然而，大数据的价值不仅在于拥有多大体量的数据，而在于对数据进行有效的分析、管理和运用。第一方大数据金融服务平台强调的就是既能实现大数据的价值，又能保证其自身数据的安全性。

第一方大数据金融服务平台适用于分支机构较多，规模庞大的金融机构。一方面，大型金融机构资金力量雄厚，拥有大量经验丰富的专业人才，能够建立健全的大数据金融服务平台；另一方面，大型金融机构希望维持其领先地位，对数据的安全性、保密性要求较高，因而更希望通过自身运作数据，不假于他人之手，以保障数据的安全。

第一方大数据金融服务平台最大的优点在于其具有很强的针对性，它是针对开发者所在的金融机构的业务量身定制的金融大数据平台。通过收集和处理数据，可以更好地帮助金融机构认识自己营销活动的效果、了解自己业务的合理性，提出有针对性的解决方案。同时内部处理数据可以保证商业机密不外泄，维持金融机构自身的竞争优势。但是，第一方大数据金融服务平台的数据源大多来自金融机构本身，数据的全面性无法保证，难以适应市场的快速发展变化，容易与市场脱节。因此，在实践中，第一方大数据金融服务平台的应用较少，各金融机构通常会将外部数据与自身数据相结合，以真正反映行业的真实状况，密切关注时事的变化，避免出现脱离实际的分析结果。

（二）第三方大数据金融服务平台

第三方大数据金融服务平台是指公用的金融大数据平台，是独立于数据使用者的由运营商搭建的大数据平台。数据的控制和使用权归运营商所有，对数据的使用者来说，数据属于第三方数据。第三方大数据金融服务平台的运营商能够根据金融机构的数据分析要求，整合内外部数据进行分析，为金融机构的决策提供依据。第三方大数据金融服务平台认为数据自身很重要，但是数据的开放程度更为重要，只有在不断的互联互通中才能更好地发挥数据的价值。大数据的价值不仅在于其体量大、包含的信息多，更在于其能够形成一个多维度的数据链条。随着数据链条的不断延伸，数据之间互联互通，使数据之间的相互关系更加丰富完善，数据应用的效果也越来越好。

第三方大数据金融服务平台的数据来源广泛，但能够实现数据的集中处理，适合分支机构较少、业务简单的中小型金融机构。一方面，中小型金融机构由于自身没有条件搭建平台或者搭建平台的成本太高，而求助于第三方大数据运营商；另一方面，中小型金融机构的技术一般并不处于领先地位，在行业中没有很强的竞争优势，为提高行业竞争力更需要密切关注市场的发展，紧跟市场变化，因而需要开放的大数据平台提供信息支持。

第三方大数据金融服务平台相对于第一方大数据金融服务平台的优点是费用低，免去了独立搭建平台的巨大开支；同时，数据的来源更加广泛，包含了金融机构内外部的各方面数据，使数据之间的联系更加紧密；最后，由专业人员管理平台，使数据的分析结果更加全面，决策更加科学有效。而其主要的缺点就是数据的安全性和保密性差，大量的数据存储于平台的数据库中，一旦外泄，将会对整个行业造成极大的混乱。同时第三方大数据金融服务平台由于兼顾了普适性，因而针对性较差，难以实现对不同金融机构的具体业务单独进行数据收集与分析，同时得出的结论也需要根据各个金融机构的实际进行具体的分析。第一方与第三方大数据金融服务平台对比如图 7-2 所示。

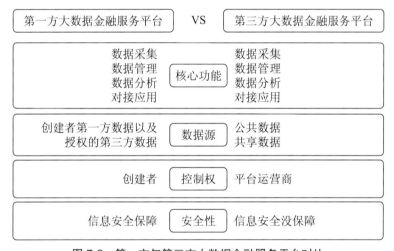

图 7-2　第一方与第三方大数据金融服务平台对比

二、按服务内容划分

大数据金融服务平台也可以按照其提供的服务内容进行分类，就是针对顾客某一方面的需求进行数据采集与分析，提供最优的解决方案。就当前已经在市场上出现的金融服务平台而言，主要分为大数据征信平台和小额信贷平台两大类。

（一）大数据征信平台

大数据征信平台就是通过对客户行为、交易记录等大量数据进行分析整理，能够提供客户信用评级服务的平台，其中的客户既包括个人客户，也包括机构客户。征信平台就是针对金融机构对客户信用信息这一单方面的需求而创建的大数据金融服务平台。该平台通过对数据的综合处理，得出客户的信用等级，并以此为依据为顾客提供差异化的服务。这里提及的大数据征信平台就是征信体系的一种实现方式。

当前我国的征信体系主要由三方面构成：金融征信体系、行政管理征信体系以及商业征信体系。而与大数据金融服务平台关系最紧密的就是金融征信体系，其以金融机构为主导，以授信申请人为主要对象，以信用信息在平台内实现互联互通、防范信用交易风险为主要目的。金融征信平台主要包含的信息由三个部分组成：第一部分是个人或者机构的基本信息，包括个人身份、机构信息、地址信息、收入信息等；第二部分是客户与金融机构的交易记录，包括贷款信息、担保信息等；第三部分是与非金融机构的交易信息，如缴费信息、参保信息等。金融征信平台利用大数据技术对上述信息进行综合分析，得出客户的信用等级，判断客户违约的概率，为客户提供相应的服务。这样的业务模式大大降低了客户违约的风险，减少了金融机构的坏账率，促进了整个金融体系的良性发展。

目前，我国金融征信平台随着金融行业的发展以及互联网、大数据技术的进步已经初具规模，但仍尚待完善。其主要不足在于数据来源以金融信贷的信用信息为主，证券、保险、信托等其他金融信用交易记录涉及较少，以客户与本金融机构的交易记录为主，缺少信息的互联互通。总体来说，缺乏数据的全面性，在一定程度上影响信用信息的准确度。

（二）小额信贷平台

小额信贷平台就是为了解决客户小额贷款的需求而创建的大数据金融服务平台，其通过对大量数据的分析处理，将传统的抵押贷款模式转变为信用贷款模式，为优质顾客的小额贷款提供更加便利的服务。目前市场上的小额信贷平台种类繁多，层出不穷，比较知名的有阿里小贷、拍拍贷、开开贷等。小额信贷平台的主要目标客户是微小企业主和自主创业者，这类客户大多由于自身条件的限制，难以从银行等传统金融机构获得贷款，或者获得贷款的利息过高。在"全民创业、万众创新"的大背景下，此类小微企业、创业企业的数量急剧增多，融资需求大增，而融资难、融资贵的局面并未改善，小额信贷平台的涌现就有助于解决这样的困境。

小额信贷平台在一定的限额下提供"金额小、期限短、随借随还"的纯信用小额贷款服务。平台借助大数据技术，通过对用户的信用数据进行分析，能够实现对不同顾客实行差异化的贷款政策，降低了信贷业务的风险，提高了业务效率，填补了小额贷款这一领域的空白，同时极大地方便了小微企业和个体业主的资金融通，实现了双方的互利共赢。

根据小额信贷的运作流程，可以将我国现阶段的小额信贷分为四个具体的运作模式。值得一提的是，大多数小额信贷平台并非采用单一的模式运营，而是根据实际情况综合运用多种运营模式。

（1）传统模式——搭建网站、线上撮合（图 7-3）。

图 7-3　传统模式下小额信贷平台框架

模式优点：能够迅速积累数据、实现品牌的独立，线上的交易模式使得借贷双方用户不受地域限制，符合监管要求，是最正规的小额信贷平台。

模式缺点：前期需要着力培养平台的竞争力，如果没有用户基础，就很难实现盈利。

（2）担保模式——在传统模式的基础上，引入保险公司或小贷公司为交易双方提供担保（图 7-4）。

图 7-4　担保模式下小额信贷平台框架

模式优势：确保资金安全，顺应大多数中国人的投资偏好。

模式缺陷：参与主体众多，小额信贷平台的定价权和话语权岌岌可危。

（3）债券转让模式——搭建平台，攫取线下购买债券与线上转让之间的利差（图 7-5）。

图 7-5　债券转让模式下小额信贷平台框架

模式优势：线下购买便利，并可显著增加线上交易量。

模式缺陷：业务程序烦琐且有政策风险，由于需要地勤人员，受地域限制，不利于扩展业务。

（4）平台模式——搭建网站，与小贷公司达成合作，将多家小贷公司的融资需求引入平台，协助其进行风险审核（图7-6）。

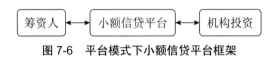

图7-6　平台模式下小额信贷平台框架

模式优点：成本小、见效快。

模式缺点：核心业务已经脱离金融范畴。

三、按平台目的划分

按大数据金融服务平台的目的对其进行分类，可以大致分为六大平台：大数据金融战略管理平台、大数据金融信息应用平台、大数据金融业务拓展平台、大数据金融经营创新平台、大数据金融风险控制平台以及大数据金融行政管理平台。

（一）大数据金融战略管理平台

大数据金融战略管理平台是基于金融机构整体建立的，管理金融机构总体战略规划目标的平台。具体来说，首先其构建需要经过认真的规划和商议，确立整个金融机构在一定时间内所要实现的总体目标，明确各时间段的分期目标和各分支机构的具体任务。其次，根据实现目标的要求，在大数据金融战略管理平台的统一指挥下，收集整合各方面的数据，改变原先各分支机构之间分立、分散的联系方式，将各分支机构的客户信息、交易信息、资产负债信息等整合为一个统一的数据库，方便数据的调用和存储。大数据金融战略管理平台不仅可以整合多方数据，实现金融机构内部的数据共享，还可以通过平台管理对金融机构内部的资源进行统一的调用与分配，实现资源优化配置，从而更好地达成总体的战略目标。同时，通过实时监测各分支机构返回的数据，可以监督各分支机构的任务完成情况，确保总体战略目标的实现。

大数据金融战略管理平台不仅可以整合金融机构的内部资源，而且具有协调上下游企业关系的功能。其通过专业的数据技术人员，分析处理整个产业链上下游企业的相关数据，找出谁是我们最忠诚的合作伙伴，谁最有能力帮助我们完成总体的战略目标，从而有针对性地寻求合作伙伴。

用大数据金融战略管理平台进行总体的战略规划可以提高决策的科学性，防止形而上学、拍脑袋决策。当制定战略目标时拥有数据的支持，就可以预先通过数据分析其可行性，并且严格监督目标的实施。整体战略规划决定着企业的生存与发展，一旦出现偏差将会危机企业的生存。大数据金融战略管理平台能够从一定程度上避免决策错误，促进金融机构的可持续发展。

（二）大数据金融信息应用平台

大数据金融信息应用平台就是在经整合的大数据信息的基础上，根据不同的目标，分析调用相应数据的应用平台。要建立此平台，首先需要有一个统一完整的数据库，其中包含金融机构客户和历史交易信息等静态数据，以及客户的实时搜索和在线提问等动态数据，形成数据挖掘分析应用的基础。具体来说，对待个人客户，根据客户的年龄、所在地域、从事职业、总体收入、与本金融机构的交易记录、与其他机构的交易记录等，分析得出客户的消费能力、风险偏好、投资偏好等个性化信息，进行客户的金融需求分析，从而为客户提供更加高效的、便捷的、量身定制的金融服务，提高顾客的满意度和对本金融机构的忠诚度。对待企业客户，根据其经营地域、行业领域、经营状况、政策导向、交易记录等方面，分析企业客户的发展前景、盈利状况、风险大小等方面的信息，根据其对金融服务的需求，为其提供专属的金融服务。采用大数据金融信息应用平台分析客户行为，既能对症下药，提高金融服务的满意度，又能有效地经营控制风险，减少违约概率。

大数据金融信息应用平台除了可以通过数据分析为单个客户量身定制金融服务外，还可以根据现有的金融服务，为其匹配最理想的客户，提高金融服务的成功率。二八理论是这一领域最常用的结论，这一理论是说通常公司中20%的客户会带来80%的利润。这就要求金融机构通过分析以往客户的交易记录，对为其带来不同等级利润的客户进行精准区分和差异化处理。从海量的客户中筛选出最能带来利润的重要客户，以及一般客户、潜在客户等。大数据金融信息应用平台可以提供客户关系管理系统，帮助金融机构实现金融服务和有需求客户的匹配，并开发潜在客户，提高销售成功率，从而提高利润率，提高金融机构的竞争力。

（三）大数据金融业务拓展平台

大数据金融业务拓展平台就是通过对客户行为数据、基本资料的整合，分析客户的金融服务需求，针对不同客户的特点提供不同的金融服务，采用线上线下相结合的方式，拓展金融机构业务范围的应用平台。大数据金融中线上、线下两种业务拓展模式各有其特点与利弊，两者相辅相成，互为补充。

线上的业务拓展模式适合个人客户、小微企业以及自主创业者。线上业务的特点是资金规模小、客户众多且比较分散，相应的违约风险较小，采取逐一考察客户浪费资源甚至得不偿失。因此，借助大数据金融业务拓展平台可以借鉴互联网金融的成功经验，利用平台优势与客户进行线上沟通、线上成交，节约人力物力。同时线上业务相比于传统网点形式的业务服务来说，更加的便捷，不受时间和空间的限制，因此吸引了大批的客户。

线下的业务拓展模式主要适用于规模庞大、风险较大的机构客户。线下业务的特点是资金规模庞大、经营风险较大、客户数量少且便于跟踪管理。由于线下业务的客户一般资金需求量大，业务合同时间较长，因此违约风险较高，一旦此类客户出现违约，将会对金融机构的正常经营带来严重的影响，因此必须谨慎对待。大数据金融业务拓展平台作为线下业务的有力支撑，能够根据平台处理得出的信息，为客户提供一对一的专业定制服务，平衡收益和风险。具体来说，平台利用大数据技术，掌握客户的需求信息，制定分阶段的服务目标，再由线下的客户经理跟踪调查服务实现的效果，监督客户履行义务，双管齐下，保证金融服务的效果，有效控制经营风险。

在实践中，线上线下两种模式是密不可分、相互促进的。大数据金融业务拓展平台充分利用大数据技术，线上了解客户需求，线下监测重大风险，通过针对不同客户的特点提供不同的服务方式，拓展业务链条，提升客户的满意度和忠诚度。

（四）大数据金融经营创新平台

大数据金融经营创新平台就是利用大数据技术，推动传统金融机构的经营业务模式革新、新型金融机构涌现和传统商业模式转变的应用平台。通过大数据金融经营创新平台有利于实现金融机构的可持续发展，创造行业新的核心竞争力。

大数据金融经营创新平台对传统经营模式创新的推动，体现在随着大数据、云计算等技术的成熟，金融机构通过该平台可以分析处理更多的数据信息，从而对客户需求有更准确的了解，开发出更多的新业务来满足不同客户的需求，提高金融服务的效率。商业银行的精准营销就是很好的例子，即在数据分析的支持下实现市场细分、客户精准定位，并建立个性化的顾客沟通服务体系，在充分了解顾客信息的基础上，针对客户偏好及消费习惯，有针对性地进行产品营销，包括实时营销、交叉营销、个性化推荐、客户生命周期管理等。这是一种将直复营销与数据库营销结合起来的营销新趋势，能够实现企业可度量的低成本扩张，帮助企业取得竞争优势。

　　同时大数据金融经营创新平台也催生了新型的金融机构，如电商金融服务公司。电子商城原本属于实体经济的范畴，但是其依托已有平台积累的大量用户，拥有海量的数据沉淀，通过这些数据分析用户的行为信息，为传统电商提供了从实体经济向金融服务转型的桥梁，催生了新型的金融机构。如今，电商平台能够提供支付服务、个人理财、众筹、保险、消费金融等各项金融服务。

　　大数据金融经营创新平台能够转变传统金融机构的商业模式，通过整合海量数据信息，催生新的商业模式，促进金融机构的发展。例如，以京东商城为代表的供应链金融模式，通过整合产业链上下游企业的现金流、物流等各种信息，而形成以大数据为基础的金融模式。以 P2P 小额贷款为代表的平台金融模式，是建立在 B2B、B2C 基础上的，通过资金流、物流、信息流等组成的大数据将供需方利用一个平台对接起来的金融模式。

（五）大数据金融风险控制平台

　　大数据金融风险控制平台是利用大数据技术进行金融机构风险管理的平台。金融风险是指任何可能导致企业或机构财务损失的风险，代表着企业未来收益的不确定性与波动性。大数据金融风险控制平台通过对各类风险进行衡量与识别，能够采取相应的措施与处置方案实现风险最小化和利润最大化。金融风险控制是平衡金融投资安全性与收益性的一种金融管理方法。

　　当前，监管部门对金融机构的监管与审查强度持续增加，市场的波动率增大，股东、消费者、商业伙伴以及供应商的需求不断增长，互联网、手机银行等科技的进步倒逼银行创新，银行必须管理和应对的风险范畴正在不断扩大。经济时报智库的调查显示金融机构出色的风险管理表现与大数据工具的使用有一定关系，而缺乏数据则是提高风险管理成果的最大障碍。传统的风险控制方法是金融机构将每天发生的数据整理成报告，提供给后台的专家，以供他们研究最新的市场趋势，从而控制风险。而大数据风险管理平台则可以从移动设备、社交应用、网页访问以及第三方获取数量巨大、形式多样且具有瞬时性的海量数据，包括信用消费等方面的数据。通过大数据分析可以揭示那些连专家都不易察觉的顾客潜在的消费习惯，从更细致的层面上发掘潜在的风险，可以细致到单一客户、产品以及投资组合水平，甚至达到信用审批以及定价层面。

大数据金融风险控制平台通过对金融机构面临的市场风险、流动性风险、操作风险等的识别、计量、检测和处理，利用数据挖掘技术评估信用风险、对金融机构财务危机进行预警分析、进行供应链风险评估，极大地降低金融机构的风险，提高其竞争力，促进企业的长足发展。

（六）大数据金融行政管理平台

大数据金融行政管理平台是利用大数据技术创新行政管理方式，改善行政管理效率，为金融业的快速发展提供良好环境的平台。当今社会已经全面进入"互联网+"的时代，以数据作为社会治理的核心维度，形成累加在三维空间、一维时间之上的"五维政府"。

最近几年，国务院常务会议多次提到"大数据"这一概念，随后以移动互联网、云计算、大数据为基础设施的"大数据+政务"也成为政府创新战略。互联网的本质就是数据源的拓展，移动互联网让数据的流通速度更快，云计算让数据处理更便宜、更实时。而大数据金融行政管理平台综合运用以上技术，汇聚了远超过传统金融机构规模的海量数据进行分析挖掘，使政府能够更加方便、实时地检测社会经济运行情况。通过直观的数据，能更真实地反映行政管理的效果，缩短金融机构与政府部门之间的距离。

大数据是社会的"观象台"，通过数据的刻画可以使政府直观地感受到社会经济运行的真实图景。大数据是大众的"显微镜"，从数据的产生到数据之间相关性的分析，可以帮助政府"防微杜渐"，有效打击数据造假，维护金融生态环境。大数据是政府的"水晶球"，对历史数据的预判为行政管理提供决策支持，具有危机预警、智能处理的功能。大数据在行政管理方面的运用能有效地监督公共权力，通过让数据说话，使权力运行处处留痕。

四、按服务对象划分

按照服务对象来划分，大数据金融服务平台可以大致分为三类：为政府提供服务的平台、为企业提供服务的平台以及为公众提供服务的非营利性平台。

（一）为政府提供服务的平台

为政府提供服务的大数据金融服务平台就是指收集各方面的金融数据并进

行分析，为政府的决策提供数据支持的大数据金融平台。政府的决策关系着国计民生，一旦决策错误，将会造成难以挽回的损失。因此，政府决策更加应该充分利用大数据技术，做到有据决策、科学决策。这类金融大数据平台通常并不仅仅为政府服务，通常还会兼顾金融机构。

为政府提供服务的大数据金融服务平台通常包含行政管理中多个方面的业务，涉及民生、军事等多个领域，能够为提高行政效率提供信息支持。例如，对于工商部门来说，大数据金融服务平台可以整合分析工商部门的大量市场主体信息、年检情况、个体户信息、执法数据和12315热线电话信息等数据，帮助工商部门理解和预测市场走向与经济形势，提高市场的运行效率，更好地管理市场，服务民众。

同时，政府的决策关系国计民生，数据的保密性格外重要，这就对为政府提供服务的大数据金融服务平台的安全性提出了更高的要求。一旦数据泄露，就可能威胁整个国家的安全，有军事专家曾评论，斯诺登泄密事件相当于美国损失了10个重装甲师。由此可见，大数据的价值和"杀伤力"是如此之大。大数据的危险，可能会出现在一个不起眼的小细节上，一个微小的失误，就有可能造成无法挽回的损失。因此，保障数据的安全性和保密性是此类大数据金融服务平台的首要标准。

（二）为企业提供服务的平台

随着互联网、大数据热潮，越来越多的企业凭借自身积累的海量数据，并采用大数据金融服务管理平台，开始涉足金融业务。大数据金融服务平台通过数据分析与挖掘，产生了为企业决策提供数据支持的金融信息。以往，企业的经营决策经历了拍脑袋决策、Excel、报表工具、传统BI（商业智能）四个阶段，但是传统分析决策方式价格昂贵、操作烦琐。大数据技术的出现颠覆了之前的处理技术，使数据的处理分析更加高效、便捷，提高了企业决策的效率。

按照数据的来源划分，为企业提供大数据金融服务的平台具体可以分为以下三类。

1. 电商平台

电商平台所积累的数据主要来源于平台上的交易数据。随着移动互联网走进生活，各大电商的发展如火如荼，线上交易量迅速增长，数据规模实现井喷。但是，电商平台之间的相互竞争也日趋激烈，如何更好地进行顾客行为分析，了解顾客需求，成为各大电商新的关注点。因此，用于分析顾客需求的金融大数据平台也如雨后春笋般涌现。其通过客户在电商平台的交易记录分析顾客的收入情况、消费偏好，对顾客的消费能力、信用水平做出评价；通过实时用户访问数据，分析用户的喜好来推荐对应的产品，实时调整运营方案，提升销售。同时，电商平台还逐渐涉足金融业务，除了基于平台交易的支付方式外，还推出了理财服务、个人征信、小额信贷等多样化的金融服务。通过运用大数据平台，电商提高了服务效率，扩展了业务范围，有助于其提高企业竞争力、实现长期发展。

2.搜索平台

搜索平台所处理的数据主要是实时检索数据。实时检索分析平台旨在为公司大数据分析业务提供一套实时的、多维的、交互式的查询、统计、分析系统，为公司各个产品在大数据的统计分析方面提供完整的解决方案，让万级维度、千亿级数据下的秒级统计分析变为现实。其主要实现步骤是设定分析逻辑，快速统计客户群人数规模。然后瞄准客户群，详细对比分析客户群特征。最后通过多维度交叉分析，深入挖掘，识别有价值的客户，进行针对性营销，以达到更好的营销效果。

3.传统金融机构平台

传统的金融机构为了应对来自互联网企业的挑战，也纷纷开始运用大数据技术。传统金融机构平台所处理的数据主要是营业网点、互联网和移动应用上的用户金融消费与服务的信息。传统金融机构平台可以将线上线下的客户数据信息相结合，综合分析客户的行为信息，这也是电商平台和搜索平台无法比拟的优越性。同时传统的金融机构可以通过线下的方式面对面接触客户，通过直接沟通反映出的数据更加真实可信，提高数据分析结果的准确性。

（三）为公众提供服务的非营利性平台

为政府提供服务和为企业提供服务的大数据金融服务平台都属于营利性的金融服务平台，其最终目的都是提高收益。与其相对应的是为公众提供服务的非营利性服务平台，此类平台大多是由平台技术开发公司提供的，其最终目的并不是获取平台自身的收益，而是作为一个数据共享的开放系统，促进数据的互联互通，使大众共享大数据分析的成果，开启数据民主时代，充分实现数据的价值。

非营利性的大数据金融服务平台一般提供大数据营销、大数据预测、大数据统计、大数据工具、大数据推荐、行业应用等多种功能，帮助社会大众利用大数据技术，更加精准地查询所需的信息，更加高效便捷地处理问题。同时，平台可以通过收集用户的信息需求，了解社会热点，丰富自身的数据库，更好地服务社会民生。

五、按定价机制划分

目前，从世界范围来看，可以用于大规模推行的商用数据交易模式尚未形成。组织大数据交易一般按照交易所模式，该机制也正处于探索中。数据交易价格的影响因素主要包括数据品种、时间跨度、数据完整性、数据样本覆盖和数据时效性等。考虑买卖双方的信息是否对称及交易地位等因素，大数据定价可参考以下三种模式。

（一）买卖方一对一的协商模式

买卖方一对一的情形，主要是指买卖双方进行协商，其中数据交易平台参与整个协商过程的观察与控制。在两者之间提出要约、反要约、再要约及承诺的整个过程中逐渐明确产品价格，而数据交易所则在协商过程中扮演着撮合者的角色。

这种协商模式发生在给定的双方之间，目标性较强，在对有关规定严格遵守的前提下，买卖双方在价格敲定的过程中发挥着较大的自主权。

（二）买卖方一对多的系统自动定价模式

买卖双方如果不是特定的，那么进入交易所交易系统后，在交易平台提供的资源查询及挂牌中锁定交易，借助交易系统实现自动成交。

例如，贵阳大数据交易所中的数据被分为能源、医疗、金融等共 30 个品种，不同方面的数据对应着配套的固有计价公式。通过实时的交易系统，数据买方能够准确观测各种数据波动情况，及时掌握市场信息，提出合理的报价。当数据买方报价大于等于卖方申报价时，交易系统就会按照买方的价格在系统中自动撮合交易。对于那些无法匹配直接成交的应约，卖方往往会从中选取最满意的进行匹配，成交价为买方应约价。这与先前讨论的一对一的协商定价方式是一致的，只是把操作行为放在了线上。与之不同的是，最初的卖方要约价作为基准成交价来说，一般与卖方预期相差不大。当然，数据价格的合理性拟定更加依赖于卖方。

（三）动态应用效果定价模式

大数据包括两种基础应用，一种是支持宏观决策的全局或局部统计；另一种则是应用于微观业务的具体实施。基于数据价值转化为货币价值的市场意图，第二类应用为分析数据终端的应用对数据价格的影响提供了便利。

例如，典型的自动化定向广告，一个投向飞利浦剃须刀广告位的流量价值为1万元。通常，面向的女性用户对剃须刀的购买潜在可能性比较小。而假如区分流量，把飞利浦剃须刀的广告全部投放给男性用户，广告商只要花5 000元，有效用户基本不会受到损失，而剩下的女性流量，可以再用于投放另一个化妆品广告。后面的方案产生的多盈利就是数据价值。这个例子告诉我们，在一定的规模化下，数据能够带来盈利效应。知道性别这一信息就可以多赚取一定数额，也说明如果知道的信息越多越细，带来的利润越多，这是数据在市场上应用的反映。

根据数据赚钱的效益，可以为数据交易定价提供有效的参照和测算。目前数据需求方包括数据分析服务商及不同的行业用户，涉及公共服务、医疗健康、娱乐、经济金融、人力资源、能源等。不同的用户对数据的应用领域和效果会有所不同，我们可以在行业用途分类之后，选择中位数值定价的方法，然后由市场进行优胜劣汰或调整。

第三节　大数据金融服务平台带来的革新

随着大数据金融服务平台种类的不断创新、应用领域的不断拓展，其不仅改变了传统的数据处理方式，更为整个金融行业带来了新的发展与变革。

按照大数据发展的趋势，未来大数据金融服务平台必将围绕建立新的金融环境而发展，表现为主要围绕着生态圈、战略和产品等三个层面展开竞争，并由此确定其市场地位及竞争力。未来大数据金融服务平台对金融行业带来的革新可以分为三个层面：首先是竞争策略的变革，表现为金融产品的革新、金融行业机构进行竞争的具体行为，也是目前金融机构展开竞争的主要形式；其次是战略规划的改变，在大数据、互联网发展的进程不断加速的背景下，金融机构参与市场竞争的层次和内容都有所革新；第三层为价值链的重构，进而建立金融生态圈，从制定行业运行规则的角度展开市场竞争。

一、竞争策略的变革

大数据金融服务平台的出现直接引发了竞争思维的改变，传统的商业竞争是销售者之间的竞争，而在大数据金融服务平台加入后，就成了生产者与销售者之间的竞争。生产者可以通过线上的方式，打通所有流通环节，直达消费者，减少价值链的损耗。同时传统的供应链中，上游供应商、中游企业制造、下游客户关系密不可分，往往是前者收入的主要来源。但是在大数据金融服务平台加入后，这一供应链被彻底打破，传统的垂直价值链转向平台发展模式。平台是对产品生产者和产品消费者双边收费的，所以可能出现反传统的对消费者免费，而对产品提供者收费的新现象。在开放、交融的平台发展模式下，新的竞争思维更注重生产者与消费者之间的关系，以消费者的需求为指导。

在传统的竞争模式下，金融机构推出的新产品层出不穷、眼花缭乱，但通常会陷入同质化竞争。而大数据金融服务平台通过整合不同金融服务、不同交易场景下的信息，能够更全面地获取消费者的需求信息，以推进竞争策略的实施。在大数据技术的帮助下，通过金融服务平台的整合与分析，能够专注于特定领域开发新产品，注重产品细节与客户投资需求，并及时进行意见反馈与改进，提高营销成功率及客户满意度，由此更容易获得市场的认可，从而在竞争中占据优势地位。例如，在传统模式下，测试新产品的市场接受度一般是通过试点进行的。此种方法费用昂贵，同时测试周期长，使用结果传递慢，难以实时反映市场需求状况。而大数据金融服务平台可以预先分析预测市场反映情况，同时通过网上销售和用户点评测试市场接受度，耗费资金量较少，同时节约人力物力，缩短需求信息的反馈时间，使金融机构能够更好地改进业务，满足用户的需求。

二、战略规划的改变

为了具体竞争策略的顺利实施，金融企业在战略层面上也应当做出一些调整。具体如下。

（1）重视数据的积累。大量高质量的标准化交易数据将是企业的核心资源，从目前来看，平台自有数据的积累仍是其主要的数据积累方式。原因在于，一方面自身积累的数据真实性较高，平台上的金融业务数据由真实客户的历史交易行为产生，同时会有相应的资金流动记录印证支持，真实可靠；另一方面金融机构自身积累的数据密度更高，更容易从中挖掘出有价值的信息，因而适用性更强，其成本也相对不高。

（2）积极提高平台的产品开发能力。首先要不断更新后台数据处理技术，这是大数据金融平台开展大数据业务的基础。平台要充分利用互联网、大数据这两项有力武器，凭借技术，密切关注瞬息万变的市场需求并开发出日益完善的产品，提升创新能力，使得企业在纷繁的市场竞争中脱颖而出。

（3）稳步推进资本金准备的充足配置。在未来，资产管理将是金融业发展的一大支柱板块，而资产管理领域的突破业务将主要围绕信用业务展开。但是金融机构始终受到资本金准备的约束，因而发展边界受限。此外，对于它们而言，大数据基础设施的建设亟须其储备充足的资金，在此基础上才能着眼于可靠的融资支持，这就迫使资本金准备得到更高程度的重视。

（4）利用大数据积极向互联网金融发展。大数据金融服务平台可以利用海量数据和前沿科技进行创新，逐渐拓展电子商务、线上支付、互联网金融产品和服务营销等业务，凭借一体化业务系统的构建来满足市场多元化的需求，建立互联网金融服务体系，拥抱作为时代潮流的大数据战略，也为自身提供更广阔的发展机遇。

三、产业链的重构

大数据金融服务平台最大的创新点在于它塑造了全新的产业模式，促使金融业由传统的单边市场转变为新兴的双边市场。所谓单边市场模式，就是指一个卖家仅把商品卖给买家，买家就是卖家的主要市场，整个产业链是单向的，直线式的。就传统银行的借贷业务来说，资金供给方将闲置资金交给金融中介，获取利息收入（图7-7）。而金融中介根据资金需求方的具体融资计划和信用状况提供一定的资金，并向其收取贷款利息。金融中介以借贷息差为利润来源。

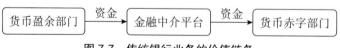

图7-7　传统银行业务的价值链条

而大数据金融服务平台所创建的产品价值链是"弯曲"的，是一个卖家和买家的双边市场。所谓双边市场就是指利用大数据技术构建一个平台，利用不同的定价策略分别向资金需求方和供给方提供服务。资金需求方是平台的市场，供给方也成了平台的市场。以 P2P 借贷平台为例，通过平台进行借贷业务可以将产业链的两端，也就是投资者和融资者直接连接起来，跳过中间的环节。融资者可以通过平台直接发布借款需求，投资者也可以通过平台寻找适合自己的理财方案，如图 7-8 所示。平台起到了撮合双方直接交易的作用，减少了需求信息的传递偏差，拉近了投资者与融资者的距离，使产品价值链重组，实现了多元化的供给与多样化的需求相匹配。

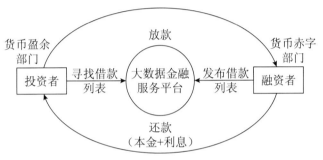

图 7-8　P2P 平台下金融价值链

大数据金融服务平台改变了传统垂直单一的价值链，使投资者和融资者可以直接交流。通过平台的大数据分析，可以了解投资者与融资者的行为偏好，更加快速准确地了解他们的需求和自身平台及其产品的不足，满足消费者多样化的需求，提高行业竞争力。通过整合分析产业链上下游的数据，改变传统的单一行业数据分析方法，可以使得企业获得更加及时准确的客户动态。同时可以分析出现有产品、业务方式的竞争状况，制定出适合自身企业的发展战略，以谋求长足发展。

同时产业链的重构有利于利用双边市场的优势，对其中一边的市场加以免费或补贴，转而通过另一边的市场来获利。这种模式可以最大限度地吸引用户，并且将产品的销售和平台的盈利区分开来。事实上，大数据金融服务平台能够将多边群体的供给和需求拉拢起来，并对其进行投资，建立一个相当于互动媒介的体系，以达到共赢的目标。

通过产业内价值关系的重构，形成以大数据金融产业为中心，数据延伸到其上下游产业的一个完整的经济产业链平台，让大数据不再以独个的点的形式存在，而成为连接产业上下游的纽带。

全球各大公司、企业和研究机构都在对大数据进行广泛的应用和尝试，大数据平台在产业链方向的运用在未来主要有以下几个方面的价值。

（1）变革当前的管理模式。大数据能切实增强算法与机器分析的影响力，一些生产性企业基于算法分析生产线的传感数据，使用自动调节功能降低生产过程中的损耗，有效规避手动处理带来的费用，促使产出的增加。

（2）提高数据的透明化和可获取性。制造商可以通过集成多种系统的数据，甚至从外部第三方获取数据来决策产品的生产。

（3）提高企业决策的准确性。大数据会使决策的制定产生本质的变化，借助大数据技术利用可控实验、公司可验证假设、分析结果以指导投资决策及运作改变。

（4）改变企业英才计划。英才在企业发展过程中的关键性不言而喻，英才所具备的丰富智力资源是企业宝贵的隐形财富，如人脉、经验、技巧等。然而在大数据的浪潮中，企业的关键所在已经开始向着与以往不同的方向演进，数据日益成为企业最关注的核心资产。企业的所有信息，全部都可以通过各种录入终端形成数据的形式进行存储，然后通过有效的数据管理模型进行分析、导出。因而，大数据技术人才成为企业下一步发展亟须的人力资源。而在数据支持下，企业管理决策的效率都能得到很大程度的提高。

第四节　大数据金融服务平台面临的风险与挑战

随着技术的发展，国家政策的扶持，大数据金融服务平台蓬勃发展，为我国经济的进一步发展提供了有力的推手。但是我们也必须看到，在金融机构与大数据融合的过程中也面临着诸多的挑战和风险，大数据金融服务平台的发展仍然困难重重。

一、从数据质量来看

随着移动互联网时代的到来，大数据金融飞速发展，已经融入我们生活中的方方面面。然而大数据真的如我们想象的这般美好吗？如何保障数据的真实可信呢？当美好的设想回归现实时，大数据背后存在的问题成了我们新的关注点。

（一）数据的真实性难以保证

大数据金融是基于对大量数据的分析，来支持金融机构的决策活动。因此，数据的真实可信程度就显得尤为重要。如果从源头的数据就产生错误，那么之后得到的结论也是可想而知的，大数据分析就失去了其最初的意义。可是，要保持大数据的真实准确性并非易事。官员要政绩，学者要成果，商人要名利。无论是提供大数据的人员，还是使用大数据的人员都有其自身的利益考虑，为了满足一己私欲，就难以避免对大数据的造假。但凡数据造假能获利，造假的情况就不会少见。同时，当今网上数据繁多，鱼龙混杂，各种网站都会提供所谓的数据资料，各种软件也会推送所谓的第一手资料，但是其真实性缺乏必要的监督，质量无法保证。如何辨别数据的真实可靠性也就成了很大的问题。为了构建和谐稳定的大数据金融生态环境，对发布数据的真实准确性的监督必不可少。

（二）数据的代表性存在质疑

即使数据是真实的，得出的结论也未必是准确的。数据多就一定代表数据可以真实代表事物本身吗？会不会我们收集的海量数据都只是描述事物某一方面的情形，而忽略了其他的方面。如果是这样，那么利用此种数据得出的结论也必然是有失偏颇的，难以代表我们要研究事物的真实状态。正如网上民意和现实民意的问题。微博上的言论并不代表最广大民众的意思，豆瓣上的评分也只能是少数人的意见。但是在现实的处理中，我们往往把网上的言论看作现实的民意，从而出现决策错误。

（三）数据的相关性存在误差

数据的相关性误差也是数据分析错误的重要影响因素。相关性的误差可能会使逻辑上明显不成立的变量之间表现出显著的相关关系。一个经典的案例就是一个产品搜索的网页数量越多，就说明这个产品越受欢迎。虽然统计数据的确显示了网页数量和产品销量之间的正相关关系，但是这种结论却不符合现实的逻辑。网页数量的暴增也有可能是受负面消息的影响导致的。同时，在处理数据方面，舍弃异质点时也必须格外小心，保证数据的误差在合理的范围之内，只有这样得出的结论才能真实有效。控制数据的误差是保障数据质量十分关键的一环。

二、从金融业的应用来看

大数据金融服务平台的蓬勃发展为金融业带来了新气象，同时也对金融业提出了新的要求和挑战。

（一）大数据基础设施建设有待加强

在大数据的时代，除了传统的报表类数据外，还有大量的非结构化数据，如音频、视频、图片等。传统的数据分析方法已经不能适应时代的发展要求，相应的软硬件基础设施落后，难以充分利用非结构化的数据信息。因此，大数据的时代要求全面加强软硬件基础设施建设，如基础通信设施和计算机网络，以支持大数据金融服务平台的建设。采用新的数据分析方法，充分利用金融大数据平台的优势，全面整合分析内外部数据，为企业提供决策信息支持。

（二）技术选择与运用存在风险

目前，我国的大数据技术仍然处于起步阶段，分析型的数据库尚未成熟。对大数据的分析能力仍然主要面对结构化数据，对非结构化数据处理能力较差。在此基础上，金融机构将面临很大的决策风险。过早的大量投资与大数据金融服务平台建设，可能会由于知识和经验的缺乏，而选择和自身不相适应的软硬件，难以达到预期的目标。相应地，过晚地引入大数据金融服务平台，可能会错失了发展的良机，未能取得先占优势，形成被动的局面。

因此，关于如何引进与开发大数据金融服务平台的决策至关重要，是企业今后运用大数据的基础，这就对金融机构的决策能力有了更高的要求，也存在一定的决策风险。

（三）金融业竞争格局面临重构

随着信息技术的进步、金融业的开放程度不断加深，监管政策明显跟不上形势的发展，这就从客观上降低了金融行业的准入门槛，使更多的非金融机构切入金融服务链条。非金融机构利用自身的技术优势和监管盲区在金融业的大碗中分得一杯羹，如阿里巴巴和腾讯集团等，它们冲击了传统金融机构的服务模式。而传统的金融机构由于原有的组织架构和管理模式的限制，短期内变革困难，无法充分发挥自身潜力，难以快速反应市场的变化，反而可能在激烈的市场竞争中处于下风。这将会导致整个金融业竞争格局的变革，增加市场波动，不利于金融业的稳定发展。

三、从监管的角度来看

目前市面上的大数据金融服务平台数量众多，鱼龙混杂，如何科学有效地监管也成了大数据平台发展的又一挑战。

（一）数据安全问题难以保障

随着大数据的繁荣发展，大数据的安全问题也日益凸显出来了。大数据平台包含的信息量巨大，一旦处理不当，就会遭受巨大损失。有的学者认为："在大数据时代，我们都会成为透明人。"这个结论听起来让人又惊又怕，不过却是当下大数据生态环境中亟待解决的问题——我们的个人隐私如何保证。我们都曾看到网上人肉搜索的案例，仅仅通过对用户 ID 的搜索，就可以轻松查到对方的姓名、住址、爱好等一系列私人信息，为当事人的生活带来了诸多不便。近年来，随着大数据的发展进步，此类网络暴力行为层出不穷。从更大的层面上来说，数据的保密性还可能威胁整个国家的安全。有军事专家评论，斯诺登泄密事件相当于美国损失了 10 个重装甲师。由此可见大数据的价值和"杀伤力"是如此之大。一旦出现数据泄露，对个体本身造成的损伤将会是非常大的。因此，大数据的安全监管不可懈怠。

（二）平台的正确使用需要引导

近年来，我国一直在保障大数据安全方面增加投入，但是随着业务链的拉长、云计算模式的普及、自身系统复杂程度的提高等，大数据的风险隐患被进一步放大。大数据的危险，可能会出现在一个不起眼的小细节上，一个微小的失误，就有可能造成无法挽回的损失。除了要从技术上保证大数据的安全之外，还要引导民众正确地使用大数据技术。科学合理地享受大数据技术带给我们的生活便利，避免出现人肉搜索等危害社会安全的行为，理性看待大数据技术。

四、从市场的角度来看

（一）大数据应用思路单一

当前，我国金融行业，大数据应用模式和方向上较为单一，倾向于抄袭或者模仿国外现成大案例。例如,国外 Zestfinance 等公司超越行业惯用的 FICO 模型,引入征信对象更为全面的信息并开发新的模型评估个人信用等级,国内 P2P 网贷企业也以此为参照,引入各类网络信息,试图以自动化方式取代耗时耗力的针对贷款企业的实地调查,在一定程度上忽略了数据覆盖面,技术积累和征信对象类型等种种不同。

另外,国外金融行业的案例也包括引入网络数据、清洗现有数据、基于先进架构提升欺诈识别效率、实时采集网点数据、转化客服音频数据等各种不同的切入角度和实现思路,都是基于自身的业务痛点做出的。而我国大数据金融行业,几乎都集中在信用评估、业务分析和客户画像上,思路较为单一,缺乏创新,特别是缺乏原创的平台和分析技术,对国际主流开源社区的贡献度不够。

总体来说,我国现有的大数据工具有着技术门槛高、上手成本高、实际业务结合较差以及部署成本高、小微企业用不起等特点。

(二)大数据市场人才紧缺

在美国,在 R、NoSQL 和 MapReduce 方面需求的专业人才薪水达到了每年约 11.5 万美元。对比我国,大数据人才一将难求,创业公司不容易招到大数据技术人才,即使招到了,人才方面支出也较高。人才方面支出包括高薪、期权和股票等。

据中国商业联合会数据分析专业委员会统计,未来我国基础性数据分析人才缺口将达到 1 400 万,而在 BAT 企业招聘的职位里,60% 以上都在招大数据人才。2015—2016 年成为距今为止,大数据人才最为匮乏的两年。

本 章 小 结

大数据金融服务平台目前在我国仍然属于新鲜事物,还在成长阶段,大数据金融服务平台的建设还有十分漫长的道路要走。首先本章对大数据金融服务平台进行了界定,并从不同的角度对其进行分类。接着,论述了大数据金融服务平台在竞争策略、战略规划及产业链层面上的革新。最后,提出了大数据金融服务平台在数据质量、金融业的发展、监管等方面所面临的挑战。

我们可以看到大数据技术的发展是势如破竹、不可阻挡的,不同种类的大数据金融服务平台正在悄悄地改变着我们的生活。我们也期望可以看到大数据金融服务平台被用于更多的领域,创造更大的价值。

第八章

大数据金融算法

第一节　大数据体系构建

在大数据时代背景下，完善大数据体系构建是一个长期的、持续迭代的过程，需要技术与算法的大力支持。基于算法的角度，大数据体系构建的基本过程主要包括数据采集与预处理、大数据存储技术和数据分析与指标构建三个步骤。

一、数据采集与预处理

大数据的源头质量，是决定指标质量与算法策略优劣性的最关键部分。目前，国内相关金融数据来源主要分为三类：第一类是上交所和深交所等交易市场的公告、财报、监管信息等；第二类是财经新闻网站，如新浪财经、第一财经、东方财富网、中国证券网、金融界、雪球财经等的个股新闻、行业新闻、宏观经济等；第三类是社交媒体，如微信、微博、贴吧及股票论坛等；第四类是关注数据，比如百度、搜狗等个股每天搜索数量及分析师研报提及次数等。一个真实可靠的数据源头，是数据体系成功构建的基础。

大数据采集则是通过网络爬虫或网站公开 API 等方式从上述相关网站上获取所需的数据信息，将非结构化数据从网页中爬取下来，并解析相关信息，将其存储为统一的本地数据文件，并以结构化的方式存储在数据库中。

数据采集的具体过程主要包括爬取网页组件、监控组件、控制中心、应用服务器及数据库等。其框架体系图如图 8-1 所示。

接下来，就是数据预处理的过程。在大数据应用中，数据来源非常广泛，数据质量良莠不齐，出于对数据质量和数据安全的考虑，这些数据并不能直接用于分析，而是需要经过一定的预处理过程。数据预处理主要是去除无法解析的错误网页，删除重复的数据，去除无效的数据等。经过预处理之后，将不同的数据源爬取到的数据统一存储，建立数据仓库，以备后续使用。

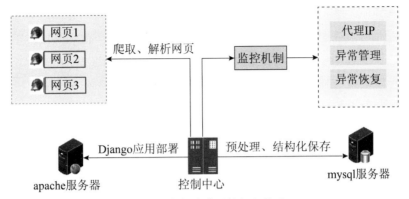

图 8-1　数据爬虫系统框架体系

二、大数据存储技术

大数据即意味着数据体量的极速增大。为了满足大数据访问的效率与要求，大数据处理需要合理地存储与组织各种数据，以减少网络和存储 I/O（输入/输出）的开销，提升系统性能。目前主流的 MySQL 大数据存储技术主要是采用分表和分区技术。

分表技术包括垂直分表，即一个表字段数量控制在一种范围，如果过多则应该适当拆分成几个表。在设计阶段就应该考虑好数据库表字段。分表技术还包括水平分表，即把数据过多的表拆分成多个表存储。分表后，逻辑上也已经是不同的子表，操作时，要指定子表操作。

分区将表分离在若干不同的表空间上，即把一个大表分割成若干个小表，分区逻辑上还是一个表，实际物理存储成多个数据文件，用来支撑无限膨胀的大表，给大表在物理一级的可管理性。将大表分割成较小的分区可以改善表的维护、备份、恢复、事务及查询性能。目前分区主要包括：① range 分区：基于属于一个给定连续区间的列值，把多行分配给分区。② list 分区：类似于按 range 分区，区别在于 list 分区是基于列值匹配一个离散值集合中的某个值来进行选择。③ hash 分区：基于用户定义的表达式的返回值来进行选择的分区。④ key 分区：类似于按 hash 分区，区别在于 key 分区只支持计算一列或多列，且 MySQL 服务器提供其自身的哈希函数。必须有一列或多列包含 > 整数值。

以上技术应用于小型大数据还可以完美解决，但是超级大型数据则无能为力。目前有以下几种典型的大数据存储技术解决方案，第一种采用 MPP 架构的新型数据库集群，重点面向行业大数据，采用 Shared Nothing 架构，通过列存储、粗粒度索引等多项大数据处理技术，再结合 MPP 架构高效的分布式计算模式，具有高性能和高扩展性的特点，在企业分析类应用领域获得极其广泛的应用。第二种是基于 Hadoop 的技术扩展和封装，围绕 Hadoop 衍生出相关的大数据技术，应对传统关系型数据库较难处理的数据和场景。第三种是大数据一体机，这是一种专为大数据的分析处理而设计的软、硬件结合的产品，高性能大数据一体机具有良好的稳定性和纵向扩展性。

三、数据分析与指标构建

通过市场情绪分析、财经文本分析、新闻热点捕捉、主题挖掘等从这些大量的新闻中挖掘出有效信息。利用数据挖掘技术，即利用各种方法分析我们需要处理的数据，发现隐藏在海量数据背后的知识和规律。挖掘步骤可以简单地概括为，一是前期数据的准备，即从相关数据源中以一定的规则筛选所需的数据，整合成数据集；二是利用数据挖掘方法将挖掘出数据背后的规律；三是以可视化方式直观地展示梳理和总结出规律。

数据挖掘常用的几种方法为分类分析、聚类分析、关联分析、预测分析、异常分析等。分类分析是首先从已有的数据中选出已有的分类，再把所有的未分类且需要分类的数据按照事先设好的类别分别进行分类。聚类分类不被归结于预测性的问题，该算法主要解决的是把一群给定的对象划分成若干个组的问题。划分样本的依据是聚类问题的核心点。聚类分析主要是解决当要分析的数据缺乏描述信息或者是无法组织成任何分类模式时用于样本的聚类分析。关联分析中主要技术是对象相关度或者它们之间的关系。预测分析主要包括一元线性回归、多元线性回归和 Markov 预测模型等。

第二节　数据挖掘经典算法

一、人工神经网络——自动编码器

现在假设我们只有一个未标记的训练集 $\{x(1)，x(2)，x(3)，\cdots，\}$，其中 x 是 n 维的。自动编码器神经网络是一种采用反向传播的无监督学习算法，让目标值和输入相等，即让 $y(i) = x(i)$。

自动编码器试图学习函数 $hW, b(x) \approx x$。换句话说，它试图学习恒等函数的逼近，使得输出 $\hat{x}$ 与 x 类似。这个将要学习的恒等函数看起来是个特别无关紧要的函数；但通过在网络中做些限制，如限制隐藏单元的个数，我们可以发现数据中的有趣结构。具体来说，假设输入 x 是 10×10 图像的像素强度值，$n=100$，然后 $L2$ 层有 $s2=50$ 个隐藏单元。注意到 y 也是 100 维的。既然只有 50 个隐藏单元，网络不得不学习输入一个"压缩"表示，即给定隐藏单元的激活值 $a(2)$ 只有 50 维，它必须"重构" 100 个像素的输入。如果输入是完全随机的，即每个 x_i 与其他特征值是高斯独立同分布的，那么这次压缩任务会非常困难。但是如果数据中包含结构，如果一些输入特征是相关的，那么这个算法可以发现这些相关性。事实上，这个简单的编码器经常用于学习低维度表示，很像 PCA（主成分分析）。

以上的论点是根据隐藏层单元小数目 $s2$。不过即使当隐藏层单元数目大时（也许甚至比输入像素数目还大），通过对网络施加其他限制，我们依旧能发现有趣的结构。特别是如果我们对隐藏层单元施加"稀疏"的限制，那么我们依旧在数据中能发现有趣的结构，即使隐藏层单元数目很多。

非正式地说，我们会认为神经元是"激活的"（或者"点着了"），如果它的输出接近 1；或者"未激活"，如果它的输出接近 0。我们希望限制神经元在大部分时间是未激活的状态。这个讨论假设用的是 sigmoid 激活函数。如果使用 tanh 激活函数，我们会认为神经元是未激活的，如果它的输出接近 −1。

回忆一下 $a_j(2)$ 表示自动编码器隐藏单元 j 的激活值。然而，这样的表示不能搞清楚引起激活值的输入 x 是什么。这样，我们会用 $a_j(2)(x)$ 表示当网络给定输入是 x 时该隐藏单元的激活值。

进一步，令

$$\hat{\rho}_j = \frac{1}{m} \sum_{i=1}^{m} \left[a_j^{(2)} = (x^{(i)}) \right]$$

是隐藏单元 j 的平均激活值（在训练集上取平均）。我们可以（近似）实施限制 $\hat{\rho}_j = \rho$，其中 ρ 是一个"稀疏参数"，典型值接近 0 的小值（如 $\rho=0.05$）。换句话说，我们希望每个隐藏单元 j 的平均激活值接近 0.05（假设）。为了满足这个限制，隐藏单元的大多数激活值都必须接近 0。

为了实现，往我们的优化目标中添加一个额外的惩罚项，惩罚 $\hat{\rho}_j$ 对 ρ 的偏离程度。惩罚项的许多选择都能得到合理的结果。我们选择以下形式：

$$\sum_{j=0}^{s2} \rho\log\frac{\rho}{\hat{\rho}_j} + (1-\rho)\log\frac{1-\rho}{1-\hat{\rho}_j}$$

这里，$s2$ 是隐藏层的神经元数目，下标 j 对网络中的隐藏单元求和。如果你熟悉 KL 分解的概念，这个惩罚项就是基于此，也可以写为

$$\sum_{j=0}^{s2} KL(\rho\|\hat{\rho}_j)$$

其中，$KL(\rho\|\hat{\rho}_j)=\rho\log\rho/\hat{\rho}_j+(1-\rho)\log1-\rho/1-\hat{\rho}_j$ 是伯努力随机变量——平均值 ρ 和 $\hat{\rho}_j$ 间的 Kullback-Leibler（KL）分解。KL 分解是衡量两个不同的分布有多不同。

惩罚函数有这样的性质，如果 $\hat{\rho}_j=\rho$，则 $KL(\rho\|\hat{\rho}_j)=0$，否则会随着 $\hat{\rho}_j$ 和 ρ 的偏离程度单调递增。例如，在下图 8-2 中，令 $\rho=0.2$，我们画出关于取一定范围 $\hat{\rho}_j$，$KL(\rho\|\hat{\rho}_j)$ 的值。

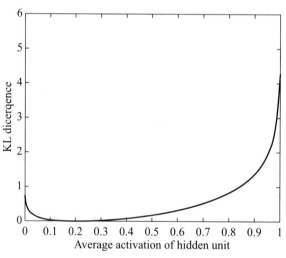

图 8-2　Kullback-Leibler（KL）分解示意图

我们看到 KL 分解在 $\hat{\rho}_j=\rho$ 处取得最小值 0。并随着 $\hat{\rho}_j$ 接近 0 或 1 而迅速增大（实际上趋于无穷大）。因此，最小化这一惩罚项使得 $\hat{\rho}_j$ 接近 ρ。

我们目前的全局代价函数是

$$J_{sparse}(W, b)=J(W, b)+\beta\sum_{j=0}^{s2} KL(\rho\|\hat{\rho}_j)$$

其中 $J(W, b)$ 之前定义过了，β 控制稀疏惩罚项的权重。$\hat{\rho}_j$ 项也（隐性地）依赖 W、b，因为它是隐藏单元 j 的平均激活值，而隐藏单元的激活值依赖参数 W 和 b。

为了让 KL 分解项包含到你的导数计算中，有一种易于实现的技巧，只需要对你的代码做较小的改变。具体而言，之前在第二层（$l=2$）中，在反向传播过程中你将会计算：

$$\delta_i^{(2)} = \left(\sum_{j=1}^{s2} W_{ji}^{(2)} \delta_j^{(3)} \right) f'(z_i^{(2)})$$

取而代之的是计算

$$\delta_i^{(2)} = \left[\left(\sum_{j=1}^{s2} W_{ji}^{(2)} \delta_j^{(3)} \right) + \beta \left(-\frac{\rho}{\hat{\rho}_j} + \frac{1-\rho}{1-\hat{\rho}_j} \right) \right] f'(z_i^{(2)})$$

一个微妙的地方是你需要知道 $\hat{\rho}_i$ 来计算这项。那么，你就首先需要在所有训练样本计算前向传播，从而计算训练集上的平均激活值，然后再从任一样本中计算反向传播。如果你的训练集足够小，能够很好地满足计算机内存（这对编程任务而言也是一样的），你可以在所有样本上计算前向传播，并将激活值结果保存在内存中，然后计算 $\hat{\rho}_i$。接着你可以用之前计算的激活值在所有样本上计算反向传播。如果你的数据太多内存装不下，你只能浏览所有的样本，在每个样本上计算前向传播，然后将激活值累积（求和），接着计算 $\hat{\rho}_i$[一旦你用激活值 a_i（2）计算完 $\hat{\rho}_i$，便丢弃每次计算前向传播的结果]。当计算完 $\hat{\rho}_i$ 后，你再对每个样本做一次前向传播计算以便能够在那个样本上做反向传播。在后面这种情况，你会在训练集的每个样本计算两次前向传播结束，使得计算效率较差。

以上的算法得到梯度下降的完整推导已经超出了这节的篇幅。不过如果你使用修改后的反向传播实现自动编码器，你将在目标函数 $J_{\text{sparse}}(W, b)$ 上计算梯度下降。使用导数检验的方法，你也可以自己验证。

二、贝叶斯——朴素贝叶斯

贝叶斯分类器的分类原理是在已知某对象先验概率的基础上，利用贝叶斯公式计算出其该对象属于某一类的概率，也就是后验概率，选择具有最大后验概率的类作为该对象所属的类。目前研究主要集中于四种贝叶斯分类器，分别是：Naive Bayes、TAN、BAN 和 GBN。

贝叶斯网络是一个带有概率注释的有向无环图，图中的每一个结点都代表一个随机变量，若图中两结点间存在着一条弧，则表示这两结点相对应的随机变量是概率相依的，反之则说明这两个随机变量是条件独立的。网络中任意一个结点 X 均有一个相应的条件概率表（conditional probability table，CPT），用

以表示结点 X 在其父结点取各可能值时的条件概率。若结点 X 无父结点，则 X 的 CPT 为其先验概率分布。贝叶斯网络的结构及各结点的 CPT 定义了网络中各变量的概率分布。

朴素贝叶斯分类是一种比较简单的分类算法，其思想基础大体如下：针对给定的待分类项，求解在此项出现的条件下各个类别出现的概率，然后选择概率最大的类别。

朴素贝叶斯分类的正式定义如下。

（1）设 $x=\{a_1, a_2, \cdots, a_m\}$ 为一个待分类项，而每个 a 为 x 的一个特征属性。

（2）有类别集合 $C=\{y_1, y_2, \cdots, y_n\}$。

（3）计算 $P(y_1|x)$，$P(y_2|x)$，$\cdots$，$P(y_n|x)$。

（4）如果 $P(y_k|x) = \max\{P(y_1|x)$，$P(y_2|x)$，$\cdots$，$P(y_n|x)\}$，则 $x \in y_k$。

根据该定义可知，得出第三步各项条件概率是分类的关键。可供选择的一种做法如下。

（1）找到一个已知分类的待分类项集合，也即训练样本集。

（2）统计出各个类别下特征属性的条件概率估计，即 $P(a_1|y_1)$，$P(a_2|y_1)$，$\cdots$，$P(a_m|y_1)$；$P(a_1|y_2)$，$P(a_2|y_2)$，$\cdots$，$P(a_m|y_2)$；$\cdots$；$P(a_1|y_n)$，$P(a_2|y_n)$，$\cdots$，$P(a_m|y_n)$。

（3）如果各个特征属性是条件独立的，根据贝叶斯定理，可推导出以下公式：

$$P(y_i|x) = \frac{P(x|y_i)P(y_i)}{P(x)}$$

由于分母为常数，所以仅需将分子数值最大化。又因为各特征属性是条件独立的，所以有

$P(x|y_i) \, P(y_i) = P(a_1|y_i) \, P(a_2|y_i) \cdots P(a_m|y_i) \, P(y_i) = P(y_i) \prod_{j=1}^{m} P(a_j|y_i)$

基于上述分析，朴素贝叶斯分类的步骤可由图 8-3 表示。

如图 8-3 所示，朴素贝叶斯分类全过程包括三个阶段。

第一阶段——准备工作阶段，在此阶段需要为朴素贝叶斯分类提供前期准备工作，具体而言，首先根据具体情况确定特征属性，再对每个特征属性进行合理划分，然后由人工对一部分待分类项进行分类，构建出训练样本集合。在此阶段，所有待分类数据是输入项，特征属性和训练样本是输出结果。准备阶段是整个朴素贝叶斯分类流程中唯一依靠人工完成的阶段，并且该阶段的实施情况对全过程效果起到决定性作用，分类器的质量在很大程度上取决于特征属

性、特征属性划分及训练样本质量。

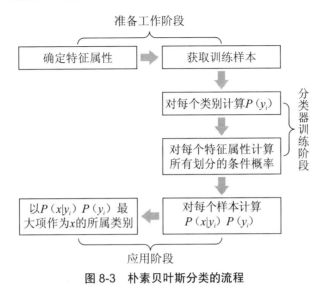

图 8-3　朴素贝叶斯分类的流程

　　第二阶段——分类器训练阶段，这个阶段的关键是生成分类器，具体做法是计算每个类别在训练样本中的出现频率及每个特征属性划分对每个类别的条件概率估计，并统计相应结果。特征属性和训练样本是输入项，分类器是输出结果。机械性活动组成了这一阶段的全部操作，基于程序自动计算前述公式即可实行。

　　第三阶段——应用阶段。使用分类器对待分类项进行分类是这一部分的核心，分类器和待分类项是输入项，待分类项与类别的映射关系是输出结果。同样，该阶段由机器程序自主实施。

三、决策树——C4.5

　　决策树（decision tree）是指以树状节点的形式推进决策的一种工具，算法基于特征属性进行分类，其主要优点在于：模型具有可读性、计算量小、分类速度快。决策树算法包括了由 Quinlan 提出的 ID3 与 C4.5，Breiman 等提出的 CART（分类与回归树）。C4.5 是机器学习算法中的一个分类决策树算法，它基于决策树核心算法 ID3 对分裂属性的目标函数实现了改进。因此，基于对决策树组建方法的部分掌握即可构建 C4.5。事实上，决策树的组建方式即为每次选择一个好的特征和分裂点并视为当前节点的分类条件。

相比于 ID3，C4.5 的优势在于以下几个方面。

（1）用信息增益率来选择属性，改善用信息增益选择属性时偏向选择取值多的属性所带来的问题。

（2）在树构建过程中进行剪枝。

（3）可以完成对连续属性的离散化处理。

（4）可以处理不完整数据。

C4.5 算法具备一系列优势：分类规则易于理解，分类结果偏差较少。其缺陷在于：在构造树的过程中，需要对数据集多次进行顺序扫描和排序，因而使得算法执行效率较低。

四、决策树——分类与回归树（CART）

分类与回归树（classification and regression trees，CART）是由 Leo Breiman，Jerome Friedman，Richard Olshen 与 Charles Stone 于 1984 年提出的，既可用于分类也可用于回归，被称为数据挖掘领域内里程碑式的算法。CART 算法既可以用于创建分类树（classification tree），也可以用于创建回归树（regression tree）、模型树（model tree），两者在建树的过程中稍有差异。

创建分类树递归时，CART 每次都选择当前数据集中具有最小 Gini 信息增益的特征作为结点划分决策树。ID3 算法和 C4.5 算法虽然在对训练样本集的学习中可以尽可能多地挖掘信息，但其生成的决策树分支、规模较大，CART 算法的二分法可以简化决策树的规模，提高生成决策树的效率。针对连续特征，CART 和 C4.5 采取相同的方法进行操作。为了规避过拟合（overfitting）问题，CART 决策树需要剪枝。在接下来的预测过程中，基于逐步构造出的决策树模型，对特征值延伸到末端叶节点进行匹配就能明确预测的分类是什么。

在构造回归树的过程中，观察值取值连续且未进行分类，因而根据观察数据得出的值才能构建一个预测的规则。面临该种情形时，分类树的最优划分方式失去了应用效果，CART 则使用最小剩余方差（squared residuals minimization）来对回归树的最优划分做出选择，此种方式确保基于期望划分的子树误差方差最小。构建出的模型树上每个叶子节点都对应着各自的机器学习模型，如线性回归模型。

CART 算法包含以下三大关键基础。

（1）二分（binary split）：在每次判断过程中，都需要对观察变量进行二分。

CART 算法采用一种二分递归分割的技术，该种技术的思路是将当前样本集划分为两部分子集，从而保证构造出的决策树上各个非叶结点有且仅有两个分枝。由此可见，CART 算法导致决策树拥有清晰的二叉树结构。所以 CART 算法适用于样本特征的取值为是或非的场景，对于连续特征的处理则与 C4.5 算法相似。

（2）单变量分割（split based on one variable）：每次最优划分都是针对单个变量。

（3）剪枝策略：CART 算法的核心，同时也作为 Tree-Based 整体算法的重点环节。

剪枝过程特别重要，在最优决策树的构建起到不可或缺的作用。相关科研成果表明，在重要程度繁忙，剪枝环节甚至比树生成环节更胜一筹。基于各种划分标准创建的最大树（maximum tree）均可以在剪枝后维持原有核心属性不变，确实各异的剪枝方式在塑造最优树的过程中扮演决定性角色。

五、决策树——随机森林

随机森林由 LeoBreiman（2001）提出，它通过自助法（bootstrap）重采样技术，从原始训练样本集 N 中有放回地重复随机抽取 k 个样本构造新的训练样本集合，再基于自助样本集产生 k 个分类树组建随机森林，根据分类树投票数量对应的分数来对分类结果进行界定。

此概念的具体操作可视为对决策树算法实现了进一步完善，在合并多个决策树的基础上，每一棵树的构建都对应着独立抽取的单个样品，而森林中的各棵树都有相同的分布，分类误差取决于它们各自的分类能力和彼此关联程度。特征选择以随机方式对各个节点进行再分，然后比较各种情形下的误差状况。可被检测到的内在估计误差、分类能力和关联度共同决定了选择特征的数目。尽管单棵树的分类能力未必显著，但考虑到随机方式有能力生产众多决策树，单个测试样品就能针对每一棵树的分类结果进行统计分析，从而找到最可能的分类。

六、线性分类——支持向量机（SVM）

支持向量机（support vector machine，SVM）是寻找稳健分类模型的一种代表性算法。支持向量机的思想最早在 1936 年 Fisher 构造判别函数时就已经显露出来，Fisher 构造的两组数据之间的判别模型是过两个集合中心位置的中垂面，中垂面体现的就是稳健模型的思想。函数逼近建立了输入和输出函数估计理论，但当输出中包含噪声干扰时，估计模型抗噪声能力较弱，另一个困扰建模的问题是在建模过程中，是否只有一种最优目标函数存在，比如模型结构选择和模型精确度的选择通常是两个不同的目标，既要体现灵活性又要保证稳健性，这对复杂目标下的建模来说是一种客观现实的需要，这个问题也可以被描述成精准估计和泛化误差之间的权衡问题。1974 年 Vapnik 和 Chervonenkis 建立了统计学习理论，比较正式地提出了结构风险建模思想，他们开创了直接对判别边界建模的理论方向，这一理论成为统计学习得以发展的奠基石。统计学习认为稳健预测模型的建立可以通过设计结构风险不断降低的算法建模过程来实现，该过程以搜索到结构风险最小为目的。20 世纪 90 年代 Vapnik 基于小样本学习问题正式提出支持向量机的概念。支持向量机是以结构风险最小化原理为基础的新算法，与相同原理支撑的其他算法相比具备显著的优势。通过求解一个凸二次优化算法，该算法运行结果使得极值解也是全局最优解。它通过平衡的函数设计将估计的目标直接对准所要估计关系的最稳健的方向，在该方向之下直接产生最优边界估计，而不必像传统的方法先估计关系，再估计边界。SVM 的目的是寻找泛化能力好的决策函数，即由有限样本量的训练样本所得到的决策函数，在对独立的测试样本做预测分类时，仍然能保证较小的误差。此外，SVM 算法的本质是求解凸二次优化问题，能够保证在运行结果中的极值解即为全局最优解。

当样本数为 n 时，该二次规划问题包含 $2n$ 个优化变量、1 个等式约束、$4n$ 个不等式约束，也涉及 n 平方维的核函数矩阵的计算等，所以求解的规模与样本数量之间存在着较大的关联度。

除了稳健性概念以外，使用核函数解决非线性问题是 SVM 另一个吸引人的地方，即将低维空间映射到高维空间，在高维空间构造线性边界，再还原到低维空间，从而解决非线性边界问题。

七、关联规则学习——先验算法 Apriori algorithm

Apriori 算法是由 Agrawal、Imielinski 和 Swami 于 1993 年设计的具备较强典型意义的发现关联规则的算法，应用较为广泛。它是发现布尔关联规则所需频繁项集的基本算法。Apriori 算法是一种先验概率算法，依据频集特性的先验知识，依照层次顺序循环搜索频繁项集。

Apriori 算法由两部分构成，第一部分是在给定的最小支持度 S_0 和数据库下，从 D 中找到频率大于等于 S_0 的项集，支持度超过最小支持度而且由 k 个项构成的项集称为 k- 大项集或大项集，记为 L_k，L_k 的项集称为频繁项集。它所采用的基本过滤方法是集合的向下封闭性质。集合的向下封闭性质指出：一个 k- 项集的支持度超过 S_0 的必要条件是 k- 项集的全部子集都在 k- 大项集之中。第二部分是找出可信度超过最小可信度的项集。Apriori 算法的核心是第一部分。

Apriori 算法主要以搜索满足最小支持度和可信度的频繁 k- 项集为目标，频繁项集的搜索是算法的核心内容。如果 k_2- 项集 **B** 是也 k_1 项集 **A** 的子集（$k_1 \geqslant k_2$），那么称 **A** 由 **B** 生成。我们知道 k_1- 项集 **A** 的支持度不大于任何它的生成集 k_2- 项集 **B**，即支持度随项数增加呈递减规律，于是可以从较小的 k 开始向下逐层搜索 k- 项集。如果较低的 k- 项集不满足最小支持度条件，则由该 k- 项集生成的 l- 项集（$k<l\ll m$）都不满足最小支持度条件，从而可能有效地截断大项集的生长，消减非频繁项集的候选项集，有效地遍历满足条件的大项集。

八、关联规则学习——FP-growth 算法 FP-growthalgorithm

Apriori 算法主要面临的发展问题在于，需要通过生成大量的候选短频繁模式来取得其中较长的部分。基于该问题，诞生了 FP-Growth 算法这样崭新的创新成果。目前，在数据挖掘领域，Apriori 和 FP-growth 算法的引用次数均位列前三甲。

FP 即 frequent pattern，因其算法运用了频繁模式树（frequent pattern tree，FP-tree）这种数据结构而得名。FP-tree 是前缀树的一种特殊形式，包含频繁项头表和项前缀树两部分。前缀树即为一种存储候选项集的数据结构，根据项名识别树的分支，路径代表项集，后缀项储存于树的节点中。

FP-growth 算法只需要对数据库进行两次扫描，而 Apriori 算法对于每个潜在的频繁项集都会扫描数据集判定给定模式是否频繁，因此 FP-growth 算法的速度要比 Apriori 算法快。算法流程为首先构建 FP 树，然后从 FP 树中挖掘出频繁项集。但 FP-growth 算法实现比较困难，在某些数据集上性能会下降，适用标称型数据。

九、聚类分析——期望最大化方法（EM）

期望最大化（expectation maximization，EM）算法是一种基础算法，是很多机器学习领域算法的基础，比如隐式马尔可夫算法（HMM），LDA 主题模型的变分推断，等等。其最初是由 Ceppellini 等 1950 年在讨论基因频率估计的时候提出的。后来又被 Hartley 和 Baum 等发展得更加广泛。目前引用较多的是 1977 年 Dempster 等的工作。它主要用于从不完整的数据中计算最大似然估计。后来经过其他学者的发展，这个算法也被用于聚类等应用。

EM 算法是基于模型的聚类方法，假设样本分布遵循高斯混合模型，算法可用于充分拟合输入的数据，确定每个高斯部件的参数，分析出相应的模糊聚类，基于已知参数找到不同样本属于各个高斯分布的概率。实际应用过程中，最常用的方法是极大化模型分布的对数似然函数，从样本观测数据中获取模型参数的情况十分普遍。

但是在一些情况下，我们得到的观察数据有未观察到的隐含数据，此时我们未知的有隐含数据和模型参数，因而无法直接用极大化对数似然函数得到模型分布的参数。这时可以使用 EM 算法。

EM 算法解决问题思路是使用启发式的迭代方法，既然我们无法直接求出模型分布参数，那么我们可以先猜想隐含数据（EM 算法的 E 步），接着基于观察数据和猜测的隐含数据一起来极大化对数似然，求解我们的模型参数（EM 算法的 M 步）。由于我们之前的隐藏数据是猜测的，所以此时得到的模型参数一般还不是我们想要的结果。不过没关系，我们基于当前得到的模型参数，继续猜测隐含数据（EM 算法的 E 步），然后继续极大化对数似然，求解我们的模型参数（EM 算法的 M 步）。以此类推，不断地迭代下去，直到模型分布参数基本无变化，算法收敛，找到合适的模型参数为止。

从上面的描述可以看出，EM 算法是迭代求解最大值的算法，同时算法在每一次迭代时分为两步，E 步和 M 步。一轮轮迭代更新隐含数据和模型分布参数，直到收敛，即得到我们需要的模型参数。

一个最直观了解 EM 算法思路的是 K-Means 算法，参考之前写的 K-Means 聚类算法原理。在 K-Means 聚类时，每个聚类簇的质心是隐含数据。我们会假设 K K 个初始化质心，即 EM 算法的 E 步；然后计算得到每个样本最近的质心，并把样本聚类到最近的这个质心，即 EM 算法的 M 步。重复这个 E 步和 M 步，直到质心不再变化为止，这样就完成了 K-Means 聚类。

总结下 EM 算法的流程如下。

输入：观察数据 $x=(x^{(1)}, x^{(2)}, \cdots, x^{(m)})$，联合分布 $p(x, z|\theta)$，条件分布 $p(z|x, \theta)$，最大迭代次数为 J。

（1）随机初始化模型参数 θ 的初值 θ^0。

（2）for j from 1 to J 开始 EM 算法迭代：

a. E 步：计算联合分布的条件概率期望：$Q_i=(z^{(i)})=P(z^{(i)}|x^{(i)}, \theta^j)$

$$L(\theta, \theta_j) = \sum_{i=1}^{m} \sum_{z^{(i)}} Q^i(z^{(i)}) \lg P(x^{(i)}, z^{(i)}|\theta)$$

b. M 步：极大化 $L(\theta, \theta^j)$，得到 θ^{j+1}：

$$\theta^{j+1} = \arg \max_{\theta} L(\theta, \theta_j)$$

c. 如果 θ^{j+1} 已收敛，则算法结束。否则继续回到步骤 a 进行 E 步迭代。

输出：模型参数 θ。

十、聚类分析——K-Means

聚类分析又名无教师学习或无指导学习，区别于分类学习的是，聚类的样本通常不提前进行标记，而是采用基于聚类学习算法自动选择的方式。该种分析最初也不设立训练目标，直接将样本分割为若干簇。聚类分析是数据挖掘中不可或缺的技术，由于数据和问题繁多，聚类方法应用于数据挖掘的前提是满足诸多特别要求，这些要求可归为：掌握大规模数据中块特征，处理各种属性数据的聚组，顺应各种情形，有超强抗噪性能和优良的解释性，不受输入数据顺序的影响，高维聚类并且可以兼容特定约束。这些要求促成了聚类方法不断更新和衍生，也使得聚类分析在实践中受到青睐，在用户分类、文本归集、结构分组和行迹追踪等方面得以被大规模应用，成为数据挖掘领域欣欣向荣成长的板块。

聚类分析是一种探索数据分组的统计方法，其目的是建立一种归类方法，将一批样本或变量，按照它们在特征上的疏密程度进行分类，使得组内样品的相似度达到最大，而组间的差异达到最大。即簇内部的任意两个样本之间具有较高的相似度，而属于不同簇的两个样本间具有较高的相异度。相异度通常用样本间的距离刻画，在实际应用中，经常将个簇中的数据样本作为同质的整体看待，有简化问题和过滤冗余信息的作用。

k- 均值算法是另一种应用范围非常广的聚类方法，它是一种典型的划分聚类方法。其核心内容是在给定聚类数 k 的基础上，促使组内误差平方和最小化，以找出各个样本点对应的类别。

k- 均值算法的流程通常分为以下步骤。

（1）任意选择（通常是随机分配）n 个样本点中的 k 个，并将其划定为初始聚类中心。

（2）针对其余样本点，按照这些点各自与第（1）步设定的聚类中心之间的距离，逐个将它们归属于与其相似度最高的中心所属类别。

（3）计算并划定每个新类的聚类中心。

（4）不断重复步骤（2），（3），直到所有样本点所属类别不再改变或类中心不再改变。

从上述过程可以看出，在 k- 均值算法中，知晓任意两点之间的距离并非必要条件，所以在处理海量数据时，k- 均值聚类的收敛速度具有无可比拟的优越性，事实上，k- 均值聚类的计算效率可以用 $O(tkn)$ 表示，其中 n 是样本量，k 是聚类数，t 是迭代次数。在大多数情形下，如果 k，$t \ll n$，那么算法是线性的，而层次聚类的效率为 $O(n^2)$，k- 均值算法可能会陷入局部最优，此时全局最优则依靠模拟退火算法或遗传算法。

k- 均值的第二个问题是容易受到初始点选择的影响，在分类数据上分辨力不强，不适用于非凸问题，受异常数据影响，受到不同类别的密度方差大小的影响。解决的方法是采用二分 k- 均值过程。二分 k- 均值算法是对基本 k- 均值数据挖掘聚类算法的一种改进，其主要思想是：假设要将样本数据分为 k 个簇，先用基本 k- 均值算法将所有的数据分为两个簇，从所得结果中选择一个较大的簇，继续使用 k- 均值算法进行分裂操作，直到得到 k 个簇，算法终止。

十一、异常检测——KNN（K 最近邻）

K 最近邻（k-nearest neighbor，KNN）分类算法，是一个拥有成熟理论基础的方法。其核心要义为：给定一个样本，在特征空间中有 k 个与之相似程度最高（特征空间中距离最近）的样本，且这些样本中的大部分同属一个类别，那么该样本也应归为这个类别。在 KNN 算法中，选定的邻居均为经过合理归类的样本。这种算法在划定分类时仅仅依据距离最近的一个或多个样本的类别来确定给定样本的分类。KNN 方法虽然从原理上也依赖于极限定理，但在类别决策时，只与极少量的相邻样本有关。基于 KNN 方法主要依赖较小距离范围内的个别样本，而不是采用判别类域的方式决定分类，所以该种方法在面对类域中交叉或重叠较多的待分样本集时更容易进行相应处理。

KNN 算法不仅是分类中的重要方法，在回归方面也有着较好的应用。首先找出与给定样本距离最近的 k 个样本，再将这些样本的属性平均值赋予给定样本，这就得到了该样本的属性。一个更实用的处理策略是基于邻近程度不同的样本对给定样本差异化的影响，将这些影响赋予不同的权重（weight），如按照权值与距离成正比的原则。

KNN 算法在分类中的应用也有相应的缺陷。当处理非平衡样本时，各个类别的样本容量差异较大，在这种情况下，新输入的样本有大概率面临邻近样本多数来源于大容量样本的问题。相应地，采取权值法（距离样本越近的邻居权值越大）有助于解决这一问题。该算另一处缺陷在于计算量较大，主要是由于针对各个未经分类的文本，必须明确它与所有已分类样本之间具体的远近程度，在此基础上方可找到与其距离最小的 K 个样本。针对这一缺陷，一般而言需要先做剪辑处理，剔除在分类过程中影响较小的样本点。事实上，此方法的最佳应用就是针对大容量的样本分类，在处理小容量样本的时候可能会导致分类不当。

十二、集成学习算法——AdaBoost

AdaBoost 是一种迭代算法，其核心思想是针对同一个训练集训练不同的分类器（弱分类器），然后把这些弱分类器集合起来，构成一个更强的最终分类器（强分类器）。其算法本身是通过改变数据分布来实现的，它根据每次训练集之中每个样本的分类是否正确，以及上次的总体分类的准确率来确定每个样本的权值。将修改过权值的新数据集送给下层分类器进行训练，最后将每次训练得到的分类器最后融合起来，作为最后的决策分类器。使用 AdaBoost 分类器可以剔除某些无用的训练数据特征，并着眼于核心训练数据。

目前，AdaBoost 算法相关研究和应用主要聚焦于分类这一层面，该算法对回归问题方面的贡献也日益增多。该算法主要解决了两类问题：多类单标签问题、多类多标签问题、大类单标签问题和回归问题。该算法使用全体训练样本用于学习。

AdaBoost 算法实质上是一个简单的弱分类算法提升过程，在过程中基于不断的训练逐步提升数据分类效率。该过程大体分为以下几个步骤。

（1）首先学习 N 个训练样本，获取第一个弱分类器。

（2）把分错的样本与其余新数据汇集为另 N 个训练样本，学习并获取第二个弱分类器。

（3）将前两步中错误的样本与其余新数据汇集为另 N 个不同的训练样本，学习并获取第三个弱分类器。

（4）不断提升后得到强分类器，各个数据的归类要基于各分类器权值决定。

但是，boosting 算法有以下两处尚需思考。

（1）基于何种操作去推动弱分类器利用训练集进行学习和强化。

（2）如何将训练得到的各个弱分类器联合起来形成强分类器。

针对上述问题，AdaBoost 算法做出了相应调整。

（1）运用加权后选取的训练数据取代先前随机方式产生的样本，从而把训练重点放在分类难度较大的样本上。

（2）汇集各类弱分类器，采用加权方式替代平均的投票机制。根据分类效果不同赋予各个弱分类器差异化的权值，效果越好，权值越大。

AdaBoost 算法是 Freund 和 Schapire 根据在线分配算法提出的，他们仔细研究出了 AdaBoost 算法错误率的上界，以及使强分类器达到目标错误率所需迭代算法的次数极值等一系列具有现实意义的问题。与 boosting 算法不同的是，AdaBoost 算法对弱学习算法学习正确率的下限，即弱分类器的误差不做了解要求，而且最终获取的强分类器分类准确度依赖于所有弱分类器的分类准确度，从而有助于不断对弱分类器算法进行改善。

AdaBoost 算法基于各个样本权值的改变对各个训练集进行区分。最初，每个样本被赋予了同等权值，有 n 个样本，基于这些样本分布训练出第一个弱分类器。对于分类出错的样本赋予更高的权值，反之则更低，从而将这些样本划分为两类，转换成全新的样本分布。此时继续训练弱分类器，生成第二个版本。以此类推，T 次循环后就有 T 个弱分类器，按一定的权值把它们全体叠加（boost），从而转化出所需的强分类器。

Adaboost 算法是经过调整的 boosting 算法，该算法可以针对弱分类器的错误进行适应性调整。前述算法中有 T 次循环训练，每一次都会基于现有权值分布对样本 X 设立一种分布 P，然后迭代出新版的弱分类器，对于该算法训练过程中采用的弱学习算法而言，全体都具备一定的错误率数值，而其上限无须预先了解，实际上，在弱分类器训练时的每一次迭代都需要改变权值。这样的改变依据：降低分类效果优良的数据的概率，提升分类效果不良的数据的概率。最后阶段整合的分类器相应参数是上述各版本的加权平均。

第三节　大数据算法面临的困境与解决之道

大数据让算法变得前所未有的强大，机器学习和深度神经网络，克服了算法设计中人的局限；只要有数据，且数据中有统计规律，算法就能找到这些规律。人工智能技术近几年的火热，主要得益于机器学习、深度神经网络方面的技术突破，以及大数据技术的成熟。这些技术的突破使得从前很多被认为机器不可能解决的问题，变得可以解决。过去技术人员开发信息系统，需要将领域知识在头脑中转换为算法和程序。这些技术突破改变了这一现状，消除了对领域知识的依赖。算法可以通过机器学习的方法，从大量数据中自动提取出来，不再需要人来编写。这不仅减少了错误遗漏、降低了开发成本，并且可以随着数据的变化自动更新，而不会因为现实的变化而落伍。然而，科技进步带来了便利，也会带来一些隐患。

一、大数据算法存在的问题

（一）算法的技术困境

1. 标签推荐困境

目前最常见的推荐机制为"相似邻居推荐"，这是一种基于纯行为的标签推荐：当进行海量数据的收集和分析后，如果发现行为 A、行为 B 总体共现次数多，系统就会向有行为 A 的人推荐 B。比如在网购时，如果与你以往购买行为类似的人喜欢一件衣服，那么系统就会认为你也喜欢，就会把它买过的衣服推荐给你。这确实会给我们的生活带来一些便利，但这样的推荐机制完全基于数据关系，而缺乏逻辑因果关系，有时会让我们觉得推荐的东西莫名其妙，难以达到精准营销的目的。

2. 关系推荐困境

以微博推荐机制为例，目前算法的逻辑基本如下：我与 A 非好友，但我的好友中有不少人与 A 是好友，即我和 A 有不少共同的好友，那么系统便会把 A 也推荐给我（共同好友）；我关注的人中有不少关注了 B，那么系统推测我也可能会喜欢 B，从而便会把 B 也推荐给我（间接关注人）。但大多数时候，这样的推荐也会出现与前文类似的问题，而难以达到预期的效果。人与人之间的关系亲疏错综复杂，难以简单地以数据连接来概括。

3. 行为赋值困境

在行为分析领域，大数据算法在实际应用中常常对特定的行为进行赋值。例如，音乐分类中常常会进行这样的行为赋值："单曲循环 =5，分享 =4，收藏 =3，主动播放 =2，听完 =1，跳过 =-2，拉黑 =-5。"但是，这些分值分别代表什么意思，对行为量化能够达到什么程度，这些行为背后的原因，不同行为间是否确有关系，都难以从简单的数据中知晓。如果简单地认为将某个行为变成数值后就可以着手分析，那么面临的真正难题不是计算，而是如何明确地判断这些行为，并进行用户匹配。行为的背后到底是什么，需要更精细的考量。

（二）算法的监管措施与约束机制缺失

算法没有价值判断，最终是人给计算结果加上了价值判断。但是一旦人们把算法给出的结果用在处理社会关系上，这些结果就对相关的每个人产生了意义。

算法让一部分人掌握了过大的权力。虽然技术突破和大数据让算法开发变得容易，但是获取到足够的数据和计算资源，开发并利用算法，仍然是一件具有相当门槛的事情。能够掌握利用算法的仍限于少数人，这就使得这些少数人在社会生活中相对于其他人占有了极大的优势。为了社会公平，我们对拥有财产优势的人征收更多的税负，对掌握权力的人施加种种制衡，但是我们对拥有算法优势的人如何限制，仍然没有可行的思路。

技术突破让算法不需要人编写，虽然减轻了人开发算法的负担，但也让人更难以理解算法。大多数深度学习产生的算法都让人无法理解，但是由于大多数情况下算法是有效的，人们即使不理解，也乐于利用算法。这就产生了一个风险：没有人知道算法的边界和失效条件，因此也就不能判断算法何时会出错。由于不理解，使用者往往倾向于忽视这种风险，于是形成了对算法的迷信。美国威斯康星州的判案系统就是这种情况。

相应的社会约束机制难以跟上，新技术只要有效，很快就会在社会生活中广泛应用，但是新技术往往深刻地改变了人们的生活方式，而与这些改变相适应的社会约束机制，只能在新技术的社会影响日益明确之后，才能逐渐建立起来。社会规范总是滞后于社会现实，在技术快速发展的当今，这种滞后造成的问题尤为显著。今天人工智能对人们日常生活的影响，恰如100年前汽车普及造成的影响。当美国普通家庭开始拥有汽车很多年之后，道路信号、交通规则、驾照考试等设施和机制才逐渐完善，跟上技术变革的脚步。

因而，我们应当在变化中探索秩序。人工智能技术仍在快速发展过程中，对社会生活的种种影响才刚刚开始显现。对此我们既不能因噎废食，阻碍技术发展，也不能放任自流，任由丛林法则支配，而是必须因应技术发展的潮流和社会现实的变化，不断探索调整，兴利除弊，让技术发展始终作为推动社会进步的动力。

二、有效算法的七大原则

要想解决算法面临的问题，使其更好地为社会进步提供技术基础，就要遵循以下七大原则。

稳定性原则：运算精准的前提是稳定。面对不稳定的用户、不稳定的行为，不稳定的情感等干扰，必须找到行之有效的办法去解决。

人性原则：人与物品的区别是人是有情感的，人有态度、有情绪、有对情境的考量、有动机……人的所有行为随着环境的变化瞬息万变，人性的不稳定，怎么能在大数据的运算当中呈现出来，这是一个问题。

数据全面性原则：数据全面是有效分析的基础，数据缺失多错误率一定高。现在数据分析当中面临最常见的问题是低价值数据稠密，高价值数据稀疏。我们的对象是人，定要基于人的逻辑考虑，产生人可以认识的分析结果。数据的维度应该基于人能力所及的范围，而非机器。

分类原则：做过调查的人都知道，做抽样的时候永远应该先分层。在分析用户之前，我们也一定要先分群。个体永远是复杂的，复杂性对复杂现象只能添乱。所以不要把人回归到个体的维度，而是放在群体里讨论。这是一个降维的过程，也降低了问题的复杂性。

变量多元指向原则：不要以为变量都只有一种展现方式，所以不要拿比例表做所谓用户画像。一个变量就是一个含义。以"代沟"为例，它的形成可能关乎年龄、学历、家庭生命周期、社会现象等，一个变量是可以对应 N 个维度的。

变量复杂性原则：变量的呈现并不是简单的、分离的现象，而是混后、叠加、再分类后的行为组合。这非常类似于深度学习的层级。

效率原则：效率一定是和人的行为匹配的。如果在没有进行准确匹配的前提下进行推送，人们只会将大量的推送服务视为骚扰。

三、大数据算法的未来路径假说

（一）基于人，寻找"常人"和"常模"

数据运算的本质是找寻"常人"，即"稳定的人"，分析的本质是建构"常模"，常模建立之后才能对象于个人。

任何一个人的行为都没有规律，但是人的生活行为方式都是极其规律的。因此在进行数据运算时，对生活方式的探究价值要远远大于对行为打标签。生活方式对应的就是"常人"。

人的态度、行为、情绪、场景都是不同的，似乎找不到规律可言。但人是生活在群体当中的，群的行为是用户特征的综合，代表的是一种稳定的生活方式与态度，是可以感知和评判的，其变化也是有规律可循的。正确的做法是对某一个群体的行为分析来建立常模，要注意的是，这不同于数据挖掘算法中的"分类"。这种分析不是行为的叠加，而是一种生活方式的展现，一个人可以从属 N 个群体。

（二）基于物，寻找 N 维空间与人的认识能力

这个假说的前提是每个非人的事物都有一个确定的 N 维空间，而且 N 可以从人的认识能力角度定义。每一个不同的物品，N 维空间不一定一样，但都是相似的，体现的只是数量的变化。

特易购乐购（中国）投资有限公司（TESCO CHINA）的运算逻辑是抽样实验＋分析＋大数据推送，随时实验，购物篮组合，它把每一个产品都用 20 个维度打标签，收集了海量的顾客数据，通过对每位顾客海量数据的分析，对每位顾客的使用程度和相关风险都有一个极为准确的评估。推荐这件事情就变得简单多了。

其实，运算当中可以融入社科的所有思想，现有很多程序员只关注自己的领域，对其他的行业一点儿都不了解，做出的分析也不可能完全正确。

大数据运算的逻辑本身是要反推人性。因此数据科学要将社会学、经济学、法学、政治学、传播学等所有学科已有的知识，稳定到计算当中。

本 章 小 结

　　大数据算法是大数据金融应用于实际问题的技术基础，本章从大数据体系构建出发，介绍了数据采集与预处理、大数据存储技术和数据分析与指标构建三个构建大数据体系的基本步骤，并介绍了数据挖掘经典算法的概念、理论基础与实践领域。从实践应用的角度出发，探讨了大数据算法面临的技术困境与监管困境，并为此明确了有效算法的七项原则，以期数据算法有效运行。同时，从人与物两个不同角度探索大数据算法未来发展路径。

第九章

大数据金融生态环境建设

　　任何产业的发展都需要合适的土壤，大数据金融的发展也不例外，需要建立起有利的生态环境。健康的大数据金融生态体系是大数据金融可持续发展的重要基石。本章从大数据市场环境建设出发，详细阐述了大数据监管体系及征信体系建设，并指出了大数据生态系统的构成及其面临的挑战。

第一节　大数据市场环境建设

一、大数据金融外部环境

良好的市场环境能够促进大数据金融健康持续地发展。近年来，大数据金融在政策环境、经济环境、技术环境以及交易环境等方面都获得了有利的发展契机。

（一）政策环境

大数据金融是最近几年兴起的一个概念，所以与其他行业相比，专门针对大数据金融发展的政策支持比较少。但作为互联网金融触角的延伸，大数据金融依然可以借互联网的东风而强势崛起。北京、上海、深圳、武汉、南京、贵阳等城市的政府部门均出台了多项政策扶持互联网金融企业及其载体（产业园、孵化器、孵化园）的支持。通过落户奖励，对企业进行财政补贴、小微服务奖励等方式对互联网金融的发展提供了有利的政策，有利于互联网金融在中国各个城市的逐步发展。同时，针对大数据金融发展的政策也逐步出台。

在中央层面上，2012 年，党的十八大会议中将金融改革作为中国 10 年发展的重要目标之一，同时在"十二五"规划中，也对大数据的发展做出了重要部署。2014 年，"大数据"被首次写入《政府工作报告》，其中指出，要设立新兴产业创业创新平台，在大数据等方面赶超先进，引领未来产业发展。"大数据"旋即成为国内热议词汇。大数据产业"十三五"发展规划已征求专家意见，进行了集中讨论和修改，有望在 2016 年内发布。

在地方层面上，各地政府加快推动数据开放的工作。2016 年，珠三角在内的 7 个国家大数据综合试验区建设方案已获批，全国共有 30 多个省市专门出台了大数据相关政策文件，10 余个地方专门设置了大数据管理部门推进大数据发展。广东正式启动建设珠江三角洲国家大数据综合试验区，成为全国首批确定的跨区域类大数据综合试验区。继贵州之后，上海、河南、重庆等7个区域也将会推进国家大数据综合试验区的建设，大数据综合试验区的布局将从西部向中部和东部延伸。

然而，与发达国家相比，我国大数据金融发展的政策环境仍然存在不小的差距。2012年3月29日，美国白宫科技政策办公室发布《大数据研究和发展计划》，成立"大数据高级指导小组"，将大数据上升到国家战略层面。该计划旨改进对海量数据的收集、分析、管理能力，提升对社会经济发展的预测能力。计划内容包括首批共有6个联邦部门宣布投资2亿美元，提高收集、储存、保留、管理、分析和共享海量数据所需核心技术的先进性。在这一计划中，美国政府将数据定义为"未来的新石油"，足以见得美国将大数据放在了何等高的地位。2014年5月，美国白宫发布了2014年全球"大数据"白皮书的研究报告《大数据：抓住机遇、守护价值》。

2012年9月，欧盟公布了《释放欧洲云计算服务潜力》战略方案，并向欧盟委员会和欧洲议会提交了《云计算发展战略及三大关键行动》建议。该战略计划中提出，用两年时间把欧盟打造成云计算服务的领先经济体，为2014—2020年欧盟"云起飞"打下坚实的基础，让大数据技术革命渗透到经济社会的方方面面。该战略预计，到2020年大数据技术将为欧盟创造GDP达到9 570亿欧元，增加就业人数380万。

自2011年开始，英国不断在大数据领域进行大量持续的专项资金投入。2011年，英国政府决定注资6亿英镑发展8类高新技术，其中1.89亿英镑就投入大数据研发中。2014年，英国政府又决定对大数据技术研究发展投入7 300万英镑，目标涵盖以下方面：将大数据技术应用于55个政府数据分析项目，基于优质的高等学府筹建大数据研究机构，大力扶持牛津大学、伦敦大学等知名院校创设大数据相关专业等。全球大数据产业的日趋活跃、技术演进和应用创新的加速发展，使各国政府逐渐认识到大数据在推动经济发展、改善公共服务，增进人民福祉，乃至保障国家安全方面的重大意义。鉴于以上发达国家的大数据政策扶持经验，中国若要跟上世界大数据金融发展的步伐，政府部门就必须加快大数据金融战略的顶层设计，将大数据金融发展上升到国家战略层面。全面加大大数据金融的研究支持力度，明确关键技术，确定重点领域进行支持。并推动大数据金融在不同领域的广泛应用，包括在商业上的应用、军事上的应用等，并可以结合当前的云计算技术、物联网技术等。

（二）经济环境

良好的经济环境支持是大数据金融发展的必要条件。2015年世界经济继续保持复苏态势，中国经济发展面临的国内外总体环境较好，但国际地缘政治冲突、国际外交政策的调整也为中国和世界经济的发展带来了一定的风险与不确定性。

国际方面，当前世界经济发展的大环境比较有利，尤其是作为全球第一大经济体的美国，出现了较明显的复苏迹象。2015年全球经济增长继续保持复苏态势，增速也有所提高。2015年全球经济增长3.8%，较前年提高0.5个百分点。

国内方面，随着中国经济发展进入"新常态"，面对较明显的经济下行压力，中央采取了一系列政策调控措施，包括全面降息降准，推出一批PPP（政府和社会资本合作）项目，结构性减税，等等。通过扩大内需从而拉动经济增长，这些政策措施的效应将逐渐释放。2015年，国内经济运行平稳，初步核算，全年国内生产总值达676 708亿元，按可比价格计算，比2014年增长6.9%；CPI（居民消费价格指数）同比上涨1.4%；虽然货物贸易进出口总值双双负增长，分别下降13.3%和1.8%，但我国出口明显好于全球主要经济体，市场份额较上一年有所提升。外贸发展也呈现一些积极变化和亮点。全年外贸顺差3.69万亿元，增长56.7%，占GDP比重保持稳定。随着经济的向好，内需的扩大，大数据金融有了充分发展的市场。同时，中国就业形势持续升温，居民收入增长优于整体经济发展，为扩大内需提供了动力。另外，在投资领域，"十三五"规划引领我国翻开新的篇章，各类筹划的实施将显著提速，贸易复苏也有利于引领关联资产投资的热潮。最后，随着"一带一路""长江经济带""京津冀协同发展"等倡议和战略的逐步实施，中国的内需会出现巨大的增长。而伴随着互联网时代的浪潮，大数据技术在不同领域、不同行业的应用也会越来越广泛。

现阶段，我国正处于社会转型期，需要对人、财、物、事等在内的庞大而复杂的信息进行采集、管理和分析，这与大数据的发展不期而遇。

（三）技术环境

日新月异的大数据技术是大数据金融发展的重要支撑。传统的大数据技术仅仅追求数据量的巨大，而往往对海量数据的处理能力有限。近年来，对海量数据的分析处理技术的研究成为大数据技术的重要发展方向。当下，大数据技术正逐渐往如下几个方面发展。

首先，大数据分析与智能计算的相互融合。将大数据与人工智能、神经计算、语义计算等相关技术相结合，成为大数据分析领域研究的重点。获取大量的数据不是大数据的最终目的，大数据的价值在于从海量数据中分析出一般性结论。当前的大数据技术缺乏对海量数据进行深度分析的能力，在未来，大数据技术要追求智能的分析技术，让计算系统具备对数据的理解、推理、发现和决策能力。而这一切的关键就在于拥有强大的人工智能技术并且能将其与大数据相结合。

其次，基于各个行业数据，挖掘交叉领域分析成果。对涉及多个领域的综合数据进行分析并转化为其他成果将是大数据分析日后的关键性演进方向。大数据技术归根结底是要运用在各个领域并促进成果转化，所以相关的研发工作不应只着眼于发展科技。事实上，已有的大数据平台尚不具备较好的用户体验，而诸多专业性较强的信息与该领域专有理论、模型和方法具有不可分割的关系，所以宽泛的大数据技术与各行各业专业化的信息之间有着显著的差异，这就为两者的兼容和交互设置了障碍。因此，跨学科及跨领域的大数据技术及其应用研究迫在眉睫，只有实现它们的发展才能推动大数据在各个行业中的落实和运用。

最后，大数据与物联网、云计算、社会计算、移动互联等技术交互结合。近几年，信息技术发展的趋势为：前端更延伸，后端更强大。物联网和移动计算促进了物理世界与人类的融合，而大数据和云计算则加强了后端的数据存储管理及计算能力。未来，这些热门技术会相互融合，催生众多综合性的应用。基于大数据技术的发展，大数据中呈现的宏观趋势将会越来越准确而清晰。

（四）交易环境

随着大数据应用的重要性日益突出和大数据技术的日臻成熟，对大数据交互、整合、交换、交易的需求日益增加，大数据交易与流通平台应运而生。数据流通平台是指多家数据拥有者和数据需求方进行数据交换流通的场所，按平台服务目的不同，可分为数据开放平台和数据交易市场。

数据开放平台主要由政府主导设立，提供政府和公共机构的非涉密数据开放服务，属于公益性质。目前全球有不少国家已经加入开放政府数据行动，推出公共数据库开放网站。在率先开展政府数据公开的美国，数据开放网站 data.gov 上已有超过 37 万个数据集、1 209 个数据工具、309 个网页应用和 137 个移动应用，数据源来自 171 个机构。在国内，北京市政府、上海市政府等地方政府正逐步筹建信息资源平台等数据开放平台，国家统计局的国家数据网站也在建设过程中。同时，一些嗅觉灵敏的企业也正在开展大数据共享交换平台的建设。目前，较为成熟的平台有百度数据开放平台，其以百度框计算先进技术理念为基础，通过连接结构化优质数据，在百度搜索结果页"即搜即得"中展现数据分析结果；Estar 数据交换平台是一个以数据交换开发、部署、管理、监控为一体的数据交换全生命周期管理的数据交换平台，以及普元等多家数据共享交换平台。

数据交易市场则主要由企业主导，商业化的数据供需促成了对应的中介化交易市场的形成。这些市场的典型代表有微软的 AzureData Marketplace，甲骨文旗下的 BlueKai、DataMarket、Factual、Infochimps、DataSift，等等，它们主营地理位置、销售情况和社交动态的数据服务。在国内，大数据交易市场处于刚刚落实的阶段，在市场运作细则和相关法律规章等方面仍有较多细节需要推敲和完善。2014 年 2 月，基于北京市和中关村管委会的指导，中关村大数据交易产业联盟成立，这将推动国内大数据交易规范化发展的进程。2015 年 4 月 15日，全国首家大数据交易所——贵阳大数据交易所正式挂牌运营并完成首批大数据交易。大数据交易所经营范围包括大数据资产交易、大数据金融衍生数据的设计及相关服务；大数据清洗及建模等技术开发；大数据相关的金融杠杆数据设计及服务；经大数据交易相关的监督管理机构及有关部门批准的其他业务。大数据交易所将为数据商开展数据期货、数据融资、数据抵押等业务，建立交易双方数据的信用评估体系，增加数据交易的流量，加快数据的流转速度。数据品种包括政府、医疗、金融、企业、电商、能源、交通、商品、消费、教育、社交、社会这十二类大数据。5月，成立仅一个月的贵阳大数据交易所推出的《2015年中国大数据交易白皮书》显示，预计到 2020 年，中国大数据产业市场规模将超过这个市场 2014 年规模的 10 倍，由 2014 年的 767 亿元扩大至 8 228.81 亿元。

数据共享交换平台与数据交易平台相互补充，使整个数据交易体系更加完整。总而言之，数据的交易平台以及共享交换平台正在逐渐完善，金融数据得以在市场中更好的流通，为大数据在金融领域产生价值和发挥作用奠定了良好的基础。

二、金融行业内部环境

在大数据时代，金融行业各个组成部分的内部环境也在悄然发生着变化。金融行业对大数据的应用有着极大的需求，大数据在加强风险管控、精细化管理、业务创新等金融业务中将发挥日益重要的作用。

（1）大数据可以加强金融机构业务风险的可审性和管理力度，支持业务的精细化管理。目前中国银行业的利率市场化改革已经起步，而这一改革一定会对银行业提出精细化管理的新要求。

（2）大数据倡导服务创新，分析广大客户的消费模式，能够提高客户转化率，从而开发多样化的产品来满足不同客户的市场需求，达到差异化竞争的目的。另外，大数据的精准营销功能也是金融机构所追求的目标。通过对客户交易记录进行分析，有效识别出潜在的小微企业客户，并利用远程银行和云转介平台实施交叉销售，取得了良好成效。

总体来看，大数据在金融行业的应用起步比互联网行业稍晚，其应用深度和广度还有很大的扩展空间。金融行业的大数据应用依然有很多的障碍需要克服，比如各家银行不同类型业务的相关数据冗余度较高而共享度较低、数据方面专业人士极其匮乏以及银行外部数据可达性和条理性不足等问题。可喜的是，金融行业尤其是以银行的中高层对大数据渴望和重视度非常高，相信在不久的将来，迎着网络时代的浪潮，大数据在金融行业的发展前景会更加广阔和灿烂。

第二节　大数据监管体系建设

一、传统金融监管体系的不足

随着金融自由化和金融国际化的日益推进，现代金融业务品种极大丰富、交易手段和金融决策依据变化较大，加之大数据和互联网技术的日新月异，这些都要求金融机构市场准入的审核、业务范围以及金融企业机构内部组织结构等方面的监管和控制的要求不断加强。传统金融监管体系所涵盖的范围已不能满足现代金融市场的风险管理要求，当前的传统金融监管模式主要存在以下几个问题。

首先，无法实现非现场监管和现场监管的有效结合。基层监管机构非现场监管风险评级的成果，在现场检查项目的重点和频率的确定上，未得到有效利用，非现场监管信息也没有通过现场检查的进一步核实来进行补充和完善。而大数据技术则能将非现场监管和现场监管有机结合起来，提高监管风险评级的准确性。

其次，金融监管缺乏足够的灵活性。我国不同地域城市之间发展水平差异较大，在东部沿海地区，金融业的发展程度就远远高于内陆地区，在这些地区监管部门所面对的风险种类更多，程度更深。由于对金融机构差别化细分不足，地域的差别性细分不够，对高风险的机构，可能存在风险识别不足，造成监管力度不够，不能有效预警，起到防范和化解风险的作用。而投放过多监管资源在低风险机构上，则会造成监管成本增加，监管效率降低。监管部门迫切需要提高对不同监管主体监管要求的灵活度，因此，需要监管部门对不同金融机构的经营管理信息了解得更加充分，从而能更好地找到机构发展和风险防控的平衡点。而大数据技术通过海量的数据分析，就能准确识别不同金融机构面临的风险，对不同金融机构提出差异化的监管要求，从而提高风险识别和监管水平，降低监管的成本。

再次，传统监管模式下的预警分析不够深入。监管人员对从非现场监管平台得到的信息往往只进行简单的汇总分析，对实际情况的分析不够深入，隐藏在信息背后的风险不能够有效识别。大数据强大的信息分析能力则可以弥补这一缺陷，对监管平台上采集的全部数据信息进行充分的挖掘与分析，从中及时识别风险，做出有效的预警措施。

最后，在大数据金融时代，监管部门的人才储备明显不足。大数据的到来使得金融市场变得更加复杂，这就对金融监管部门的监管人员的素质提出了更高的要求，由于市场对高素质人才所提供的薪酬往往高于监管部门所能提供的薪酬，这就导致监管部门的监管人员往往难以抵抗市场上更加精明的金融人才，这也就使得有效的金融监管更加难以实现。因此，也要同步提高金融监管部门人员的专业水平，紧跟技术的进步，以应对市场上层出不穷的金融创新而带来的监管要求的提高。

二、大数据带来新的监管风险

目前大数据金融领域已拓展出了三大板块业务，即高频交易、社交情绪分析以及信贷风险分析。高频交易指交易者借助机器配置及交易程序的优势，快速获取、分析、生成并传递交易指令，在较短时间内完成大幅买卖操作，避免对大量未对冲头寸的隔日保留。社交情绪分析的要义是，通过对公共信息交流平台大量信息的统计分析，机构可以创造很多机会或避免损失。信贷风险分析则是指金融机构希望通过互联网金融创新，收集和分析大量中小微企业用户日常交易行为的数据，判断其业务范畴、经营状况、信用状况、用户定位、资金需求和行业发展趋势，以解决中小微企业贷款中的信息不对称难题。

大数据金融模式在促进金融服务进步的同时，也给金融市场带来了一定的风险。主要是大数据对个人信息的提取导致的隐私问题和数据信息安全问题。由于大数据系统的建设，金融市场乃至整个社会管理的信息基础设施越来越趋于一体化，其对外性也日益提升，这给个人隐私和数据安全、知识产权构成巨大潜在风险。与此同时，基于大数据而开发出来的金融产品和金融交易方式也给市场带来了风险，如机构的高频交易就被认为是 2010 年令道琼斯指数"闪电暴跌"的罪魁祸首。

美国是世界上最早提出隐私权并予以法律保护的国家，那么美国的法律如何对大数据隐私进行保护？美国于 1974 年通过了《隐私法案》，也紧随其后不断更新和完善隐私相关法案。2000 年 12 月，美国商业部与欧洲联盟签订了"安全港"协议。安全港协议确立了美国和欧联之间隐私手续的框架。奥巴马政府于 2012 年初正式启动《消费者隐私权利法案》的立法工作，该法案明确提出了数据的所有权归属于线上线下服务的使用者，也即用户本身，同时也指出数据使用者应承担面向用户公开并维护数据安全的义务等。虽然该法案尚未正式颁布，但表明了美国政府维护公众隐私的决心，这套法案与如今美国大数据的发展息息相关。

相比美国针对大数据和隐私关系所做出的努力，我国《民法通则》尚未单独针对隐私明晰权责，唯有"公民的个人数据不得非法搜集、传输、处理和利用"涉及相关内容，由此可见我国在隐私方面的法律基础不够牢固。

在大数据与金融的深刻融合过程中，有效识别其中的风险是保障整个金融体系稳定的重要一环。如何保证市场参与者负责地使用"大数据"，将是未来大数据进一步应用所必须考虑的问题。

三、大数据在金融监管中的应用

在大数据金融时代，金融监管将更具针对性和精确性，大数据为金融监管提供了有力的手段。在传统金融中，整个行业或某一个领域往往适用于同一套监管规范，这就使得金融监管缺乏对微观监管主体的监管针对性，无法体现差异性。这一监管方式的优点在于监管成本较小，并且在数据和分析技术有限的情况下，这也是较为实际的监管方式。然而在大数据时代下，由于数据收集和分析的成本大大降低，监管机构可以完整、准确地刻画出各被监管主体的特征，提高了监管的效率和水平。此时如果仍采取传统的大一统的监管方式，则将会给被监管主体带来额外的监管支出浪费。

一方面，大数据技术打开了风险管理领域的新纪元。以防范流动性风险为例，现今已有部分企业采用大数据进行相应的管理。比如，余额宝借助对用户支取资金行为的分析以评估产品的流动性风险并采取适应性调整措施，分析结果表明，余额宝的资金占有率维持在 5% 的水平就可以保证其运作过程中"T+0"流动性的特点。基于此，监管机构针对流动性风险采取预防措施时，在各类企业完成同等监管要求的基础上，通过大数据对其进行调查分析。对于资金支取行为难以估量的企业收取较高比率的存款风险准备金，反之则较低，从而以合理的方式实行针对性监管。

另一方面，大数据强大的信息分析能力能够提高金融监管水平。通过海量、多角度的数据分析监管部门可以形象生动地刻画各市场参与主体各个维度的信息。大数据作为信息分析手段，首先可以加强对内幕交易的打击力度。随着金融交易电子化的不断推行以及大数据收集和处理能力的进步，被监管主体的信息将在电子系统上留下痕迹，通过大数据分析，监管部门能有效地追踪各个被监管方的动态轨迹，这对包括数据提取、行为监测在内的一系列内幕交易盘查工作提供了极为重要的帮助。

另外，有了大数据这样的信息分析工具，企业上市前的一系列盘查工作将会更为高效。借助海量数据，该公司的财务、生产、研发等多方面状况有望直接汇聚成综合性反馈分析。基于数据在企业经营活动中日益重要的地位，在线式业务种类有望进一步增多，从而使得不同来源、各种角度的数据可以生动刻画企业各方面情况，企业粉饰经营状况的难度将大幅增加。在大数据时代，监管部门可以基于对各类数据的运用高效准确地辅助审核拟上市公司提交材料的真实性，为其监管能力工作效率的提升开拓了新的发展空间。

四、大数据金融监管中的政府角色

大数据分析作为一种新型监管工具，是政府部门完善金融监管体系的有力武器，政府各监管部门都可以通过对大数据的应用来实现对金融市场运行的监督和调控。国务院于 2015 年 7 月 1 日发布《关于运用大数据加强对市场主体服务和监管的若干意见》，强调了大数据在市场监管中的重要作用，这是紧随互联网时代发展趋势、运用先进技术完善政府公共服务和监管工作，促进简政放权和政府职能转变的重要政策文件。从中可以看出，政府极力推动大数据运用于金融监管。

首先，从央行的角度来看，数据挖掘及大数据分析能够大大地改善传统分析方法的缺陷，在对海量数据分析之后，能够更准确、更便捷地了解金融市场的整体概况。在央行监管工作的过程中可以在以下几个方面运用大数据分析手段。

（1）信贷统计分析。大数据分析可以被用于监测贷款集中度风险，监控分析银行融资的投向结构，并且及时做好风险提示工作。它可以指导资金投放向多个领域分散开来，遏制脱实向虚的风潮。它也能够迅速捕捉到涉及不同区域、不同银行的关联担保及连环担保等动态，预防并压制区域金融风险。

（2）行业风险预警。基于范围的角度，从支付、同城清算及纳税报解等系统和数据库中获得财务数据并挖掘资金流向，采用统计模型或量化研究方法，从而能够掌握行业运作情况和前景展望。基于应用的角度，可以挖掘并分析目标行业的典型企业及其股份持有者的数据，然后把握行业的整体情况。一旦用于研究的样本容量达到一定规模，全局掌握该领域的真实面貌和前景就相对容易很多。针对金融机构聚焦的个别方面，如光伏、房地产、地方融资平台等，通过构造统计模型，改进相应的监测指标，有利于央行借助窗口指导对商业银行进行风险评估和决策支持。

（3）外汇管理和资金监测。国际经贸的兴盛和人民币国际化进程的加速，使得跨境资本流动较之以往日益频繁。大数据技术分析的运用能够整体分析各个系统的相关数据，对涵盖各个币种的所有跨境资金交易开展实时解析和监督反馈，增强外汇监管的精准防范和预测作用。对各大外汇系统和银行记录进行对比，能够辅助外汇审查等事后管理工作追踪，可疑数据及其关联交易，能够作为现场监管的有效补充，促使监管机精准定位被监管主体，明确目标，增强工作效果。

其次，其他金融监管机构也可利用大数据进行更加有效的监管。证监会自2013年下半年启用大数据分析系统，到2017年已调查内幕交易线索375起，立案142起，比以往同期分别增长21%、33%。尤其是在打击"老鼠仓"的问题上，大数据为证监会的工作起到了至关重要的作用。在未来，证监会中央监管信息平台的建立将推动大数据在金融监管领域的应用进入新高度。这个平台将目前分散在证券监管领域各个角落的信息集合起来，将囊括机关、派出机构、交易所、行业协会和会管单位等信息系统，既包括交易所数据库，也包括各层级证券监管部门的日常监管、检测数据信息，并对监管业务和流程进行集中再造。

尽管目前大数据分析在金融监管中已经显示出巨大威力，但仍存在继续改进的空间。比如覆盖面问题，此前交易所已在不断扩大数据囊括的范围，包括 2013 年主要引入的上市公司信息监控，以及融资融券标的、股权质押等。据了解，未来交易所还将把视频等非结构化数据进一步纳入视野，让交易所的一线监管全面进入大数据时代。而未来，大数据监管将迎来一个更为广阔的信息平台。

第三节　大数据征信体系建设

个人、企业信用评估是整个社会金融业务开展及信贷审批的关键环节，是信用风险管理的核心。以主观判断和定性分析为主的信用评估模式存在效率低、成本高、准确性低等缺点，已不能满足个人、企业零售业务快速、多样化发展的需要。

金融业有着天然的数据优势，其在多年的业务活动中积累的海量数据，正迫切需要转化成有意义的数据资料。利用数据挖掘技术建立个人信用风险评估模型更有利于银行防范贷款风险，提高贷款质量和效益。各商业银行的个人信用管理模式由定性逐步走向定量化，通过科学地强化对信贷客户的信用评估、风险度测量、信贷风险权重的管理，可以有效地防范和控制贷款风险。

本节从信用评估的角度出发，浅析大数据在征信系统中的运用、比较国内外征信发展、指出了传统信用评级模型的不足、较为详细地介绍了国内外大数据征信的运用。

一、传统信用评估模型的问题

长期以来，银行信贷人员对个人贷款的考察评估基本上依靠经验判断，主观性太强，而信贷人员知识层次不一、业务素质参差不齐，使得信贷考察评估工作效率低下，在很大程度上限制了银行发放贷款的效率以及风险管理的水平。在大数据挖掘技术运用于征信系统之前，传统的信用评估模型也加入了统计学的方法，搭建模型对风险做出定量评估，但是依然存在诸多问题。

（一）覆盖人群窄

截至 2013 年年底，人民银行的征信系统中有征信记录的约 3.2 亿人，约占总人口数的 23.7%，远低于美国征信体系 85% 的覆盖率。据公开数据显示，当前中国征信体系现状是，央行的征信系统虽然覆盖了 8 亿人，但真正和银行有信贷关系的只有 3 亿人。也就是说，在中国 13 亿人口里，有银行信贷记录的人，占比不足 25%。这将导致很多人的融资需求很难得到满足。尤其是草根人群，如没有过借贷、没有申请过信用卡的人，包括学生群体、蓝领工人、个体户、自由职业者等，是无法覆盖在征信市场中的。因此，传统信用模型具有较高的门槛，覆盖人群狭窄。

（二）信息维度单一

传统信用评估采用的是经验判别法，主要是由信用分析师或者信贷员审核调查借款人的全部信用信息后，再根据个人经验分析判断借款人的还款意愿及还款能力，从而决定是否发放贷款，因此也称为专家判断法。经验判别法通常基于"5C"原则，就是借款人的道德品质（character）、借款人的能力（capacity）、借款人的资本（capital）、借款人的条件（conditon）以及借款人的担保（collateral）。后来引进了以大量统计学、数学为基础的定量分析的方法。图 9-1 所示为传统信用评估模型下个人信用评估方法。

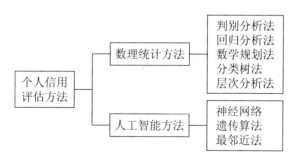

图 9-1　传统信用评估模型下个人信用评估方法

传统信用评估模型采用有限的元素进行信用分析，无法全面覆盖个人或企业的全面资料。同样，在模型计算选取的考核元素中，会出现极值拉低或者拉高最终评估结果的情况，存在评估不正确的情况。传统信用评价仅凭借几项指标，忽略了对人的本性的判断。无法涵盖借贷以外更广的场景。数据的生活化、日常化的程度较低，这就是信息维度低造成的后果。

（三）时间滞后

现有的信用评分模型都是采用历史数据模拟的基础上，这是一种向后看的模型。历史数据的更新速度慢导致回归方程中各特征变量的权重在一定时间内是恒定的，从而不能及时反映公司或个人信用状况的变化。这就存在两个问题，一是昨天信用记录不好的人今天是否仍然是一个高风险者；二是对于过去没有发生过信用记录的人，如何判断其信用状况。另外，传统模型需要较多的借款者记录，因此商业银行经历很长一段时间才能构建出涵盖大部分客户企业过往信息的数据库。至于新办企业，其经营期间短，过往记录很少，使得相应模型的应用及效果有较大的局限。

二、国外大数据信用评估模型

（一）国外大数据信用评估模型——以 ZestFinance 为例

ZestFinance 的大数据信用评估模型按照数据处理分析的流程与深度，可以分为大数据采集、大数据分析和大数据运用三个方面，下面将具体阐述。

1. 大数据采集

大数据带来的数据存储、处理技术的提高使得海量数据分析成为现实，数据来源更加丰富，数据类型趋于多样化。这体现在数据来源向广度扩展，如网络社交信息、生活习惯等，并且更注重数据来源的深度挖掘。

ZestFinance 的数据主要有三个来源：首先，最重要的数据仍然来自第三方数据的购买或者交换，其中既包含银行和信用卡数据，也包括法律记录、房租缴纳记录、典当行记录、搬家次数等非传统数据。其次，相关的网络数据也是其重要的数据来源，如 IP 地址、浏览器版本，甚至计算机的屏幕分辨率都可以用于挖掘用户的位置信息、性格和行为特征，未来用于评估信贷风险。此外，社交网络数据也是大数据征信的重要数据源。最后，直接询问用户也是获取信用数据的重要渠道。为了证明自己的还款能力，用户会详细、准确回答，另外用户还会提交相关的公共记录的凭证，如水电气账单、手机账单等。当然，用户主动提供的信息还需要进行交叉验证，尽可能地降低道德风险。多维度的征信大数据可以使得 ZestFinance 能够不完全依赖于传统的征信体系，对个人消费者从不同的角度进行分析，深入地量化信用评估。

与此同时，ZestFinance 还擅长从各种细节中深入挖掘提取数据。例如，驾驶尼桑汽车的客户会比驾驶丰田、雅阁的客户还款更加急切；申请人的手机是预付款购买还是全款购买；甚至，申请人在公司网站上停留的时间，也可以反映借贷的谨慎程度与还款诚意。在大数据信用评估体系中，传统的信用数据占30%～40%，而非传统的数据则占据了更大的分量，如使用设备的品牌、填写表单的时间、浏览网络的时段、输入差错频率、手机的使用情况、位置数据等数据来源都成为重要的信用信息。

2. 大数据分析

1）大数据征信视角改变

ZestFinance 公司的大数据征信是基于两个基本面——消费者的还款能力和消费者的还款意愿，这两个信息对消费者进行信用评估（图 9-2）。而大数据征信与传统征信的差异在于，银行信贷数据是传统征信的最主要数据来源，而大数据征信的数据不仅包括传统的银行信贷数据，同时还囊括了与消费者还款能力、还款意愿相关的一些描述性风险特征，而 ZestFinance 的技术核心就是这些相关性描述风险特征的抽取和筛选。与传统征信数据的强相关性不同，大数据征信的数据和消费者的信用状况相关性较弱，这样可以在传统征信体系下无法享受到服务的人群就成了大数据征信的有效客户，从而实现对整体消费者人群的覆盖。

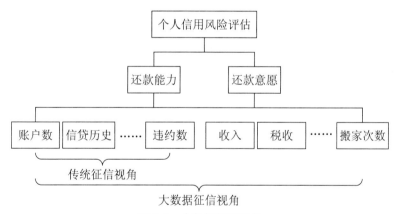

图 9-2　大数据征信视角

目前，ZestFinance 最主要的服务对象依然是无账户人群和信用记录不好的人群。ZestFinance 的模型天然就适用弱势群体，因为这类人往往信用数据不足，在传统的 FICO 模型中，他们会由于数据缺失而被拒之门外。但 ZestFinance 的模型依靠"数据缺失即是信息"的理论，依然可给这类人群公正的信用评价。

2）数据挖掘技术改进

ZestFinance 的大数据模型并非采取传统的数据挖掘方法，而是采取比较复杂的新方法将碎片化的信息进行高度整合，这也是其技术精髓。ZestFinance 最主要的工作就是寻找数据背后的关联，其中一个很重要的概念就是"信号"（signal），也就是由不同的变量互相碰撞产生的逻辑信息，模型中大部分信号都是通过机器学习找到的。

可以通过一个例子来进行说明，通过机器学习发现，在月收入经过验证的情况下，收入越高，违约率越低。然而，在月收入没有经过验证的情况下，自己填写月收入 7 500 美元的人违约率是最低的，填写 7 500 美元以上则数字越大违约率就越高。另一个例子，对于传统金融机构而言，月收入可能是他们预测一个人还款的最重要因素。但 ZestFinance 认为，其实收入高低并不说明问题，收入减去支出的净收入加上地理因素，才能对还款产生预测能力。

3）信用评估模型改变

传统信用数据多是横截面数据、时间序列数据和面板数据等结构化数据，资信评估的技术手段侧重于对抽样的计量回归分析，特别是正态分布假设下的线性回归。通常采用对所有人都适用的线性回归模型，其中包含性别、出生地等 20 个左右的变量，对每个人都简单化处理，以打分卡的形式评分。而大数据资信评估所面对的信息量非常大，并且大多是非结构化数据，这就决定了其资信评估的技术手段侧重于机器学习，以全样本为对象进行如因素分析、判别分析、分群分析、决策树、类神经网络以及规则归纳等，其采用的算法也不是线性回归模型，而是来自 Google 的大数据模型。所谓机器学习，是让计算机模拟或实现人类的学习行为，以获取新的知识技能，在数据积累中不断自我完善，可谓是人工智能的核心。ZestFinance 的模型之一 Hilbert 就是成功地将机器学习进行商业应用的案例，让机器承接 7 万个指标的数据分析工作，寻找逻辑关系，并不断自我改善，人类只需要根据结果进行一些逻辑分析和判断。

就模型数量而言，传统征信评分通常采用一个模型，而 ZestFinance 采用 10 个模型，从不同角度进行计算，其中包含进行身份验证以防范欺诈、预测提前还款概率、评判还款意愿和能力等方面，最后使用一个决策模型将 10 个模型的结果整合在一起，得到最终的结果。从模型中相关参数的数量来看，和 FICO 不到 50 条参考变量相比，ZestFinance 参考的数据变量多达上万条，并采用非线性化的、更前沿的技术来进行分析，能够防止蓄意提高信用评分的现象，更精准地评估消费者信用风险。

传统信用评价模式最大的问题在于，当数据变量存在缺失或不准确时，模型给出的分数就存在一定问题。美国之所以有 25% 的人没有征信记录，正是因为这些人数据不全。而大数据技术则能弥补这样的缺陷，在真伪难辨、完整性不一的数据海洋里做出可靠的信用分析。当数据池里的变量多到一定程度时，模型给出的分数就会趋于稳定，即使其中个别变量错误或缺失，也不会对最终结果产生实质影响。

此外，在传统模型中，数据缺失意味着盲区，意味着要用模拟数据去"填补"，否则就无法建模。但在 ZestFinance 的模型中，数据缺失本身就可以得出很多有用的结论。例如，在"月消费、坏账、所用通信网络"几个选项中，如果全部数据缺失则是真的缺失，如果前两项有数据，但通信网络一栏为空白，则说明是申请人故意隐匿信息，从而有欺诈的嫌疑。

4）信用评估方式的改变

ZestFinance 的信用评估分析原理融合了多源信息，采用了先进机器学习的预测模型及集成学习的策略，进行大数据挖掘。首先，数千种来源于第三方（如电话账单和租赁历史等）与借贷者的原始数据将被输入系统。其次，搜寻数据间的关联性，并对数据进行转换。再次，基于关联性将变量重新整合为更大的测量指标，每一种变量反映借款人的某一方面特点，如诈骗概率、长期和短期内的信用风险以及偿还能力等。然后将这些较大的变量输入不同的数据分析模型中去。最后，将每一个模型输出的结论按照模型投票的原则，形成最终的信用分数。

近年来，这种基于大数据的信用风险评估体系被国内外多家互联网金融机构采用，如德国的 Kreditech、美国的 Kabbage，以及国内的闪银（Wecash）等，显著提高了信用评估的决策效率，对传统的征信体系形成了冲击。

3. 大数据运用

大数据征信的建立能够推动网络贷款的逐步推广与成熟。同传统贷款业务一样，征信是网络贷款的首要问题。但网络贷款的操作模式、数据内容、渠道方式较传统贷款存在明显的差别：一是操作模式，大数据网络贷款的操作主要通过网上申请，提高了贷款效率、降低了贷款交易费用；二是数据来源，大数据网贷对客户评估的数据基本是从客户属性、网上交易记录、网上交易习惯、网上信用评价、社交网络信息及财务信息中获得的。而传统的贷款对客户评估的数据，主要来源于客户财务报表和担保抵押，前者数据更有利于反映客户真实的经济状况和未来的收入趋势，更能反映客户的信贷风险；三是风险控制，大数据网络贷款依靠贷后实时监控、系统自动扣款、鼓励提前还款控制信贷风险等方法，利用网络来实时监测客户信贷资金运用及其实际的风险状况，此外还通过系统自动扣款保证还款的及时性。传统贷款不能实时掌控客户的资金状况，更不能主动扣款。所以基于大数据的网络贷款有许多传统银行贷款并不具备的优势，而征信体系则是网络贷款实现的关键因素。

（二）国外大数据信用评估模型的优势

大数据征信为市场提供了多元化、多层次的金融服务需求，在优化征信市场布局、促进传统征信业改造、升级及推动差异化竞争格局的形成方面具有重要价值，原来巨量纷繁、杂乱无章的信息，经过信息清洗、有效匹配、数据整合、深度挖掘，成为准确性、预测性较强的信用数据。在信息技术高度发达、信息应用无孔不入的市场经济社会，大数据征信显现出各方面的优势。

1. 征信体系覆盖面广

从涉及人群的角度来看，大数据征信体系覆盖面较广。事实上，截至 2013 年年底央行征信系统包含约 3.2 亿人的信息，约为我国总人口的 23.7%，也就是说 76.3% 的中国公民尚未涉足传统金融领域。相比之下，基于互联网覆盖率的不断提示，大数据涵盖了日常生活的各个方面和绝大部分公众。

大数据征信的发展极大地扩展了征信体系的数据范畴，以全新的服务理念和先进的信息处理系统，促使传统的信用评分模式的改变，从而进一步建立健全全社会的信用体系。大数据征信模型的基础就是数据分析技术，除了对象的信贷信息之外，还收集其申请信息、社交信息、交易数据等，实现信息的深度和广度的深入融合。

2. 技术更新快，分析反馈快

在大数据时代，大数据技术将会贯穿征信业务的整个流程，为提供更丰富的征信产品以及更全面的征信服务，大数据价值的完整体现需要各类前沿科技的交互和配合。征信数据处理流程的三大核心环节依次是数据抽取与集成、数据分析以及数据解释，而云计算、数据挖掘等前沿科技将是流程顺利进行的必要工具，这些新技术更新换代较快。不同于以往查找、收集、梳理、存储待用和必要时导出的处理流程，大数据征信以针对性作为显著特征。只有在使用者申请信息服务并完成授权的前提下，征信调查方可正式启动。第一次体验该种服务时要完善多个类别的账户信息，而对应的服务商往往能迅速对数据完成检索、筛选、分类及有机整合等一系列处理，在及时性这一角度具备传统征信无可比拟的优越性。

3.信用评估准确

大数据征信不仅收集海量数据,而且以其为基础,通过征信对象的本质特征,分析判断在不同的客观环境下对象的行为表现。以往的征信主要通过深度挖掘借贷业务,也基本上是基于借贷信息的需求而收集数据,但是就现今的大数据征信而言,其利用网络抓取线上服务的营销、社交、娱乐等行为信息,通过追踪网上动态和详细内容捕捉个体生活的特征与习惯,并据此评价其相对稳定的性格特征、心理状态和经济状况,进一步评判其未来的履约能力。大数据征信对信息主体的信用状况的推断,可靠性更强,信用评估更准确。由于能够更加精确地测量风险,借贷产品的风险定价也可以更加精确,从而在更广的范围内降低了资金成本,提高了资金使用效率。

4.降低逆向选择和道德风险

信息在金融市场特别是信贷市场上发挥着重要的作用,大数据征信模式利用专业化的信用评估体系以及量化指标对授信申请人的信用评估分析,帮助金融中介机构有效地辨别授信申请人的信用等级,从而减少信贷审核环节的逆向选择和贷后管理中的道德风险。

(三)国外大数据信用评估模型的不足

大数据信用征信尚处于初级阶段,顶层设计、法律框架和行业发展规范尚未成熟,面临着诸多挑战,其未来发展态势取决于强力有效的协调和规范。要建立健全的相关法律体系,切实有效地提高征信业的监管水平,同时加强金融消费者权益保护。

1.只是对原有体系的完善

征信数据模型的精度提升必须建立在大数据有效且充分抓取处理的基础上,这就需要不断进行实践、反馈和修正。由于应用时间较短,历史数据的匮乏,目前的大数据模型大部分基于规则制定,其中还包括了大量的传统征信规则。这是一种中间形态,并未能完全实现大数据征信的优势。大部分数据的来源都是互联网,实际上就把较少使用或从未使用网络服务的群体排除在外。对于这些群体的小额信贷,现在只能依赖于实地走访进行尽职调查,使得大数据的应用空间及应用范围出现了相对较窄的现象。

2. 使得风险管理复杂化

信息技术的逐步成熟与广泛应用促进了征信业的多元化发展和深刻性变革，但对征信业的日常监管体系、监管策略与水平等提出了更高的要求。就现在来看，监管机构对于大数据征信还未采取有效的监管手段，同时监管从业人员的知识结构以及对大数据征信的熟识程度也有必要进一步加强，相关的法律法规也亟待完善。

3. 隐私安全保护缺失

大数据时代，无处不在的信息数据收集给个人和单位隐私安全带来了巨大的挑战。越来越多的数据以数字化的形式存储在计算机系统中，互联网的发展则使数据更加容易产生和传播，使隐私泄露的风险大大增加，信息安全问题备受各界关注。在大数据时代，征信信息安全保护面临着制度缺失和技术快速更新的双重考验。

从保护用户隐私的角度来看，《征信业管理条例》等对于大数据征信特定情境下采集、加工、整合以及处理等环节尚未做出明确规定，对于大数据征信中涉及个人隐私等问题尚未做出合理规范和制度安排，使得个人隐私安全存在巨大的隐患。

4. 面临技术难题

大数据的获取难度很大。随着互联网带来的数字化潮流，全社会的基础信息收集及信息共享机制已经得到了改善，但尚不够全面支撑大数据征信。一方面，底层数据缺乏，主要表现在以水电煤为代表的基础信息、个人社保公积金及住房、教育、司法没有完全联网；另一方面，社交信息与社交信息彼此割裂、封闭，而且电商平台与社交平台对于信息共享问题持谨慎态度，使得大数据获取的成本非常高，存在一定的障碍。

三、中国大数据征信体系建设

（一）中国大数据征信的现状

虽然我国的征信行业起步较晚，但随着我国市场经济的快速发展和日渐成熟，征信活动也日益活跃。如今中国已有两百多家征信机构在征信市场上提供征信服务，且十分活跃，由于不同的征信机构产生背景各异、组织形式不同、运作方式也不同，不同的征信机构的业务规模和业务效益不尽相同。随着大数据的浪潮逐渐席卷征信领域，目前我国也出现一些发展较好的大数据征信机构，以下将简要介绍。

1. 考拉征信

考拉征信是独立的、开放的第三方信用评估及信用管理机构，是当前国内同时持有个人征信牌照及企业征信牌照的征信企业，也是国内首个成立专注于大数据征信模型研究的专业实验室的征信机构。

考拉征信仅仅利用半年时间，就将其业务拓展到涵盖个人征信、小微商户征信、企业征信、职业征信、互联网金融及与学校、政府合作等多个征信细分领域，并成功推出职业诚信分、考拉个人信用分、小微商户信用分、企业诚信分等多个信用产品，几乎可以说是当前市场征信业务最全、发展最快、最具潜力和最具开放性的综合征信机构之一。

目前，考拉征信已涵盖诸多业务平台，并与多家企业携手合作。例如，与嘀嘀出行、爱大厨、e袋洗、e保养等商家联合推出"考拉信用圈"，为有利网、融宝支付、手机贷等P2P小额贷款公司提供征信服务等。

考拉征信有着丰富、动态、全面的信息来源，该公司与拉卡拉、蓝色光标、拓尔思等股东公司共享大量数据。在这些合作商中，拉卡拉在10余年间积攒了金融、电商等诸多领域数以千万的个人用户和300万线下商户的经营数据；作为全球第六大传播集团的蓝色光标是大数据营销的典型代表；拓尔思是我国网络行为数据挖掘的先锋，拥有突出的数据科学研发成果和舆情信息；而新股东51job和其他两家企业的加盟，也势必为考拉征信带来更丰富的资源。除此之外，考拉征信还可运用合作方分享的个人与商户交易数据，以及教育、公安等各类公共机构数据和部分企业纳税数据。当然，考拉大数据征信的关键除了数据源采集之外，还包括数据的处理和运用。在数据处理方面，考拉征信拥有国内领先的专业技术团队，还联合中国科学院大学成立了国内第一个致力于大数据征信模型研究的专业实验室，具有在大数据应用方面丰富的经验，正致力于探索大数据建模、大数据应用、大数据技术创新等。

2. 腾讯征信

腾讯坐拥海量的用户数据，其拥有8亿的月活跃用户，其中很大一部分是央行征信系统里没有覆盖的人群，能够填补央行征信系统中缺失人群的信用。对于这些人来说，他们有大量的时间在互联网上，他们每个小时都可能在与腾讯产生交互，所以留下了大量线上的行为足迹，包括支付、社交、游戏、浏览等，腾讯有非常丰富的维度去分析这些用户的行为，为其征信业务的开展提供了数据资源。

腾讯征信正在积极应用新技术进行研究和验证，社交数据的信贷应用在全球范围内都属于很前沿的探索。其模型研究团队的初步成功已显示，社交数据可以明显提升个人征信的准确性。腾讯利用了其在诸多领域的优势来研发评分系统，该系统集成了五大指数对个人征信水平进行评级，形成个人征信评分。

2017 年，腾讯财付通已与中国公安部所属的全国公民身份证号码查询服务中心达成人像比对服务的战略合作。基于全国最大最权威的户籍信息数据库，腾讯将结合独创的技术算法，大幅度提升人脸识别的准确率及其商业应用的可用性，帮助传统金融行业解决用户身份核实、反欺诈、远程开户等难题。

3.蚂蚁征信

蚂蚁金服在 2015 年 1 月 5 日获得央行个人征信牌照后，即于当月 28 日发布芝麻信用分。芝麻信用分是根据用户的身份特征、行为偏好、信用历史、履约能力和人脉关系五个维度来进行个人信用评估，部分支付宝用户通过手机 APP 就可以查看自己的信用状况。未来，芝麻信用的数据不会仅限于阿里体系内的数据，也会对外部数据进行拓展，会综合公安、学历学籍等数据。

最近，蚂蚁金服更是加快了基于芝麻信用分的应用场景开发，将其运用于衣食住行和金融等六项场景。蚂蚁信用按是否为金融场景对各个场景进行了区分，基于金融场景收集的数据将被运用于同各类金融和贷款机构的协作与探究；而其他场景数据则会着重于在信用（租车、住宿）、共享、证明（签证、社交）、赊付等服务中的运用。

（二）中国征信建设的不足之处

通过以上对中国征信体系建设探索的介绍和对几家征信机构的分析中，我们可以发现中国的征信体系建设和征信机构的发展取得了骄人的成绩，但相对于征信发展成熟的欧美国家，仍然存在很大差距，还有许多问题是征信平台发展的过程中不可避免和必须解决的，主要包括以下几个方面的问题。

1.技术方面

我国征信系统的数据处理技术亟待提高，硬件基础设施有待全面升级。相较于欧美国家，我国征信机构发展起步较晚，缺少数据处理的核心技术，并且数据分析结果不能准确识别个体或组织行为。中国的大部分征信公司的大数据技术无法做到弱相关数据变量的建模和分析处理。

此外，目前征信机构通常采用创建本地数据库的方式对其资源进行储存和维护，然而基于大数据日新月异的发展，这些机构的基础设施恐怕难以继续承载和储存迅猛积累的海量数据。征信机构的信息收集与数据库管理技术也与欧美国家有一定的差距。

2. 数据方面

在数据采集方面，一个主要问题是个人信息数据格式不统一。我国个人公共征信模式除了央行依靠中央政府的支持构建了覆盖全国的个人征信系统外，还包括每一个省或直辖市政府自己构建本行政区的征信系统。当前大多数征信系统都从公安系统获得个人基本信息，并且从银行等渠道获得个人信用交易信息等，而这就会造成不同征信系统上同一个人信息格式却不同的情况，这不仅加大了信息采集成本，也为地方与央行征信系统的对接增加了技术难度。

另一个主要问题是征信机构缺乏企业信用相关数据。我国企业的信用数据主要分布在工商、质检、税务、银行等政府和业务部门，只有少部分数据存在于企业。而政府部门的企业数据往往是被分割到各个不同部门中，收集难度大，甚至有部分垄断企业数据，征信公司难以获取。此外，要分析衡量企业信用风险，财务报表是最为关键的信息来源。企业征信服务的很多客户是中小企业而非上市公司，而此类客户大多不愿透露其报表具体内容。因此，征信机构往往依赖于大众传媒的报道、对目标客户的实地考察以及政府机关和公共组织的帮助汇集所需资讯，这些活动耗费较多的时间和财力，对征信业务的推广和完善造成了一定的障碍。

3. 环境方面

目前，我国的征信体系还仅仅停留在地区部门各自建设的阶段，没有建立起完备的征信数据库，更无法实现信用数据的及时动态更新和公布。各个征信公司都建立了自己的征信标准，各自独立，尽管基本实现了内部的规范和统一，但从整个行业来看，缺乏统一的征信标准，不能实现规范化、技术化，这势必会给将来的征信信息共享和全国征信数据库联网带来难度。由此带来征信体系各个子系统之间缺乏必要的协调和合作，无法建立起覆盖全国的企业和个人信用信息主干系统。

征信的法制环境也不够理想。要加强和完善社会征信体系的建设，必须有完备的信用法律体系作保证。近年来我国颁布的社会信用体系建设规划纲要以及相继出台的《征信业管理条例》和《征信机构管理办法》，使得我国征信市场的法律框架初步构建，征信市场的发展得以规范，信息主体的合法权益得到了保护。但事实上，在社会信用体系建设中这些法规、规章与政策并没有发挥应有的作用，因为既没有全面和系统化的规划，让执法者和征信企业去理解哪些法律法规是基础性的，哪些是应用性的，也没有具体应用操作指导，政府有关部门不知道如何利用信用工具与手段、发展信用中介服务业来推动经济发展。而征信服务业的从业人员也缺乏严格的道德与法律约束，产品与服务质量没有具体规定，民众信任度不高，这在很大程度上制约了征信活动的发展。此外，当前法律规范的调整和规制对象主要是传统金融机构，面对汹涌发展的互联网金融行业，其是否适应互联网金融行业特别是大数据征信的要求，尚未得到征信市场的有效验证。

因此，应当积极采取措施，在实践中探索符合大数据征信特点的监管方式和手段，对监管理念加以改进使其更符合我国实际，以行为监管替代原先的机构监管，削弱征信机构场地、办公环境对征信体系建设的限制，代之以符合行为标准、完善行为要素等要求，不断加强管理。

综上所述，我国征信环境建设还有很长的路程要走，促进征信市场健康发展，任重而道远。

四、国外征信体系建设对我国的启示

2017 年，我国的征信体系建设取得了初步的发展，许多国内的公司都在致力于征信体系建设，如腾讯信用、蚂蚁信用等。但是从总体来看，我国的征信体系建设仍然处于比较落后阶段，与国外相比，仍然存在较大的差距，需要进一步的发展完善。借鉴本案例中 ZestFinance 的先进成功经验，在此提出对我国征信体系建设带来的新的启示与思考。

（一）拓宽征信体系的覆盖面

同世界上大多数的征信体系一样，我国现阶段的征信体系也存在覆盖人群狭窄，多数人无法覆盖的问题。有相当一部分人群，因为没有信用评分而被银行等金融机构排斥在外。不过，我国现存一些基于征信的小额贷款业务，在一定程度上缓解了此问题。小额信贷能在一定的限额下提供"金额小、期限短、随借随还"的纯信用小额贷款服务，其主要目标客户是小微企业主和自主创业者。这部分客户就是我国现行征信体系没有囊括的人群中的典型代表。虽然小额信贷业务在一定程度上确实扩大了征信体系的覆盖范围，但是对于我国广大没有被覆盖的人群来说，仍是远远不够的。因此，持续扩大征信体系的覆盖面任重而道远。

本案例中的 ZestFinance，除了解决传统信用评估体系无法解决的无信用评分借贷问题外，还主要面向传统信用评估解决不好的领域，将信用分数低而借贷成本高的人群视为服务对象，利用大数据技术降低他们的信贷成本。

我国人口基数大，有大量的人群没有被包含在征信体系之中，致使其信用评分偏低，无法享受正常的金融服务。而这一部分人群对于金融机构来说，将是很大的市场，一旦开发，就可以享受丰厚的回报。因此，拓宽我国征信体系的覆盖面刻不容缓。利用大数据技术扩大征信体系的覆盖面，一方面可以使金融机构更好地平衡收益与风险；另一方面也可以促进社会征信体系的建设完善，使金融发展的便利惠及更广大的人民群众。

（二）扩大征信体系数据来源

目前，我国的金融征信体系随着金融行业的发展以及互联网、大数据技术的进步已经初具规模，但仍尚待完善。其主要不足在于征信的数据来源过于狭窄，使金融机构对客户信用等级的评价受到影响。比如，对于传统金融机构来说，征信数据来源以金融信贷的信用信息为主，证券、保险、信托等其他金融信用交易记录涉及较少；以客户与本金融机构的交易记录为主，缺少信息的互联互通。而对于新兴的电商征信体系来说，其主要数据来源就是客户在电商平台的交易记录和用户行为信息，很少利用来自外部的数据。两者都缺乏数据的全面性，在一定程度上影响信用信息的准确度。

本案例中的 ZestFinance，其征信数据的来源更加广泛、数据类型更加多样化。ZestFinance 改变了传统信用评估模型单一的信息维度，不仅单单从历史借贷信息角度评估客户，评价的标准还扩展到电子商务、社交网络、搜索行为等多个维度，能够更加全面地分析得出客户的征信等级。

因此，我国征信体系进一步发展的方向，就是要充分利用大数据技术，建立海量数据的实时数据库，实现多维度的用户行为数据分析。真正做到扩大征信数据的来源，丰富其类型，使其不仅包括客户基本信息、历史交易记录等静态数据，也囊括实时搜索信息、社交行为信息等动态数据。同时通过购买、租用、交换等形式获得来自第三方的数据，完善数据的全面性，以全方位了解客户的信用行为，更好地促进征信体系的发展完善。

（三）丰富征信体系运用领域

我国目前已经初步建立了征信体系，但是其主要集中在金融领域，其他领域对征信信息的应用较少，征信体系的实际运用还存在较大的障碍。但是，大数据征信体系的蓬勃发展能够加速征信在行政、商业等领域的运用，其已经成为不可阻挡的时代趋势。

我国现行的征信体系，在政府部门、行业组织和地方政府层面均以不同的形式建设着、存在着、发挥着不同程度的作用。在不远的将来，我国征信将形成三大数据体系：金融征信体系、行政管理征信体系和商业征信体系。这三大征信体系从不同的主体出发，处理整合大量数据信息，为社会经济活动的各个方面提供用户的信用信息。我国整体征信体系中的金融征信体系、行政管理征信体系和商业征信体系这三大数据体系相辅相成、互为补充。虽然每个体系各有侧重，但都是为了实现整个社会经济的正常运行，都是我国征信体系不可或缺的重要组成部分。

将征信体系由金融业扩展到行政部门、商业部门，甚至更多的其他领域，一方面可以扩大征信体系的数据收集范围，使征信体系更加完善；另一方面可以推动征信体系的实际运用，使其真正用于实处。目前我国的大数据征信体系还有很大的发展空间，由于当前的征信体系主要是由单个企业运营的，缺少一个总体的统筹规划，对数据信息的大范围应用造成很大的阻碍。因而，征信体系的进一步发展，要加强总体布局，实现统筹发展。

我国的征信体系看似发展得如火如荼，但是其中却蕴含着很多弊端：征信覆盖面过窄、征信数据来源单一、征信运用领域狭小等，这些对征信体系的发展提出了很大的挑战。同时，大数据征信体系的建设缺乏有效的法律监管与统筹，存在违反有关管理法规的法律风险。因此，建议通过立法或其他形式明确互联网金融征信的数据采集方式、范围和使用原则，建立互联网金融企业信息采集、使用授权和个人不良信息告知制度。但是，我们也可以看出，征信体系的进一步发展壮大是势不可当的历史趋势，各国都在加强自身的征信体系建设，其未来一定是光明的。

第四节　大数据生态系统建设

构建良好的大数据生态系统，是推进大数据金融产业持续发展的重要一环。在上文第四章的大数据商业模式创新前景中已经提到了未来将建立大数据金融生态圈，本节将具体阐述大数据金融生态系统建设的相关问题。

大数据金融生态系统的健康发展离不开整个产业链的上下游相互配合，需要整合上下游资源、构建全新的生态体系。大数据生态系统的建设以互联网的发展为技术基础。在构建生态系统的过程中，互联网、大数据思维是其核心理念，客户是其主要导向，突出产品的差异化是其核心，以平台经营贯穿企业经营发展全过程，将大平台规模和流量作为业务的中心，以更加开放的姿态，与金融机构、产业链上下游企业、政府部门和客户广泛开展合作，促进合作共赢。为实现大数据金融平台价值的提升，应努力提高互联网金融平台的产业聚合能力和客户吸引力，形成一个相互促进、利益共享、共同成长、目标一致的有机整体，促进大数据金融持续健康发展。

一、大数据金融生态系统的构成

一个典型的大数据金融生态系统，需要涵盖广泛的、与大数据相关的、彼此交互作用的各类要素，其中包括数据提供、数据处理和数据应用过程中的参与者与信息处理活动等。

如图 9-3 所示，左端是大数据的三个提供方：个人、公共部门和私人部门，每个数据提供方都有不同的数据形式、动力和要求。对于个人来说，数据形式是群体源信息和被吸取数据，其运用大数据的动力在于价格与改进服务，对数据分析的要求是隐私权标准与选择权；对于公共部门来说，数据形式是统计、保健、税收、经费信息和设施数据，动力是改进服务保障、提升经费效率，要求是隐私权标准、选择权；对于私人部门来说，数据形式是交易数据、消费和用户信息，动力是改进客户知识和预测趋势能力，要求是商业模式和保护敏感信息。中间是"共享数据"和"数据挖掘分析"，表示对大数据的存储、处理、分析等功能。由于实践中大数据的庞大规模以及处理的实时性等要求，采用云计算符合时代的趋势。右端是大数据在金融领域的四个典型应用：对客户需求更快的跟踪和响应、对提供服务的准确营销、对风险性质和管理的更好掌控以及对供求关系的预测能力。可见，大数据在金融领域的应用将会不断增加与深入。

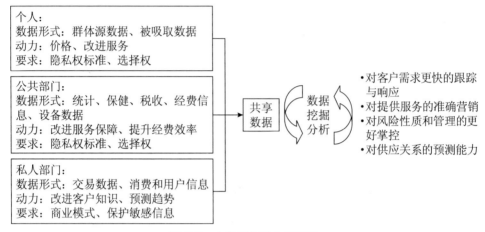

图 9-3　大数据金融生态系统

资料来源：《Big Data，Big Impact：New Possibilities for International Development》

二、大数据金融生态系统构建的原则

具体来看，基于互联网的大数据金融生态系统建设需要遵循以下原则。

（1）多样性原则。多样性原则要求互联网金融企业、大数据金融企业都要同上下游相关企业以及有关机构部门展开积极的合作，以点动成线，实现生态产业链上企业的共同繁荣。包括金融企业之间的合作，制造业企业与金融企业之间的合作，以及企业与政府部门机构之间的合作。只有多方合作顺畅有效，生态圈才能保持自身的高效率和稳定发展。

（2）开放性原则。企业要想更好地拓展市场，应采取更加开放的策略，最终实现有效整合内外部资源，构建良好的生态环境，提高企业竞争力的目的。通过开放，加强与产业链上下游企业的多方合作，切实推进开放平台建设，共同做大产业规模，实现共赢。

（3）系统性原则。打造大数据金融生态系统对应着一个完整的实施体系，它囊括了投资者、网络运营商和配套服务商、电商平台和互联网公司、金融机构、监管机构等诸多主体之间的交互；该体系也涉及平台发展规划、平台开放标准、合作模式、市场战略等诸多方面的具体安排。要实现高效的生态系统，就必须使得系统中的各要素相协调一致。

（4）和谐性原则。加强产业链合作，推动产业生态系统建设已成为企业界达成的广泛共识，没有企业间的和谐，就不可能有发展，最终损失的不仅是广大消费者利益，也损害了企业自身的利益。

（5）利益共享原则。利益共享是提升产业生态系统聚合力的关键。为充分发挥产业链各方的优势，调动产业链各方参与合作的积极性，大数据金融企业应实行积极的利益共享原则，让产业链各方在合作中带来真正的利益。同时，要实行风险共担，从而形成真正以利益为纽带的产业共同体。

平台经营和生态系统建设是大数据金融发展的趋势，越来越多的互联网金融机构以及传统的金融机构开始使用在线平台的模式开展业务，因此大数据生态系统的良性运行需要系统内平台的支撑，要实现平台经营和生态建设的有机结合。

最后，从整体的角度来看，要保障生态系统的稳定运行，就必须加强生态系统建设的过程管理。具体而言，从跟踪评估系统建设过程做起，逐步构建生态系统的纲领和整体规划，制定战略联盟规章制度和执行条例。有效地选择合适的联盟方和收购目标，密切监测生态系统中基于产业链的联盟行动状况，采集这些行动的相关数据，构造战略联盟合作综合评估体系，准确、及时、系统地评估各方行为和系统建设成果。基于评估结果能够及时发现企业存在的问题，并针对性地采取措施，提高企业产业合作的管理水平，推进产业生态系统建设。

三、大数据金融生态环境构建面临的挑战

目前国内众多金融机构已经普遍实现了从生产、交换、管理到应用的数据使用流程，并且这些金融机构也掌握着庞大的数据资源。在新的大数据金融生态体系中，金融机构对数据的收集、管理以及数据的价值提取方式将会发生巨大的变化。由于大数据应用改变了数据处理流程，生态系统中微观金融机构将面临一系列关于大数据处理的基础性问题。

（1）如何将大数据处理技术融入现有企业的 IT 架构中。面对新的大数据应用，金融机构要对原有的应用架构和数据架构进行重新规划与设计，而这将会对公司的 IT 结构产生重大的影响和改变。为适应大数据的应用，金融机构需要构建必要的大数据基础设施，包括硬件与软件，以实现获取、存储、分析和利用原来未纳入范围的数据。

（2）如何进行海量数据的系统集成与有效整合。金融机构面临的数据类型多样、来源广泛，既包括了金融机构传统的交易系统结构化的业务数据，又包括了来自外部社交网站等数据，甚至是图片或影音等非结构化数据。只有有效地整合不同来源和不同类型的数据，打破传统的结构化数据和非结构化数据之间的壁垒，才有可能充分地利用企业所掌握的数据资源，才能构建完整的企业大数据信息视图。同时，金融机构需要打破传统数据源的边界，通过各种渠道获取客户的信息，整合信息渠道，使得信息能从整个大数据链条上获取，而不仅仅是链条上的某些点。与此同时，大数据传播速度快的特征也为数据的整合带来了挑战，由于数据充分融合后难以分辨真正的来源，数据采集渠道的鉴别与合理利用就成了数据整合的关键。

（3）随着对大数据需求的增加，相应的技术更新也不得不加速推出以适应新的形势。大数据存储及计算技术基于其具有的非共享分布式架构能对超大规模的数据进行处理，并且集群可最多拥有上万个机器节点。但是此类技术的成熟度与稳定性还值得考量，在运用过程中会在系统搭建、监测和维护等方面对商业银行提出挑战。

本 章 小 结

构建大数据金融生态体系是未来大数据金融稳定持续发展的重要保证。首先，当前我国正处于大数据金融蓬勃发展的黄金时期，大数据金融发展面临着良好的政策、经济、技术和交易等外部环境，也迎合了金融业内部发展要求。各方面有利因素为大数据金融的发展提供了良好的环境和空间，我国政府应主动抓住机遇，缩小与发达国家间在大数据金融实力上的差距。其次，尽管大数据为金融行业乃至整个经济发展提供了强大的动力，但也要充分认识到：大数据金融只有在有效监管的前提下才可以实现健康可持续地发展。从监管的角度来看，虽然大数据能助力金融监管机构更好地监管金融行为，但大数据本身所存在的风险也需要得到及时有效的识别和控制。最后，对于大数据金融的未来发展，我们要充分认识到其中可能遇到的挑战，只有认识到问题所在，才能推动大数据产业朝着更稳健的方向发展。

第十章

Fintech与大数据金融

　　大数据是金融与科技相结合最为广泛、成熟的技术门类。通过对数据资源的收集、存储、清洗、计算、分析等环节，将有用数据资源的商业价值发掘出来，通过数据发现规律，驱动业务增长。Fintech并非简单地在"互联网上做金融"，而是基于移动互联网、云计算和大数据等技术、实现金融服务和产品的发展创新和效率提升。本章就金融科技的技术基础、投资热度及其创新进行了简要介绍，并具体论述了Fintech与区块链和人工智能结合的具体应用。

第一节 Fintech 行业概述

金融科技是指运用大数据、人工智能、区块链等各类先进技术，帮助提升金融行业运转效率的一种新业态。它一方面可以帮助传统金融机构转型，另一方面也可以通过技术的迭代和创新，发展出传统机构无法提供的高壁垒的新产品和新服务，而机构可以通过投资或合作，与新兴金融科技公司形成业务互补。金融科技实现金融行业在资产特性、交易机制、组织方式等方面创新发展的一种新业态。科技创新的高风险性、不确定性，以及强烈的外部性特征，契合金融发展本质。

近年来，全球金融科技领域发展迅猛，毕马威与 CB Insights 联合发布的数据显示，2014 年以来金融科技领域呈现爆发式增长，2015 年风险投资总额达 144 亿美元，较 2014 年增长 97%，较 2013 年增长 380%，创历史新高。2016 年一季度涨势未减，单季度风险投资额 49 亿美元，较 2015 年同期增长 96%，成交 281 单，值得注意的是，其中中国陆金所和京东金融为融资规模之首，融资规模均达到 10 亿美元以上，占全球一季度总风险融资规模的近一半。

一、Fintech 发展的背景

（一）金融的本质是实现资源的跨期匹配

金融是在不确定的环境中进行资源跨期的最优配置决策行为，其基础原则是货币的时间价值和风险收益对等。因此，简化的金融市场模型是资本与资产之间的流动，其流动基础是风险定价。

为实现资源的跨期匹配，终端用户（包含个人及机构）的金融需求通常包括四类：储蓄、支付、投资及融资。其中，储蓄作为最基础的金融需求，通常由传统银行来提供服务。支付、投资和融资则是目前新平台及机构重点发力的领域（图 10-1）。

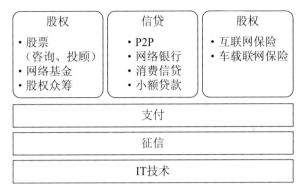

图 10-1 目前新平台及机构重点发展的领域

（二）科技驱动金融服务业的重构

金融科技（Fintech，即 financial technology）是指金融和信息技术相融合的产业。科技类初创企业及金融行业新进入者通常利用各类科技手段改造和更新传统的金融服务与产品，从而打开市场，抢占市场份额。这样的行为从整体上提升了金融行业运作效率，因此可以认为金融科技是从外向内升级的金融服务行业。

和互联网金融相比，金融科技所涵盖的范围更加广阔。互联网金融强调借助互联网技术改造原有金融格局，推动金融发展，诸如网上银行、在线支付都是最直接和最恰当的例子。而金融科技的内涵不止于此，除了互联网以外，区块链、大数据及其分析、人工智能等先进科技均是金融科技的应用基础。

（三）中国投资增长潜力巨大

中国的互联网金融发展迅速，原因可归结为三点，即庞大的用户基数，基础设施如手机、上网等方式高速渗透人们日常生活以及中国对传统金融有着严格的监管。虽然目前我国对互联网金融监管趋严，但我们认为这有利于互联网金融的长期发展。

目前，我国个人融资等金融需求仍未得到充分满足，给互联网金融创造了庞大的发展空间。发展的空间不限于欧美成熟金融市场的技术延伸层面，在产品和服务方面也有较大的成长空间。但这样的局面导致我国目前在 Fintech 的领先性和原创性不足，企业尚未大规模延伸至 Fintech 的核心技术领域，金融科技相较于西方市场仍有较大差距。

依据基础技术与金融的融合变迁可以将 Fintech 的发展阶段划分为两个阶

段（图 10-2），其中可以清晰地看出 Fintech 的概念与应用范围。我们认为，互联网金融是科技与金融相互融合的初始阶段及形态，即 Fintech 1.0 阶段。目前，Fintech 已完成了从 1.0 阶段至 2.0 阶段的过渡。接下来的两节将详细介绍 Fintech 发展过程中的两个阶段。

图 10-2　Fintech 演进过程

二、Fintech 1.0 时代的技术

（一）互联网及移动互联网

在 Fintech 1.0 时代，互联网和移动互联网技术使产品在用户体验上取得了革命性的提升，金融产品更是如此。利用互联网和移动设备为客户提供线上服务，简化业务流程，优化产品界面，改善用户体验，这一策略在所有的金融科技行业都是适用的。简单来说，互联网和移动互联网技术使得产品不仅仅是界面变得好看，而是更加好用。

除此之外，互联网及移动互联网技术使金融服务能够以更低的成本、更便利的方式为用户服务，也为未来更多的创新性服务提供了基础，使其得以实现（图 10-3）。

图 10-3　互联网为金融服务代理的改变

（二）大数据

可以将大数据分析分为四个层次，即数据架构、信息整合、知识发展和智慧决策。在 Fintech 1.0 阶段，大数据技术的主要应用是集中于第一和第二层次，

即数据架构和信息整合层次，并初步进入第三层次，进行简单的初步分析和决策。

通过整合大数据架构与信息结构，能够建立起一个收集和存储的大数据系统，并在信息整合和数据计算的基础上加以利用。而该阶段的大数据分析通常依靠人工建模进行分析，加之由于传统数据分析模型对于多维度、多形态的数据存在不适用的情况，因此该类技术应用仅仅是大数据分析的初级阶段。

三、Fintech 2.0 时代的技术

（一）大数据分析

在数年的更新和积攒之下，大数据的容量、属性等面貌都焕然一新。智能电视、机器人等智能硬件被研发并走进人们的日常生活中，数据的维度开始由线上向外围的实际生活拓展。

现今正处于由企业自身和专业机构对海量用户数据进行处理的阶段，这为金融科技企业提供了有利的资源，有助于推动个人征信、信贷及风险管理和保险等诸多细分行业的发展。

金融领域历来注重数据。在金融领域，大数据分析应用可以分为以下两个主要的方面。

（1）个人征信、信贷及风险管理。其主要是围绕借贷环节进行的，覆盖贷前评估、贷中监控和贷后反馈三个环节。

贷前评估：国内个人征信试点于 2015 年才开始试行，最具代表的是芝麻信用。依靠阿里体系的交易数据以及蚂蚁体系的金融数据形成强有力的数据支撑，通过自主研发信贷模型可用以支持银行、小贷机构进行征信及授信活动。信贷模型的训练需要人工智能技术作为辅助，通过机器学习不断完善模型并实时校正。

贷中监控：主要是通过用户在贷款期的行为数据来发现问题客户并及时报警。

贷后反馈：基于用户本次贷款期间的数据，对该用户原有信贷记录评分进行补充，提升或降低其信用额度以供后续使用。

（2）保险。其应用的主要场景是车险及运费险定价。

车险：根据车主的日常行车路线、里程、行车习惯、出险记录以及车主的属性，比如年龄、职业、性别等，给出适合于该车主的车险定价。其中，车载智能硬件的发展使得行车数据的获得变得简单而准确。

运费险：运费险是近年才出现的险种，电商的发展是必不可少的促进因素。

运费险是"小而美"的金融产品代表。据相关资料显示，其业务量近年的增长率超过100%。

（二）人工智能

大数据、云计算以及智能硬件作为基础技术支撑了人工智能技术的发展。智能数据分析与决策主要是人工智能发展的产物，智能数据分析在金融领域涵盖了投资、借贷、保险和征信行业，相关技术的运用成为业务开展的基础，同时也支持了金融产品的创新，包括新型的保险及投资产品。

大数据、云计算及智能硬件的发展为人工智能技术提供了基础保障，如果将人工智能拆分为基础层、技术层和应用层三个层面，那么基础层作为人工智能技术的技术支持，各个细分技术必不可少，特别是大数据的发展；在技术层面，与Fintech相关的首先是机器学习和知识图谱，其次是自然语言处理；在应用层主要与计算智能领域相关，应用示例包括神经网络、遗传算法、AlphaGo等。

而在未来，智能化是Fintech重要的发展方向。简单来讲，智能化是指用计算机代替人脑来进行分析并做出决策。目前，人工智能尚在发展初期，尚不能代替人脑来进行决策，但至少可以做到大规模的量化，替代部分人力分析的层面。

在金融领域，人工智能主要有以下四类应用。

1. 自动报告生成

众所周知，投行业务及证券研究业务中涉及大量的固定格式的文档撰写工作，如招股说明书、研究报告及投资意向书等。这些报告的撰写需要初级研究员投入大量的时间及精力进行数据整理以及文本复制粘贴的工作。而在这些文档中，有大量内容可以利用模板生成，比如公司股权变更、会计数据变更等。利用自然语言处理及OCR（光学字符识别）技术可以方便快捷地完成以上工作，并最终形成文档。

自然语言处理包括自然语言理解和自然语言生成两种细分技术。首先是自然语言理解，它是指将人们自然语言消化理解，并转换结构使之可被计算机进行后续处理。而自然语言生成是指将计算机处理后的拆分结构化数据转化成人们可以理解的自然语言。借助OCR技术，能够实现将图像中的文字转换成文本格式，供文字处理软件进一步编辑加工，从而实现人工智能。

2. 人工智能辅助

一直以来，量化交易都是运用计算机来进行辅助工作的：分析师通过编写模型，选取一些指标作为变量，利用机器来观察数据分布及计算结果。也就是说，计算机仅是进行了简单的统计计算。近年来，随着人工智能技术的发展，机器学习崛起。计算机可以进行海量数据的处理、分析、拟合和预测，因此人工智能被越来越多地运用于量化交易的领域。

人工智能可以从机器学习、自然语言处理和知识图谱三个方面实现量化交易的变革。

（1）机器学习。利用传统的回归分析等方法来建模交易策略有两个弊端：首先，所用数据维度有限，仅限于交易数据；其次，模型可处理的变量有限，模型的有效与否取决于所选取变量的特征和变量间的组合，而这在很大程度上取决于研究员对数据的敏感程度。

利用机器学习技术，结合预测算法，可以依据历史经验和新的市场信息的不断演化，预测股票、债券等金融资产价格的波动及波动间的相互关系，以此来创建符合预期风险收益的投资组合。然而，机器学习可能是个相对缓慢的过程，且该过程无法通过其他统计方法来提供担保行为。机器学习虽可能适用于寻找隐藏的趋势、信息和关系，但在金融领域的应用和效果仍存在较大不确定性。市场上对于金融领域的机器学习仍存在一定程度的炒作。

（2）自然语言处理，用以解决由数据推测模型带来的局限性。通过引入新闻、政策以及社交媒体中的文本，将非结构化数据进行结构化处理，并从中寻找影响市场变动的因素。除了可以丰富模型变量外，自然语言处理技术还可以实现"智能投融资顾问助手"。集合自然语言搜索、用户界面图形化及云计算，智能助手可以将问题与实践关联市场动态，提供研究辅助、智能回答复杂金融投融资问题。

（3）知识图谱，可以降低黑天鹅事件及虚假关联性对预测的干扰。当在黑天鹅事件发生时，机器学习和自然语言处理会失效，2015 年中国证监会公布的熔断机制就属于该类事件。由于人工智能系统内没有载入类似事件及后果，无法从历史数据中学习到相关模式。此时，由人工智能决策的投资就会出现较大风险。

虚假关联性对人工智能处理数据的影响不小于黑天鹅事件。人工智能善于发现变量间的相关性，而非因果性。强相关性的变量间并不一定具备经济学关联，而人工智能的机器学习无法区分虚假关联性。为了降低黑天鹅事件及虚假关联性对于人工智能自学习过程的干扰，需要专家设置相应的规则来避免。

知识图谱提供了从关联性角度去分析问题的能力，将规则、关系及变量通过图谱的形式表现出来，进行更深层次的信息梳理和推测（图 10-4）。

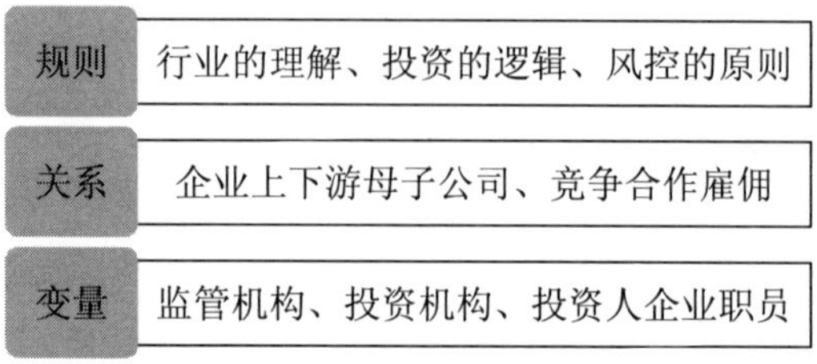

规则	行业的理解、投资的逻辑、风控的原则
关系	企业上下游母子公司、竞争合作雇佣
变量	监管机构、投资机构、投资人企业职员

图 10-4　知识图谱的三要素

以投资关系为例，知识图谱可以将公司的股权变更沿革串联起来，清楚展示某家 PE 机构于某一年进入某家企业、进入价格是多少、是否有对赌协议等。这些信息可以用以判断 PE 机构进入时的估值及公司的成长节奏，同时该图谱还可以用来学习投资机构的投资偏好及逻辑的发展。

目前，知识图谱尚未进行大规模的应用。其难点在于如何让行业专家承担部分程序员的工作，将行业逻辑等关系通过计算机建模，输入计算机以供机器进行学习和验证。可见，开发形成简易编程的界面及系统是目前应用推广的关键。

3. 金融搜索引擎

研究员在进行研究工作时通常需要收集大量的数据和信息并进行整理与分析。目前所运用的软件如 Bloomberg、Wind 等数据终端只解决信息和数据的问题，并没有解决信息过载后的整理和分析问题。利用人工智能技术可以从大量噪声信息中快速找到准确且有价值的信息，提高研究工作效率。

金融搜索引擎一般用于解决信息获取和信息碎片问题，而将复杂的查询和逻辑判断交给用户来完成。搜索引擎提供不同类型信息及事件的查询，如脱欧事件对货币市场的影响；将收集的信息切片后再进行聚合，提供可用于对比纵览的变量，如天使投资退出时平均收益率。

对于相对复杂的查询和逻辑判断，搜索引擎将会提供相关的查询结果，让用户进行复杂的过滤和筛选。比如搜索人工智能产业链的上游公司，引擎在无法准确提供上游公司的信息时，将会在便于交互的界面向用户推荐相关信息，以供用户进行筛选。

金融搜索引擎背后的关键技术是高质量的知识图谱，帮助实现关联、属性查找及联想。除了人工智能相关技术外，金融搜索引擎需要人机协作界面，方便使用者记录、迭代和重复使用；推荐和推送系统则可以帮助用户聚焦于关键数据和信息，省时省力地做投前发现和投后监测。

4. 智能投顾

传统的投资顾问需要站在投资者的角度，帮助投资者规划符合其投资风险偏好、符合某一时期资金需求和适应某一阶段市场表现的投资组合。以上工作需要高素质理财顾问完成，昂贵的人工费用也无形中设置了投资顾问服务对象的门槛，一般只面向高净值人群开设。而智能投顾（也称机器人理财）则是以最少量人工干预的方式帮助投资者进行资产配置及管理：理财顾问是计算机，用户则可以是普通投资者。

智能投顾的目的在于提供自动化的资产管理服务，为投资者提供符合其风险偏好的投资建议。智能投顾平台借助计算机和量化交易技术，为经过问卷评估的客户提供量身定制的资产投资组合建议，提供的服务包括股票配置、债券配置、股票期权操作、房地产资产配置等。

（三）区块链

区块链（blockchain）是一种分布式共享数据库（数据分布式储存和记录），利用去中心化方式集体维护一本数据簿的可靠性技术方案。该方案要让参与系统中的任意多个节点，通过一串使用密码学方法相关联产生的数据块（区块，block），每个数据块中都包含了一定时间内的系统全部信息交流的数据，并生成数据"密码"用于验证其信息的有效性和链接下一个数据块。

区块链以去中心化为核心的技术优势能够带来以下四个方面的技术改进。

1. 高效低成本，解决中间成本问题

区块链的信任机制基于非对称密码原理，是纯数学加密方法。实现网络中信息共享的同时，也保证了数据背后交易者个人隐私信息的安全。这使得区块链网络中的交易双方在陌生模式下即可进行可信任的价值交换。同时，在去中心化的网络系统中，价值交换的中间成本几乎为 0。因此区块链技术在保证了信息安全的同时，也保证了系统运营的高效及低成本。

这种技术可以应用于传统的中心化场景中，以替代原本由中介或中心机构处理的交易流程。

2. 便于追踪和验证，解决数据追踪及信息防伪问题

区块中包含了创始块以来所有的交易数据，且形成的交易记录不可篡改或

虚构，任何网络中的数据都可以追本溯源，因此交易双方之间的价值交换数据可以随时被追踪和验证。现实生活中，信息和数据在传递过程中经过多次交换会出现失真的状况，长链条的传递过程也给不法分子提供了可乘之机。利用区块链技术便可以为物品或数据建立一套不可篡改的记录，以便进行数据的追踪和防伪。

3. 数据可持续性高，解决物联网的核心缺陷

区块链中每个参与记录和存储数据信息的节点都具有相同的权利，不存在中心节点，因此在受到网络攻击的时候，也可以保持数据库的正常运转。同时，由于区块链技术可以在无须信任单个节点的情况下达成整个网络的共识，使得节点与节点之间具备了能动性。此外，分布式结构也大大降低了传统中心节点设备的损耗。数据的可持续性及信息的安全性均得到了保证，因而可以在物联网、指挥交通、供应链等场景中加以应用。

4. 可编程"智能合约"模式，有效规范市场秩序

区块链中每笔交易信息基于可编程原理，内嵌了脚本概念，使得基于区块链技术的价值交换活动升级成为可编程的"智能合约"模式。因此，在市场秩序不够规范的环境下，在资产或价值转移合约中引入区块链的"可编程特性"，可以规定该笔交易资金日后的用途和方向。因此，可以应用于各类合约的签订与跟踪执行。

在之后的章节中将对区块链技术进行更加详尽的介绍。

基于以上四个主要优势，凭借比特币网络的自身货币及价值传播基础，区块链技术可自然而广泛地运用于金融领域，用以简化流程、提升数据及信息存储的安全性，降低信任成本。

第二节　Fintech 投资热度与发展比较分析

一、投资热度

（一）全球投资热度

Fintech 与传统金融机构的协同关系大于竞争，全球投资热度不减。金融机构通常有三种方案开展 Fintech 相关活动，即自己研发技术并应用、收购相关 Fintech 公司，得到对方技术以及与 Fintech 公司合作，以达到协同。

全球来看，银行等金融机构越来越看重与 Fintech 之间的协同作用。不单纯是金融机构与 Fintech 企业之间的协同作用，还包括 Fintech 企业之间、与监管者和其他行业之间的协同作用。比如，区块链技术还可用于除金融领域以外的其他领域，如公证、供应链等，政府及监管机构也开始尝试利用区块链解决问题。

基于此，全球 Fintech 投资热度不减，2016 年第一季度，总投资额达到 57 亿美元，总投资案例达到 468 件，同比上升 47%，环比上升 39%。其中，VC（风险投资）机构总投资 49 亿美元，环比上升 22%。

（二）亚洲投资热度

2016 年第一季度，亚洲 Fintech 领域投资达 26 亿美元，占全球总投资额 45%；全球 25 笔较大投资，亚洲 Fintech 公司所获投资金额最大，占总数 64%。

亚洲领域内的 Fintech 公司开始寻求本土之外的机会，寻求全球化扩张。但由于本土金融监管，部分 Fintech 企业的业务可能无法复制到其他地域。因此，可以提供跨境产品或商业模式可复制的 Fintech 企业将更具吸引力。

（三）热门投资领域

Fintech 细分领域中，借贷和支付近年来发展稳步，所获投资金额最多，借贷占比高达 46%。各个细分领域中，借贷、储蓄及投资、保险的目标用户均为个人及中小企业。可见，个人及中小企业用户更大的需求亟待释放和满足。

随着全球个人财富的增长，理财（资产管理）领域的需求正在极速上升。据统计，2016 年第一季度，资产管理领域投资额达 1.1 亿美元，相比 2015 年全年 1.9 亿美元投资额，涨幅显著。此外，种子及天使轮公司获投比例占 70%。Scalable Capial、Indexa Capital 及 CashBoard 积极推动了种子期公司的投资，在种子期投资总份额中占比超过 50%。

二、中美 Fintech 发展比较分析

虽然美国上百年资本市场的发展历史值得借鉴，但通过最近 20 年互联网的发展，80 后、90 后的中产阶级逐渐成为理财市场的主力军，可能会给中国的财富管理模式带来跳跃式发展的可能性。

近年来，中国的互联网金融发展迅猛，其背后原因主要是中国金融发展环境下金融服务的供给不足，给互联网金融公司在相对包容的监管环境下制造了发展条件，进行了大规模的"监管套利"。发展至今，互联网对于金融的改造和颠覆已有成效。而美国作为这场信息革命中的领军者，必然有值得借鉴的地方，接下来就对中美两国 Fintech 行业状况进行对比。

通常来讲，在美国不存在"互联网金融"的说法，一直是以"科技金融"的概念存在。相比国内，在美国之所以没有大量的互联网金融公司，主要是因为其线下金融体系已经比较发达，各项金融服务也趋于成熟，创新难度和成本均较高。美国和中国金融市场的不同发展环境以及用户对金融服务的不同诉求决定了 Fintech 在两国发展的不同状况。

（一）金融监管体系不同

2010 年，次贷金融危机后，美国金融改革落地，从"伞式监管"升级到全面监管。新法案中，着重体现了"消费者至上"的思想。

（1）成立独立的消费者金融保护机构（Consumer Financial Protection Agency，CFPA），为在金融系统中受到不公平和欺诈行为损害的消费者与投资者提供保护。该机构将拥有规则制定、从事检查、实施罚款等权力。

（2）进行消费者保护改革，以期从增强透明度、简单化、公平性和可得性四个方面改善金融环境。

（3）加强对投资者的保护，推动退休证券投资计划的进展，鼓励提高储蓄率。

中美金融监管的不同点如表 10-1 所示。

表 10-1　中美金融监管的不同

美　国	中　国
全面监管，美联储成为"超级监管者"	分业监管，"一行三会"
混业经营	分业经营
金融服务体系多样化，私营企业背景多，竞争激烈	服务机构多为国资背景，金融牌照垄断现象严重

监管体系的升级使得创业企业的创新监管成本加大。以当下火热的 P2P 平台为例，美国监管当局认为，这些平台上发行的贷款已经具备了证券的性质，因此该类平台应该理解成证券交易所，按照证券交易所的规定来监管。同时，从保护个人投资者和借款人的角度，需要由消费者保护机构来监管。这种方式下，创业公司可能需要取得不同州的借贷业务牌照，创新监管成本加大。

除此之外，竞争充足和垄断的两种不同市场环境，也导致中美传统金融机构创新意识不同。由于美国金融市场竞争环境激烈，金融服务机构多为私营背景，创新意识也相对较强。相比国内，金融牌照垄断相对严重，天然的资源垄断优势赋予了传统机构金融资源定价能力，享有现有的资源优势就可以获得高额利润，故而企业创新和服务提升的动机不足。

（二）金融服务体系力量不同

美国金融市场的竞争环境促进了传统金融体系的完备。传统金融体系的力量和影响是中美金融市场的最大不同，相比而言，也因此成为中国最大的机会。从信用卡及保险渗透率可以清晰地说明这个问题。在美国，传统理财产品、中小企业信贷、保险等均有成熟的金融巨头覆盖，消费者习惯已养成。与已成熟的巨头进行竞争，是多数创业企业无法承担的。

由于美国成熟的金融服务体系，相比"颠覆"银行等传统机构，Fintech 公司更多的是寻求与之合作。未被传统金融服务覆盖的客户或市场缝隙，由 Fintech 企业来补充，其角色更多的是"提高某已有业务的效率"。

反观中国，金融服务供给的不足，部分监管环境的模糊地带给金融科技类公司制造了发展条件。模式创新、普惠金融等在中国的发展十分迅速。近年来 P2P 的迅猛发展正说明该问题：大量未被传统借贷服务覆盖的中小企业和个人，通过 P2P 平台可以获得融资，解决短期的资金缺口。

三、细分领域梳理及对比

（一）个人理财

美国传统金融服务体系完备，因此大多数中产阶级的理财服务是由传统银行和资产管理公司、投资顾问公司提供的。近年来，智能投顾平台（自动化投资平台）的兴起，如 Betterment、Wealthfront，其主要服务对象是年轻人群，是未来的中产阶级。相比而言，国内投资者对于智能投顾公司的接受度仍不高。其背后原因是中美投资者不同的投资理念和不同的金融市场环境。

智能投顾平台提供的服务是一种消极投资，是长期投资。投资目标是长期下（10 年以上）使得投资收益与市场持平，这需要投资者具有比较成熟的长期投资理念。然而国内资本市场有效性不高，投资者散户化程度高，更偏好主动投资和短期投资。

（二）保险

在美国，保险行业的发展是极为发达的。个人保险（如健康险、寿险）、财产险（如房产保险、车险）以及企业保险已经成为美国人们生活中的一部分。同时，保险行业的进入门槛非常高，因此保险行业的金融创新也并不火热。

相比之下，我国对保险行业的监管也同样严格，牌照被少量国有控股公司垄断。在既有利润丰厚的情况下，公司的创新意识和信息化动力均较低；同时，我国居民保险意识弱，对保险产品很少主动询问或投保。可见，我国保险行业在与科技融合的过程中仍处于非常早期的阶段，目前重点发力在用户体验优化。

（三）第三方支付

最早出现的第三方支付平台在 1999 年创立，是美国的 PayPal，5 年之后阿里巴巴才推出支付宝业务。在美国，由于其信用卡体系已经相对完善，用户体验的提升难度较高，第三方支付作为信用卡支付的替代品，渗透率的增长并不高。另外，第三方支付高度依赖互联网平台，即支付的应用场景，而美国电子商务的普及率与中国相比较低，第三方支付应用场景受限。

截至目前，中国已成为世界上第三方支付市场份额最重的国家，而支付宝的交易金额也远超第三方支付鼻祖 PayPal。第三方支付高度依赖互联网平台，影响该行业发展的主要因素有两个方面，一是其他支付方式的便利性与安全性，二是电商的发展。

第三节　Fintech 的创新

一、Fintech 带来的资金端创新

在我国，大资管的时代在逐渐到来，数据显示，个人可投资资产年均增速达到 16%，资产种类日益丰富。2008 年，居民的现金及存款的比例达到约 70%，发展至今，多元化的资产配置产品已超越了现金及存款，达到了约 60% 的比例，我国居民日益增多的个人资产和不断提升的资产配置意识有利于财富

管理领域的跨越式发展。

另外，我国财富管理行业已经实现数字化运作，BCG 的调研结果显示，80% 的高净值人群对网上银行、P2P 网贷、网络理财产品、线上支付、众筹、智能投顾等互联网产品表示认可。而在中国，基于网络参与理财的人占所有理财者的比率相对于美国更高。

具体地，可以从信息平台、记账工具、支付工具、证券经纪和平台销售、智能投顾和第三方财富管理六个方面来探讨 Fintech 带来的资金端创新。

（一）信息平台

自我国接入互联网以来就接连诞生了雪球、和讯、东方财富等财经门户，美国的 Yahoo Finance、Barron's 则是资历更深的金融平台。此外，美国的 Credit Karma 开展了免费信用查询的业务助力商业模式创新，从中获取用户资源，并于整理后出售给有相应需求的金融企业。相比之下，我国已有的此类业务较少，该种运作方式尚未出现。

（二）记账工具

金融科技在记账工具方面的运用方式已经趋于完善，如美国的 Mint 主要开展信用卡与资金的管理业务，通过办卡佣金收入赢利。而 Personal Capital 推出了一系列整合工具，主要应用于理财账户并承接到特定的资产管理产品。在我国，随手记和挖财同样采取了这种模式，但考虑到我国信用卡这一细分市场壁垒较高，这两家公司转而瞄准个人理财市场，正为取得顾客认可和对接其他金融产品不懈努力着。

（三）支付工具

在美国，信用卡公司三巨头占据了支付领域的绝大多数应用，他们收取 2%～4% 的手续费，相对较高。所以，在美国就有大量的创业公司进入支付领域，其中就包括 PayPal。在中国，支付领域已经被支付宝和微信支付所占领，他们以低至千分之几的费率及较强的地推和产品体验，一举在移动支付领域超越了美国，并渗透到印度甚至欧美市场。但在 B2B 支付这个领域，美国仍然处于主导，有一家独角兽公司 Stripe，因为两端的 B 都相对分散，使得其成为连接支付场景和支付机构的聚合工具。在中国也有几家公司，代表性的有 PING++，但是由于目前国内支付机构是支付宝和微信支付双寡头的局面，所以 B2B 的聚合工具市场相对有限。但随着小米、华为、联想、三星等几家占据移动终端入口的公司进一步进入移动支付领域，支付机构的多样性会加大，B 端的整合需求也会更大。

（四）证券经纪和平台销售

经纪业务的费率在美国也是较高的，这几年随着 Robinhood 等几家零费率平台的兴起，经纪费率也趋向为零；在中国经纪费率本身已经非常低了，再加上一人多户的放开，造成券商经纪业务的竞争压力加大。未来，不论传统还是互联网券商的经纪业务只是一个引流获客的手段，收入利润的来源和重心将逐渐转向融资融券、投顾、财富管理和资产管理等业务。

（五）智能投顾

在美国的两家智能投顾公司 Wealthfront 和 Betterment 已经发展了近 10 年的时间，中国的互联网金融龙头企业，包括京东金融、宜信、品钛、挖财，都在投入研发智能投顾产品，笔者预计这将成为大平台吸引初级用户的标配产品，但作为初创企业想通过智能投顾产品开拓新用户的难度在加大。美国智能投顾相比传统投顾的核心竞争力是低费率，只有 20～40 BP，传统投顾要收取约 2% 的咨询费或管理费。美国人已经普遍接受了被动型理财，所以这块领域迎合了很多人低费率、标准资产配置的需求。在投资上，美国的智能投顾组合基本上是基于 ETF 产品，在中国 ETF 的流动性和规模还不成熟的情况下，很难做基于 ETF 产品的智能投顾，现在我们看到更多的是固收＋公募基金浮动收益产品的配置。在技术上，基于 ETF 或公募基金的配置方式在智能化程度上还处于初级阶段，进入门槛并不高。目前在美国，许多券商和基金的巨头也纷纷进入了这个领域，对初创公司造成了比较大的冲击，有一些公司如 SigFig、Future Advisory 也被 UBS 和 Black Rock 收购。

（六）第三方财富管理

在美国有家上市的金融公司 LPL Financials，是一个独立理财师的平台，在中国有很多公司尝试做这类创新，但是目前并不是特别成功，究其原因是目前中国的理财师的专业度偏低，只是进行简单的产品售卖，没有真正建立起客户的信任，所以在此基础上做独立理财师平台还是有点儿困难，但是像诺亚财富、宜信财富等通过大量线下理财师来服务中高端客户的市场依然非常巨大。

二、Fintech 带来的资产端创新

目前互联网上资金端的发展已经到了一个瓶颈期，移动互联网的体验和高收益率虽然吸引了一批用户，但 e 租宝等反面案例和数千个 P2P 问题平台所招致的不良后果，以及监管趋严的行业形势，造成输入 P2P 的平台资金日益减少，转而回到了稳定性和安全性占优的商业银行以及依托大机构背书的线上平台，如京东金融、陆金所、蚂蚁聚宝等。诸多互联网金融行业的佼佼者也纷纷启动了经营范围的拓展和革新，将先前线上资金与线上资产平台相结合的模式，转变为线上和线下资产均由其自主经营的模式，而这一新模式在供应链金融和消费金融领域尤为普遍，各类业务归根结底又趋近于金融固有的内涵：风险定价和风险控制。

依据市场的不同，可以将资产方面的创新划分为一级市场股权的众筹与交易、二级市场股权的社会化交易、中小企业信贷、消费信贷和房产信贷共五个类别。

（一）一级市场股权的众筹及交易

一级市场股权众筹是风险投资（VC）的一种衍生模式，这些年在美国兴起了像 Angel List 等股权众筹平台，在中国，京东众筹、36 氪众筹等平台也发展迅速。但是相对而言一级市场股权众筹还是一个小众的市场，只有少部分专业的合格投资人和机构才适合此类高风险的投资，就像成为 VC 的 LP 一样，是属于一种私募配置方式和另类资产。基于现今的监管要求，该种市场融资水平受到较大的限制，而其运作的关键在于维系其与电子商务和大众传媒之间的密切联系，以京东众筹和 36 氪为例，它们存续的重要意义就是基于工商注册、产品销售、市场推广、融资需求和投资者沟通等一系列配套服务协助客户企业排除其在市场中面临的障碍。

在初创企业股权众筹的基础上还有一种衍生模式，即为一级市场针对相对大型企业（"独角兽"）的股权交易。过往的数年间，无论在中国还是美国，证券市场中都存在估值倒挂的现象。某些一级市场的独角兽企业在登陆二级市场或进行下一轮融资时，无法支撑上一轮的估值，所以其相应的股权价值饱受质疑，也抑制了有关交易平台的发展，比如该行业的领头羊 Second Market 已被纳斯达克交易所收购。在信息公开的前提条件下，一级市场的股权交易模式本质上属于一种小范围的创新，然而一旦拓宽到大范围，如将某些独角兽的股权

通过某些渠道出售给不合格的散户，这种行为就存在较大风险。

（二）二级市场股权的社会化交易

如果监管开放，社会化的交易模式在我国可能具有良好的发展潜力，这是由个人投资者是我国证券市场参与主体的特点决定的，相比之下，由机构投资者主导的美国证券市场中，交易平台的市场容量规模较小，社会化信息相对缺乏，该种模式发展空间有限。不管从何种股票类别的角度来看，社会化交易都具有创新意义并且易于吸引更多人参与，然而证券业务终究要回归本质，也就是通过涉足资产管理、融资融券等证券领域关键性业务方可实现长期收益。即便国外 Motif、eToro 等此类平台拥有特定证券业务的经营资质，它们也持续面临着扩充资产管理规模和维持顾客忠诚度的难题。

（三）中小企业信贷

中小企业贷款难是全球范围内较为普遍的问题。2015 年我国小微企业数量占比为 76%，对 GDP 的贡献高达 60% 以上，但其贷款金额仅占 38%。数据显示，在金融危机期间美国投放给中小企业的信贷规模萎缩，而当前随着信贷质量的下降，我国商业银行给予小微企业的信贷金额也在减少，这便给金融科技企业提供了发展机遇。

在电商及供应链金融领域，通过交易闭环的实现和大数据的运用，供应链金融规模得以迅速扩大，如 Kabbage、蚂蚁小贷、京小贷等。在美国，电商平台更多采取和金融机构合作的模式，在中国，电商平台或产业供应链平台＋自营金融几乎成了电商和产业巨头的标配。从本质来看，供应链和金融的业务模式与利益诉求有其矛盾性：供应链追求规模，金融要控制风险；这也是美国的供应链金融更多由银行主导，而非产业内金融公司主导的原因。

在贸易金融领域，美国的贸易合同和应收账款透明、真实，贸易保险的渗透率高，这几年也涌现了像 Prime Revenue 等应收账款交易所。但中国的情况和美国差别较大，贸易金融很难大规模开展。虽然中国有银票和商票的体系，但是银票成了贴现的工具，催生了庞大的银票贴现市场，票据验真难，贸易合同做假、关联交易、刷单的现象难以控制。但通过建立更加完善的企业级征信体系，应用区块链、物联网、电子票据、电子税务等新技术，希望未来能逐渐打破目前国内贸易金融的困局。

（四）消费信贷

在消费信贷领域，对中美两国的创新型企业进行如下比较：美国的 Affirm 主要针对家居和奢侈品消费领域的分期业务，Capital One 针对蓝领以及 sub-prime（次级）和 near-prime（近次级）人群提供配套的金融服务，依托大数据分析和用户画像技术控制风险，从而受到了广泛的认可。在中国，就线下而言，捷信在进军我国的近 10 年里着眼于 3C 产品分期服务，从而主导了蓝领群体的相关消费。就线上而言，依托电商企业的消费信贷服务平台，比如京东金融的"白条"和蚂蚁金服的"花呗"，都在近年来取得了耀眼的成绩。在个人小额信贷领域，美国和中国之间差别较多，前者拥有三大征信局权威的数据模型和健全的个人信用评分体系 FICO，在此基础上 Lending Club 等网贷机构逐渐兴起。然而在我国，个人信用体系尚未普及，数据及评分规则仍不完善，较高的信贷欺诈率已经成为不可忽视的问题。所以，应当从消费场景获取客户数据开始，分析客户特征，引导客户养成良好的消费习惯，再进一步拓展信贷业务，确定信用额度，逐步使得客户对信贷服务形成较高的认可度和忠诚度。

（五）房产信贷

美国在次贷危机之后房产贷款量急剧下降，经历了一个痛苦地去杠杆过程。但在去杠杆化之后美国房地产市场迎来了健康发展期，随之也为房地产信贷引来了更为广阔的发展机遇。例如，Lending Home 着眼于中小开发商群体的过桥信贷业务。在我国，虽然居民储蓄率整体水平较高，但是我国长期沿袭着亲属共同参与买房的传统，而且居民购房贷款率仍高于 60%，所以较短时间内暂无风险问题。另外，房贷资产正处于日益积累风险的阶段，因而仍需对中小城市的房产抵押贷款问题和首付贷等模式的风险进行监测和预警。

三、Fintech 带来的科技创新

就科技驱动的角度而言，以往数十年间金融创新的发展历程大致分为以下三个阶段。

第一个阶段是基于金融业务信息化而诞生的新模式和新渠道，比如以 Bankrate 和 ING DiBa 为代表的直销银行和金融超市，其技术驱动力是互联网的大规模应用和金融机构核心系统的使用。

第二个阶段是金融产品的创新，金融大数据的应用和 PayPal 等第三方支付平台的广泛使用，催生了大数据风控、P2P 网贷和舆情分析等诸多服务的创新。

智能投研工具 Kensho 旨在通过创设智能程度更高的数据平台而为证券分析师和交易员提供服务，目前该产品停留在高盛内部试运行阶段，仍未正式上市。该种工具应有的商业模式，以及如何规避与现有产品（如 Bloomberg、Wind 资讯）之间的同质化仍然是值得思考与推敲的问题。

中美两国在大数据征信和反欺诈领域的未来发展路径方面可能会有着较大的差别。美国三大征信局（Experian、Equifax、TransUnion）曾费尽心思对各个行业的数据进行收集和汇总，并购了分散在美国各州的征信局，才达到了现今的数据量并实现三足鼎立的局面。在中国，个人征信体系仍处于建设阶段。依托互联网和大数据的迅猛发展，互联网公司普遍涵盖了较大范围的并在用户画像方面抱有较高的精确度，因而在未来很可能会在该领域的建设中起到带头作用。

第三个阶段是货币及资产的革新，随着电子货币的推广和区块链在金融领域的应用，依托区块链的交易、清算和结算等业务将会大范围推广，并将大大提升现有金融体系的效率，增加其完整性和安全性。

比特币已经逐渐成为一种电子黄金，从比特币的产生到发展，经过一轮黑市交易、炒作，到监管的打压，现在正在回归到一个理性的价值区间，它的波动性也逐渐趋于稳定。在炒作的过程中，它逐渐具有了黄金的属性，即类似于黄金的储备量有限，比特币的发行量也是有限的，所以具有保值增值的作用。它的体系在逐渐主流化和多元化，一些银行（比如花旗、UBS 等）也发行了自己的电子货币，中国的央行也在进行国家发行电子货币的研究。所以，电子货币会是一种长期存在的货币或资产类别，并逐渐融入主流的金融体系之中。

四、Fintech 创新的本质与分析

纵观金融发展历程，银行的危机乃至破产主要归结于合规和风控方面的问题，或者存在金融危机这样的时代背景，而非是基于与科技挂钩的某些原因，所以金融科技不存在颠覆传统金融的可能性，取而代之的是扮演着改善和弥补的角色。金融科技在资金端的创新主要是改良了用户的体验，从柜台到 ATM 机，从 PC 互联网到移动互联网。在资产端的很多创新模式，如消费金融、中小企业信贷等，其实是传统金融机构在现有体系做得不够好或者做不了的，而金融科技公司推出的服务与产品弥补了这些问题。与此同时，仍然需要加强监督管理，

警惕以金融科技作为噱头的庞氏骗局和虚假创新，如一些涉嫌欺诈的 P2P 网贷平台，以及电影 "Money Monster"（金钱怪兽）设定的量化投资骗局。

目前为止，已经出台了部分监管办法，历经近两年的修改和推敲，P2P 网贷对应的《网络借贷信息中介机构业务活动管理暂行办法》已经正式发布。政府需要把握好"普惠金融"和"过度金融"这柄双刃剑，认识到在金融拉动内需和刺激消费的同时也可能会导致经济泡沫，甚至引发金融危机，所以对这柄剑的正确运用是关键所在。近年来互联网金融领域存在某些监管漏洞，致使野蛮力量有了生存壮大的空间。而当前一大重要任务就是弥补漏洞，让金融回归本位。

金融行业由于其数字化的属性也将引领数字技术的未来发展和应用。在未来，更多的创新机会应当从技术本身出发，服务于传统金融机构，或者由传统金融机构自发地通过科技进行自身的革新。金融科技的创新已经进入了白热化，到了真正考验团队专业性和系统协作的时刻，保持创业的初心，回归"科技驱动金融，金融助推经济"的核心才能立于不败之地。

第四节 Fintech+ 区块链

一、区块链的提出与演化

（一）区块链提出的背景

近年来，区块链技术已成为全球创新领域最受关注的话题，受到风险投资基金的热烈追捧。国际各大领先金融机构也纷纷行动起来，组建了 R3 CEV 和 Hyperledger 这样的区块链技术应用联盟。仅 2015 年，全球范围内投资在比特币和区块链相关的初创公司的风投资金规模就达到了约 4.8 亿美元，2016 年第一季度已经达到 1.6 亿美元，由此可见其增长趋势。

区块链技术，成为继蒸汽机、电力、信息和互联网科技之后，目前最有潜力触发第五轮颠覆性革命浪潮的核心技术。就如同蒸汽机释放了人们的生产力、电力解决了人们最基本的生活需求、信息技术和互联网彻底改变了传统产业（如音乐和出版业）的商业模式一样，区块链技术将有可能实现去中心化的数字资产安全转移。

该技术的应用将完全改变交易流程和记录保存的方式，从而大幅降低交易成本，显著提升效率。一场技术标准的竞争和颠覆式创新浪潮正悄然袭来。

（二）区块链的发展历程

区块链基于信任和平等的逻辑，是互联网思维的结构表达，是信息产生价值的美好愿景。从区块链的发展历程来看，主要分成三个时期（表 10-2）。

表 10-2　区块链的发展历程

时　间	事　件
2008	中本聪发表论文"Bitcoin: A Peer-to-Peer Electronic Cash System"（《比特币：一种点对点的电子现金系统》），提出区块链的概念，区块链进入人们视野
2009	中本聪挖出第一批 50 个比特币，被称作"上帝区块"
2010	第一个比特币交易平台 MT.GOX 成立
2011	比特币价格首次达到 1 美元，此后与英镑、巴西雷亚尔、波兰兹罗提汇兑交易平台开张
2012	瑞波（Ripple）发布，其作为数字货币，利用区块链转移各国外汇。网络游戏等有信息透明公开并永久记录需求的领域
2013	比特币暴涨。美国财政部发布了虚拟货币个人管理条例，首次阐明虚拟货币释义
2014	以中国为代表的矿机产业链日益成熟，同年，美国 IT 界认识到了区块链对于数字领域的跨时代创新意义
2015	美国纳斯达克证券交易所开始启用区块链下的数字分类账技术 Linq，用于记录股票的交易与发行
2016	花旗集团、瑞士联合银行、德意志银行和日本三菱日联金融集团等全球大型金融机构宣布将应用"区块链"技术，打造快捷、便利、成本低廉的交易作业系统。在金融领域之外，该技术也开始应用于保护知识产权、律师公证

1. 比特币时期（2008—2012 年）

这一时期是比特币的诞生与成长阶段，区块链作为比特币的底层技术并未受到过多关注。比特币挖矿技术、交易平台以及莱特币等网络货币在这一阶段有重大发展。

2. 从比特币到区块链的过渡期（2012—2015 年）

随着比特币的发展，这种数字货币能带来的经济效益被不断开发，除比特币外，莱特币、以太经典、聚宝币、美通币、狗狗币、点点币等网络货币层出不穷，形成币圈。同时，基于数字货币底层技术的区块链逻辑开始被关注。

3. 发展区块链时期（2015 年至今）

自 2015 年起，基于区块链系统的去中心化、开放性、信息无法篡改等特点的技术可以移植到金融、科技、司法等更多领域中。区块链应用开发和投资项目增加，全球大型金融机构也相继成立联盟或投资区块链初创企业。2015 年全球共发生数字货币区块链的投资事件 65 起，披露金额达到 4.9 亿美元，较 2014 年总投资额 3.61 亿美元增长 35.73%，行业累计融资金额突破 10 亿美元，主要公司如 Ripple、Blocksteam、Chain、DAH、Circle 等融资规模均超过 5 000 万美元。

二、区块链的概念

（一）区块链的基本概念及其特征

区块链是指通过去中心化和去信任的方式集体维护一个可靠数据库的技术方案。该技术方案主要让参与系统中的任意多个节点，通过一串使用密码学方法所产生的数据块，每个数据块中包含了一段特定时间内的系统全部交易数据，并且生成数据指纹用于验证其信息的有效性和链接下一个数据库块。

区块链是一种类似于 NoSQL（非关系型数据库）的技术解决方案统称，有多种编程语言和架构都可以用来构建区块链技术。同时，也有多种方式可以用于实现区块链，当前常见的包括 POW（Proof of Work，工作量证明），POS（Proof of Stake，权益证明），DPOS（Delegate Proof of Stake，股份授权证明机制）等。

区块链具有以下特点。

（1）完整。数据完整储存在全球各个节点上面，其中一个节点如果被毁坏掉，是不会影响整个网络的数据安全的。"少数服从多数"是区块链的核心思想，区块链所记录的每一笔交易都可以回溯至第一笔交易。

（2）真实。区块链上的每笔交易几乎无法修改，因为信息分布在几千几万个节点上，无法同时摧毁，也无法凭空伪造出一笔交易。

（3）去中心。去中心化存储的一个特点是保持良好的一致性，每一个节点保存的数据基本上一模一样，所以无须统一的数据处理中心集中处理。

（4）公开。区块链是公开的、可编程的，有非常好的延展性。

（5）去中介。区块链无须任何中介帮助处理交易，因为任何交易都能以最简单快速的零成本方式发生。

（6）安全。改变区块链上的数据所需要的代价非常高，这意味着要控制

51%以上的算力，成本昂贵，几乎不可能做到。同时，区块链具有加密安全性，同时具有私钥和公钥才能登入区块链进行交易。

（二）区块链的工作原理

按照维基百科解释，区块链是一个分布式数据库，它维持了一个（连续增长的不能被篡改和修订的）记录区块序列，每个区块都包含了一个连接到前一区块的时间戳。如果我们把数据库假设成一本账本，读写数据库就是一种记账行为。

（1）记账。系统在一段时间内找出记账最快最好的人、由这个人来记账，然后将账本的这一页信息广播给全网其他每个节点，这也就相当于改变数据库记录（共识机制、密码学）。

（2）核对。全网其他有效节点核对该区块记账的正确性，并且盖上时间戳，确认区块合法（时间戳、数学）。

（3）形成单链。即在上一合法区块之后竞争下一个区块（智能合约、加密技术）。

（4）存储。账簿是分区块存储的，随着交易的增加，新的数据块会附加到已存在的链上，形成链状结构（分布式结构、信息技术）。

（5）备份。每一个参与交易者都是区块网络的节点，每个节点都有一份完整的公共账簿备份，也就是分布式账本。

（三）区块链的核心技术

在互联网世界中建立一套全球通用的数据库，会面临三个亟待解决的问题，这三个问题也是设计区块链技术的核心所在。

首先，如何建立一个严谨的数据库，使得该数据库能够存储下海量的信息，同时又能在没有中心化结构的体系下保证数据库的完整性？

其次，如何记录并存储下这个严谨的数据库，使得即便参与数据记录的某些节点崩溃，我们仍然能保证整个数据库系统的正常运行与信息完备？

最后，如何使这个严谨且完整存储下来的数据库变得可信赖，使得我们可以在互联网无实名背景下成功防止诈骗？

针对这三个核心问题，区块链构建了一整套完整的、连贯的数据库技术来达成目的，解决这三个问题的技术也成了区块链最核心的三大技术。此外，为了保证区块链技术的可进化性与可扩展性，区块链系统设计者还引入了"脚本"

的概念来实现数据库的可编程性。因此，这四大技术构成了区块链的核心技术。

1. 区块 + 链

关于如何建立一个严谨数据库的问题，区块链的办法是：将数据库的结构进行创新，把数据分成不同的区块，每个区块通过特定的信息链接到上一区块的后面，前后顺连来呈现一套完整的数据，这也是"区块链"这三个字的来源。

在区块链技术中，数据以电子记录的形式被永久储存下来，存放这些电子记录的文件，我们就称之为"区块（block）"。区块是按时间顺序一个一个先后生成的，每一个区块记录下它在被创建期间发生的所有价值交换活动，所有区块汇总起来形成一个记录合集。区块中会记录下区块生成时间段内的交易数据，区块主体实际上就是交易信息的合集。每一种区块链的结构设计可能不完全相同，但大结构上分为块头（header）和块身（body）两部分。块头用于链接到前面的块并且为区块链数据库提供完整性的保证，块身则包含了经过验证的、块创建过程中发生的价值交换的所有记录。

由于每一个区块的块头都包含了前一个区块的交易信息压缩值，这就使得从第一个区块到当前区块连接在一起形成了一条数据长链。从第一个区块开始，到最新产生的区块为止，区块链上存储了系统全部的历史数据。

区块链为我们提供了数据库内每一笔数据的查找功能。区块链上的每一条交易数据，都可以通过"区块链"的结构追本溯源，一笔一笔进行验证。

2. 分布式结构——开源的、去中心化的协议

有了区块 + 链的数据之后，接下来就要考虑记录和存储的问题。在现如今中心化的体系中，数据都是集中记录并存储于中央计算机上。区块链结构设计精妙之处在于，它并不赞同把数据记录并存储在中心化的一台或几台计算机上，而是让每一个参与数据交易的节点都记录并存储下所有的数据。

关于如何让所有节点都能参与记录的问题，区块链通过构建一整套协议机制，让全网每一个节点在参与记录的同时也来验证其他节点记录结果的正确性。只有当全网大部分节点（或甚至所有节点）都同时认为这个记录正确时，或者所有参与记录的节点都比对结果一致通过后，记录的真实性才能得到全网认可，记录数据才允许被写入区块中。

关于如何存储下"区块链"这套严谨数据库的问题，区块链通过构建一个分布式结构的网络系统，让数据库中的所有数据都实时更新并存放于所有参与记录的网络节点中。这样即使部分节点损坏或被黑客攻击，也不会影响整个数

据库的数据记录与信息更新。

总体而言，区块链根据系统确定的开源的、去中心化的协议，构建了一个分布式的结构体系，让价值交换的信息通过分布式传播发送给全网，通过分布式记账确定信息数据内容，盖上时间戳后生成区块数据，再通过分布式传播发送给各个节点，实现分布式存储。

3. 非对称加密算法

什么是非对称加密？简单来说，它让我们在"加密"和"解密"的过程中分别使用两个密码。这两个密码具有非对称的特点，加密时的密码（在区块链中被称为"公钥"）是公开全网可见的，所有人都可以用自己的公钥来加密一段信息，而解密时的密码（在区块链中被称为"私钥"）是只有信息拥有者才知道的，被加密过的信息只有拥有相应私钥的人才能够解密。

区块链系统内，所有权验证机制的基础是非对称加密算法。常见的非对称加密算法包括 RSA、Elgamal、D-H、ECC（椭圆曲线加密算法）等。在非对称加密算法中，如果一个"密钥对"中的两个密钥满足以下两个条件：①对信息用其中一个密钥加密后，只有用另一个密钥才能解开；②其中一个密钥公开后，根据公开的密钥别人也无法算出另一个，那么我们就称这个密钥对为非对称密钥对，公开的密钥称为公钥，不公开的密钥称为私钥。

在区块链系统的交易中，非对称密钥的基本使用场景有两种：①公钥对交易信息加密，私钥对交易信息解密。私钥持有人解密后，可以使用收到的信息。②私钥对信息签名，公钥验证签名。通过公钥签名验证的信息确认为私钥持有人发出。

我们可以看出，从信任的角度来看，区块链实际上是数学方法解决信任问题的产物。区块链技术的背后，实质上是算法在为人们创造信用，达成共识背书。

4. 脚本

脚本可以理解为一种可编程的智能合约。如果区块链技术只是为了适应某种特定的交易，那脚本的嵌入就没有必要了，系统可以直接定义完成价值交换活动需要满足的条件。然而，在一个去中心化的环境下，所有的协议都需要提前取得共识，那脚本的引入就显得不可或缺了。有了脚本之后，区块链技术就会使系统有机会去处理一些无法预见的交易模式，保证了这一技术在未来的应用中不会过时，增加了技术的实用性。

一个脚本本质上是众多指令的列表，这些指令记录在每一次的价值交换活动中，价值交换活动的接收者（价值的持有人）如何获得这些价值，以及花费掉自己曾收到的留存价值需要满足哪些附加条件。通常，发送价值到目标地址的脚本，要求价值的持有人提供以下两个条件，才能使用自己之前收到的价值：一个公钥，一个签名（证明价值的持有者拥有与上述公钥相对应的私钥）。

三、区块链技术的创新与应用

（一）区块链技术的应用基础

1. 核心优势

相比传统网络，区块链具有多种优点，主要包括：去中心化、无须信任系统、不可篡改和加密安全性。

（1）去中心化。区块链是一个由各交易节点记账维持，并储存在全球范围内各个去中心化节点的公开账本。由于每个节点和交易者都必须遵循同一记账交易规则（该规则基于密码算法），同时每笔交易需要网络内其他用户的批准，所以不需要一套第三方中介结构或信任机构的背书。在传统的中心化网络中，对中心节点的有效攻击可直接导致整个系统的破坏。在区块链网络这样的分散化结构中，攻击单个节点不会对整个网络进行控制或破坏，对 50% 节点的掌控仅仅是最基本的控制权。

（2）无须信任系统。在区块链网络中，针对系统的所有欺诈行为都可以采用基于算法的自主约束来实现对其他节点的排斥和制约，所以，区块链系统无须依赖中央机构和信用背书。先前，人们在信用背书网络系统中的参与度取决于中央政府的信用担保，参与者的数量增长意味着系统将面临更大的安全风险。与这种传统格局不同的是，在区块链网络中，信任与否不再重要。随着参与节点数目变大，系统安全程度也会增加，数据内容可完全实现透明化。

（3）不可篡改和加密安全性。区块链采用单向哈希算法，同时，按照时间的线形顺序可以得到各个新生区块，基于时间的不可逆性可以很轻松地捕捉到所有意在篡改信息而被其余节点拦截的访问行迹，也就是说基于其他节点就可以对违法行为做出限制。

总体而言，区块链技术重新定义了网络中信用的生成方式，保障了系统对价值转移的活动进行记录、传输、存储，其最后的结果一定是可信的。

2. 智能合约

密码学家尼克萨博早在 1994 年提出了智能合约的理念，然而一直没有用于现实中，一个重要原因是因为缺乏能够支持可编程合约的数字系统和技术。区块链技术的出现解决了该问题。

区块链技术融入智能合约技术，可以程序化处理复杂的衍生品交易，将清算变得更为标准化、自动化。区块本身时间线形推进的特点可以帮助监管层鉴别发现违规操作，智能合约则可以将合规检查变自动化，从清算之初就将违规的可能性降为最低。区块链技术 24 小时不间断运转的特点也可以将泛州间交易所数据互换处理变得更为稳定和值得信赖。目前，纳斯达克正在和 Chain 进行紧密的合作，利用区块链技术建设私有公司股权交易系统，发行和转移私有公司的股票份额。之所以选择从私有股权交易系统开始，主要是因为私有股权的发行和交易目前仍主要依赖于人工手动处理，基于区块链技术的智能合约可以将众多复杂的衍生品交易条款写入区块链技术支持的注册发行程序中，当交易发生时可迅速地进行正确执行。

总体而言，基于区块链技术的智能合约不仅可以发挥智能合约在成本效率方面的优势，而且还可以避免恶意行为对合约正常执行的干扰。区块链上的智能合约以数字化方式嵌入，基于前者的特征可以保障储存、读取、运行等环节，促使合同高度透明化、易于跟踪、改动难度大。与此同时，区块链具备的公式算法可组建出相应的状态机系统，确保合约顺利运行。

（二）区块链技术在不同行业中的运用

提到区块链技术的应用，许多人想到的是比特币、银行、支付等金融方面的应用，却不知道区块链不只是在金融方面，在许多行业以及我们的生活中都可以起到很大的作用。

1. 金融业

证券交易市场是区块链理想的应用领域，两者之间的契合度非常高。传统的证券交易，需要经过中央结算机构、银行、证券公司和交易所这四大机构的协调工作，才能完成股票的交易，效率低，成本高，而区块链系统就可以独立地完成一条龙式服务。

目前，美国证券市场内普遍的结算审核所需时间是 2 ~ 3 天，区块链技术的应用有望将其计量单位由小时改变为分钟，乃至秒，以减少 99% 的相关风险，并降低资金耗费和相应的系统性风险。区块链中各类事项的确认和结算业务同时开展，节点事项在系统确认后直接记录在分布式账本中，并立即对其他所有节点对应的账本做出相应调整，这种自动运作机制有利于大幅提升结算效率。

区块链的应用，颠覆了银行业，特别体现在跨境支付中的应用。高盛、花旗、德意志银行、汇丰、摩根士丹利为首的全球 40 多家大型银行加入了初创公司 R3CEV 的区块链联盟，R3 公司成立于 2015 年，为欧美大银行创建区块链代码和协议，通过开源通用的共享账本，大幅降低银行之间的协调成本。同样，因为不可复制、无法篡改，利用区块链技术记录票据、凭证、交易记录、投融资记录等，都将大大优化现有体系的效率，对防止洗钱有很大助益。

目前，几乎所有类型的金融交易都可以被改造成在区块链上使用，包括股票、私募股权、众筹、债券和其他类型的金融衍生品，如期货、期权等。

2. 公证

传统的公证往往依靠政府机关的信用及公证能力。其具有成本高、流程复杂的特点。区块链的去中心化特征，让数据资料利用数学加密来做信用背书，在没有政府机关的介入下，自动完成公证，且资料永久保存可追踪。

例如，区块链初创公司 Stampery 能为用户所有的敏感文件提供具有法律约束力的证明，可以用区块链证明任何文件的存在、完整性和所有权。这项应用，使得世界上的任何人都可以不花一分钱自动证明某个文件是在何时创建的，且之后再未改动过。它能很好地保护知识产权，证明遗嘱、宣誓、合同、家庭纠纷中的通信等的有效性。相比做文件公证，Stampery 的优势在于你不必带着纸质文件亲自去公证人那里，能节省不少时间。

3. 物联网

IBM 曾提出，运用区块链技术，可以为物联网的世界提供一个引人入胜的可能性，当产品最终完成组装时，可以由制造商注册到通用的区块链里，从而标示产品生命周期的开始。一旦该产品售出，经销商可以把它注册到一个区域性的区块链上（社区、城市或国家），通过创建有形资产与匹配供给和需求，物联网将会创造一个新的市场。

4. 供应链

基于区块链技术，供应链可以确保产品的有效性，降低产品伪造或者低质量的风险性，而通过分布式的方式来记录这些步骤，将使得供应链成员变得更加诚实。

5. 网络安全

区块链中的分布账是公共的，并利用数字加密技术发送经过验证的数据，去中心化的方式改变了信息传播的途径，确保了数据来源的真实性，同时保证了数据的不可拦截。因此，基于区块链的技术会完全改变信息的传播路径，从根本上改变信息传播路径的安全问题。

（三）区块链领域投资案例

1. 比特币交易平台：火币网

北京火币天下网络技术有限公司成立于 2013 年，是比特币交易平台，致力于为投资者提供专业、安全、诚信的数字货币交易服务，提供人民币、美元市场一站式交易。公司核心成员均毕业于清华大学、北京大学、复旦大学等国内顶级名校，曾就职于甲骨文、腾讯、赫斯特集团、广发银行等国内外知名企业。其发展历程如表 10-3 所示。

表 10-3　火币网的发展历程

时　　间	事　　件
2013.5.15	购买 huobi.com
2013.6.1	成立研发团队
2013.8.1	上线模拟交易平台并举行第一届比特币模拟交易大赛
2013.9.1	火币网现货交易平台上线
2013.9.10	火币网日交易额突破 100 万元
2013.9.20	火币网宣布永久免交易手续费
2013.10.19	火币网日交易额突破 1 000 万元
2013.11.5	火币网获得真格基金和戴志康联合投资
2013.11.9	火币网日交易额突破 1 亿元
2013.11.19	火币网日交易金额超过 10 亿元
2014.3.19	火币网上线莱特币交易
2014.3.20	火币网莱特币日交易额突破 1 亿元
2014.8.5	火币网宣布，已完成对比特币钱包"快钱包"的收购
2015.11.26	火币网日交易量达 173 万个比特币，日交易额突破 38 亿元，再度创出全球比特币日成交量的最高纪录
2015.12.12	火币网日交易量增长至 213 万个比特币，日交易额突破 61 亿元，这一新的全球比特币交易纪录至今未被打破
2017.9.16	火币网停止所有关于虚拟货币的交易业

火币网于 2013 年 9 月上线，11 月获得戴志德、徐小平的天使投资，2014年完成千万美元级别 A 轮投资，获得包括红杉资本在内的投资。火币交易闪电手是一个提供杠杆交易的比特币交易平台。其采用数据推送技术，可以使得行情刷新速度提高 10 倍，行情信息更加丰富，盘口行情揭示更快。包括三类手续费率，分别为人民币杠杆费率 0.1%，比特币杠杆费率 0.1%，莱特币杠杆费率0.08%。

火币网交易平台内有一个借贷中心，借款或借币的额度为个人净资产的2倍，以 24 小时为一天来计算借贷利息（从借贷开始时间算起，24 小时为一天，超过24 小时按照新的一天算）每天收取 0.2%～0.1%（借贷利率根据用户 VIP 等级确定）的借款利息。目前火币网的主要盈利源于借贷利息。

2. 开发生态系统：Onchain 小蚁

小蚁是基于区块链技术，将实体世界的资产和权益进行数字化，通过点对点网络进行登记发行、转让交易、清算交割等金融业务的去中心化网络协议。小蚁可以被用于股权众筹、P2P 网贷、数字资产管理、智能合约等领域。

小蚁是国内早期非盈利的社区化区块链项目。Onchain 是小蚁团队成立的用于推广小蚁和丰富小蚁生态的盈利性公司，创始人兼CEO达鸿飞是"比特创业营"的创始人之一。主要业务包括：小蚁生态的商业化运营；区块链技术服务解决方案 Baas。Baas 旨为银行、政府部门、金融机构提供区块链技术咨询和定制区块链私有链解决方案，客户提出场景需求，Onchain 则提供底层技术以解决客户所提出的场景需求。

2016 年 7 月，小蚁和微软达成合作，合作包括 vs 开发、在微软云部署小蚁、在 Office 内嵌入小蚁电子合同功能、利用认知服务更好地在法律上做一些认定等多项内容。Onchain 成了国内首家加入 Hyperledger 的区块链公司。另外，Onchain 还与另外一家互联网公司"法大大"合作开发数字存证系统法链，由Onchain 担当技术服务提供商。

四、区块链技术的未来发展趋势

区块链技术的未来发展会怎样？没有人可以预言细节，但是对未来发展的大方向，我们还是可以大致判断的。

首先，区块链将成为互联网的基础协议之一。这两者在本质上有共同点，都是去中心化的网络，不存在网络中心。而两者的差别在于，互联网负责传输信息，但是并未界定信息的所有权，并且缺乏事先设定的能够保护信息的方式；而区块链这种协议本身就能够传输界定了所有权的数据，并且能根据目前的协议框架衍生出不同的基础协议层。因此，区块链（协议）会像因特网互联协议／传输控制协议（IP/TCP 协议）那样被视为未来互联网的基础协议，形成一个去中心化且效率较高的价值储存和转移网络。

其次，在将来，区块链的结构必然是分层的，各个层级承载着差异化的功能。像 IP/TCP 协议栈的分层结构那样，人们曾在统一的传输层协议基础上构建出种类繁多的应用层协议，最终诞生了现今发展迅猛的互联网。类似该协议，未来的区块链结构也将基于统一的、去中心化的底层协议来构建种类繁多的应用层协议。从当前来看，基于全世界对比特币区块链认可度相对较高的优势，该种区块链有很大概率会作为未来的底层协议。当然，竞争对手也有许多，比如以智能合约为核心特征的以太坊（Ethereum）受到了全球广泛关注。但是，不管各个种类的区块链有着何种竞争关系，必然可以肯定的是其结构的分层。

最后，参考其他技术的崛起过程，加之区块链是一种需要深度合作和共享的高度创新技术，可以预见的是它实现大规模运用的时日将会超过人们的设想，并且其影响力的深度和广度都将颠覆人们的认知。区块链的推广之路并不是一蹴而就的，可以预想到其经历的高峰和低谷、成功与挫折。然而值得相信的是区块链将会以核心技术的身份，在未来的生活中促进更高层次互联网的诞生，从而深刻改变未来商业社会的结构。

此外，在思考区块链技术的未来应用时，我们仍然需要回到区块链的逻辑框架。一般而言，只要运用了平等＋共识逻辑的项目，都可以是区块链的范畴。所以理论上，区块链可以被应用到所有的系统中。但是在现今阶段，质疑区块链的前景，客观地看待区块链，才是实事求是的态度。

按照目前区块链的算法，仅运行比特币系统就需要一个大型发电厂 10% 的电能，那假设更多的组织及系统都使用这一算法，则追求平等、共识进而引发的能源损失和效率损失将会难以估量。

整体而言，目前区块链技术尚处于萌芽期，很多项目尚未落地，就像襁褓中的婴儿，经不起不切实际的追捧或棒杀，也经不起各种未经证实的炒作和贴标签，只有在尊重客观成长规律的前提下踏踏实实一步一步培育，才能使其逐渐成熟。

因此，在考虑到区块链的应用时，我们可以得出，只要系统是基于平等共识的逻辑,理论上讲,区块链的逻辑可以应用到所有的系统中。然而,从应用上看,组织或系统需要在"平等、效率、耗能"目标方面进行平衡,这可以说是区块链的"不可能三角"。因此,区块链的发展脉络应当是一个"短中长期稳步发展、三目标协同前进"的格局。

第五节　Fintech+ 智能投顾

一、智能投顾概述

(一)产生的技术背景

人工智能(AI),是对人的意识、思维的信息过程的模拟。人工智能是计算机科学的分支,试图了解智能的实质,并生产出新的能以人类智能相似的方式做出反应的智能机器,像人那样思考,也可能超过人的智能。AI 的研究领域包括机器人、语言识别、图像识别、自然语言处理、遗传编程、智能搜索等。

人工智能的发展历程如表 10-4 所示,自从 1956 年在达特茅斯学院的一次会议上诞生后,经历第一次大发展(1957—1970)、第一次低谷(1970—1976)、第二次大发展(1980—1986)、第二次低谷(1987—1992)。1993 年后,人工智能取得了一些里程碑似的突破,比如 1997 年"深蓝"战胜卡斯帕罗夫、2016 年 AlphaGo 战胜李世石。机器学习、图像识别这些人工智能技术走进了普通人的实际生活中。

表 10-4　人工智能的发展历程

阶　　段	时　　间	事　　件
诞生	1956	1956 年,在达特茅斯学院举行的一次会议上,计算机科学家约翰·麦卡锡说服与会者接受"人工智能"一词作为本领域的名称。这次会议被认为是人工智能正式诞生的标志
第一次大发展	1957—1970	计算机被用来解决代数应用题、证明几何定理、学习和使用英语,这些成果在得到广泛赞赏的同时也让研究者们对开发出完全智能的机器信心倍增
第一次低谷	1970—1976	人工智能开始遭遇批评,研究经费也被转移到目标明确的特定项目上。由于计算机性能的瓶颈、计算复杂性的指数级增长、数据量缺失等问题,一些难题看上去好像完全找不到答案

续表

阶　段	时　间	事　件
第二次大发展	1980—1986	诸多公司开始采纳一种名为"专家系统"的人工智能程序。这套系统可以简单理解为"知识库＋推理机"，是一类具有专门知识和经验的计算机智能程序系统，"知识处理"随之也成为主流AI研究的焦点
第二次低谷	1987—1992	到20世纪80年代晚期，Darpa的新任领导认为人工智能并不是"下一个浪潮"；1991年，人们发现日本人设定的"第五代工程"也没能实现。这些事实情况让人们从对"专家系统"的狂热追捧中一步步走向失望。人工智能研究再次遭遇经费危机
繁荣	1993至今	人工智能取得了一些里程碑似的成果，比如1997年IBM的深蓝"战胜"国际象棋世界冠军卡斯帕罗夫、2016年AlphaGo战胜世界顶级围棋棋手李世石。机器学习、图像识别这些人工智能技术走进了普通人的实际生活中

投资顾问行业自2012年左右开始进行"＋人工智能"的尝试，金融对信息及数据具有更高的依赖性，而计算机在信息及数据的处理量及处理速度上具有天然优势，这是人工智能参与投资分析的基础，智能投顾应运而生。硅谷的科技创业公司率先进行了一系列的尝试，他们以现代金融投资理论为基础，利用大数据分析等工具，以在一定程度上实现智能化投资取代传统人工投资顾问。

近几年，得益于互联网、大数据技术、人工智能的进步，全球财富管理的服务模式正在发生着变化，整体上呈现出从线下至线上、资本门槛从高到低、客户体量从小到大、产品从单一到多元、服务费率逐渐走低、投资方式多样化等趋势。在这些趋势的共同催化下，全球财富管理规模迅速膨胀，传统私人投资顾问未能覆盖到的客户群体，也将在开放的互联网平台上获得优质的财富管理服务，从而推动智能投顾行业的发展。

（二）行业基本概念

智能投顾（RA），是一种结合人工智能、大数据、云计算等新兴技术以及现代投资组合理论（MPT）的在线投资顾问服务模式。智能投顾最早出现于2011年，由美国Wealthfront公司推出。该公司借助于计算机模型和技术，通过调查问卷评估客户并提供个性化的资产投资组合建议，最初主要客户为硅谷的科技员工。智能投顾根据个人投资者提供的风险承受水平、收益目标以及风格偏好等要求，运用一系列智能算法及投资组合优化等理论模型，为用户提供最终的投资参考，并依据市场的动态对资产配置再平衡提供建议。目标是替代人类完成财富管理或投资建议的工作，最终实现投资组合的自动优化。

在当今的科技环境下，投资顾问服务由传统的 1.0 时代向 2.0 以及 3.0 时代慢慢转型过渡。1.0 时代即一对一为高净值客户提供最全面、优质的投资建议服务；投资顾问 2.0 时代仍然以人工服务为主，将投顾服务拓展到互联网平台；3.0 时代，即智能投顾，大大改善了投资顾问供给方资源有限的特征，如图 10-5 所示。

图 10-5　云计算、大数据、人工智能技术进步推动智能投顾的发展

智能投顾运用云计算、大数据、人工智能技术将资产组合理论等其他金融投资理论应用到模型中，再将投资者风险偏好、财务状况及理财规划等变量输入模型，为用户生成自动化、智能化、个性化的资产配置建议，并对组合实现跟踪和自动调整。未来，随着智能顾问的不断发展和成熟，有望逐渐替代传统的人工理财顾问。

目前行业的流行模式是以 Wealthfront 为代表的被动管理模式：①基于马科维茨理论，选择关联度低，分散程度高的大类资产；②以 ETF 作为投资标的组成不同风险的投资组合；③通过问卷调查评价客户的风险承受能力和投资目标；④根据结果从组合备选池中推荐个性化的投资组合加以管理并收取管理费。

（三）智能投顾较传统投顾优势所在

虽然智能投顾和人工投顾所完成的服务是类似的，但智能投顾的所有流程都是数字化的，而非基于人工投顾的主观判断。它作为人工投顾的替代品，在投资管理服务中用软件来代替人工投资顾问来完成以下多项核心功能：客户档案创建、资产配置、投资组合选择、交易执行、投资组合重设、投资损失避税和投资组合分析。智能投顾改变了传统的理财顾问的销售模式，利用互联网大数据，对用户偏好、市场、产品等进行数字化分析，系统为客户推荐多元化的风险分散的投资组合。

此外，智能投顾与传统投顾服务相比，有着诸多明显优势（图 10-6）。传统的投顾一对一的投资理财询问服务有成本高、服务对象少、知识储备不足、经验较少、存在道德风险等缺点。智能投顾将人工智能和大数据等技术引入投资顾问领域，可以处理海量的信息，快速应对时势。具有低费用、低门槛、易操作和高透明度四大优势。

01
费用、价格低廉
传统投资顾问的管理费普遍高于1%，且边际成本下降不明显，而目前智能投顾管理费普遍在0.25%～0.5%，不需要实体经营场所或大量线下理财顾问团队，边际成本随着客户的增多而下降。

02
门槛低
"10万美元困境"的问题。仅20%左右的大众富裕人群拥有财富顾问。智能投顾将服务人群下沉，将C端客户的数量指数级扩大。

4 Advantages

03
使用简单，体验好
智能投顾全流程均可以在互联网上实现，流程相对标准和固定，其一般只需几个流程就可完成投资，能高效、精准匹配用户资产管理目标，7×24小时随时响应客户需求。

04
信息透明，避免利益冲突
传统投资顾问服务的信息披露晦涩，存在与客户利益相冲突的问题，智能投顾严格执行程序或模型给出的资产配置建议，减少了道德风险。

图 10-6　智能投顾较传统投顾的四大优势

1. 费用、价格低廉

咨询费用低：由于人力成本高，传统投资顾问的管理费普遍高于1%，且边际成本下降不明显，而目前智能投顾管理费普遍在0.25%～0.5%，不需要实体经营场所或大量线下理财顾问团队，边际成本随着客户的增多而下降。经 Wealthfront 测算，10万美元的投资若使用0.25%的年管理费的 Wealthfront 的平台，仅需收取225美元的年费，但人工理财顾问则每年需要支付3 000美元的费用，其中包括咨询费、隐匿收费及其他费用。

投资损耗低：智能投顾投资标的以 ETF 产品为主，具有费率极低的特点，年总费用率（total expense ratio）普遍在0.03%～0.55%水平，远低于1%左右的主动型基金。除此之外，智能投顾还提供自动资产再平衡、税收损失收割等功能来降低不必要的税收及费用。根据 Wealthfront 的宣传，公司每年可以通过这部分节省给客户提高4.6%的收益。

2. 门槛低

传统的专业投资顾问存在"10万美元困境"的问题，20%左右的大众富裕人群拥有财富顾问，家庭可投收入在10万到50万美元的人群一直得不到理想的咨询服务，这类人群不仅基数大，在理财上也一直有着资产保值、增值的强烈诉求。智能投顾平台对客户的最低投资金额要求都很低，实现财富管理从少量高净值客户到大量中产阶级人群的下沉，将 C 端客户的数量指数级扩大。

从我国 A 股市场账户持仓市值可以看出，持仓市值在 50 万以下的账户比重高达 93.75%，这类群体较难享受到真正专业的投资指导及财富管理服务，这为智能投顾在中国的发展提供了广阔的市场空间。

3. 使用简单，体验好

传统投顾服务以线下面对面服务为主，受时间、场地限制，通常还需要提前预约。智能投顾全流程均可以在互联网上实现，相对标准和固定，一般只需几个步骤就可完成投资，达到高效、精准匹配用户资产管理目标，7×24 小时随时响应客户需求。

4. 信息透明，避免利益冲突

传统投资顾问服务的信息披露晦涩，存在金融产品供应商与客户利益相冲突的问题，而智能投顾对投资理念、金融产品选择范围、收取费用等披露充分，且客户随时随地可查看投资信息。智能投顾严格执行程序或模型给出的资产配置建议，不会为了业绩而误导客户操作以期获得更高的佣金收入，减少了道德风险。

二、国内外发展现状

（一）海外智能投顾快速发展

智能投顾公司不断涌现，在海外市场已被认可：2008 年，智能投顾行业的开山鼻祖 Betterment 于纽约成立。此后两年内，Wealthfront、Personal Capital、FutureAdvisor 等一批智能投顾公司相继成立。他们推出面向个人理财用户的基于云计算和大数据技术的资产管理组合方案，开启了智能投顾时代。随着人工智能、大数据等技术的不断发展完善，智能投顾呈现爆发式的增长，2015 年年底已经具有 500 亿美元的管理资产规模。据 AT Kearney 预测，到 2020 年，这一数字将突破 2.2 万亿美元。几家最具代表性的智能投顾公司及其开创的商业模式，经过几年的发展，已经得到市场认可。例如，Betterment 于 2016 年 3 月获得 1 亿美元 E 轮融资，资产管理规模超 40 亿美元；另一家代表性的公司 Wealthfront 于 2014 年 4 月和 11 月分别获得 3 500 万美元的 C 轮和 6 400 万美元的 D 轮融资，目前资产管理规模在 35 亿美元左右。据 **CB Insights** 的研究报告，2015 年年度投资额达到 23.9 亿美元，伴随交易笔数持续增长。

提供低成本的财富管理服务是智能投顾行业迅速发展的原因，在降低成本上，国外主流智能投顾都 "下足了功夫"，两大行业巨头 Wealthfront 和 Betterment 对用户收取的平台费用都压低到了 0.25% 上下的水平。相比之下，传统金融机构嘉信理财的产品利用平台优势实现了零平台费用的运营模式，进一步压低用户的成本费用。传统金融机构纷纷着手布局智能投顾市场，纷纷通过收购、投资等方式，结合自身的客户基础和渠道优势，涉足智能投顾市场。2015 年，全球最大的资管公司 BlackRock 收购 FutureAdvisor，嘉信理财推出智能投顾产品 SIP，德银推出智能投顾机器人 AnlageFinder；高盛先后投资 Motif、Kensho，又收购 Honest Dollar，发展在线智能服务业务。庞大的客户资源促进产品迅速扩张，独立智能投顾面临着传统金融机构加入带来的巨大挑战。

（二）国内智能投顾市场刚起步

国内智能投顾市场尚处于起步阶段。为了适应互联网与人工智能技术将深刻应用于投资领域这一新趋势，充分挖掘 "长尾" 客户的巨大理财投资需求，各大传统金融机构和互联网企业各自依靠他们的渠道优势，投研经验和技术优势开始在智能投顾市场布局。2016 年国内智能投顾产品正式上线，据预测，2020 年中国资管规模约 174 万亿元，按 3% 的渗透率计算，2020 年中国智能投顾管理资产规模或超 5 万亿元，按 0.2% 管理水平计算，收入规模超过百亿元。但是，中国智能投顾行业和产品尚未成熟，数据应用和算法方面均需要探索和创新（图 10-7）。

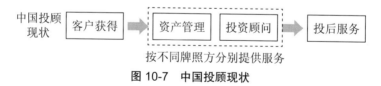

图 10-7 中国投顾现状

目前已经有部分公司推出智能投顾产品，分为三类：第一类是独立的第三方智能投顾产品，比如弥财，类似国外的产品 Wealthfront，主要为用户解决如何建立与风险匹配的分散化投资组合的问题；第二类是传统金融机构的产品，比如平安一账通，主要依托机构自身的产品资源和客户优势发展智能财富管理平台；第三类是互联网公司的财富管理应用，比如百度股市通、蚂蚁聚宝、胜算在握，这些产品在互联网金融的浪潮中产生，并且各具特点。

（三）中美两国市场对比

相对于中美两国 110 万亿元与 213 万亿元的财富管理市场而言，两国目前智能投顾管理规模体量仍很小，其发展阶段仍处于萌芽期与初创期，行业将来的发展前景十分广阔而且潜力巨大。

美国智能投顾行业发展阶段目前已经从初创期逐步向成长期迈进，其标志是越来越多公司加入到智能投顾行业，行业竞争日趋激烈，整合与并购事件逐渐增多，行业集中度有一定比例提升。相较于美国智能投顾行业，我国目前行业发展阶段仍处于萌芽期与初创期阶段，主要表现在于数量众多公司纷纷涌入智能投顾行业，行业集中度低，平台之间实力差距不明显，整体行业管理规模小，普通民众对于智能投顾认识度较低。

下一阶段，中国智能投顾将迎来快速发展的阶段，行业管理规模有望迎来爆发式的增长，其发展态势将非常类似于美国 2015 年智能投顾的变革，在传统金融机构嘉信理财、先锋基金涉足智能投顾之际，并取得明显效果，将带动新一批金融机构、科技型公司加入智能投顾领域，将吸引更多资源投入。由于这些巨头的强大营销与品牌影响力，普通民众对于智能投顾的了解与认同度将出现迅速提升，形成巨额管理资金流向智能投顾行业。对比中美两大市场（图10-8），两国在投资者、资本市场、市场环境等方面有着诸多不同之处，但是中国智能投顾行业发展具备良好的市场环境与培育土壤，其市场潜力无疑是十分巨大。

	1. 投资者	2. 资本市场	3. 市场环境
成熟稳健型投资者	·投资者类型：观念成熟，机构为主，受教育程度高，决策方法专业 ·投资者风格：长期被动型投资为主，看重资产配置	金融市场成熟，产品丰富 ·金融产品：全球化市场，产品丰富，ETF数量约为中国12倍，规模约为29倍 ·市场波动：收益稳定，道琼斯80年来月均收益均值为0.8%，波动率仅为4.3%	基础监管政策明确 ·监管政策：明确受SEC监管，使用投资顾问牌照 ·其他政策：不同投资类别随时不同，有税收筹划空间
分散投资型投资者	·投资者类型：散户居多，占到68%，水平参差不齐 ·投资者风格：短线操作，投机居多，看重个股机会	波动性市场，产品数量较少 ·金融市场：区域型市场，金融产品种类数量均较少 ·市场波动：市场波动巨大，上交所开市以来，月均收益均值2%，波动率高达16.48%	服务受制监管政策 ·监管政策：监管主体和政策尚未明确，受制于投顾牌照和资管牌照分开管理，完整的智能投顾无法开展
小结	中国的投资环境、投资习惯和理念对被动投资策略的智能投顾产品的接受还需要时间	美国金融市场环境和产品适合使用现有智能投顾的被动投资策略，中国需增加金融产品品类开发	美国智能投顾开展业务条件已经具备，税收筹划能增加吸引力

图 10-8　中美对比：两国有完全不同的投资习惯和资本市场环境

推动中国智能投顾市场的背景与驱动，主要理由有以下四方面：①居民家庭财富稳步增长，中产阶层日益扩大，财富管理市场空间巨大；②财富管理数字化为社会所广泛接受并且流行，市场培育十分成熟，年轻一代倾向于数字化财富管理；③低费率、低门槛的智能投顾解决方案提供个性化理财方案，解决大众富裕人群理财瓶颈；④ ETF 市场逐步成熟，多样化投资标的为智能投顾提供基础。

三、智能投顾监管研究

在美国，智能投顾与传统投资顾问一样，受到美国《1940 年投资顾问法》的约束，并接受 SEC（美国证券交易委员会）的监管。根据该法，仅通过网络开展业务的投资顾问公司，无论管理资产规模大小，都必须成为 SEC 的注册投资顾问。另外，美国证券市场的理财和资产管理服务资格基本都被包含在其投资顾问监管牌照之中，基于这种情况智能投顾能够合法辅助客户资产管理和投资，避免了过多种类的牌照所招致的不必要的问题。

2016 年 3 月，美国金融业监管局（Finra）出台了《对数字化投顾的建议报告》，报告中提出了对智能投顾在技术管理、投资组合创建及减少利益冲突方面的具体建议和实用案例。内容包括：对算法技术的监管意见、对智能投顾建立管理和监管的架构及流程的建议，以及对客户与金融专业人士的教育和培训的具体建议与做法。美国作为智能投顾行业的先行者，行业监管逐渐细致明确，对国内智能投顾行业有很大借鉴意义。

我国智能投顾仍在摸索阶段，并且监管法律法规对投资顾问的监管界定与美国有较大差别。目前我国的投资顾问行业属于《证券法》证券投资咨询的概念，分为发布研究报告和投资顾问两种基本形式，受到《证券投资顾问业务暂行规定》《证券、期货投资咨询管理暂行办法》等法规的约束。另外，我国投资顾问与资产管理两项业务分开管理，适用不同的法律法规；对于资管行业采取分主体监管，容易出现定位不清、重复管理的问题。

2015 年 3 月，《账户管理业务规则（征求意见稿）》由中国证监会颁布，其内容中表露了投资顾问可参与部分资产管理业务的迹象，有望打破这两者在经营资格上不兼容的壁垒。在现有法律制度框架下，智能投顾应定位为具有证券投资顾问、资产管理资质的公司，向合格客户提供在线投资顾问服务、在线资产管理服务和信息技术服务的统称，而尚未正式实施的《账户管理业务规则（征求意见稿）》，实质上是融合了之前的投资顾问业务与资产管理业务，能够更加清晰明确地为智能投顾进行法律定位，对智能投顾行业的发展大有促进。

四、智能投顾行业思考

相比国外主流智能投顾行业，国内行业尚处于方兴未艾的阶段。国内智能投顾行业的发展受制于以下两个因素。

1. 技术基础弱

智能投顾需要先进的算法支撑，针对不同的投资咨询目的应用合适的算法。如果算法的设计不成熟，将可能导致南辕北辙的结果，从而给投资者带来不利的影响。成熟有效的算法对开发团队的要求是相对较高的。理想智能投顾及其算法基础如图 10-9 所示。当前，国内公司在技术开发及量化投资经验上相对薄弱，在算法模型方面和美国仍存在一定差距，不少公司是在整个投资链条的局部环节上使用算法实现。比如，在用户风险偏好收集方面，不少公司设计出了易于普通投资者信息收集的电子问卷；但在投资模型方面，更多仍处于"黑匣子"状态，是否真正运用先进算法不得而知。

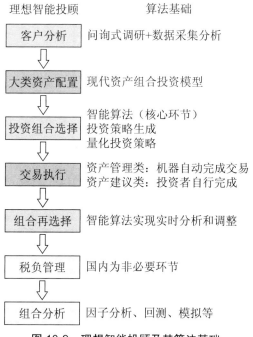

图 10-9 理想智能投顾及其算法基础

2. 市场对投资的认可度不高，受众风险管理意识尚不成熟

智能投顾或者其他的量化、对冲等投资方式，虽然风险确定，但周期长，收益相对投资来说并不高。而国内投资者的风险管理意识尚未成熟，相对倾向跟风、炒主题，以期获得高收益。随着投资者的风险管理意识的逐渐提高，智能投顾的发展方向会更加明晰。

智能投顾的发展需要行业主要参与者和 IT 派 / 技术派具有创新能力的企业共同推动。受制于发展基础和政策，销售辅助将是目前智能投顾使用的主要用途（图 10-10）：从短期来看，智能投顾将成为资管产品销售方式之一，非传统资管公司可借此进入资管领域。智能投顾能够降低投资门槛，复制服务，降低成本，进而扩大服务范围，实现普惠金融；从长期来看，智能投顾将成为金融机构实现普惠金融的重要工具。

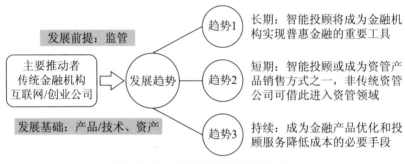

图 10-10　智能投顾市场趋势分析

第六节　Fintech 的未来发展路径

根据国际证监会组织委员会关于金融科技发展报告中统计的市场数据，投资者在 2016 年向金融科技行业注入了 190 亿美元的资金，推动创业企业数量激增。报告指出，金融科技变革在多种全球趋势下发生，包括而不限于能够进行大数据集分析的计算能力的增长、商品服务的广泛获取以及金融脱媒和再媒介化。这些趋势也在人口和代际变化的背景下发生。

一些更加值得注意的发展包括在线融资平台，比如 P2P 借贷或股权众筹的出现，这些平台旨在将寻求资金以及拥有借贷、投资和捐赠资金的企业和个人聚合在一起。在线投资和交易平台在投资者需求变化和技术发展速度等因素的

驱动下也发展迅速。能够为投资者提供大部分自动化的组合管理、策略和服务的机器人投顾应用也在逐步兴起。包括区块链技术和共享台账在内的分布式记账技术，在部分国家也经过了金融业务的广泛测试，包括银行间支付结算、贸易金融发票的校验和核对，以及合同履行的执行、实施和确认。大数据分析、人工智能、监管科技、网络安全和云技术等领域也有了较大发展。

一、各国当前对 Fintech 的支持措施

为了促进金融科技的发展，亚洲地区的监管者采取了多种举措。在中国香港，香港金融管理局和香港证监会已经设立了金融科技促进办公室、金融科技联络点和金融科技咨询小组。香港政府同时也引入各种倡议来为金融科技初创企业和金融机构提供财务支持。例如，数码港孵化器就是一个为金融科技企业寻求支付创新模式或在线交易平台和 P2P 借贷方面提供支持的主要平台。香港金融管理局也委托应用科学和技术研究院开展了分布式记账技术的详细研究，并于2016 年 11 月发布了相关研究的白皮书。

金融科技已经被新加坡政府指定为主要优先级，新加坡金融管理局采取了一系列措施来培育金融科技行业。除了在组织架构内建立金融科技与创新小组来研究促进创新技术使用的监管政策和发展策略外，新加坡金融管理局还设立了金融科技办公室作为"一站式虚拟实体"来为寻求金融科技和技术方面的政府补助与计划的政策建议的金融科技企业提供服务。新加坡金融管理局还创立了金融行业技术与创新计划来创建创新实验室，催化金融机构对创新解决方案的研发，并建立全行业技术基础设施来提供新的整合服务，该计划目前在开发全国范围内使用"了解你的客户"相关的工具。

韩国已经采取多项措施来帮助金融科技企业研发创新的金融服务。2016 年1 月，韩国金融服务委员会制定了其金融政策路线图，包括引入几个技术投资基金。在路线图中，金融服务委员会制订了相关的政策计划来帮助众筹体系作为创业企业和风投公司进行投融资的有效渠道，并重塑政策性银行（比如韩国开发银行）根据初创企业和中小企业成长周期来提供贷款和国家支持担保的角色。路线图也明确了金融服务委员会将继续改革金融监管实践和监管要求来鼓励金融板块更多的私人倡议。

日本金融厅已经建立了一个金融科技支持平台，并组建了一个专家小组来促进金融科技初创企业的发展。金融厅对银行法进行了几次修订来放松对金融

创业企业的投资规定，并允许银行持有非银机构高达 100% 的股份。日本也对支付服务法案进行了多次修订来贯彻虚拟货币交易所的注册要求，包括那些在日本本土之外向日本消费者提供服务的交易所。

在澳大利亚，澳大利亚证券与投资委员会 ASIC 已经设立了一个创新中心来帮助金融科技初创企业开发创新产品和服务来引导澳大利亚的监管体系。通过这个中心，合格企业可以获得牌照申请流程的非正式通道和展业过程中需要考虑的主要监管问题。ASIC 通过创新中心特别工作组的协调机制来解决一些创新问题，并与国际上其他同类机构进行定期会晤来讨论创新发展和政策建议。

在 2015 年 11 月英国建议推出监管沙箱机制之后，亚洲部分国家和地区，包括新加坡、印尼、马来西亚、中国、泰国和中国香港也开始纷纷效仿。监管沙箱旨在为企业创造一个在某些参数条件下测试新产品的环境，并最终促进更多的创新和竞争。通过提供一个安全有益且失败结果能够被容忍的实验空间，监管沙箱能够帮助社会受益于创新金融科技服务，并能够降低公众对创新风险的暴露。然而，我们发现不同的监管沙箱机制存在一些差异，比如在合格标准以及测试和终止期限安排等方面。

澳大利亚证券与投资委员会 ASIC 是首个发布类别豁免的监管当局，这项豁免允许金融科技企业在没有澳大利亚金融服务或信贷牌照的情况下对某些指定服务进行试验。ASIC 的金融科技许可豁免允许合格企业对指定服务进行最长可达 12 个月的实验，参与实验的零售客户最多不超过 100 个，前提是他们能够满足某些消费者保护条件并在展业之前告知 ASIC。

证券监管机构之间也签订了不同协议来促进金融科技倡议的合作与共赢。比如，新加坡、中国、韩国和中国香港等国家与地区已经宣布和英国建立引入金融科技桥梁的双边机制，来帮助英国公司和投资者触达亚洲市场，并吸引亚洲公司到英国展业。新加坡与包括澳大利亚、瑞士、韩国和法国在内的一些国家签订了一系列金融科技合作协议。澳大利亚证券与投资委员会也与一系列监管机构签订了金融科技合作协议，包括安大略证券委员会和肯尼亚资本市场局等。这些协议提供了信息共享，并使得监管者能够就金融科技资助项目的相关企业进行相互参考。

二、Fintech 发展的最佳实践路径

而今金融科技发展仍然面临着一系列挑战，包括网络安全风险、金融科技

企业在政策环境变化和监管不确定性下的规模困境。为了应对这些挑战，制定了如下 10 条最佳实践，来促进金融科技的发展。

最佳实践 1：通过促进金融科技企业、金融企业及政策制定者三者之间的对话，使负责的、安全的、有保障的金融科技产品及服务得以发展和采用。

随着科技进步的高速发展，监管者经常性地介入金融机构与金融科技公司之间的跨界对话是非常重要的。这种介入将允许监管者更好地理解行业格局，包括新产品、新技术的发展及趋势等。如今已经有了一些快速创新，如用于个人交易和投资的自动化分析，监管者需要保持在前沿地带以理解并评估这些技术，并给予相关建议。

经常性的对话也将允许监管者和行业在产品或服务发展的早期阶段识别机会和风险。当通用的问题或担忧的地方被识别出来时，参与者应该致力于找出可行和一致的解决方案。

一些金融科技公司并不是传统金融服务实体，在之前并没有持牌和达到监管要求。在其他的情况下，对于新产品或服务，如 P2P 借贷，量身定做的监管框架并不存在，金融科技公司必须遵守现有的规则和法律。在监管者和企业（包括创业公司和成熟的金融机构）之间的合作与对话将有助于其理解相关的监管需求和监管环境。

我们支持亚洲监管部门采取的用以更好地理解新金融技术和他们对于现存政策应用的步骤，包括：建立单独的金融科技办公室、线下接触点及孵化中心；建立"监管沙盒"，在拥有一定程度监管自由度的环境下，商业组织可以测试他们的产品；建立实验室及加速器项目，探索确定的新技术是否能够协助监管层本身更好地实现监管目标。

由于很多新兴的金融科技产品和服务都被用于零售投资者（而不是专业或机构投资者），监管机构可能也希望采取一些措施来提高投资者的金融素养和教育水平。

最佳实践 2：与业界一同工作，探索监管科技的解决方案，创造更高效、更有效的监管措施和报告机制。

监管科技拥有在监管领域内创造可配置的、可信赖的和成本高效的解决方案的潜力。例如，在合规领域，得益于监管科技，可以收集汇聚来自金融服务公司的数据，用于资本和流动性报告、计算机建模、压力测试及压力管理预测、了解你的客户（KYC）程序以及对反洗钱的全球化制裁。监管科技可以提供的一个主要优势在于其可以存储并分析大量复杂数据，同时，监管科技拥有融合并简化合规监测活动的潜力。

为了充分利用监管科技解决方案的全部优势，监管机构之间的合作对话是必须的。监管机构在应用新技术去接触并处理日益增长的海量数据时，应该寻找并借助其他监管机构的经验，并帮助他们实现监管目标，如提高投资者保护、市场公平性及金融稳定性。监管机构可能也需要探索使用新的合规软件和监督工具（用以监督和监测可疑交易）。另外，监管机构展示技术用以案例的实践，以及展示技术是如何解决一个具体的监管问题也是非常重要的。通过与创业公司和咨询公司更紧密的协同工作，这些也将让解决方案的有效性被广泛认证。

最佳实践 3：如果需要，开发监管政策以达到创新、安全及消费者保护三者之间适当的平衡。

开发和部署最创新的技术并不需要新监管。当一种创新或新的商业模式改变了现存监管框架，需要新的政策出台时，监管机构应该制定指导原则导向，允许金融科技企业开发新的（改善提高的）产品或服务，在满足消费者需求的同时，完成对投资者保护、市场公平性和完整性及金融稳定性的监管目标的推进。考虑到某些技术仍然处于新兴的、正在形成中的状态，与过度监管相反的，监管被设计成留有充分弹性是非常重要的。"一刀切"的方法制定政策并不有助于技术创新。监管风险，而不是监管实体，是一个非常重要的原则。监管应该反映市场活动是低风险还是高风险，而实体正在从事的活动不应该决定监管。通过这种方式，对于一个金融科技公司和一个现任者来说，同一个市场活动应该被施以相同的监管，监管改变与否取决于从事的市场活动，以及对于消费者和体系的风险。

举例来说，马来西亚证券委员会在 2016 年的时候出台了一个针对 P2P 借贷的监管框架；2015 年，马来西亚成为东南亚国家联盟（东盟）中第一个针对股权众筹推出监管框架的国家。对于已经识别的市场运营机构，平台运营处于被监管状态，为了适应新产品及结构的引入，框架允许监管者不断地重新评估并重新定义监管框架。

在韩国，股权众筹平台被规范为中介机构，并受到不严格的许可规则约束，与现有中介相比，降低了商业操行准则和监管严格程度。如前所述，一些监管机构也已经建立了监管沙盒。

保持监管机构对行业参与者及消费者期望及需求的透明度也是非常重要的。例如，涉及智能投顾，一些国家已经开始采取行动：对于智能投顾行业发展的期望提供指导意见；对现有监管框架如何应用于智能投顾行业做出详细解释；

发布对智能投顾的企业和消费者最佳实践的建议及推荐。

在社交交易及投资平台的背景下，一些监管机构也已经发布了说明和预警，澄清平台的持牌状态，并强调某些类型社交交易带来的风险。

监管原则也应该是技术中立的，因为原则应该专注于特定的活动而不是技术本身，所以原则不应该约束某一个特定技术的发展或替代技术的使用。

最佳实践 4：确保一致的监管标准应用于所有市场参与者。

金融科技行业的竞争日益激烈。2015 年，《经济学人》估计有超过 4 000 家活跃的金融科技初创公司，10 余家估值逾 10 亿美元。麦肯锡估计新进入者将在未来 10 年内与现有企业争夺客户，到 2025 年五大银行业务（消费金融、抵押贷款、借贷、零售支付和财富管理）有可能失去 20% ～ 60% 的利润。监管机构有责任确保现有企业和新进入者公平竞争。

现有企业和新进入者希望能够创新。各公司都在自己推进、战略合作或进行投资。在一些市场上，对现有企业的监管令其创新比新进入者困难。现有企业和新进入者都需要监管空间开发和测试新理念。同样地，当新的产品、服务、平台或供应商接触到消费者或对系统构成风险时，他们应该受到同样的监管。

KYC 要求（充分了解你的客户）和 AML 要求（反洗钱）是应该同等应用于现有企业和新进入企业的监管例子。两者都是保护金融系统的关键。然而，可能有机会将要求合理化使得所有人受益。在这种情况下，AML/KYC 实用工具正在被开发，以便许多人使用的信息可以被汇集并被所有人使用。人们也在寻求通过身份证号、身份识别卡或生物识别技术简化过程。

隐私和安全是另外两个监管应平等应用的领域。消费者需要相信他们的信息受到现有企业和新进入者的保护。只有消费者有这种信心时才会乐于使用金融科技。在创新得到肯定时，监管者也需要确定企业很好地保障隐私和安全。

最佳实践 5：确保机构间的合作，以促进受金融科技影响的行业，如银行、证券、保险和电信等在全国各地的一致性。

我们鼓励地方监管机构制定跨部门的沟通协议，以确保采用清晰、一致和协调的方法监管金融科技公司和项目。例如，保险科技公司可能需要获得几个监管部门的牌照和监管许可，不同监管部门可能对金融科技企业应用不同的标准和方法。鉴于许多产品和服务通过互联网或移动设备交付，电信监管者也在金融科技监管中发挥作用。在制定影响技术的政策时，征询所有相关监管机构政策的意见，使得全国范围内不同部门的监管保持一致相当重要。此外，法律和规章需要保持一致。例如，包罗万象的信息技术法律可以对银行监管产生无意识的广泛影响。这将限制银行监管机构制定支持金融科技和其他创新政策的能力。

提供统一的方法将更好地帮助金融科技初创公司发展他们的战略驾驭监管环境，监管机构、政府机构和部委也能从分享经验与知识中受益。例如，MAS（新加坡金融监管局）已经建立了一个金融科技办公室，以跨部门审查、调整和加强金融科技相关资助计划，并在行业基础设施、人才发展、人力需求和商业竞争力方面提出跨部门战略、政策和计划。中国香港也在金融服务和财政部层面建立了一个跨部门监管协作组织。三家香港金融科技办公室的代表是协作小组成员。同样，在日本，一个新的金融系统委员会，也就是金融服务机构的咨询机构已经成立。

最佳实践 6：加强与其他监管机构的跨境合作，以促进最佳实践、互认协议和法律法规的协调。

金融科技超越了司法边界，因此跨境监管机构间的合作至关重要。因为没有统一的国际标准，各国监管机构应当分享最佳实践以彼此学习。互认协议能允许金融科技企业更加容易跨境寻找机会。新加坡金融监管局与英国金融市场行为监管局的协议和澳大利亚与新加坡的协议允许相互承认。如果可能，法律和法规要求的国际协调是最理想的。这可能需要在不同行业依次展开，如银行、证券和保险。监管者能利用现有跨境合作机制，或建立新的正式合作项目。监管机构正在且应当继续达成一系列谅解备忘录，以共享监管影响和技术发展方面的信息。

我们支持监管机构提供灵活监管政策的努力，但也存在出现不同监管方法的风险。因此，我们认为任何旨在金融科技创新的新政策都应当与在其他司法管辖区的政策相协调，以降低监管套利和规则冲突的风险，以防扼杀产品和服务的创新发展。在这方面，我们注意到，大多数亚洲国家，如 IOSCO（国际证监会组织）多边谅解备忘录签署国澳大利亚，承诺向超过 100 个证券监管机构提供互相协助与合作，而且存在利用现有机制共享信息的潜在可能。

最佳实践 7：支持由行业驱动的互用性。

金融服务公司将会在原有系统的基础上实施技术变革，而不是推翻整个基础设施。监管者应该支持所有现行的市场参与者之间的系统互用性，从而降低合规成本，将对于整个市场的颠覆程度降至最小化。通过市场参与者之间的信息共享，数据标准化和统一的定义将为金融监管者实现效率的提升。

比如，区块链标准国际技术委员会（"ISO/TC 307"）正在致力于制定国际标准，支持区块链技术的推出，并由澳洲标准协会主导。委员会由行业专家、消费者协会、政府官员和非政府组织代表跨界组成，将会研究区块链和数据链路终端的标准化进程，以支持用户、应用和系统之间的互用性与数据交换。同时，组建了各种各样的研究小组，包括智能合约、身份案例和运用案例等领域。

最佳实践 8：为数据处理、储存而进行的跨界数据传输制定清晰的框架和指导。

数字数据是金融科技的核心，数据需要持续地跨界处理和存储。企业用全球和区域的数据中心及私有和公有云处理、存储数据。这样，就能提升效率、减少成本、实现 24 小时处理。而且，在低风险区域的高科技设备下工作的专家十分稀有，并往往掌握了很强的技术，将这些专家集中起来，信息能得到更好的保护。如果信息在不同的地区储存和处理，商业可持续性能得到更好的保证，这样自然灾害来临时就会有后备的设备和人员保证。

一些国家喜欢将数据保存在岸，觉得这样能更好地保护隐私和安全，实现更大的可访问性。然而事实并非如此。拥有多个访问点能加大而非降低数据缺口风险。如果数据是离岸的，数据可访问性也可以在约定的时间框架内实现，特别是连接上许可才能运行的情况下。允许企业使用区域乃至全球的数据中心和数据云为小企业带来了特定的优势，也支持着创新。否则，由于巨大的投资和维护成本，较小的企业很难接触到这些技术和创新。

最佳实践 9：确保技术进步的法律支持。

我们建议政府重审和更新法律，以确保能引进技术创新。比如，电子签名常常是不被接受的，公司提供电子化产品的能力有限，客户往往需要亲自到场办理。一些规则也阻碍了产品的线上推广，限制了公司使用数字推广渠道的能力。有时财务建议要面对面沟通，与基于互联网或移动会话的技术解决方案相违背。

身份验证也带来了挑战。如果消费者被要求带着身份文件实物到实地办理，就会减慢流程。印度等国家采用的国家身份证号或证件，可以实现数字验证和更快的数字化。声音生物识别技术也能被用于验证个人身份。

最佳实践 10：在全球互联的金融系统中促进网络安全和数据安全。

因为金融科技的进步带来了新的网络安全和数据安全风险，金融科技和网络安全的未来是互相关联的。对很多监管者和市场参与者来说，增强网络安全在他们的金融科技之路上占据着极高优先级。为了帮助市场参与者应对网络安全挑战，提升网络安全风险意识，几个亚洲市场监管者，包括新加坡、印度、马来西亚和中国香港等国家和地区都已经制定或正在制定网络安全框架和指引。新加坡金融监管局已经成立了亚太区域智能中心，来鼓励网络安全信息在该区域金融公司之间的共享，以瓦解威胁。网络安全创新方面已经取得了一些进步，比如各类专注于反欺诈审查、云安全和加密方面的网络安全领域的加速器项目。

监管者应该继续努力，发展和推行在国际上受推崇的网络安全标准，以最小化网络安全风险。确保网络安全规则（比如数据加密标准）的统一也有益于国际金融公司在多个市场上遵守可能互相矛盾的监管规定。监管者也应该继续专注于监管合作和网络威胁智能解决方案的分享，这样能协助金融行业在演变和发展中更好地监控网络安全威胁。

快速发展的金融科技不仅给金融服务板块创造了大量机会，也预示着更新范畴的监管风险。为了利用金融科技的潜能，监管者应该和利益相关者合作来支持创新。与此同时，在发展金融科技行业以及维系针对金融科技潜在风险的充分而恰当的保护措施之间需要进行平衡，从而确保消费者保护和金融市场的完整性。

这些最佳实践以期能够作为指导方针帮助监管层来思考、适应和评估金融科技的生态体系，从而为改善金融科技行业而发展实用且创新的跨界融合。与此同时，行业及其他利益相关者可以通过参考这些最佳实践来了解如何与监管者合作对产品和服务进行定位，从而实现有利于消费者、市场和经济的更宽泛目标。

本 章 小 结

2014 年以来，随着大数据技术的发展进步，Fintech（金融科技）领域呈现高速增长的态势，本章简要概述了 Fintech 发展的背景，以及前后两个发展阶段的主要特征。目前 Fintech 已经发展到了 2.0 时代，在全球有着极高的投资热度，尤其是亚洲板块已成为全球市场的重要组成。在各个细分领域中，尤以借贷和支付的发展最快、热度最高，而借贷、储蓄及投资、保险的目标用户均为个人及中小企业。同时，对中美 Fintech 的发展及其细分领域进行了比较与分析。根据我国金融创新发展的实际情况，详细阐述了 Fintech 带来的资金端创新、资产端创新和科技创新，为未来金融的发展提供了方向。最后，结合区块链技术以及 Fintech 发展较好的一个细分领域——智能投顾，并结合实践应用具体分析智能投顾领域的发展概况、监管情况和行业前景分析。结合亚洲各国对 Fintech 的支持措施，探讨 Fintech 发展的最佳实践路径。

第十一章

案 例 分 析

　　大数据金融已渗透到生活的方方面面。本章列举了国内外多个成功运用大数据的例子，主要详细论述互联网金融平台蚂蚁金服、智能投顾公司 Wealthfront 的运作模式以及以比特币和区块链技术为代表的数字货币，具体说明了大数据对我们生活产生的巨大影响。

第一节 蚂蚁金服：以互联网金融为平台、以大数据金融为元素

　　2015 年上半年，A 股的大跌让此前股市刮起的互联网风暴失色不少，但这一局面很快将发生改变。蚂蚁金服，这家可能是中国甚至全球最值钱的未上市初创企业，已经于 2017 年登陆资本市场。

　　随着最新一轮融资的完成，近期关于蚂蚁金服的消息开始显著增加。据华尔街见闻获得的消息，蚂蚁金融在这轮融资中总共出售了近 12% 的股份，融资金额接近 130 亿元，这一轮的融资也成为国内单笔规模最大的融资。而投资人名单可谓星光熠熠：据悉，具有"国字头"背景的社保基金、国开金融分别入股约 5%、3%，这是全国社保基金第一单直接投资，而人保财险大约持有 0.5% 的股份；此外，中国人寿以及与马云共同成立云锋基金的虞锋也在投资者行列。此轮融资使得关于蚂蚁金服的估值超过 400 亿美元。随后金融时报、路透等媒体相继报道称，蚂蚁金服的估值在 450 亿至 500 亿美元，相信后者计算的估值更接近蚂蚁金服真正的估值。

　　市场对蚂蚁金服的强势看好，让我们看到了互联网金融、大数据金融在未来的广阔前景。为了加深对大数据金融的理解，接下来将详细介绍蚂蚁金服发展的历程及其大数据金融生态圈的布局。

一、蚂蚁金服的概况

　　2013 年 3 月，支付宝的母公司——浙江阿里巴巴电子商务有限公司，宣布将以其为主体筹建阿里小微金融服务集团，并将服务人群锁定为小微企业和个人消费者。

　　2014 年 6 月 11 日，浙江阿里巴巴电商更名浙江蚂蚁小微金融服务集团有限公司，同时，马云和谢世煌将股份全部赠予杭州君瀚股权投资合伙企业，因此，最新股权结构为杭州君澳持股 41.14%，杭州君瀚持股 57.86%。

2014年10月16日，小微金融服务集团以蚂蚁金融服务集团的名义正式成立，旗下业务包括支付宝、支付宝钱包、余额宝、招财宝、蚂蚁小贷和网商银行等。蚂蚁金服注册资本为12.29亿元，彭蕾担任公司董事长兼CEO。

2015年4月9日，蚂蚁金服正式宣布，开放内部代号"维他命"的金融信息服务平台，并联合博时基金、恒生聚源及中证指数，发布其首个指数产品"淘金100"，这也是首个电商行业数据推出的金融指数。

2015年5月，蚂蚁金服将筹备上线股权众筹平台，并将其命名为"蚂蚁达客"。

2015年6月25日，网商银行"MYbank"正式开业。

自2014年10月正式成立集团以来，蚂蚁金服始终以一种进击的姿态，不断活跃在市场上，可以看到芝麻信用公测、招财宝破千亿、余额宝规模超6 000亿元、收入恒生电子、成立蚂蚁达客、开办网商银行等一系列行动。有舆论甚至用"暴兵"二字来形容蚂蚁金服越来越迅猛的业务进展状况。加上已有的支付宝和蚂蚁小贷，如今的蚂蚁金服，已经成为一个横跨支付、基金、保险、银行、征信、互联网理财、股权众筹、金融IT系统的大数据金融集团，蚂蚁金服构建的大数据金融生态圈已初见端倪。

蚂蚁金服方面表示，之所以选择这个名字，是因为我们是从小微做起，我们只对小微的世界感兴趣，就像蚂蚁一样，虽然渺小，但它们齐心协力，焕发出惊人的力量，在去目的地的道路上永不放弃。其专注于服务小微企业与普通消费者，而未来将对所有合作伙伴开放云计算、大数据和市场交易三大平台，建设信用体系，拓展互联网时代的金融新生态。

二、蚂蚁金服的业务构成

目前，蚂蚁金服的业务方向主要分为支付业务、理财业务、融资业务和国际业务四个方面，而其所有业务都基于以云计算和大数据为核心的技术与数据业务，并离不开征信基础建设（图11-1）。

（一）技术和数据业务

技术和数据业务是蚂蚁金服所有业务中最底层的板块，也是蚂蚁金服的核心竞争力所在。尽管这些业务隐藏在幕后，并不为人所知，但其是蚂蚁金融所有业务开展的基础，是蚂蚁金服多年来一直保持领先地位的关键所在。

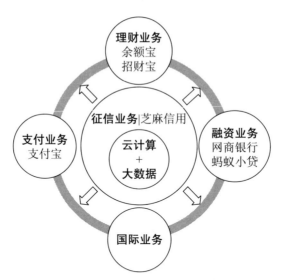

图 11-1 蚂蚁金服的业务板块

据介绍，蚂蚁金服拥有的云计算平台能够在 30 分钟内对亿级账户进行清算，每日能够承载 10 亿笔交易支付活动。强大的技术支持下，支付宝与 200 余家金融公司开展合作，为近千万商户和 3 亿多的使用者打通支付渠道，从而实现了支付服务年年数以百亿次的耀眼成绩。蚂蚁金融的云计算能力居于行业领先地位，其发展与运用使得支付宝在 2014 年双 11 的时候，每秒支付能力达到了 6.8 万笔，远超 VISA（维萨）等国内外金融机构。在成本方面，得益于云计算技术的进步，蚂蚁金服把每笔网上交易的成本降到了 2 分钱以下，保证了各种普惠金融业务顺利开展，为企业拓展其他业务创造了空间。在安全方面，蚂蚁金服把金融风险概率控制在百万分之一，达到了全球领先水平。除了服务集团内部业务外，蚂蚁金服的技术通过向外输出，构建起了技术平台，最典型的就是金融云。目前已经有 200 多家金融机构将相关的金融服务迁移到了金融云上，试想，未来金融机构的系统都基于蚂蚁金融云之上，产品通过蚂蚁金服的平台去销售，蚂蚁金服将成为金融机构成长的"土壤"。

除了技术外，大数据业务也隐含和孕育着蚂蚁金服的未来。数据是未来企业的重要资产，公司的竞争将会围绕数据展开，谁掌握了数据，谁就掌握了未来。蚂蚁金服从成立以来，就将自己定义为一家技术驱动的数据公司，足见其战略眼光。目前它是全球少有的既有大数据资源，又有大数据思维、大数据应用能力的公司。利用大数据技术，可以深度挖掘客户需求，更好地发现客户、理解客户，实现精准营销；可以实时反馈客户情况，为银行做出客户流失预警；可以提高金融机构的风险管理能力以及内部管理效率；可以准确分析市场，为基金公司研发新产品；可以准确区分目标客户群体，为保险公司进行差异化定价。大数据的价值在尝试中不断被发现，随着蚂蚁金服整个生态的成熟，各种数据会进一步在这个平台上沉淀，然后被发掘利用，形成良性循环，成为永不枯竭的宝藏。

（二）征信业务

征信是金融乃至整个社会的基础设施，芝麻信用在蚂蚁金服的体系中发挥征信作用，是该体系内其他各类业务的基础，因而有着至关重要的地位。在整个集团的业务架构中，该业务是中间层业务，居于各大具体业务之下，为支付、理财、融资等业务输出信用服务。

2015 年 1 月初，央行批准 8 家征信机构开展个人征信业务，芝麻信用也在首批名单之中。它基于阿里集团积累的庞大电商数据、互联网金融数据，这些数据跟交易密切相关，能够有效地转化为征信数据，因此芝麻信用成为外界最看好的征信机构。不负众望的是，央行通知下发后不到 1 个月，芝麻信用便开启了公测，推出了国内首个个人信用分，在所有征信机构中动作最快最好，进展也最为顺利。

从芝麻信用的业务构成来看，它既是一个信用评估机构，又是一家信用管理机构，同时还有浓郁的互联网特色，因此看起来像是美国 Equifax+FICO+ZestFinance 的结合体。芝麻信用把应用场景划分成了生活领域和金融领域两大类，未来将首先覆盖生活领域和金融领域的 P2P、消费金融等，最后再实现全覆盖。

芝麻信用公测以来，其逐渐运用于租车、租房、婚恋交友、代驾、签证等领域，积累了很好的用户基础，并接入了大量的互联网金融平台。2015 年 6 月 12 日，兴业银行与蚂蚁金服在杭州签署战略合作框架协议，使得蚂蚁信用未来能够在核心的银行领域开展业务。

可以预见，未来的某一天，信用水平将影响你生活的各个方面，无论你贷款、交友还是求职，都会被要求查看信用水平。而芝麻信用若是能在征信领域取得领先的战略地位，那么芝麻信用就不仅仅是具有市场价值，而是极具社会意义。

（三）具体业务

1. 支付业务

支付业务是蚂蚁金服赖以起家的业务，也是蚂蚁金服众多大数据金融业务的入口，目前集团旗下品牌主要是支付宝。互联网行业有一句话，叫"得支付者得天下"。目前，蚂蚁金服在网络支付领域是当之无愧的王者。在 PC 端，支付宝通过 11 年耕耘地位无人能撼，市场份额接近 50%。在移动端，尽管竞争激烈，但支付宝强势依旧，艾瑞统计显示，2014 年年末支付宝移动端的市场份额达到了 82.8%。

根据财新杂志采访的数据显示，目前支付宝活跃用户数已经超过 4 亿，其中超过 80% 为移动端用户，日常每天的支付笔数超过 1.2 亿。无论是用户规模还是支付笔数，支付宝都已是全球最大网络支付平台和最大的移动支付平台。有消息称，另一网络支付巨头 PayPal 即将从 eBay 拆分独立，市场给予其估值 400 亿美元。事实上，这家曾经的全球第一大支付公司目前和支付宝的差距正越拉越大，仅以移动支付笔数来看，2014 年支付宝就是 PayPal 的 4 倍。

当然，蚂蚁金服早已深刻地认识到支付的价值不仅于此，更重要的是其在移动时代具有连接不同领域的强大效用。以用户为中心，通过支付可以连接商业、服务、生活、金融等不同领域。而支付宝正利用着自己的绝对优势，广泛地进行着各种连接，继拿下 O2O、公共服务等领域后，将成为国内最大的在线生活服务平台。

2. 理财业务

从蚂蚁金融的大数据金融布局来看，理财也是蚂蚁金服最重要的业务板块之一。支付业务是让人能花钱、能省钱，理财业务则是让人能挣钱。只有在后端做好理财业务，用户愿意把钱放在蚂蚁金服体系内，前端的支付业务才能成为有源之水。

蚂蚁金服目前拥有超过 2 亿的理财用户，这一板块的厚度和深度无人可及。余额宝、招财宝、蚂蚁达客，再加上入股的众安保险、数米基金网、网金社等，各个子品牌间通过分工协作，能够满足用户不同层次的理财需求，形成完整的产品矩阵。从业务相似性来看，这一业务板块，相当于陆金所、东方财富网以及最大的基金公司等的总和。由此可见，大数据金融模式所带来的经济红利不容小觑。

其中，余额宝作为最闪耀的互联网金融产品，它巧妙地运用大数据技术，洞悉市场局势和消费者的需求，成功地获得了超过 6 000 亿元规模，冲入全球货币基金前三强。它的定位是现金管理工具，而相应地对于那些更加在乎收益、风险偏好适中、投入金额较大的纯理财用户，蚂蚁金服则为他们准备了招财宝。

上线仅一年有余，招财宝目前的交易额已超过 1 600 亿元，是国内最大的网络理财平台。对于那些偏好高风险、高收益的理财用户，则可以在网金社找到属于他们的投资机会。保险方面，除了给各大保险公司提供销售平台外，蚂蚁金服还入股国内第一家互联网保险公司——众安保险，成为其最大单一股东，旗下保险产品创新不断，其中运费险是全球单日销售量最大的险种。在股权众筹领域，蚂蚁金服已推出股权众筹平台——"蚂蚁达客"。在证券领域，蚂蚁金服虽然还未有具体的动作，但可以断定蚂蚁金服一定不会在这一领域缺席。

等到蚂蚁金服的大数据金融布局全面落实后，未来蚂蚁金服的理财业务板块将成为一个一站式的理财平台，平台上有各种投资理财业务。并借助大数据分析技术，能够实现精准营销和实时反馈，满足不同客户的个性化需求。凭此理财平台就能够牢牢抓住用户及其资金，稳固蚂蚁金服在市场的地位。

3. 融资业务——以网商银行为代表

刚刚成立的网商银行及蚂蚁小贷致力于满足用户和商户的融资需求。网商银行成立前，这一业务由蚂蚁小贷支撑。利用大数据进行风控管理的蚂蚁小贷创造了全新贷款模式，成立 5 年来已服务超过 160 万家小微企业，累计贷款金额超过 4 000 亿元。在 5 年的时间里，做到拥有如此量级的小微企业信贷用户，是目前任何一家银行也做不到的。然而受到资金来源、业务范围的限制，蚂蚁小贷并不能完全满足用户的需求，而网商银行的成立正好可以解决这一问题。根据网商银行近期的对外表态，这家互联网银行要做的是平台，打造"小银行、大生态"的格局，力争 5 年内服务 1 000 万小微企业和个人创业者。

2015 年 6 月 12 日，兴业银行与蚂蚁金服在杭州签署战略合作框架协议，正式建立战略合作伙伴关系。由此，兴业银行成为首家与蚂蚁金服签订战略合作协议的商业银行，而此举将为网商银行的后续发展打响第一炮。双方表示，将秉持"以客户为中心"理念，遵循"资源优先共享、服务优先支持、信息优先提供"原则，以开放心态和务实行动积极探索合作商机与模式，实现跨界布局、优势互补、互利共赢、持续发展。

据介绍，双方已在支付结算、客户或商户服务、资产平台等方面形成了密切配合。在这种情况下，双方将持续扩展合作范围的深度与广度，逐步涉足业务互补、产品共建、客户共享、渠道互通等促进共赢的方面，通过共同打造和经营投融资平台，提供支付、消费信贷、跨行代扣、小额资产转让、资产证券化等各类服务，为双方积累更多客户；共同开发智慧医疗、智慧教育、智慧城市等公共服务智能化领域业务，推动普惠金融、跨境金融领域合作发展。

蚂蚁金服首席执行官彭蕾表示，"此次战略合作，源于双方对于开放和共赢的理解，可谓优势互补的'联姻'。未来我们和兴业银行将在渠道、产品、客户、数据技术等层面进行更深层次的跨界探索和合作，为双方的用户提供更加完善的互联网应用和体验。"

4. 国际业务板块

蚂蚁金服的国际业务目前在全球已经有超过 1 700 万的活跃用户，通过支付宝可以进行 14 种货币的自由结算。随着阿里巴巴上市后，蚂蚁金服开始布置国际化进程，作为电商体系出海的配套设施，蚂蚁金服在国际上的布局明显加速，还把支付宝的总部相应迁移到了上海。2014 年以来，蚂蚁金服相继推出了支付宝海外退税、海外 O2O、海外交通卡、国际汇款、海外直购等业务，极大拓展了支付宝在海外的应用场景。

与此同时，蚂蚁金服还在 2017 年年初收购了印度支付公司 Paytm25% 的股权，而后者已经成为印度市场最大的移动支付公司，未来前景不可估量。在支付服务上，蚂蚁金服将尊重用户本地化的选择。通过入股的方式，为对方输出在中国市场上积累下来的技术能力，可以最快占领市场。不出意外的话，未来蚂蚁金服还会在其他国家开展类似的收购和合作，并逐渐与支付宝打通，快速建立起一张汇通天下的资金结算网络。

三、蚂蚁金服的大数据金融布局

大数据金融可以理解为以实体经济企业为主体提供金融服务，其实质就是从互联网平台上集合海量非结构化数据，分析和挖掘客户的交易数据，从中提炼出各类行为主体的行为模式，进而对其信用等级进行评估，使金融服务平台的营销和风险控制能够有的放矢。这是互联网金融最具活力、最有前景的一类模式，也是大数据应用领域最具创新思想、最为扎实的一类模式，因为它深化了实体经济与金融之间的联系。从金融功能改善的角度来看，基于大数据的互联网金融必然会带来金融服务的巨大改进，甚至还可能带来整个金融业的重大变革。从目前发展的情况看，大数据金融主要在三个方向上推进发展，轮廓清晰，已经获得了一定程度的实质性进展：一是走向产融一体化的电商金融，二是走向专业化服务的互联网征信，三是产融一体化的金融布局。

而蚂蚁金服正沿着这三个方向逐步前进。蚂蚁金服凭借阿里巴巴的电商平台提供的信息优势，开展具有针对性的金融服务。首先，利用线上的互联网平台，为实体经济与金融活动的结合提供了机会。其次，利用平台上积累的海量电商数据和互联网金融数据，构建芝麻信用这一征信体系，为蚂蚁金服的支付、理财、融资、国际业务等具体业务的开展奠定基础，并能够向其他机构提供专业化的征信服务。最后，通过成立网商银行完善其融资服务，推动蚂蚁金服的业务进一步向银行业务推进。未来，蚂蚁金融将在证券、基金、信托、担保等诸多领域展开业务，继续稳步实现其大数据金融服务的布局。

第二节　智能投顾——Wealthfront

Wealthfront 的前身是成立于 2008 年的一家财富管理公司 Kaching，2011 年 12 月更名为 Wealthfront，公司位于美国加州 Palo Alto 市，目前是美国智能投顾行业的一大巨头。其运营的主要方式是普通投资者将自有资金投入 Wealthfront 的平台，而平台根据投资者的风险偏好，将客户资金投入成本较低的 ETF 基金当中，同时通过现代资产组合理论（modern portfdio theory，MPT）来最优化组合的资产分配，以实现投资者的投资目标，而平台通过收取管理费或提供增值服务来实现盈利。Wealthfront 管理资产规模自 2013 年开始爆发式增长，至 2014 年年中管理资产规模突破了 10 亿美元，截至 2015 年 9 月，管理资产规模已经达到了 26 亿美元。

Wealthfront 具有鲜明的低成本特征，最低门槛仅有 500 美元，对 1 万美元及以下的账户不收取年费，只对超过 1 万美元的部分每年收取 0.25% 的平台费用，并且用户也不需要缴纳买卖佣金。根据 Wealthfront 的统计，Wealthfront 用户需要承担的 ETF 投资成本平均只有 0.12%。Wealthfront 是基于用户的风险偏好、风险承受能力构建优化投资组合的智能投顾产品。它为用户提供了四个备选的投资目标：分散化投资、节税目的、资产管理、击败市场，并且通过问卷形式了解、评价用户的风险偏好和风险承受能力，最终计算得到用户的风险容忍度分数，并在资产配置中运用风险分数这一指标来为用户推荐投资组合。

一、Wealthfront 的管理团队及其资产规模

Wealthfront 的管理团队是典型的华尔街 + 硅谷的结合，管理成员基本来自具有多年一流金融机构从业经验的行业专家、学术领袖，而核心技术成员则多是来自硅谷最好的科技公司的技术人才。同时公司的投资研究团队也得到七名来自顶级大学，如哈佛大学、普林斯顿大学及耶鲁大学研究人员的技术及顾问支持，具体如表 11-1 所示。

表 11-1　Wealthfront 管理团队主要成员

主要管理人员	职　位	职　业　经　历	学　历	加入时间
Adam Nash	总裁 &CEO	硅谷顶尖风投 Greylock Partners、LinkedIn 产品管理副总裁、Apple 策略及技术部门	哈佛大学商学院 MBA（工商管理硕士）斯坦福大学计算机科学 MS	创立
Burton Malkiel	首席投资官	美国金融协会前主席、耶鲁大学管理学院院长、总统经济顾问委员会成员、领航资本（Vanguard Group）董事会成员	普林斯顿大学	2012 年 11 月
Andy Rachleff	执行主席	宾夕法尼亚大学捐赠金投资管理委员会副主席、Benchmark Capital 联合创始人、MPAE 合伙人	斯坦福商学院 MBA	2012 年
Avery Moon	研究及工程副主席	LinkedIn 技术团队主管、EMC（易安信）技术总监	亚利桑那大学（量化金融、资产定价、机器学习领域）	2013 年

资料来源：Wealthfront、华创证券

2011 年 12 月，公司初创时的资产管理规模（asset under management，AUM）仅 768 万美元，在采取了取消所有手续费以及账户管理费，仅收取远低于投顾业界的 0.25%（参投资金 1 万美元以上）的管理年费，推出税收损失收割（tax-loss harvesting，TLH）产品等措施，公司在成立 10 个月之后资产管理规模迅速攀升到 6 000 万美元。之后公司继续推出诸如税收最优直接指数化（tax-optimized direct indexing）、移动客户端、单一股多样化服务（single-stock diversification service）等工具，管理资产规模也随之迅速提高，截至 2014 年 6 月，公司管理规模达到 10 亿美元；而从 10 亿至 20 亿美元，Wealthfront 仅用了 6 个月的时间。截至 2015 年年底，公司资产管理规模已达到近 29 亿美元。

二、Wealthfront 的投资方法论

马科维茨的现代资产组合理论（modern portfolio theory）是智能投顾领域最为重要的理论基础，其核心要点是资产的收益与其对应的风险相匹配，但在一定的风险水平上，存在一个可能的最优回报，而通过不同资产的组合则能获得要寻找的最优回报。研究表明在不同的风险水平上获得最大化收益的办法是使用多种资产类型而不是投资单一的证券。在挑选不同的类型资产来构建投资组合时，Wealthfront 需综合考虑资产在不同经济环境下的长期表现、风险收益关系、增值潜力、波动率、与其他资产的相关性，以及通过 ETF 追踪的成本。通过系统性的分析与筛选，Wealthfront 的投资团队目前构建的投资组合包含表 11-2 所示的资产类型。

表 11-2　Wealthfront 多样化投资的资产类型

资 产 类 型	优　　点
美国股票	资本增长、长期通胀保护、节税
发达市场股票	资本增长、长期通胀保护、节税
新兴市场股票	资本增长、长期通胀保护、节税
股息增长股票	资本增长、收益、长期通胀保护、节税
美国国债	收益、低历史波动率、多样化投资
公司债	收益、低历史波动率、多样化投资
新兴市场债券	收益、多样化投资
地方债	收益、低历史波动率、多样化投资、节税
抗通胀国库券	收益、低历史波动率、多样化投资、通胀保护
房地产	收益、多样化投资、通胀保护
自然资源	多样化投资、通胀保护、节税

而 Wealthfront 决定从各类资产中选择最佳组合的基本方法则是通过均值方差模型（mean-variance optimization，MVO）来解决有效边界，而有效边界则是不同风险水平下组合产生的最大收益曲线。投资组合的构建就是在同一风险水平下（由方差来测量）选取最大化收益的组合或者在同一收益的条件下选取风险最小的组合。而 MVO 也可以作为组合当中评估放入几种资产类型的重要量化工具，即如果增加一种资产可以提升组合的有效边界，则组合的风险收益比也得到提高。而量化研究也证明，在同等风险水平，无论一般应税账户或退休金账户，资产类别更多的 Wealthfront 组合都能提供比资产种类较少的传统账户更高的年化收益率。

Wealthfront 多样化资产配置的重点，就是把资产合理配置到相关系数很低的各项资产中。相关系数低，即使某项资产暴涨暴跌，并不会引起另一项资产发生相同方向的波动。这样的组合投资，可以平滑收益，再配合定期资产再平衡（Rebalancing），能够有效地对抗市场波动。并不是所有类型的 ETF 都可以进入 Wealthfront 的备选库，其投研团队根据每只 ETF 的相对成本、追踪误差（Tracking Error）、流动性、融券政策来挑选。这些 ETF 指向美国国内股票、国外股票、新兴市场、付息股票、自然资源以及地方债等。

Wealthfront 选择美国 ETF 基金作为主要的投资标的原因是美国 ETF 目前资产规模大概有 2 万亿美元，并且资产规模继续保持稳定的增长，产品类型非常丰富，可选择范围非常广泛，几千种资产类别基本可覆盖全球主要的资本市场，可真正实现投资的分散化、全球化。在风险分散上，投资者可以通过低配本国市场的产品，可以有效抵御本国经济周期以及发展不确定对资产减值的影响，而适当买入不同种类、不同地区的 ETF，则很好地规避了这种相关性，增加了资产的安全度。

三、Wealthfront 智能投顾的优势

（一）全天候自动化交易

智能投顾的第一大优势就体现在全天候的连轴运转，Wealthfront 的系统将 7×24 小时地监视用户账户，当交易机会出现时自动依照客户的风险偏好做投资决策来增加收益。相较于传统的理财顾问，智能投顾提供了更高频次的服务，自动为客户进行账户平衡（account rebalancing）、税收损失收割以及股息再投资（dividend reinvesting）；此外，智能投顾跨越地区时差监视全球金融市场的投资机会的优势也是人工所不具备的。

此外，自动化的交易在一定程度上避免了个人投资者受市场波动的影响做出的非理性操作，Wealthfront 以证券基金的正现金流及标普 500 的收益率从侧面来展示投资者的非理性操作。其中投资者较常见的"高买低卖"行为显而易见，在市场开始进入下行通道时，仍然有较多的资金流入；而当市场已经逐渐筑底时，大量的资金开始流出。在面对巨大的市场起伏时，人性的弱点难以克服正是智能投顾能代替人工，从而体现价值的机会。基于算法的投资决策会避免情绪的影响，从而更纯粹地根据市场变化调整策略。

（二）低费率

相较于传统的理财顾问，低费率一直是智能投顾的一大优势，Wealthfront 实行仅 0.25% 的年管理费，并且首购 1 万美元的投资免管理费，邀请朋友将获得额外的费用减免。经 Wealthfront 测算，10 万美元的投资若使用 Wealthfront 的平台，仅需收取 225 美元的年费，但人工理财顾问则每年需要支付 3000 美元的费用，其中包括咨询费、隐匿收费及其他费用。假设考虑 30 年复合投资的情况，Weathfront 将节省的管理费放入组合中继续投资，在同一组合收益率的情况下，智能投顾 0.25% 的年度管理费将使得投资组合获得 53.5 万美元的收益，比传统理财顾问 1% 的年管理费（通常更高）创造的 43.2 万美元的投资组合收益高 23.8%。管理费率低在长期投资中的优势体现得非常明显。

（三）智能化工具的使用——税收损失收割

税收损失收割是指通过卖出已经出现损失的投资标的，从而获得减少资本利得要缴纳的税收的权利。而 Wealthfront 能够迅速通过寻找与售出标的高度相关的投资，从而不影响客户风险组合内的收益及风险水平，并且在一定程度上达到了节税的目的，而节省的税收会高于卖出标的资产的损失额，而为客户实现增加收益的目的。传统的私人投顾中，由于手续上的麻烦，没有软件辅助的私人理财顾问只能一年进行一次税收损失收割，这将使得客户的资产组合错失很多收割税收损失的机会，而在依靠系统强大的计算及机会识别能力的帮助下，Wealthfront 已经能够做到每日税收损失收割。Wealthfront 的研究显示，从 2000 年至 2011 年，税收损失收割每年为投资者增加了超过 1.55% 的税后收入。2015 年，Wealthfront 为客户进行税收损失收割的总额达 5 400 万美元。

（四）智能化工具的使用——直接指数化

Wealthfront 推出税收损失收割后，其余几家大型智能投顾平台，如 Betterment、Future Advisor 均推出了类似的税收损失收割服务。为了避免同质化的竞争，以及美国《1940 年投资公司法案》禁止交易所交易基金或者指数基金将已经发生的税收损失传递给客户，使得税收损失将与客户的未分配收益进行抵免，从而导致用于税收收割的损失减少，客户通过 TLH 获得的额外收益将减少。Wealthfront 设计的直接指数化工具将标的的 ETF（如追踪美股的交易所交易基金 VTI）替换为追踪大中盘股票的多只成分股（标准普尔）的集合 WF100、

WF500、WF1000 以及追踪小盘股表现的其他 ETF 的组合，从而从个股中挖掘额外的税收收益并达到规避法律限制的目的。这其中平台开发的 WF 系列产品不需要管理费，而仅对追踪小盘股的 ETF 收取其所占投资组合比例相关的管理费，而 WF 产品的使用权限则跟客户的投资额有关，参投的投资额越高，则可以使用涵盖更广的追踪组合。

根据 Wealthfront 的测算，以 VTI 为例，2000—2014 年，WF100、WF500、WF1000 与 VTI 相比，年税后平均收益率分别为 5.99%、6.09%、6.14% 和 3.22%，Direct Indexing 为客户创造的税后收益是显而易见的，而可选成分股的数量的增加则能为客户带来更多的税收收割收益，一定程度上是由于更多的成分股选择，一定程度上降低了产品对 ETF 的追踪误差，从而使得最终收益最大化。

第三节　数字货币

一、数字货币的介绍

（一）数字货币的定义

传统上，我们默认货币就是法币，其职能是价值尺度、流通手段、储藏手段、支付手段和世界货币，根据使用方式将其划分为现金、票据、卡基支付、移动支付等不同的支付手段。在互联网时代，网络空间逐渐成形并与物理空间并存，社会大众对货币的认识变得宽泛，认为"货币就是法律规定或世俗约定能够用于支付的手段"。

因此，首先应当明确数字货币的定义。

电子货币是法币的电子化，包括我们常见的银行卡、网银、电子现金等，还有近年来发展起来的第三方支付，如支付宝、财付通等，这些电子货币无论其形态如何、通过哪些机构流通，其最初的源头都是中央银行发行的法币。

根据欧洲中央银行的定义，虚拟货币（virtual currencies）是非央行、信用机构、电子货币机构发行的，在某些情况下可以作为货币替代物的价值的数字表现。与电子货币一样，虚拟货币也是无形的，两者之间最重要的区别就是发行者的不同。

虚拟货币是非法币的电子化，其最初的发行者并不是央行，这些虚拟货币还主要是在特定的虚拟环境里流通；之后出现的比特币，通过区块链技术较好地解决了去中心化、去信任的问题，实现了全球流通，在相当大的范围内受到追捧。通常，电子货币与虚拟货币，统称数字货币。二者的区别如表 11-3 所示。

表 11-3　电子货币与虚拟货币的区别

分　　类	数 字 货 币			
	电 子 货 币		虚 拟 货 币	
	货币电子化	电子化货币	闭环内	闭环外
流通体系	金融机构	非金融机构	特定虚拟环境	跨境流通
典型	网上银行	第三方支付	Q 币、游戏币	比特币
监管现状	监管	监管不足	有相关监管	起步阶段
与法币关系	法币电子化		非法币电子化	

从交易媒介看，目前虚拟货币还没被广泛使用，比特币等只是在很小的范围内作为支付手段。从价值存储手段看，以比特币为代表的虚拟货币价格波动性很大，也缺少现代货币的其他特点，比如不能存入银行获取利息；缺少像存款保险一样的保障机制；在贷款、信用卡等日常金融活动中没有被广泛接受和使用。从记账单位看，比特币的价格大幅波动阻碍了它作为记账单元。另一个障碍是比特币的价格太高，这给商品的标价带来了麻烦。总体来看，现阶段的虚拟货币具备了一定的货币特征，但还不足以成为被广泛接受的货币。

数字货币的重要使命之一就是部分替代现金，降低现金印制、发行、清分、销毁的巨大成本。据统计，2014 年年末，我国流通中的现金（M0）和银行业金融机构业务库的现金库存达到 6.7 万亿元，其中百元纸币为 582.5 亿张、50 元纸币为 64.6 亿张、1 元纸币为 581.6 亿张。另据报道，2015 年欧元区的现金货币价值超过了 1 万亿欧元。要成为一种广泛使用的支付手段，数字货币须具备区别于电子货币、虚拟货币的显著特点，包括安全性、可控匿名性、周期性、不可重复性、系统无关性，并且要在开放互联网环境中达到很高的交易性能（高并发交易量和海量数据处理效率）。

（二）数字货币的形态

数字货币的具体形态可以是一个来源于实体账户的数字，也可以是记于名下的一串由特定密码学与共识算法验证的数字。这些数字货币可以体现或携带于数字钱包中，而数字钱包又可以应用于移动终端、PC 终端或卡基上。

如果只是普通数字配上数字钱包，还只是电子货币；如果是加密数字存储于数字钱包并运行在特定数字货币网络中，这才是纯数字货币。

电子货币的优点是形式简单，在现有支付体系下稍作变动即可完成；缺点是对账户体系依赖较大，防篡改能力较弱，"了解客户"和"反洗钱"的成本较高。

纯数字货币的优点是可以借鉴吸收当今各种类数字货币的先进技术，以更难篡改、更易线上和线下操作、可视性更强、渠道更为广泛的方式运行；缺点是需要构建一套全新生态系统，技术要求更高，体系运行维护难度较大。

以上两种货币形式在一定程度上具有互补性，在不同应用场景下可以择优使用，以满足不同需求。

（三）数字货币对金融体系的影响

数字货币会对经济和社会各个方面带来深刻影响，尤其对金融体系的影响更为深远，逻辑上可能出现几个结果。

一是货币结构的变化和货币乘数的增加；二是对实际货币的需求继续下降，金融资产的相互转换速度加快；三是货币流通速度的可测量度有所提升，大数据分析的基础更加坚实，有利于货币总量的计算和货币结构分析；四是降低KYC（了解你的客户）和AML（反洗钱）成本，提高监管效率；五是提供高效的共享金融环境，推动金融创新。

数字货币还可能给金融体系带来另一个重要的变化，即更容易触发金融危机，并影响货币创造。由于数字货币易于将存款转换成现金，金融恐慌和金融风险也会加速蔓延，加剧金融稳定和金融安全的损失。鉴于此，特定条件下必须设置适当机制加以限制。

二、数字货币体系的构建

尝试建立数字货币的技术实现框架，首先要深入研究数字货币的主要特性和边界约束条件，逐渐形成符合国家治理能力现代化要求、成为社会共识的数字货币需求，然后才能确定区块链技术如何改进和"为我所用"。

（一）数字货币体系的建设需求

1. 安全性

为了应对有组织、大规模的网络攻击，数字货币系统可以采用无中心或多个子中心模式。为确保数字货币的正确性、一致性和完整性，应采取足够的安全控制的密码算法和密钥分发保存机制，2016年3月4日《科学》杂志的一则报道指出，量子计算将挑战目前广泛使用的非对称算法RSA的安全性。为了提高应用安全性，防止病毒和木马入侵与后门威胁，数字货币载体（如手机）需要一个可靠的、可控的、可管的环境，在其中存储数字货币和持币人的信息最小集。

2. 可控匿名性

数字货币广泛发行的同时，需要兼顾反洗钱和反恐融资需求，因此数字货币不能实名也不能完全匿名，货币当局不能直接或间接通过商业银行为持币人建立账户。"可控匿名性"表现在两个方面，一个是使用换届（转移数字货币的所有权）登记持币人变动数字货币的信息，类似于现在采集纸币冠字号和比特币的"挖矿"操作；另一个是保持追踪持币人身份的线索信息。虽然没有必要为货币持有者建立数字货币账户，但商业银行可以参与数字货币发行和流通渠道的建设。

3. 不可重复性

不可重复性包括：一是数字货币必须可识别，通过不变的标识号（ID）和系列参数保证其唯一性，并可用技术手段确认。二是数字货币的正常付款过程不可逆。三是数字货币使用历史不可篡改、不可抵赖。

4. 周期性

数字货币没有整洁度要求，不存在损毁和残旧回笼等问题，但在算法破译、持币人个人密钥泄露、关键网络节点被劫持等特殊情况下，数字货币需要全面"换版"或进行挂失操作，并且确保"换版"或挂失操作的及时性、有效性，衔接好同一数字货币新旧版本的使用记录。另外，还需要考虑和解决数字货币的"大小票兑换"问题。

5. 系统依赖性

数字货币应尽量减少网络依赖和系统依赖，可以做到脱机小额支付、与现金和电子货币自由转换，适用于包括自然灾害在内的各种复杂环境。

（二）技术框架结构的要点

数字货币用于开放的网络环境，在国家信用背书之下，持币人和交易量会逐渐上升，同时数字货币体系可能会经常遭遇大规模、有组织的网络攻击，因此其技术实现框架的核心是云计算和加密算法。

1. 建立两级系统结构

维持比特币系统稳定性的动力是使用"挖矿"操作，它将一个区块链打包到一个时间段，以获取战利品。为了管理货币流通，控制货币发行量，数字货币系统不能采取类似的激励措施，货币当局需要建立多个注册系统，用来完成货币发行、使用登记、"换版"等各种操作，将形成"控制中心（发行库）—登记中心（业务库）"两个层次的体系结构。控制中心将在线控制、监测整个数字货币体系的运行。

数字货币两阶段系统采用云计算技术体系结构，实现了计算能力和存储容量的快速扩展，采用了安全可控的量子通信技术。云计算技术架构具有良好的健壮性，但它需要关注和解决开放环境中的"云安全"问题。

2. 加密技术

加密技术包括以下几种。

（1）使用加密算法体系。单一加密算法将面临更大的安全风险，必须使用各种组合加密算法，分别用于识别和保护持币人、网络节点、数字货币、数字货币交易等。组合加密算法是数字货币体系的核心和基础，它必须由密码管理机构定制设计。除了加密之外，区块链技术抵抗攻击的思想是"算法加密和信息披露相结合"，可以作为参考。

（2）为每个数字货币建立永久性的识别代码。为了保证每一种数字货币的唯一性，防止其被盗使用和再利用，数字签名后的每一种数字货币识别码（类似于纸质的冠字号），经数字签名后，与持币人公钥、最近若干次支付历史信息一起，形成可用技术手段鉴别的数字货币信息。

（3）持票人使用注册名称。为提高匿名程度和保护持币人隐私，不使用网络实名制、有限实名制（前台昵称，后台实名），也不在持币人注册时采用多种关联信息进行交叉身份验证。然而，持币人每一个操作的网络地址，地理位置信息都将被记录下来，作为特定情况下追踪交易和排查持币人身份的线索，从而达到可控匿名性的要求。

3. 账本技术

账本技术包括以下几种。

（1）使用"分布式记账"。采用"分布式记账"，把交易散列值（Hash）组合成为前后链接的区块（交易记录集）并进行快速分发，每个网络节点都有一致性和可追溯性的副本，极大地降低了账本篡改风险，这就是为什么区块链技术具有较高网络攻击抵御能力。

（2）采用分区方法。与微机和有线网络相比，智能手机的计算、存储和交换能力始终较弱，账本及其副本"尺寸"不能太大，在全网交易的基础上划分记账区域，并分别记账，同时设计分布式数据存储机制、定时核对机制，在数字货币体系建设中兼顾安全与效率。

（3）对交易结果进行数字签名。区域链技术记录了每一个比特币从"诞生到现在"的使用历史，这反过来又通过整个网络副本的一致性降低了账本篡改的风险。在数字货币系统中，账本"尺寸"缩小且不一定全网分发副本，可对交易信息进行数字签名，增加账本篡改难度。

4. 数字货币钱包技术

在移动互联网时代，被称"人体器官"的数字货币载体智能手机明显优于其他方法，如芯片卡。智能手机之间的数据交换，除了使用无线网络外，还包括使用蓝牙和近场通信（NFC）等面对面方式，减少了对 POS 机、ATM 和其他接收终端的依赖。智能手机必须具有相对独立于移动操作系统、存储和处理关键敏感信息的可信执行环境和硬件安全模块。钱包软件自动检测操作环境的安全性，并确认关键密钥敏感信息是否被篡改。

三、比特币的发展现状与未来趋势

（一）比特币的本质属性

比特币网络作为一种价值传输网络，至少具有技术、金融和社会学方面的三重属性。

1. 技术属性

从技术的角度来看，比特币网络协议是一种去中心化的、点对点的价值传输协议，我们可以理解为一个不由任何第三方操纵、不可篡改的庞大公共记账系统。这套记账系统所依托的区块链技术，通过约每 10 分钟诞生一个区块的形式记录全网数据库所有的交易行为，确保重复和错误的支付不会发生。区块链技术现在被认为在互联网时代是革命性的，而比特币只是一种依赖于它的应用程序。在硅谷，已经有一些创业公司和项目专注于开发区块链技术在现实生活中的应用。

2. 金融属性

从金融的角度来看，比特币可被视为类似于电子黄金的数字投资品或全球性的标准化数字资产。它的总量恒定、易于携带、受众广泛、交易成本低并且有非常巨大的想象力空间，更多的投资者开始相信其所具备的投资价值。华尔街也逐渐认识到比特币的价值。2014 年 9 月，数字货币委员会（Digital Currency Council，DCC）在曼哈顿成立，向金融专业人士提供咨询、交易和认证服务。2015 年 1 月，纽约证券交易所、美国汽车协会联合服务银行（USAA）、西班牙外换银行（BBVA）以及花旗集团前任首席执行官 Vikram Pandit 对比特币服务提供商 Coinbase 进行了投资；同年 3 月，纳斯达克（Nasdaq）首次涉足比特币领域。同时，比特币依托于互联网在全球流通，所以在某些特定的应用场景下，如跨国付款和虚拟经济价值传输媒介时，货币可以作为一种高效、低成本的流通手段和支付工具，担任金融工具的功能。

3. 社会学属性

从社会学的角度来看，互联网代表了信息自由化的意识形态趋势，而比特币则代表了金融自由化。这种完全去中心化的电子货币，不依赖任何单一权力机构发行，并且在跨国境、跨币种转账的过程中，能够不通过银行体系实现价值传递，比特币被认为在金融全球化进程中有机会改善现有全球金融体系低效率、高成本等诸多问题，这是它的社会学意义。

（二）全球比特币的行业发展现状

现阶段比特币的全球用户约为 500 万，总市值约 220 亿元。由于比特币的互联网金融属性和技术上的前沿性，几乎全部是创业公司进行从业。据统计，全球范围内获得天使轮以上投资的比特币公司有 103 家，其中 30 家分布于美国旧金山硅谷。我国较成规模的比特币公司有 20 余家，用户约 80 万人，交易量约占全球 70%（由于人民币交易所为免费交易模式，而美元交易所多收取交易手续费，所以此数据仅供参考）。截至 2015 年 4 月，整个行业累计获得风险投资约 6.76 亿美元，其中有 4 亿美元投资进入了硅谷的比特币初创公司。

从产业链角度来看，目前比特币行业主要有生产（人们常说的"挖矿"）、交易、存储、应用四大领域。

1. 生产：比特币矿业现状

从技术角度来讲，挖矿本质是对比特币记账体系中的交易进行打包并生成区块的过程，每成功打包一个区块就可以获得若干比特币的奖励。比特币的发行方式也是如此。比特币网络的区块被设计为每约 10 分钟产生一个，为了获得这一记账的权力则需要先解决一个系统指定的数学难题，而只有强大的 CPU（中央处理器）计算能力才能破解这一难题。目前中国在挖矿方面具有较强的竞争优势，分布在中国的算力约占全网比特币算力的 50%。

2. 交易：市场格局

在金融领域，交易是比特币最重要的应用形式。目前，全球有百余家比特币交易平台，10 大交易所主要分布在美国、中国和东欧国家，占全球交易量的 90% 以上。"比特币—美元"及"比特币—人民币"是目前的主要市场，同时在欧元、日元、韩元、澳元等全球主流货币也有自己的交易市场。

进入 2015 年以来，合规性逐渐成为美元市场的关注焦点。美国的交易平台 Coinbase exchange 以及 ItBit 都获得了大额投资以及相关业务牌照。在中国，由于缺乏相关部门发布数字货币的许可证，合规并没有成为主要的竞争壁垒。目前市场上有火币网、Okcoin 和比特币中国等主要交易平台。

3. 存储：钱包技术的发展

因为比特币使用分布式去中心化的账单系统，所以普通用户不太方便存储和传输比特币。因此，提供基于互联网的云存储服务的比特币钱包诞生了。用户可以将自己的比特币放入网上钱包，通过互联网发送和接收比特币。

全球最大的比特币钱包公司为 Blockchain.info，拥有 366 万用户。其次是 Coinbase，其用户量为 230 万。因其在美国一直致力于合规的建设，所以增长潜力大为增加。对于国内用户来说，由于缺乏支付生态，用户更愿意把比特币放在交易平台上。一方面，它很容易进行实时交易；另一方面，它也可以享受在线钱包便利的存储、提取和充电的优点。

4. 应用：现实生活中的应用场景

除了交易外，支付、跨币种汇兑等也是比特币的主要应用。

现在全世界有 10 万多家商家接受比特币，包括微软、戴尔和新蛋网等知名公司。全球最大的比特币支付公司 BitPay 已与 Paypal 正式合作，而以 Circle 为代表的互联网金融公司也在探索比特币的使用。但毫无疑问，无论是在全球还是在我国，比特币应用的发展尚未成为比特币行业的主流，目前仍在探索之中。

（三）比特币的主要缺陷

比特币有很多优点，包括它的去中心化实现了点对点的价值转移，基于算法达成共识，基于时间戳解决了双花问题，且已经稳定运行多年。但是比特币也存在很多缺点，可能比优点还多。比特币在目前来说确已形成一个很大的市场，但要真正成为所谓的货币，还有很长的路要走。

比特币的主要缺陷有以下几点。

（1）交易耗时长。比特币交易确认通常需要数分钟甚至超过10分钟的时间，而我们现在市场上的交易可能是零点几秒，甚至是瞬时确认。显然，如此长的交易耗时不符合市场的需求。

（2）存在发行量上限。比特币的发行机制也被称为挖矿，采用工作量证明（proof of work）共识机制，约定每10分钟生成一个区块，并在全网范围内以比较算力的方式竞争抢夺区块，每获得一个区块即能得到比特币奖励。最开始4年，一个区块的奖励是50个比特币，每下一个4年，奖励减半。以此规则计算，比特币发行量将在2140年趋近于其发行上限约2 100万个。当一个货币有发行上限，就会产生一个可怕的问题，即如果人们永远相信它是有价值的话，那么它的价值从总体趋势上来讲将不断上升，这就会产生通货紧缩问题。这是比特币的一个根本缺陷，货币一定不能存在稀缺性。而且，价值不能太波动。当然货币无限发行会导致通货膨胀，而数量有限则会出现通货紧缩，对经济运行来说都不利，真正好的货币增长速度要保持与经济发展同步增长。所以，用任何实物作为货币，长期来讲都会存在这个问题。比特币数量只有约2 100万个，虽然其最小单位可划分到十亿分之一，但终究数量还是有限的。

（3）价值不稳定。比特币的价格最开始是0；2009年，按照耗电成本1美元可买1 300多个比特币；2010年有人用1万个比特币才买到价值25美元的比萨优惠券；2010年第一个比特币交易所MtGox成立时，1个比特币相当于0.5美元，后来比特币的价格飞跃式上涨，最高曾在2013年涨至8 000元；2014年MtGox被盗宣告破产，比特币价格暴跌为900元；目前大概在5 000元。可见比特币的价格是极度波动的，这是比特币第三个致命的缺陷。它的价值波动剧烈，而要作为货币的话价值就必须相对稳定。

（4）既透明又匿名。这本来是比特币的一个优点，但也使它容易成为洗钱的载体和资本外流的工具。用人民币买比特币，再把比特币以美元卖出，整个过程非常轻松容易。不过，现在许多比特币交易所也需要实名认证，央行也可以加强对比特币交易的监管。

（5）发行机制耗费过大。刚才我们说比特币是通过算力竞争，就是挖矿获得。参与挖矿的人越来越多，为挖得更多区块，获得更多比特币奖励，更快的设备被投入到挖矿之中，全网算力不断提高，挖矿难度和成本也不断增大。从理论上推测，单个机构或者单个矿池最后挖矿成本一定是会接近所得比特币奖励的价值。所以说比特币最终的成本和它的价值应该是相等的。但从整体来看，众人在挖矿中投入的成本远超过所产生的比特币的价值。这样，实际上会形成大量的浪费，甚至会产生环境污染问题。

（6）区块总体体积不断变大。存储比特币需要比特币钱包，最基础的比特币钱包就是比特币核心钱包（Bitcoin Core）。我们知道比特币是一个账本系统，每一笔交易之后都把数据写入区块，导致了它的数据量增长极快。如果现在钱包把整个数据同步，数据将接近 100G，随着交易不断发生，存储的数据量将变得非常巨大。

除上述缺点外，比特币还有区块不可定制、协议功能单一、社区共识效率极低等问题。总而言之，比特币确实有一些优点，但是想要进一步发展，它的缺点也不容忽视。

（四）国内比特币的发展趋势及政策建议

2013 年 12 月央行等五部委发布了《关于防范比特币风险的通知》，是目前国内唯一一个官方的政策性文件。随着比特币行业发展趋势越发明朗，全球各国政府对比特币的政策也发生了较大的变化，在分析比特币发展趋势的基础上，尝试着对我国比特币行业政策的发展提出了一些建议。

（1）在法律范畴上，比特币和区块链的技术可以分开加以监管。前者是一种金融资产和金融工具，后者是一种创新的技术，可以广泛应用于许多领域。在金融立法领域，主要从规范金融市场，防范系统性风险和金融犯罪的角度出发，将该领域进行单独监管，可以避免因为过于严格的立法规则抑制我国企业在比特币及区块链技术领域的创新。

（2）在现有的成熟的监管体系中，可以考虑纳入数字资产交易和数字资产存储管理等核心领域。针对中国用户关心的资产安全问题，数字资产交易平台是否可以合并到场外交易平台网络资产管理办法进行规范，是否数字资产存储和管理机构监管体系可以被纳入资产管理机构，都值得探索。

（3）在立法过程中，可以充分研究和及时跟踪美国的监管措施与后续效应，因此相对降低政策风险。观察和研究目前在立法上相对领先的美国的最新动态以及实施效果，结合国内实际情况，可能是一种降低风险的策略。

（4）在学术研究层面，建议鼓励和大力支持比特币技术的研究与创新。比特币技术作为一种创新的技术，未来有巨大的潜力，花旗、IBM、麻省理工等国际领先的金融科技公司和学术机构都在比特币技术上有相当大的投资，并取得了初步成果。如何在这一领域保持国际领先，需要政策和舆论方面的支持。

（五）区块链技术的优势及发展前景

比特币成为真正的货币可能性很低，它带来的附属产品区块链技术可能才是其最重要的贡献。

（1）区块链技术是基于点对点（P2P）网络的。它没有一个中介化、中心化的机构角色，任何一个节点退出，并不影响整个系统运行。但在中心化或中介化的系统中，如果中心化机构退出，一定会影响整个系统运行。这就要求中心化的机构一定要有公信力且能力特别强。就像我们现在的中央银行，维护系统能力是超强的，在安全及数据保密方面都是可信的。

（2）区块链技术是分布式的记账数据库，即各个点都可以记账，而且可以查看账本。中心化系统却做不到这一点。

（3）区块链技术通过加密技术建立了一个点对点的价值转移协议。在区块链技术之前，我们的互联网是一个信息互联网，价值的转移必须通过中心化的机构进行记账。我们知道现代经济生活中有以下几个流：一个是信息流，我们做任何事情首先要进行沟通，进行交流；第二个是资金流，经济往来一定有资金流；如果涉及实物商品，交易中还涉及物流；人本身也需要流动，就是人流。其实电子货币本身也是一种信息，然而它不能像一般信息直接在当前的互联网上转移，因为可能存在虚假和"双花"问题，从而需要中心化或中介化机构通过记账来解决。目前的互联网金融，如 P2P 网络借贷，还不能真正实现价值的直接转移，仍然需要中心化机构即现有的银行体系记账实现价值转移。但是，通过区块链技术，完全可以实现直接点对点的价值转移。如果区块链技术能够很好地推进，未来的互联网可以实现价值互联网，这是非常具有革命性意义的。

（4）区块链技术还是一个账务系统，甚至是一个互联网资产管理系统。它不仅仅适用于货币，还适用于任何需要取得信任的交易，包括诸如签订合同、合约，各类证券的登记，托管，等等，凡是发生信任关系的地方、行为、活动，区块链技术都可以在其中扮演角色，其应用前景广阔。

如果把应用于比特币的区块链技术看作是 1.0 版本，那么现在应用于诸如股权登记等智能合约等方面的区块链技术就是正在发展的 2.0 版本。未来只要有信任关系存在的地方都可运用区块链，但主要还是集中在以下领域。

一是数字货币。但是这条路实际上还很长，笔者个人觉得私人的数字货币真正成为货币的前景很渺茫。但如果中央银行能很好地利用数字货币核心底层的区块链技术来发行法定数字货币，却是能解决许多问题的。包括可以避免竞争挖矿这种能源消耗大、投入设备多等问题，也能够通过法律解决数字货币公信力的问题，还能够解决价值稳定性及数量有限的问题。利用现有的中央银行和商业银行的这种二元支付清算系统，还能进一步降低成本，提高效率。此外，相当关键的一点就是央行如果利用这种技术，可对货币交易进行追溯，在反洗钱，甚至反贪污腐败等方面都能发挥极大作用。央行推行法定的数字货币是很值得期待的。

二是支付清算。大家可以阅读比特币白皮书，比特币体系实际上就是一个支付清算、价值转移系统，这是一个很天然的应用。Ripple 系统就是一个去中心化的全球金融支付系统，已取得了很大进步。央行发行法定数字货币有很多好处，但各央行无法改变其他地区或国家的主权货币，依然需要进行汇兑。我们可以想象，如果全世界都用同样的技术来发行法定数字货币，实现全球货币的统一，就能解决汇率的问题。那将是人类一个非常伟大的发明，对全世界经济的发展都是好事，当然这是非常困难的。

三是征信。征信市场是一个巨大的蓝海市场，传统征信市场面临信息孤岛的问题，传统技术架构也难以满足共享征信数据、发掘数据蕴藏价值的需求。而区块链本身就可以形成信用，为解决这些难题提供了一种全新的思路，可以提高征信公信力，显著降低征信成本，进而可能打破数据孤岛的障碍。

四是证券交易。世界上已有证券交易所在进行探索区块链技术应用的问题。2015 年年末，纳斯达克首次使用了区块链技术交易平台记录私人证券交易。澳洲交易所利用区块链技术与银行账户连接，实现了买卖股票后资金的迅速到账。

区块链应用面临的主要挑战实际上跟其本身的技术实现有关。首先是区块链的交易效率还非常低，交易验证的时间长，难以满足巨量交易的需求。其次是区块链技术应用能耗过高。再次是区块链存储的容量太大，对网络带宽形成很大挑战，难以应对诸如外汇、股票等市场的大规模交易。最后是其赖以为基础的非对称加密技术并非不可破解，可能存在安全性问题。此外还有与当前金融体系融合的问题，以及因升级完善在技术上产生的硬分叉问题等。

总体来说，区块链技术的应用前景非常广阔，但是也存在许多挑战，需要技术、金融、法律等各行业的从业人员共同努力，才能够把上面所说的前景和应用变成现实。

四、数字货币未来发展面临的挑战与机遇

数字货币与其背后的区块链技术，同时对政府机构和商业机构提出了挑战，两者应对挑战都采取了一定的措施，也积极迎合数字货币发展的潮流不断进步发展。

（一）中央银行面临的挑战

经过数百年的演变，中央银行成为发行的银行、银行的银行、政府的银行，但数字货币的发展使得"自由银行制度"的讨论再次回到人们的视野。商业银行可以发行自己的数字货币，比如花旗银行就运用区块链分布账户技术研发自己的数字货币——"花旗币"。

中央银行的三种基本职能确实在数字货币情景下受到了挑战，但中央银行仍然具有不可动摇的优势。首先，中央银行以国家信用为后盾，其发行货币的信誉一般而言要高于本国的商业机构。其次，中央银行的无限货币创造能力使其能够充当最后贷款人角色，为其他商业银行提供支持，维护金融稳定。最后，从公平竞争的角度看，由中央银行来管理政府存款可以减少商业银行之间的不公平竞争。

随着数字技术的发展，一些国家开始积极探索货币当局在数字货币发展中的作用，但态度上却存在差异。英格兰银行的态度是积极的，提出通过借助"分布式账簿"技术，中央银行的资产负债表可能对更多的金融机构开放，甚至对非金融机构、家庭和个人开放。一些央行已经开始发行数字货币。2014年12月，厄瓜多尔政府为了提升金融包容性，同时也为了在一定程度上摆脱美元影响，宣布建立自己的电子货币体系，"Sistema de Dinero Electrónico"，作为实体货币的补充。

在传统的货币发行中，流通中的现金其实也是央行对公众的直接负债，只是由于技术限制和成本方面的考虑，央行通过商业银行来发行现金。随着技术

的进步，央行通过数字货币形式直接将货币发行至个人和企业账户成为一种可能。尽管央行发行的数字货币会给商业银行带来冲击，但商业银行提供的金融服务仍是不可或缺的。商业银行的主要职能是期限转换，即借入短期和放出长期资金。与之相联系的，是商业银行提供了信用风险甄别、定价、风险管理等服务，还有其他的各种金融服务。

从 2014 年起，央行就组织专家成立了专门的研究团队，并于 2015 年年初进一步充实力量，对数字货币发行和运行框架、数字货币关键技术、数字货币发行流通环境、数字货币面临的法律问题、数字货币对经济金融体系的影响、法定数字货币与私人数字货币的关系、国外数字货币的发行经验等进行了深入研究，目前已取得阶段性成果。

目前，中央银行数字货币的发展已进入一个新的阶段，包括加强内部和外部的交流与合作，建立特殊的研究机构，进一步完善法定数字货币发行和流通体系，加快法律数字货币原型构建，深入研究并尝试使用合法的数字货币参与各种信息技术等。

（二）特里芬难题亟待解决

世界经济一体化要求有在国际交易中发挥一般等价物作用的货币。无论是英镑为主的体系，还是美元为主的体系，都存在特里芬难题。这是美国耶鲁大学教授特里芬提出的一个观点：各国必须用美元作为结算与储备货币，导致流出美国的货币在海外不断积累，对美国来说就会发生长期贸易逆差；而美元作为国际货币核心的前提是必须保持美元币值稳定与坚挺，这又要求美国必须是一个长期贸易顺差国。这两个要求互相矛盾，因此是一个悖论。

随着世界经济从美国一国独大，到欧日等发达经济体以及中国等新兴经济体的快速发展，国际货币体系也从以美元为中心的布雷顿森林体系逐步发展到多中心体系。但在多中心体系下，只要是一国的主权货币充当国际货币，特里芬悖论依然存在，只是程度有所不同。

1970 年国际货币基金组织开始发行特别提款权（special drawing right, SDR），成员国同意特别提款权在未来的国际货币制度中逐步取代黄金与美元，成为各国货币的定值标准和主要的国际储备资产。这种超主权货币的思路，是应对特里芬难题的一种方法。但要使 SDR 成为真正的国际货币，需要保证 SDR 的稳定性，还涉及 SDR 的发行与分配、国际收支的调节等。各成员国经济发展阶段存在差异，均有各自的利益诉求，要在这些关键问题上达成一致，实为不易。

以比特币为代表的虚拟货币也是一种超主权货币，它不由任何一国来发行，也不由国际组织发行，它由私人市场产生，其数量由大众普遍接受的技术规则来约束。虽然存在价格波动大等缺陷，但仍然在全球部分人群中受到欢迎。

欧央行关于虚拟货币的研究报告曾经提到一个有意思的现象：在塞浦路斯银行业危机时期（2013年3—4月），比特币运行到历史最高水平。数字货币的产生，或许为解决国际货币体系特里芬难题提供了另一个思路。

（三）格雷欣法则的对错

格雷欣法则简称"劣币驱逐良币"。真的是劣币驱逐良币吗？深入地看，这个法则的前提是强制规定劣币与良币的兑换比率。当劣币与良币的市场比价和法定比价不一致时，市场比价比法定比价高的良币将逐渐减少，而市场比价比法定比价低的劣币将逐渐增加，形成良币退藏、劣币充斥的现象。反过来看，如果没有强制限定劣币与良币的兑换比率，竞争将会导致良币驱逐劣币。

历史经验表明，包括货币形态在内的货币制度对经济具有重要的影响，合适的货币制度能够极大地促进经济的发展，得到广泛接受；而不合适的货币制度则可能成为经济的巨大阻碍和束缚，最终会被淘汰。

例如，中国至秦始皇统一钱币，已从商品货币时代进入到金属货币时代。但西汉末年，王莽篡位称帝重新引入龟、贝等商品货币，复杂而紊乱的币制带来"农商失业、食货俱废，民人至涕泣于市道"（《汉书·王莽传》）。

又如19世纪的英国，金属货币与纸币并行，但《现金停兑法案》出台后，缺乏约束的小银行滥发货币，物价飞涨，出现了金融危机。是接受纸币，还是回到金属货币时代，英国经历了一场"寻找规则"（looking for a rule）的货币改革。通过在试错中不断总结，1833年的《银行法》宣布5英镑以上的银行券为"法币"（legal tender），1844年的《银行法》明确货币发行权集中于英格兰银行，并将其置于政府管制与公众监督之下，货币发行的"私权"逐步转化为"公权"，币值稳定有了制度保障，纸币的信用也得到了进一步增强。英国进入了信用货币时代，英格兰银行发行的银行券在相当长的时间内成为世界货币。

作为一种良币，应当具有便于使用、安全、数量适当以维持价格稳定、信誉高等特点。但是，这并不意味着虚拟货币没有风险。从使用者的角度来看，一是缺乏透明度，二是缺乏法律认可和监管。目前对虚拟货币的监管尚在起步阶段，相关法律制度很不健全，对关键参与者的监管几乎还是空白，因此使用者可能面对非法合同、不可执行等意想不到的后果，也不受存款保险等法律保护，因欺诈、被盗、实体破产所遭受的损失也缺乏赔偿机制。三是存在技术安全问题。尽管破坏像比特币这样的区块链系统需要攻击 51% 以上的节点难度较高，但攻击者可能转而攻击使用的个人，比如侵入个人的钱包或攻击相关平台。四是解决问题的成本可能很高。

国际货币基金组织（IMF）在一篇《关于虚拟货币及其未来的初步思考》的报告中，从监管者的角度列举了虚拟货币的风险：一是容易沦为洗钱、恐怖融资和逃避法律制裁的工具，对金融诚信造成威胁；二是削弱对消费者的保护；三是成为逃税工具，增加了税收处理的难度；四是规避资本流动管控；五是对金融稳定构成威胁；六是影响货币政策的实施。

（四）数字货币的展望

展望未来，数字货币的高级形态可能超出我们现在的想象，在可预见的未来，货币的世界有可能是诸多形态"并存"的世界。

法定货币（国家信用）与私人货币（私人信用）并存；传统钞票（有形）与数字货币（无形）并存；央行的角色在货币供给中，既充当发行者，也充当监管者，在最终清算中，既提供清算服务，也对其他机构的清算进行监管。

因此，预见未来可能出现以下情况。

（1）货币在经济和金融中的地位非常重要。货币形态的演变反映了经济、金融和技术的变化；反过来，货币形态的变化也会对经济和金融造成影响。

（2）货币形态的演变是供给与需求共同作用的结果。从需求来看，经济的发展对货币形态提出了要求。从供给来看，技术的发展使得货币形态的演变成为可能。

（3）随着数字化进程，虚拟货币已经客观存在，未来数字货币使用范围将越来越大。现阶段的虚拟货币具备了一定的货币特征，但还不足以成为被广泛接受的货币。

（4）围绕货币有三个关键问题：货币是否有价值、谁来发行货币、货币数量如何调节。数字货币的出现进一步丰富了这三个问题的讨论。

（5）数字货币与其背后的区块链技术同时对政府机构和商业机构提出了挑战。数字货币时代的金融体系也许和现在大不一样。

（6）数字货币的产生，或许为解决国际货币体系特里芬难题提供了另一个思路。

（7）如果没有强制限定劣币与良币的兑换比率，竞争将会导致良币驱逐劣币的结果。

本 章 小 结

本章通过具体分析互联网企业开展大数据金融业务的布局、区块链技术的发展以及大数据在智能投顾领域的运用，列举了国内外多个成功运用大数据的例子，充分说明了大数据对金融体系改革创新做出的巨大贡献，为我国小微企业及草根百姓提供金融服务打下了坚实的基础。

值得注意的是，大数据金融对互联网及其依赖技术的程度越高，其面临的信息安全风险就越严峻，一旦信用信息被非法访问、拦截和篡改，信息系统就会不可逆转地遭到损坏，这对隐私权和消费者权利保护构成了重大威胁。此外，大数据应用过程中可能存在的违法违规问题也需警惕，必须加强立法规范大数据的使用，使其更好地为人们服务。

参 考 文 献

[1] 白硕，熊昊 . 大数据时代的金融监管创新 [J]. 中国金融，2014（15）：37-38.

[2] 鲍忠铁 . 未来金融之美 [J]. 金融博览，2014（10）：17-19.

[3] 本刊编辑部 . 大数据成国家战略是必然　重在实效 [J]. 通信世界，2013（07）：14.

[4] 陈冠霖 . 大数据下的个人征信业 [J]. 中国金融，2015（7）：90-91.

[5] 陈曦 . 中外 P2P 借贷平台模式比较研究 [D]. 上海：华东理工大学，2016.

[6] 陈晓霞，徐国虎 . 大数据业务的商业模式探讨 [J]. 电子商务，2013（6）：16-17，23.

[7] 陈新明 . 淘宝网数据平台数据仓库建设 [D]. 大连：大连理工大学，2013.

[8] 陈颖 . 大数据发展历程综述 [J]. 当代经济，2015（8）：13-15.

[9] 丁蕊 . 对大数据的商业模式创新问题的探索 [J]. 管理观察，2015（14）：178-179.

[10] 董喆 . 基于互联网金融平台的大数据挖掘研究 [J]. 山东工业技术，2014（20）：261-262.

[11] 杜娟 . 领先布局考拉征信打造全领域征信服务平台——访考拉征信服务有限公司总裁李广
雨 [J]. 中国信用卡，2015（7）：25-28.

[12] 段东，于知玄 . 价值链到价值环：传统企业互联网进化论 [J]. 互联网经济，2015（5）：
20-25.

[13] 范铁光，刘岩松 . 大数据应用于信用评分模型的实践与启示 [J]. 征信，2015（2）：29-31.

[14] 凤凰财经 . 大数据进入价值变现的 2.0 时代 [Z].http：//finance.ifeng.com/a/20150414/13630936_0.
shtml. 2015.04.14.

[15] 耿得科，梁文娟 . 大数据对传统资信评估的影响 [J]. 征信，2015（3）：20-24.

[16] 耿得科 . 征信体制建设及其对金融的影响 [D]. 杭州：浙江大学，2012.

[17] 工业和信息化部电信研究院.大数据白皮书（2014 年）[M].工业和信息化部电信研究院，2014.

[18] 宫夏屹，李伯虎，柴旭东，等.大数据平台技术综述 [J].系统仿真学报，2014（3）：489-496.

[19] 谷晓彬.基层农业银行信用风险管理问题研究 [D].北京：中央财经大学，2007.

[20] 关晶奇.A 股上市公司更名效应与企业效益提升的实证研究 [D].北京：北京大学，2009.

[21] 韩浩.大数据技术在商业银行中的运用探讨 [D].苏州：苏州大学，2014.

[22] 洪娟.大数据环境下商业银行"小微贷"竞争策略研究 [J].金融实务，2014（3）：80-82.

[23] 侯维栋.大数据时代银行业的变革 [J].中国金融，2014（15）：22-24.

[24] 胡世良.打造互联网金融生态系统探析 [J].互联网天地，2015（1）：55-59.

[25] 胡晓帆.大数据时代征信业发展的机遇与挑战 [J].征信，2014（12）：45-48.

[26] 胡泳，郝亚洲.数据治国与数据强国——简论我国的大数据国家战略 [J].新闻爱好者，2013（7）：4-8.

[27] 胡又文.大数据：下一个浪潮 [R].上海：安信证券，2015.

[28] 黄解军，万幼川.基于数据挖掘的电子商务策略 [J].计算机应用与软件，2004，21（7）：12-13.

[29] 黄欣荣.大数据时代的思维变革 [J].重庆理工大学学报，2014（1）：57-61.

[30] 江四清，丁昱.大数据技术在中央银行业务中的应用前景分析 [J].黑龙江金融，2015（5）：50-52.

[31] 姜锋.大数据行业应用和商业模式研究 [J].软件产业与工程，2014（4）：20-23，28.

[32] 荆浩.大数据时代商业模式创新研究 [J].科技进步与对策，2014，31（7）：15-19.

[33] 井贤栋.互联网＋大数据模式下的征信 [EB/OL].中国金融四十人论坛，2015-05-13.

[34] 九次方大数据.2014 年中国金融大数据应用白皮书 [M].九次方大数据，2014.

[35] 九次方大数据.中国产业链大数据白皮书 [M].九次方大数据，2014.

[36] 柯孔林，周春喜.商业银行信用风险评估方法研究述评 [J].商业经济与管理，2005，（6）：55-60.

[37] 蓝仁龙.大数据背景下的商业模式创新 [J].中国管理信息化，2015（9）：147-148.

[38] 雷巧萍.Web2.0 及其典型应用研究——以新浪网产品为例 [D].广州：中山大学，2011.

[39] 李富.大数据时代商业模式变革契机 [J].开放导报，2014（6）：107-109.

[40] 李淼焱，吕莲菊.我国互联网金融风险现状及监管策略 [J].经济纵横，2014（8）.

[41] 李文莲，夏健明.基于"大数据"的商业模式创新 [J].中国工业经济，2013（5）：83-95.

[42] 李小晓.传统信用评分挑战者 [J].新世纪周刊，2014（34）：42-44.

[43] 李小晓.大数据做征信 [J].新世纪周刊，2014（46）：44-46.

[44] 李艳玲.大数据分析驱动企业商业模式的创新研究 [J].哈尔滨师范大学社会科学学报，2014（1）：55-59.

[45] 李真.互联网金融征信模式：经济分析、应用研判与完善框架 [J].宁夏社会科学，

2015（1）：79-85.

[46] 李真 . 大数据信用征信：现实应用、困境与法律完善逻辑 [J]. 海南金融，2015（1）：5-9.

[47] 李真 . 中国互联网征信发展与监管问题研究 [J]. 征信，2015（7）：9-15.

[48] 林采宜，尹俊杰 . 互联网金融时代的征信体系 [J]. 新金融评论，2014（6）：11-35.

[49] 刘丹，曹建彤，王璐 . 大数据对商业模式创新影响的案例分析 [J]. 科技与经济，2014（4）：21-25.

[50] 刘红，胡新和 . 数据革命：从数到大数据的历史考察 [J]. 自然辩证法通讯，2013，35（6）：33-39.

[51] 刘红 . 科学数据的哲学研究 [D]. 北京：中国科学院大学，2013.

[52] 刘力钢，袁少锋 . 大数据时代的企业战略思维特征 [J]. 中州学刊，2015（1）：42-46.

[53] 刘晓曙 . 大数据时代下金融业的发展方向、趋势及其应对策略 [J]. 科学通报，2015，（Z1）：453-459.

[54] 刘新海，丁伟 . 大数据征信应用与启示——以美国互联网金融公司 ZestFinance 为例 [J]. 清华金融评论，2014（10）：93-98.

[55] 刘新海 . 阿里巴巴集团的大数据战略与征信实践 [J]. 征信，2014（10）：10-14，69.

[56] 刘新海，等 . 美国 ZestFinance：用大数据作金融风险管控，抓住这几点最有效 [Z]. ITValue.http：//www.tmtpost.com/195557.html，2015.02.12.

[57] 刘英，罗明雄 . 大数据金融促进跨界整合 [J]. 北大商业评论，2013（11）.

[58] 刘芸，朱瑞博 . 互联网金融、小微企业融资与征信体系深化 [J]. 征信，2014（2）：31-35.

[59] 刘泽照，张谦，黄杰 . 基于 SNA 的国际大数据研究结构态势 [J]. 科学学与科学技术管理，2014（11）：40-47.

[60] 龙海明，王志鹏，申泰旭 . 大数据时代征信业发展趋势探讨 [J]. 金融经济，2014（12）：86-88.

[61] 卢芮欣 . 大数据时代中国征信的机遇与挑战 [J]. 金融理论与实践，2015（2）：103-107.

[62] 梅菀 . 个人征信机构筹备进行时蚂蚁金服进展最快 [N]. 证券时报，2015.05.04.A08.

[63] 潘功胜 . 建设发达的中国征信业市场 [J]. 征信，2014（11）：1-4.

[64] 庞淑娟 . 大数据在银行信用风险管理中的应用 [J]. 征信，2015（3）：12-15.

[65] 彭韧 . 从价值链到价值环 [J].21 世纪商业评论，2007（12）：25-26.

[66] 濮林峰 . 基于大数据的商业模式创新研究 [D]. 北京：北京邮电大学，2014.

[67] 钱小聪 . 大数据产业生态圈研究 [J]. 信息化研究，2013（6）：49-52.

[68] 乔海曙，黄小锋 . 引入境外商业个人征信机构：一个双赢均衡的构建 [J]. 求索，2007（9）：17-20.

[69] 乔晶 . 我国消费信贷业现状与问题研究——基于 SCP 方法 [D]. 天津：南开大学，2015.

[70] 人大经济论坛 . 大数据的概念、技术应用与分析及数据的处理——大数据时代专题 [Z]. http：//bbs.pinggu.org/bigdata/.

[71] 任广见. 基于"大数据"的商业模式创新及启示 [J]. 现代商贸工业，2013（20）：171-172.

[72] 赛迪顾问股份有限公司. 中国金融行业大数据应用市场研究白皮书 [M]. 赛迪顾问股份有限公司，2013.

[73] 沈威. 针对中小企业的远程 IT 服务运营模式研究 [D]. 北京：北京邮电大学，2011.

[74] 司亚静. CRM 中客户保持问题的研究 [D]. 天津：河北工业大学，2002.

[75] 苏跃辉，闫雪飞. 阿里金融模式发展研究 [J]. 合作经济与科技，2013（23）：54-55.

[76] 唐方杰. 大数据金融渐行渐近 [J]. 银行家，2014（3）：18-19.

[77] 唐时达. 大数据风控存在的障碍及对策 [EB/OL]. 金融读书会，2015.07.08.

[78] 王和，鞠松霖. 基于大数据的保险商业模式 [J]. 中国金融，2014（15）：28-30.

[79] 王惠敏. 大数据背景下电子商务的价值创造与模式创新 [J]. 商业经济研究，2015（7）：76-77.

[80] 王珂. 基于互联网大数据平台的小微企业融资模式研究 [D]. 西安：长安大学，2014.

[81] 王璐. 基于大数据的商业模式创新案例研究 [D]. 北京：北京邮电大学，2014.

[82] 王千. 互联网企业平台生态圈及其金融生态圈研究——基于共同价值的视角 [J]. 国际金融研究，2014（11）：76-86.

[83] 王永生. 大数据时代的商业模式创新研究 [J]. 南京财经大学学报，2013（6）：47-51.

[84] 韦雪琼，杨晔，史超. 大数据发展下的金融市场新生态 [J]. 时代金融，2012（7）：173-174.

[85] 韦雨，覃安柳，杨朝祖，等. 大数据时代：构建央行金融业综合统计初探 [J]. 区域金融研究，2014（10）：61-64.

[86] 维克托·迈尔 - 舍恩伯格，肯尼思·库克耶. 大数据时代：生活、工作与思维的大变革 [M]. 杭州：浙江人民出版社，2012.

[87] 魏强. 大数据征信在互联网金融中的应用分析 [J]. 金融经济，2015（8）：11-13.

[88] 邬贺铨. 大数据思维 [J]. 科学与社会，2013（299）：1-10.

[89] 吴晶妹. 2011—2012 年中国征信业回顾与展望 [J]. 征信，2011（6）：1-7.

[90] 吴李知. 创新商业模式掘金大数据时代 [N]. 中国电子报，2012.12.14：004.

[91] 吴畏，史国财. 美国互联网银行模式研究 [R]. 上海：兴业证券，2014.

[92] 吴薛，吴俊敏. 产业生态圈视角下大数据产业集群培育的研究——以苏州为例 [J]. 常州大学学报（社会科学版），2015（1）：56-62.

[93] 吴莹. 固定收益分析模块的设计与实现 [D]. 北京：北京大学，2011.

[94] 武剑. 金融大数据的战略与实施 [J]. 新金融评论，2014（3）：159-171.

[95] 肖扬. 大数据思维下的保险业变革 [N]. 金融时报，2013，12（11）：10.

[96] 谢清河. 大数据时代我国商业银行发展问题研究 [J]. 南方金融，2014（11）：12-17.

[97] 薛薇. 数据挖掘中的决策树技术及其应用 [J]. 统计与信息论坛，2002，17（2）：4-10.

[98] 薛奕. 中国证券分析师荐股评级有效性研究 [D]. 北京：中央财经大学，2010.

[99] 杨枫. 对我国证券分析师研究报告特性及市场影响的实证分析 [D]. 上海：上海财经大学，2007.

[100] 杨元利. 大数据推动传统行业转型升级 [J]. 黑龙江科学，2015（5）：64-65.

[101] 叶春森，梁昌勇，梁雯. 基于云计算大数据的价值链创新机制研究 [J]. 科技进步与对策，2014（24）：13-17.

[102] 翟伟丽. 大数据时代的金融体系重构与资本市场变革 [J]. 证券市场导报，2014（2）：47-50.

[103] 张爱军. 互联网银行发展模式与借鉴——基于美国的经验 [J]. 新金融，2015（6）：61-64.

[104] 张兰廷. 大数据的社会价值与战略选择 [D]. 北京：中共中央党校，2014.

[105] 张雅婷. 我国企业和个人征信系统发展探析 [J]. 征信，2015（3）：35-37.

[106] 张毅菁. 金融业面对大数据的机遇与挑战 [J]. 中国外资，2013（18）：46-47.

[107] 张颖. 构建中国征信体系研究 [D]. 北京：首都经济贸易大学，2005.

[108] 张影强. 将大数据提升为国家战略 [J]. 中国经济报告，2014（1）：75-78.

[109] 张应飞. 基于金融大数据的互联网信贷发展风险探析 [J]. 经济研究参考，2014（29）：74-76.

[110] 张周平."互联网＋传统行业"助力经济转型腾飞 [J]. 浙江经济，2015（11）：25-27.

[111] 章红，郝嵘，关伟. 大数据时代征信业发展思考与建议 [J]. 福建金融，2014（s2）：36-39.

[112] 赵国栋，等. 大数据时代的历史机遇——产业变革与数据科学 [M]. 北京：清华大学出版社，2013.

[113] 赵海蕾，邓鸣茂，汪桂霞. 互联网金融中的大数据征信体系构建 [J]. 经济视角（上旬刊），2015（4）：18-21，65.

[114] 郑承满. 商业银行大数据生态系统构建探讨 [J]. 中国金融电脑，2014（6）：17-20.

[115] 郑申. 腾讯征信助力互联网金融发展 [N]. 金融时报，2015.05.08：006.

[116] 中国人民银行《中国征信业发展报告》编写组. 中国征信业发展报告2003—2013[R]. 北京：中国人民银行，2013.

[117] 中文互联网数据资讯中心. 大数据究竟是什么？一篇文章让你认识并读懂大数据 [Z]. http://www.thebigdata.cn/YeJieDongTai/7180.html. .2013.11.04.

[118] 钟红涛，徐福洲. 打造大数据金融五大平台 [J]. 中国农村金融，2015（2）：22-24.

[119] 周本海. 基于大数据的现代商业模式研究 [J]. 现代商贸工业，2015（3）：17-18.

[120] 周锦宇. 新华社金融信息服务研究——以新华08新时期战略发展为例 [D]. 北京：中国人民大学，2011.

[121] 周运兰，杨静静，余宁. 首家民营银行发展机遇与风险研究——以深圳前海微众银行为例 [J]. 当代经济，2015（6）：94-95.

[122] Aggarwal C C. An Introduction to Social Network Data Analytics. Berlin: Springer, 2011.

[123] Agrawal D, Bernstein P, Bertino E, et al. Challenges and opportunities with big data——a community white paperdeveloped by leading researchers across the United States. Computing Research Association, 2012.

[124] Anderson T W. An Introduction to Multivariate Statistical Analysis. 3rd ed. New York: John Wiley & Sons, 2003.

[125] Big Data. Nature,2008, 455(7209): 1-136.

[126] Cattell R. ScalableSQL and NoSQL data stores. SIGMOD Rec, 2011, 39: 12-27.

[127] Chaiken R, Jenkins B, Larson P, et al. SCOPE: easy and efficient parallel processing of massive data sets. ProcVLDB Endowment, 2008, 1: 1265-1276.

[128] Chakravarthy, Sharma, Jiang Q. Stream data processing: A quality of service perspective: Modeling, scheduling, load shedding, and complex event processing, Springer-Verlag, 2009.

[129] Chang F, Dean J, Ghemawat S, et al. Bigtable: A distributed storage system for structured data. ACM TransComputSyst, 2008, 26: 4:1-4:26.

[130] Chen Y, Alspaugh S, Katz R. Interactive analytical processing in big data systems: A cross-industry study of MapReduce workloads. Proc. of the VLDB Endowment, 2012,5(12):1802-1813.

[131] Chris Anderson. The End of Theory: The Data Deluge Makes the Scientific Method Obsolete. Wired,2008, 16(7).

[132] Clark T. Storage Virtualization: Technologies for Simplifying Data Storage and Management. Boston: Addison-Wesley Professional, 2005.

[133] Cooper M, Mell P. Tackling Big Data. NIST, 2012.

[134] Cukier K. Data, data everywhere. Economist, 2010, 394: 3-16.

[135] Dealing with data. Science, 2011,331(6018): 639-806.

[136] Dean J, Ghemawat S. MapReduce: Simplified data processing on large clusters. Communications of the ACM, 2008,51(1): 107-113.

[137] Dewitt D J, Gray J. Parallel database systems: the future of high performance database systems. Commun ACM,1992, 35: 85-98.

[138] Divyakant Agrawal, Philip Bernstein, Elisa Bertino, et al. Chal-lenges and Opportunities with Big Data, Cyber Center Technical Reports, February, 2012.

[139] Evans D, Hutley R. The Explosion of Data. White Paper, 2010.

[140] Feblowitz J. Analytics in oil and gas: The big deal about big data. In: Proc. of the SPE Digital Energy Conf, 2013.

[141] Fisher D, DeLine R, Czerwinski M, et al. Interactions with big data analytics. Interactions, 2012, 19: 50-59.

[142] Florescu D, Kossmann D. Rethinking cost and performance of database systems. SIGMOD Rec, 2009, 38: 43-48.

[143] Ghazal A, Rabl T, Hu M, et al. Bigbench: Towards an industry standard benchmark for big data analytics. In:Proceedings of the International Conference on Management of Data, New York, 2013. 1197-1208.

[144] Goodhope K, Koshy J, Kreps J, et al. Building LinkedIn's real-time activity data pipeline. Data Engineering, 2012,35: 33-45.

[145] Kachris C, Tomkos I. The rise of optical interconnects in data centre networks. In: Proceedings of the 14th Interna-tional Conference on Transparent Optical Networks, Coventry, 2012. 1-4.

[146] Katal A, Wazid M, Goudar R. Big data: issues, challenges, tools and good practices. In: Proceedings of the 6th International Conference on Contemporary Computing, Noida, 2013. 404-409.

[147] Laney D. 3D Data Management: Controlling Data Volume, Velocity and Variety. Gartner, 2001.

[148] Laurila J K, Gatica-Perez D, Aad I, et al. The mobile data challenge: big data for mobile computing research.In: Proceedings of the Workshop on the Nokia Mobile Data Challenge, in Conjunction with the 10th International Conference on Pervasive Computing, Newcastle, 2012. 1-8.

[149] Lohr S. The age of big data. New York Times, 2012, 11.

[150] Lu R X, Zhu H, Liu X M, et al. Toward efficient and privacy-preserving computing in big data era. IEEE Network,2014, 28: 46-50.

[151] Manning C D, Schutze H. Foundations of statistical natural language processing. Cambridge: MIT Press, 1999.

[152] Manyika J, Chui M, Brown B, et al. Big data: the next frontier for innovation, competition, and productivity.Mc Kinsey Global Institute, 2011.

[153] Mayer-Schönberger V, Cukier K. Big data: A revolution that will transform how we live, work, and think. Houghton Mifflin Harcourt, 2013.

[154] Moretti C, Bulosan J, Thain D, et al. All-pairs: An abstraction for data-intensive cloud computing. In: Proceedings of IEEE International Symposium on Parallel and Distributed Processing, Miami, 2008. 1-11.

[155] Noguchi Y. The search for analysts to make sense of big data. National Public Radio, 2011.

[156] Pavlo A, Paulson E, Rasin A, et al. A comparison of approaches to large-scale data analysis. In: Proceedings of the 35th SIGMOD International Conference on Management of Data, Providence, 2009. 165-178.

[157] Post F H, Nielson G M, Bonneau G P. Data visualization: the state of the art. Berlin: Springer, 2003.

[158] Slavakis K, Giannakis G, Mateos G. Modeling and optimization for big data analytics: (statistical) learning tools forour era of data deluge. IEEE Signal Process Mag, 2014, 31: 18-31.

[159] Steve Lohr. The Age of Big Data. New York Times, February 11,2012.

[160] Tom Kalil. Big Data is a Big Deal, March 29, 2012. Available at:http://www.Whitehouse.gov/blog/2012/03/29/big-data-big-deal.

[161] Tony Hey, Stewart Tansley, Kristin Tolle(Editors). The Fourth Paradigm: Data-Intensive

Scientific Discovery. Microsoft, 2009,October16.

[162] Wang Y Z, Jin X L, Cheng X Q. Network big data: Present and future. Chinese Journal of Computers, 2013,36(6):1125-1138.

[163] White House. Fact Sheet: Big Data Across the Federal Government. Office of Science and Technology Policy, 2012.

[164] Yan C R, Yang X, Yu Z, et al. IncMR: Incremental data processing based on MapReduce. In: Proceedings of the 5th International Conference on Cloud Computing, Honolulu, 2012. 534-541.